中國教育史

原始至晚明

從古代氏族到半封建時代中期的教育啟蒙

近代知名教育史家 **陳青之**，耗費十年心血寫就

胡適、鄭振鐸、蔡元培、傅斯年、顧頡剛……
經多位著名學者組成的大學叢書委員會審定

【公認影響最大，學術價值極高】

中國教育史研究者必讀！躬行實踐，超越空談理論

陳青之——著

目錄

目錄

第二期　元（西元 1277 年—西元 1367 年）

第三期　明（西元 1368 年—西元 1643 年）

原始氏族社會時代的教育

第一期　自商代以上（西元前 3500 年—西元前 1123 年）

第一章　初民的生活與教育的起源

一　初民的生活

　　據歷史家的考證，距現今五千年前，我們的祖先業已占有了黃河下游兩岸的地方。他們的生產方法，就是捕魚、採果、打鳥、射擊野獸；一切衣食的來源，皆取給於自然物品，吾人稱此時期為採拾經濟時期。男子出外採拾食物，女子在家照料兒童，同血緣的人員聚居在一群，以年長的女子為一群的首領。這種社會，謂之母系氏族社會。這個時候，沒有文字，沒有制度，完全過著自然生活，共同採拾食品，共同消費，共同育養兒童，故又稱為原始公有社會。這個時候，敵人很多，毒蟲是敵人，猛獸是敵人，天災水患也是敵人，異種族、遠血族也會成敵人；他們的生命長日在群敵包圍之中，故如何抵禦敵人成了他們重要的工作。

　　經過長期爭鬥以後，征服了異族，漢族生齒日蕃，遂繁衍於黃河中流的中原腹地。到了此時，他們已知火食，漸有文字，發明了一切粗笨的用具，他們的生產方法遂由漁獵進步到牧畜了。生產方法由漁獵進步到牧畜，是男子對於女子的一大革命，故社會組織也由母系移轉到父系。在父系氏族之下，產生了私有性質，產生了階級意識，此時人民的生活，就不比以前那樣自然了，就不比以前那樣簡單了。這種形態的社會——父系氏族社會，歷唐、虞、夏、商一千數百年，直到周朝才又經一次重大的變革。黃河中下游地方，縱橫數千里，全是廣大平原，處北緯三、四十度之間，氣候溫和，植物種子的產生當極容易，故自洪水平定以後，中國社會已有農業的萌芽。生產方法由牧畜進步到農業，從前遊動生活此時遂變為定居生活了。在定居生活之下，工作經濟，較易蓄積，社會上一定產生有閒階級，而種種觀念形態莫不由此發生。

二　教育的起源

　　知道了初民生活的情形，就可以知道他們的教育的起源了。教育發生於實際生活的需要，教育情形也跟著當時的經濟情形而變遷。在漁獵經濟時代，他們的教育就是怎樣捕魚，怎樣獵取鳥獸，怎樣採集果實。在牧畜經濟時代，他們的教育就是怎樣架設柵欄，怎樣尋逐水草，怎樣餵牛趕羊。勞動即是學習，父母即是教師，獵場與牧地即是學校，教育與生活是一致的。最初沒有文字，要記載事情時則用結繩的方法；其後見結繩有時而窮，則又畫些種種圖樣表示形意，即吾人所謂象形文字。當初沒有宮室，他們就要學習怎樣掘穴，怎樣架巢。當初沒有衣服，他們就要學習怎樣縫綴樹葉，怎樣剝取獸皮。還有怎樣抵抗敵人的侵凌，怎樣防備毒蟲猛獸的迫害。此等教育，與實際生活完全一致；即使不然，也是幫助自身謀社會生活之一種手段，其目的就在謀全體族人的利益，除此以外，並無其他目的，也無其他意義。

　　到了後來，一方面因人口增加，氏族內部分出許多房族，這些房族又聯合成為種族，即由父系氏族社會進化到部落社會，而統治階級日益顯明。一方面因農具的發明，農業經濟逐漸奪了牧畜經濟的地位，土地變成為主要生產手段，而私產觀念日益顯明。這兩種觀念混合為一，統治階級掌握了經濟重權，促成了技術的進步，於是奴隸制、分工制及種種剝削情形，由此產生。到了此時，原始教育的意義無形改變，帶有了階級性了，與實際生活不能完全一致了，除了生物慾望的目的外，還帶著了支配所屬階級的工具之目的。

第二章　漢人臆造之上古教育制度

一　緒言

　　《戴記》，即《禮記》。因後世所傳《禮記》為戴氏所訂，故稱。

　　自商代以上，通稱上古時代，即我們所謂原始氏族社會時代。在這個時代，文化程度極其幼稚；生產尚以牧畜為主體，漸進於農業；文字只具雛形，多為象形體式；婚姻猶在亞血族時代，倫理觀念未曾發生；縱有支配階級，也不過為家長式的首領，尚未達到階級對立的形式。以這種文化程度的民族，一切生活概屬自然生活，一切行動全是習慣行動，既不會有繁文縟節，悠閒的教育制度當然無法產生。再以現今已經出土的古器物及甲骨文字看來，商代的用具全是銅器，商人的名字全以干支，他們文字的運用且極不規則，更可以證明在商代以上，雖有教育事實，絕無教育制度。但記載上古史事的古籍，如《孟子》、《戴記》、《尚書大傳》及《白虎通》之類，為什麼說唐、虞、夏、商四朝有大學與小學之分，有養老與視學之禮，有教學教悌之意？這種教育制度為何與氏族社會的文化程度相差很遠？要知以上所舉各書，除《孟子》較古外，其他全屬漢人的作品；漢儒最愛關門造謠的，此處所謂上古教育制度，完全由他們捕風捉影，假託古制以見己意，毫無疑義。後人臆造的史料，本可以用革命的手段，一筆勾銷；不過漢人去古未遠，臆造也有時代的背景，由他們的臆造文字裡面，也可以推知上古教育情形之一二。我們既以這種態度來敘論古史，雖然勉強寫出以下三條，應當不致使讀者產生迷惑。

二　學校的起源

據董仲舒、孔穎達一派學者的推想，唐、虞以前，已有了學校，或總名成均。——這當然是太滑稽了。[1] 又據《孟子》及〈王制〉等書上說，虞、夏、商三代的學校，均分大學、小學兩階段。《孟子》上說：「夏曰校，殷曰序，周曰庠；學則三代共之：皆所以明人倫也。」《孟子‧滕文公篇》宋儒朱子給這句話下個解釋，他以為「校」、「序」、「庠」皆是鄉學——小學，而「學」謂之國學——大學。鄉學的名稱三代不同，國學的名稱是一律的，在這些裡面皆是講明人倫——五倫——之教的。〈王制〉上說：「有虞氏養國老於上庠，養庶老於下庠；夏後氏養國老於東序，養庶老於西序；殷人養國老於右學，養庶老於左學。」漢儒鄭康成也下幾句解釋，他說，「上庠」、「東序」及「右學」三種是大學，「下庠」、「西序」及「左學」三種是小學。大學即國學，所以養國老；小學即鄉學，所以養庶老。孟子同小戴兩人的口詞雖然不同，而承認虞、夏、商三代之有大學、小學是彼此一致的；再參考其他古籍，也有同樣的說法。[2] 再參考〈王制〉、〈祭義〉、〈樂記〉及〈文王世子〉等篇，好像此時的學校，除施教以外，養老要算最大的任務。以養老為學校最大的任務，就是崇拜祖先的宗教意識，也就是父系氏族社會的象徵。

三　學官分三部

考查〈舜典〉，唐、虞二代的學官有三部：一曰司徒，主宣布五教的，以契為之長；二曰秩宗，主持三禮的，以伯夷為之長；三曰典樂，教導詩歌音樂之類的，以夔為之長。什麼是五教？就是為父以義，為母以慈，為兄以友，為弟以恭，為子以孝。[3] 什麼是三禮？就是祭祀天

神——日月、風雷之類，地祇——山川、草木之類，及人鬼——他們已經死了的祖先。[4] 第一部屬於倫常之教，即孝親敬長的教育。第三部屬於樂歌之教，所以陶冶性情的。第二部主持三禮，屬於鬼神之教，正足以表現初民的宗教思想，以祭祀鬼神為最尊嚴的事務，也是極重要的教育。主持祭祀的必為僧侶階級，此在其他開化最古的民族史上也有不少例子，且最初民族的教育權的確在僧侶階級手中，中國古籍雖未曾明白敘出，但在此處也可以看見一點痕跡。

四　宮廷教育

賢明的君主尚能自知其責任的重大，不敢怠忽，每於治事之外，還力求知識上的進步和性情上的修養；所以他們的宮廷裡頭都聘請了教師，以備隨時請益。那些教師皆是選擇當代的第一名流，他們的位置極其尊崇，他們的威權也非常顯赫，試讀〈仲虺之誥〉、〈伊訓〉、〈太甲〉、〈說命〉諸篇，對於時君諄諄訓誨，真有令人發驚的地方。[5] 太子是承繼老君管理國家的，教育尤為重要。每個太子都有師、保、傅朝夕訓誨，陳以嘉言，啟發他們的知識；教以禮樂，涵養他們的品性；而太子對待老師，也儼然如事嚴父，有極尊敬的禮貌。[6] 按據氏族時代的社會組織，氏族長老一方為行政首領，一方為教育長官，所謂「天降下民，作之君，作之師」。在此種情形之下，另聘有權威的師長來訓誨他們，殊不近情。此種有權威的師長，或是同血緣的前輩長老，或在氏族裡面具有勳勞的貴族分子，以他們特殊的資格和較優越的經驗，隨時給時君啟迪或忠告。漢儒不察，因從而誇大之，所以我們認為這一切全是臆造文字。

本期參考書舉要

(1)《尚書》的〈虞書〉、〈夏書〉及〈商書〉

(2)《易經》及《詩經》

(3)《禮記》的〈王制〉等篇

(4)《尚書大傳》

(5)《白虎通》

(6)《殷虛書契考釋》（羅振玉）

---

[1]　〈文王世子〉：「董仲舒曰：『五帝名大學曰成均，則虞庠近是也。』」
　　〈大司樂疏〉：「堯已上，當代學亦各有名，無文可知。但五帝總名成均，當代則各有別稱。」

[2]　《通典·禮十三》：「有虞氏大學為上庠，小學為下庠；夏後氏大學為東序，小學為西序；殷制大學為右學，小學為左學，又曰瞽宗。」

[3]　〈舜典〉：「慎徽五典，五典克從。」《孔注》：「五典，五常之教：父義，母慈，兄友，弟恭，子孝。」
　　又〈舜典〉：「帝曰，契，百姓不親，五品不遜，汝作司徒，敬敷五教，在寬。」《鄭注》：「五品謂五常。」《孔疏》：「品謂品秩一室之內，尊卑之差，即父母、兄、弟、子是也。教之義、慈、友、恭、孝。」

[4]　〈舜典〉：「帝曰，咨四岳，有能典鄭三禮。」《鄭注》：「三禮；祀天神、享人鬼、祭地祇之禮也。」

[5]　〈仲虺之誥〉：「德日新，萬邦唯懷；志自滿，九族乃離。王懋昭大德，建中於民。以義制事，以禮制心，垂裕後昆。予聞曰：『能自得師者王，謂人莫己若者亡。好問則裕，自用則小。』嗚呼！慎厥終，唯其始。」
　　《孟子·公孫丑》：「湯之於伊尹，學焉而後臣之。」

[6]　〈舜典〉：「帝曰，夔，命汝典樂，教胄子！」《孔注》：胄，長子，自公卿大夫之適子也。

封建時代的教育

第一期　西周（西元前 1122 年—西元前 771 年）

第三章　西周社會的概觀

一　周人最初的生活

西人謂中國種族來自西亞，但據中國可靠之古籍，無一西來之痕跡。清人王國維始謂中國民族實起源於東方，姑從王說。

在敘述周朝的教育以前，關於周家民族的來歷及他們初期生活的狀況，也應知道一個大概。商代以前，所有部族、所有朝代，莫不興起於黃河下流，由東西徙，蕃殖於黃河中原，所謂「東夷之人也」。只有周人才是漢族的另一支派，他們興起於黃河上游，滋生於渭水流域，所謂「西夷之人也」。在公劉以前，他們仍是遷徙無常；在古公亶父以前，他們仍是穴居野處，游牧為生。其最初由母系氏族，移轉到父系氏族，其發展的階段是與東方各民族同一軌道。[1] 自古公亶父以來，因族類的蕃殖，人口的增加，才逐漸開墾了渭水流域，戰勝了戎、狄諸屬；於是由牧畜進步到農業，由行國變而為居國。此時中原已發展到相當的程度，農業漸漸成為主要的生產，從前以牧畜經濟為基礎的商朝氏族組織已不復能夠統治農業經濟的社會了。在此種社會之下，部族林立，各不相下，組織能力既然薄弱，自然容易被新興的西方民族——周人——所征服。西土三輔之地，素來民俗強悍，善於戰鬥，他們的領袖如公劉、古公、太王、文王輩，率皆一時賢豪，極力從事於農業的發展，以不到百年，其勢力業已擴強到了中原。迨武王踐位十三年，就率聯軍，克服商朝之後，中原民族遂歸於周人統治之下了。

二　封建制度的產生

余前以宗法如於原始氏族社會，今已知其錯誤。蓋氏族社會只有宗而無法，宗法制度實建築在封建制度之上，始於周朝。

中國社會，在殷、周之際，可算得是第一次最大的變革。第一，在生產方面，從前以牧畜為主體，此後則以農業為主體，至少也由初期農業進步到中期農業。第二，在技術方面，從前為銅器時代，此後則為鐵器時代；鐵器發明，農業自然有長足的進步。第三，從前為氏族社會，此後則為封建社會，即由部落政治進步而為國家政治了。以上三種變革，全是歷史自然的演進，而此等演進的基礎就是農業經濟的發展。在此種基礎之上，自然產生了封建制度，自然產生了宗法制度，而周人統一中原後的一切設施不過適應環境的需要而已。封建制度建築在農業基礎之上，宗法制度又建築在封建制度之上。有了封建制度，才有君臣上下之分；有了宗法制度，才有嫡庶長幼之別；而喪服之制、廟數之制、同姓不婚之制及男女有別之制，又莫不隨著宗法制度而產生。在農業基礎之上，以互相連結的種種制度所組成之法綱，來紀綱全社會的民眾，使全社會的民眾皆受其支配，此周朝封建制度的真正精神，也就是我們所說的「典型的封建社會」。此種社會，當然是階級砌成的，以農人為基礎，層層相制，在名義上最後統一於天子。但這種繁密的組織，未必能夠通行於全部，其實到周室東遷以後，封建諸侯的勢力日益強大，人口數目激增，這種不能通行全境的繁密制度更遭破壞了。

三　最有權威的禮教之解剖

　　要解釋什麼是「禮教」，先要解釋什麼是「禮」。考「禮」（禮）字的來源，本屬於宗教上的名詞，《說文》上說：「禮，履也，所以事神致福也。」「禮」字是由「示」與「豊」二字拼合而成，示即祭神的意思，豊是祭神用的供品，以黍稷等類的供品，獻祭於天地鬼神之前，就稱做禮；所以「禮」字原來是宗教上的名詞，也是最莊嚴的名詞。在上古神權時代，初民以為一切現象與生活當受神意的支配，所以他們處處都要「事神致福」。父母教訓他們的小孩，氏族長老命令他們的族員，莫不以學習祭神的儀式為重要，至少也要在意識上對於「神」表示一種極莊嚴可怖的敬意，於是此時的禮字就增加了教育的成分。事神之禮既增加了教育的成分，即以禮為教，所以後人稱它做「禮教」。中國民族自原始時代以至殷、周之際，莫不以事神致福為極重要的禮教，故〈虞書〉上有「有能典朕三禮」的誥命；但自此以前，「禮教」二字仍不脫離宗教的範圍。

　　可是一到周朝以來，「禮教」二字的意義又變更了，由宗教上的意義變而為倫理上的意義了。周人對於禮教是怎樣解釋呢？《小戴禮》的〈坊記〉上說：「夫禮者，所以章疑別微，以為民坊者也。」釋以今意：禮就是民眾的一道堤防，用它來防止民眾的不道德行為的，所謂「禮以坊德，刑以坊淫」（〈坊記〉）的意思。周人的政治目的，在使人類社會有一定的秩序：為君的當盡君道，為臣的當盡臣道，為父的當盡父道，為子的當盡子道，為夫婦朋友的當盡夫婦朋友之道。父子、君臣、夫婦、兄弟、朋友這五倫是構成人類社會的元素，無論何人皆以一身同時具有此五倫的資格，個人對於社會的關係如蛛網式一樣。每個人皆按照他所具的資格，即對於社會各方面的關係，各盡各的職責，則社會秩序才有條不紊。不守秩序，不盡自己應有的職責，即是他們所謂不道德的行為。

行為不道德即是破壞了堤防，結果必致於蕩檢逾閑、犯上作亂，人民既有了蕩檢逾閑、犯上作亂的行為，則社會秩序無法維持，他們所組織的政府及已經攫取的特殊地位必要崩潰，這是他們所最恐懼的。刑法未嘗不是裁制民眾破壞堤防的——不道德行為的——辦法，但他們以為那不是根本的辦法。根本的辦法只有施行禮教，唯施行禮教始可以防止民眾不道德行為於未發生之前，他們才可以永久保持貴族政治的體系及社會的安寧。[2] 這種禮教的意義，自政治方面說謂之國家政策，自教育方面說謂之教育宗旨；他們的教育也不過是政策之一而已。

〈虞書〉：先秦典籍《尚書》中的一篇，所載為夏虞時代的文告等。

《戴記》固是漢人作品，但所記概述周代史事。

考周朝所以演成倫理的禮教，約有如下之三種原因：

第一、在經濟方面，當時是農業社會，農業社會的民眾之特性最是安土重遷，禮教的精神在「敬」，[3] 即近於靜的倫理，這種倫理正合於農民的習慣。

第二、在政治方面，當時是封建制度，封建制度的特性即是階級制度，他們是要嚴尊卑之分、定上下之別的，禮教就在「定親疏，決嫌疑，別同異，明是非」（〈曲禮〉）。

第三、周人以西方民族征服了中原的殷民，殷民最難心服。但殷之習俗非常崇拜鬼神，周人因此一方面利用其宗教的禮教以調和殷民的感情，一方面施行倫理的禮教以消滅他們不平的性氣。禮教倫理化以後，再經後來的儒家學者多方倡導，從此成為中國民族的習慣思想，其勢力支配中國人心，禮為天經地義，至三千年之久。

〈曲禮〉，《禮記》篇名。雜記春秋前後貴族飲食、起居、喪葬等各種禮制的細節。

本章參考書舉要

(1)《尚書》的〈周書〉
(2)《詩經》的〈大雅〉
(3)《史記》的〈周本紀〉
(4)《大小戴禮記》
(5)《觀堂集林》的〈殷周制度論〉（王國維）

---

[1] 《詩·大雅·生民篇》：「厥初生民，實維姜嫄。生民如何？克禋克祀，以弗無子。履帝武敏歆，攸介攸止，載震載夙，載生載育，時維后稷。」

《詩·大雅·綿篇》：「緜緜瓜瓞，民之初生，自土沮漆。古公亶父，陶復陶穴，未有家室。古公亶父，來朝走馬，率西水滸，至於岐下。爰及姜女，聿來胥宇。」

按《史記·周本紀》：「周之世系，棄始封於邰，不窋於戎、狄之間。公劉自漆沮渡渭，取材用。子慶節立國於豳。古公亶父避戎、狄之逼，遂去豳，度漆沮，踰梁山，止於岐下。其後古公見豳人及他旁國來歸，乃貶戎、狄之俗，而營築城郭宮室而邑別居之。」可知周家民族發源於西土三輔之地，先行國而後居國，最初尚在母系氏族社會的時代。

[2] 《大戴禮·禮察》：「禮者禁於將然之前，法者禁於已然之後。……禮云禮云，貴絕惡於未萌，而起敬於微眇，使民日徒善遠罪而不自知也。」

[3] 《禮記·曲禮》：〈曲禮〉曰，毋不敬。

第四章　後人附會之西周教育制度

第一節　學制系統

　　關於上古的教育制度，我們以臆造的性質觀察；關於西周的教育制度，我們以附會的性質觀察。傅會尚有幾分近真，臆造則完全是假的。觀察西周教育制度，所根據的史料也是很少，不過《周禮》、《尚書大傳》、《大小戴記》及《白虎通》數種古籍。《尚書大傳》及《周禮》兩種，近人群疑為偽書，我們不敢多引。坊間所刻之《大戴記》已不是原書，比較可靠者只有《小戴記》及《白虎通》兩種，而又非西周當時的作品。此外，在《孟子》裡頭，可以考見一二。其他《史記》、《漢書》、《通考》、《通典》等書上面也曾敘述過，但這一般作者不過照著上面所舉的數種古籍抄錄一番，並非別有根據。根據既然薄弱，把此種史書當成附會的性質，庶免武斷的毛病。按照傅會的制度，以推想當時的教育狀況，則更以傳聞的態度描寫，較為妥當。

　　孔子說：「殷因於夏禮，所損益，可知也。周因於殷禮，所損益，可知也。」（《論語》）好像周朝的許多制度都是因襲前代而加了損益的，其中教育制度也是一樣。虞、夏、商三代只有王畿或諸侯都市的國學，未見有什麼鄉村之學；即或有之，也太荒渺。到了西周，則國學與鄉學，大學與小學，一一備設。他們的教育，可以分做三級，兩個階段：第一級為幼稚教育，第二級為小學教育，第三級為大學教育。此三級的教育，其中只有第二、第三級施行於學校以內，第一級則施行於學校以外，故從嚴格上說，此時學校，其實只有兩級──小學與大學。第三級屬於高等教育，謂之第二段；第二級屬於初等教育，謂之第一段；而中等教育似包括於一、二兩段之間。大學修業九年，自十五歲入大學，至

封建時代的教育

二十四歲畢業；或有從十八歲以至二十歲始入學，而畢業時期亦較晚。前者多半是貴族子弟，後者多半是庶民子弟之俊秀者。小學修業年限以七年為原則；自八歲起至十五歲止，亦有從十五歲造成二十歲止的。前者多半是貴族子弟，後者多半是庶民子弟。[1] 幼稚教育，自初生至入小學時期為止，這一級自然屬於貴族子弟，庶民子弟在當時哪有這種機會！[2] 此外，胎教在當時雖有人注意，但此不過只限更少數的貴族婦女，有知識與閒暇才能辦到。[3]

西周的學制系統為雙軌制，這在封建時代是必然的制度。甲軌是表示貴族教育的，乙軌是表示庶民教育的。甲軌上的學校稱做國學，乙軌上的學校稱做鄉遂之學。鄉遂之學，設立在六鄉者曰庠，在六遂者曰序，由地方行政長官管理，庶民子弟和之。國學設立在近郊都市，由中央政府或侯國政府管理，貴族子弟及庶民子弟之俊秀者入之。[4] 唯國學才有完備的教育階段，鄉遂之學只有小學、沒有大學，若庶民子弟在小學期滿有可以升入大學的資格時，須由乙軌跳到甲軌上。大學設立在王城之內的，規模宏大，別為五院，統名辟雍設立在諸侯之首都的，規模簡單，只有一院，稱做泮宮。辟雍以中央一院為首院，代表當代的學校，以四代的學校環建於外；四院對於中央一院有時亦具獨立的性質，不過地位稍低。[5]

此外還有一種學校我們要注意的，就是民間自辦的村塾。村塾的性質似小學非小學，且近於朝夕補習學校。他們裡頭所教授的課程，多與鄉遂之學相同。他們的勢力也不弱，好像在當時有小學不完備的，或者以村塾代替？[6] 中國從前私塾在地方具有偉大的勢力，至今尚未能完全消滅，西周的村塾未必不是這個起點。

第二節 學校之內容

一 教材

本期各學校所用教材，我們分為兩段敘述。

（甲）初等教育段

此段又分做兩級：一為幼稚教育，二為小學教育。此時無幼稚園，關於幼稚時期的教育，概舉行在家庭之內，又可稱做家庭教育。兒童每日學習的即是日常生活上一切常識，是練習動作的，不是死記符號的。例如，當兒童有了吃飯的能力，教他們用右手；有了說話的能力，教他們怎樣應對。到了六歲，教他們計算數目，數時日，辨別方向。到了七歲，教他們以男女居處的分別。在八歲時，教他們以出入、飲食種種禮節。在九歲時，一一教給他們朔望及干支等日名。滿了八歲的兒童，本應授以小學教育，不過在九歲以前，他們的起居飲食尚未完全自立，故尚住在家庭。十歲以後，始出就外傅，寄宿於外，這個時候才開始課以文字的教育，學習幼年時代的儀節。到十三歲，始完全入於正式小學時期了。(均見〈內則〉)

小學時期的教材與幼稚時期重疊的很多，因為這兩個時期原來分不大清楚。小學的課程，譯以今義，可別為三類：(1) 關於修身科的，有灑掃、應對、進退等節；(2) 關於知識科的，有算學、樂歌及書記等文；(3) 關於運動科的，有馳馬、擊劍、射御、跳舞等術。知識科是很粗淺的，他們所注重的實在修身一科。[7] 上自王公、下至庶人的子弟，凡滿了小學學齡時，全有入學的機會，此時也只有小學教育的機會是比較普遍的。

（乙）高等教育段

此段為大學教育時期。大學的課程亦可別為三類：(1) 關於修身

科，教以正心、誠意及修己治人之道；（2）關於知識科，教以格物、致知及六藝之文；（3）關於運動科，教以射御、跳舞等術。西周人的教育觀念，以為大學教育是造就政治領袖人才，為將來管理民眾、統治國家的，不是研究高深學問的。他們所謂高深學問，也不外乎「修己治人之道」，所以修己治人之道占了學校課程一大半地位。修己即是「訓練身心」，治人即是「管理民眾」。如他們主張的是賢人政治，要治人必先修己，能夠修己才能以身作則，然後有好的政治。我們讀《小戴禮記‧學記篇》，如「離經辨志」、「敬業樂群」、「博學親師」、「論學取友」等語，把社交與學業看得並重，便可以知道他們的命意所在了。

二　教具

西周時代，毛筆和紙尚未發明，他們以刀漆作筆，以竹木作紙，如有記載，則用刀或漆刻畫在竹木上面。集多數的竹木，用絲線或韋皮連成一排，用時打開，不用時疊起，所謂「典冊」者即是此意。[8] 這類一冊二冊的東西，我們叫它為「書」，但在西周時，並不稱書，名稱很多。若以所書的質料分，則用竹書的稱「冊」或「簡」，用木書的稱「方」或「板」。若以所書的內容分，則有下之各種稱謂：（1）關於古訓的稱「典」，所謂「修其訓典」（《史記‧周本紀》），「雖無老成，人尚有典刑」（〈周書〉）之類。（2）關於版圖及戶口的稱「籍」，所謂「周公履天下之籍，而聽天下之斷」（《荀子‧行效篇》），「諸侯惡其害己也，而皆去其籍」（《孟子‧萬章下》）之類。（3）關於當代的掌故則稱「策」，所謂「文武之道，布在方策」（《中庸》），「大事書之於策，小事簡牘而已」（杜預《春秋序》）之類。合典、籍、冊及簡、牘等，用作為教學的材料時，統稱之曰「業」，《禮記》上所說「請業則起」（〈曲禮〉），「時教必有正業」

（〈學記〉），曾子所說「學必由其業」（《群書治要》）之類，即是我們所謂「學業」的意思。秦以前，「筆」字原文為「聿」，古文從手從刀，即是以手拿刀刻字於竹簡上面之意。古時的刀並不鋒利，用刀刻字成書，何等笨拙！所以古人讀書的困難，比較現在印刷術發明的時代，真不可以道里計；而當時學術能夠被貴族階級所把持，不能普及於一般民眾，也是這個原因。

三　師資

　　幼稚教育是在家庭裡面施行的。在庶民的家庭，兒童的父母就是他們的教師；在貴族家庭，另外設有保傅，專門保養和訓練他們（見《禮記・內則》）。小學教師全由士大夫充當。國立小學由國家設立專官，執行教鞭，如樂正、胥師一類的人。鄉遂之學，由地方長官——鄉大夫等——聘請年老致仕還鄉的士大夫充當。地方自辦的村塾所有教師，與鄉遂之學相同。鄉遂之學及地方村塾的各個教師，大半是年長有德且負地方重望的縉紳名流，他們的地位極其尊崇，稱之曰「鄉先生」。[9] 大學教師較國立小學的職位尤其高貴，不用說了。凡禮樂詩書及舞文舞武等科，皆設有專職。至於掌握教育行政大權，及頒布教條，則統由中央之司徒，地方教育行政則由鄉大夫秉承司徒辦理。

　　師長的地位特別隆重，國君以嘉賓相待，所謂「天子不得而臣，諸侯不得友」（《孟子》）；一般子弟以君父看待，所謂「民生有三，視之如一；父生之，師教之，君食之」（《國語、晉語》）。他們以為師長是學問道德兼全的人，「能為師，然後能為長；能為長，然後能為君」（〈學記〉）。你們要是獲求學問，陶冶品性，明習修己治人的道理，非對此品學兼優的師長特別尊重，那就不足以表示你們的誠意與其正的需要，你

們一定得不到良好的效果。「師嚴而後道尊」，就是他們提倡尊師重道主義的根本理由。

四　考試與升格

此時的考試分學業考試及升格考試兩種。學業考試由學校辦事人員舉行，例如〈學記〉上所說「比年入學，中年考校，……七年小成，九年大成」一段話，彷彿現今各學校通行的入學試驗、學年試驗及畢業試驗。升格考試由國家行政官吏舉行，關於地方的由鄉大夫，關於中央的由司徒。學業考試只督課生徒的成績，升格考試並獎給他們以學位。升格考試分做三步。第一步，由鄉大夫初試，取中了的錄入鄉學肄業，稱秀士；到相當期限，經過複試，取中了的由鄉大夫造冊報告到司徒，稱選士。第二步，由司徒初試選士，取中了升入大學肄業，稱做俊士；到相當期限，完成了大學的學科，經過複試，取中了，再獎以榮名，叫做造士。造士即學業造成了的士子，將來候補的官吏。得了造士以後，由教官大樂正報告到天子，經過第三步的選拔，發交司馬量才錄用，此時則名之日進士了（均見〈王制〉）。這種完密的考試制，在當時事實上能否必行，我們不敢武斷，不過經過層層的考試以後，挑選少數出類拔萃的士子，最後付給他們以國政，教他們好好地輔佐太子統治國家、管理人民，那是比較可靠些的。所以我們前面說過，周朝的大學教育，是造就政治領袖人才的，不是研究高深學問的，所謂「德行道藝之士」，也不過能誦經典、背掌故罷了。

五　視學與養老

　　相傳虞、夏、商三代的學校，除了教學以外，養老要算是一件最大的任務，在第一章我們曾說過。周朝的學校也是一樣，並且加倍隆重。據〈王制〉上說，被養的老者固然以資格分等級——國老養於大學，庶老養於小學；但同時也因年齡而有區別，年滿五十的老者養於鄉遂之學，六十以上的養於國立小學，七十以上的養於國立大學。誰養他們呢？若是一國的老者，由諸侯致養；若是天下的老者，則由天子致養。什麼時候舉行呢？天子或諸侯當視學時一齊舉行。據說周朝的學校管理極嚴，一年之中天子或諸侯必親往他們直接管轄的學校，視察四次，視察完畢，即於第二日舉行養老的典禮。[10] 那個時候，視學、養老兩個典禮一起舉行，天子、三公、九卿、諸侯、大夫都要出席，可算是一種盛大的宴會。擊鼓以警告大眾，釋奠以祭禮先師（〈文王世子〉）；然後肆筵設席（《大雅·行葦》），請三老五更及一般群老上升，各就其相當的地位（〈文王世子〉）；由主人獻酢致酒（《大雅·行葦》、《禮記·樂記》），作樂歌詩，舞文舞武（〈月令〉）；並且對這一般臺背黃耉祝福獻壽（《大雅·行葦》）。我們試想：周朝的王公大人對於這一般大老何以這等尊敬？《三禮義宗》上說，養老有兩個意思：一個為的是「尊年敬德」，一個為的是「乞言修治」。周朝的政見是以「孝弟之道」維繫社會人心，以父兄之禮奉養天下老者，即以教天下的人民講孝道、講弟道，尤其直接使在學的青年學生得以觀感興起，潛移默化。[11] 這一般龍鍾遺老，全是老於世故、富有經驗的人，故又可以藉著這個機會垂詢國家大計，領受教益。但我們以為：這仍是父系氏族社會崇拜祖先及長老的遺風。

第三節　女子教育

以上所敘全是關於男子的，現在我們也要談談女子教育了。周朝的女子教育是什麼？我們杜撰一句叫做「閫內教育」。要證實這一個名詞，只須打開看看《禮記》、〈內則〉、〈曲禮〉諸篇，便能明白。周人以為：男子是閫外的人，凡閫以外的事情全是他們的職務；女子是閫內的人——也許不是人，她們的職務因此只限於閫以內。閫以內有些什麼事情可做呢？養蠶、織布、縫衣、燒茶湯、備酒漿、事舅姑、供丈夫的驅使——這一類的瑣事。縮短來說，閫以內的事務無非是「縫衣煮飯」，所以周朝教育女子也只限於縫衣煮飯。[12] 女子受這種教育時，不是送入學校，也不出就外傅，只由她們的父母——貴族家庭也許還有保姆——在閫內日日教導她們，訓練她們，完成一般閫內的人物，所以取名閫內教育。在這種教育意義之下，男女界限分得非常清楚，七歲的兒童，男女不准同席；十歲以後，女子即不准出閨門；男子不能談及閨門以內的事，女子不能談及閨門以外的事（〈曲禮〉）。女子以不出門為原則，不得已而要出門時，必須以頭巾掩蔽著面孔（〈內則〉）。女子屬於柔性，她們的德性應當以服從為正當。當出嫁的時候，她們的父母唯恐女兒柔順的性情尚未訓練成熟，且趕到花轎門口還要吩咐幾句：「戒之敬之，夙夜無違命！」[13] 未成人以前，須服從父命；出嫁以後，則服從丈夫之命；不幸而丈夫先死了，有兒子時還要依從兒子，女子是不能有所主張的（《列女傳·母儀》）。女子是次等人格，幫助男子料理家事，聽從男子指揮的。女子是無家的，以男子的家為家；女子是無祖的，以男子的祖為祖。她們沒有權利享受父母的遺產，她們沒有權利得到出入的自由。十五而笄，即成了他們的一塊禁臠；二十而嫁，則變成男家的一宗貨物。[14] 女子的人格既然如此，還要教育做什麼？所以他們說女子無才

便是德。即或有時看重女子，也不過期望她們做一個「賢妻良母」罷了；「縫衣煮飯」的職業，「順從無違」的品性，這就是完成賢妻良母的唯一條件。在商朝以前，社會為氏族制，女權尚不十分低落；此時簡直把女子當成男子的奴隸看待，周朝之為封建時代的社會可以無疑了。這種思想即以禮教為背景所產生的最大權威，在中國歷史上勢力之大，享年之久，與禮教同一運命。

第四節　結論

本章所述完全關於西周時代的教育制度和狀況。西周自武王克商至幽王被殺，合計三百五十年，即在西元前十三世紀至前八世紀之間。這個時候，中國社會確由氏族時代進化到封建時代。封建時代，教育權完全在少數貴族和僧侶階級手中，能夠受教育的也只限於少數貴族子弟，或尚下及到城市的市民。如本章所說西周國學的宏大，鄉遂之學的普及，及層層的考試，當然一半是後人附會的——尤其是漢人附會的。〈學記〉一篇，除記載周代教育制度外，關於理論方面很多有價值的言論，西周哪能有此產品，由此更可以知其為漢人附會了。

據許多古籍上說，此時除學校養士外，另有一種錄取人才的方法，即是中國最古的選舉法。此法，初由鄉評里選，繼由鄉大夫以鄉飲酒禮貢舉到諸侯或天子。評選人才的標準分三等：德行為上，其次治事，再次言語，一律皆採取平日之素行。這種人才，不限於學校出身，可是他們的造就與資望均較高於學校出身的，所以一被選舉之後，往往破格錄用。這一段情形，我們讀《儀禮》的〈鄉飲酒禮〉及《禮記》的〈射義〉、〈文王世子〉諸篇，便知所記極其詳細。從表面上看，好似西周時代的社會教育業已普及，其實即上古時代，各氏族選舉長老組織氏族會議的遺

風，這是民族進化史上一般的情形。

本章參考書舉要

（1）《尚書大傳》

（2）《大戴禮》的〈保傅〉

（3）《小戴禮》的〈王制〉、〈月令〉、〈學記〉、〈文王世子〉、〈內則〉、〈鄉飲酒禮〉

（4）《儀禮》的〈士昏禮〉、〈鄉飲酒禮〉

（5）《列女傳》的〈母儀〉

（6）《歷代職官》表及〈國子監〉

（7）《玉海》的〈學校〉及〈養老〉

（8）《毛西河集》的〈學校問〉

（9）《觀堂集林》的〈簡牘檢署考〉

---

[1] 《漢書・藝文志》：「古者八歲入小學。」

《大戴禮・保傅》註：「《白虎通》曰：『八歲入小學，十五入大學。』此太子之禮。《尚書大傳》曰：『公卿之太子，大夫元士之嫡子，年十三入小學，見小節而踐小義；年二十入大學，見大節而踐大義。』此世子入學之期也。又曰：『十五入小學，十八入大學。』謂諸子晚成者至十五入小學，其早成者十八入大學。」

《王制正義》：「書傳略說，『餘子十五入小學，十八入大學』。其鄉人常與餘子同。」

[2] 《禮記・內則》：「異為孺子室於宮中，擇於諸母與可者，必求其寬裕慈惠溫良恭敬慎而寡言者使為子師；其次為慈母，其次為保母；皆居子室。他人無事不往。子能食教以右手。能言男唯女俞。男鞶革，女鞶絲……」又觀〈文王世子〉諸篇及與此全篇參證，可知多係指貴族家庭而言也。

[3] 《大戴禮》：「周后妊成王於身，立而不跛，坐而不差，獨處不倨，雖怒不詈，胎教之謂也。」

《列女傳》：「大任者，文王之母，性專一。及其有身，目不視惡色，耳不聽惡聲，口不出惡言，以胎教也。」

《博物誌》：「婦人姙娠：不欲見醜惡物，異鳥獸；食亦當避異常味；……正席而坐，割不正不食；聽誦詩書諷詠之聲，不聽淫聲，不視邪色。以此產子，子賢明端正壽考，所謂胎教之法。」

[4]　〈學記〉：「古之教者，家有塾，黨有庠，術有序（鄭註：術，遂也），國有學。」

〈王制〉：「天子命之教（鄭註：之，指諸侯），然後為學。小學在公宮南之左，大學在郊。」張子曰：「此小學是教國子之幼小者未能入大學，則其學在公之左右。大學即郊學也，對小學而言大爾，非國子、冑子俊造所居。但國之設學必均，於四郊為之立學：郊學則鄉遂大夫教之，國中大學則天子諸侯所視者也。郊學雖非俊選所居，亦有時而往，如行禮於其間，使不帥教者觀之。」

按據〈學記〉及〈王制〉所載，雖鄉遂之學有序、庠等名，此不過因地方行政區劃所設立不同而各異其名耳，如現代省立、縣立、市立等名，並非有一定大小也。郊之內，六鄉屬之；野之內，六遂屬之。近郊直接於王城周圍者，或亦設國學焉。

[5]　〈王制〉：「天子曰辟雍，諸侯曰泮宮。」註：「周立三代之學：學書於有虞氏，……學舞於夏後氏之學，……學禮樂於殷之學，……」

又《大戴禮·保傅》：「學禮曰：『帝入東學，上親而貴仁，……；帝入南學，上齒而貴信，……；帝入西學，上賢而貴德，……；帝入北學，上貴而尊爵，……；帝入太學，承師問道：……此五學者既成於上，而百姓黎民化輯於下矣。』」又《禮象》：「辟雍居中，其南為成均，北為上庠，東為東序，西為督宗。」

又《周禮》：「天子立四代之學以教世子及群後之子及鄉中俊選所升之士。」孔疏按：「尊魯亦立四代學，餘諸侯於國但立時王之學。」

[6]　〈學記〉鄭注曰：「古者仕焉而已者，歸教於閭里，朝夕坐於門，門側之室曰塾。」

[7]　《論語》：「子夏曰：『小子當灑掃應對進退。』」

《玉海》：「周之制，自王宮、國都、閭巷、黨術莫不有學，司徒總其事，樂正總其教。下至庠塾，以民之有道德者為左右師。自天子之元子、眾子，公卿大夫士之嫡子，庶民之子弟，八歲入小學，教之灑掃應對進退之節，禮樂射御書數之文；十有五進乎大學，教之致知格物正心誠意之道。」

按：〈王制〉：「樂正崇四術，立四教，順先王詩書禮樂以造士，春秋教以禮樂，夏教以詩書。王太子王子群后之太子，卿大夫元士之適子，國之俊選皆造焉。」觀此，則知高等教育段除上三科所舉條目外，尤特別注重「禮樂詩書」四門。

[8]　《觀堂集林·簡牘檢署考》：「策之編法，用韋或用絲。《史記·孔子世家》：『孔子晚而好《易》，讀書韋編三絕』，此用韋者也。《穆天子傳》：『以素絲編』，《考工記》：

『以青絲綸』《孫子》：『以縹絲綸』，此用絲者也。」

[9] 《尚書大傳》：「大夫七十致仕而退老，歸其鄉里。大夫為父師，士為少師。新谷已入，餘子皆入學，距冬至四十五日始出學。上老平明坐於右塾，庶老坐於左塾，餘子畢出，然後皆歸。夕亦如之。」註：「餘子猶眾子也。」《鄉飲酒義疏》：「鄉學致仕在鄉之中，大夫為父師，致仕之士為少師，在學中名曰鄉先生，使之教鄉中之人。」

備覽〈文王世子〉凡三王教世子必以禮樂；樂所以修內也，禮所以修外也。……大傳在前，少傳在後；入則有保，出則有師，是以教喻而德成也。師也者教之以事而喻諸德者也，保也者慎其身以輔翼之而歸諸道者也。記曰：「虞夏商周有師保，有疑丞。」

[10] 《玉海・學校》：「《三禮義宗》曰：『凡一年之中，養國老有四，皆用天子視學之時。』一年之內視學亦有四，故養老之法亦有四，皆用視學之明日。鄭註：『〈文王世子〉合樂云，謂春入學，秋頒學，此為二也。』〈學記〉曰：『未卜禘不視學。』禘嘗在夏，既有夏祀之禮，冬不宜無。詩書禮樂四時教之，故知有四視學之禮。按之〈文王世子〉『凡學，春官釋奠於先師，秋冬亦如之』，由此夏亦應有。」

〈文王世子〉：「凡祭與養老乞言合語之禮，皆小樂正詔之於東序。適饌省禮養老之珍具，遂發詠焉，退修之以孝養也。……言父子君臣長幼之道，合德音之致，禮之大者也。」註：「天子以父兄養之，示天下之孝悌也。」〈樂記〉：「食三老五更於大學，天子袒而割牲，執醬而饋，執爵而酳，冕而總干，所以教諸侯之弟也。」《大雅・行葦序》：「內睦九族，外尊黃耇，養老乞言，以成其福祿焉。」

[11] 《玉海・學校》：「《三禮義宗》曰：『凡一年之中，養國老有四，皆用天子視學之時。』一年之內視學亦有四，故養老之法亦有四，皆用視學之明日。鄭註：『〈文王世子〉合樂云，謂春入學，秋頒學，此為二也。』〈學記〉曰：『未卜禘不視學。』禘嘗在夏，既有夏祀之禮，冬不宜無。詩書禮樂四時教之，故知有四視學之禮。按之〈文王世子〉『凡學，春官釋奠於先師，秋冬亦如之』，由此夏亦應有。」

〈文王世子〉：「凡祭與養老乞言合語之禮，皆小樂正詔之於東序。適饌省禮養老之珍具，遂發詠焉，退修之以孝養也。……言父子君臣長幼之道，合德音之致，禮之大者也。」註：「天子以父兄養之，示天下之孝悌也。」〈樂記〉：「食三老五更於大學，天子袒而割牲，執醬而饋，執爵而酳，冕而總干，所以教諸侯之弟也。」《大雅・行葦序》：「內睦九族，外尊黃耇，養老乞言，以成其福祿焉。」

[12] 〈內則〉：「女子十年不出。姆教婉娩，聽從，執麻枲，治絲繭織紝組紃，學女事，以共衣服。觀於祭祀，納酒漿，籩豆菹醢，禮相助奠。」〈曲禮〉：「納女於天子曰備百姓，於國君曰備酒漿，於大夫曰備灑掃。」《易》：「無攸遂，在中饋，貞吉。」

《列女傳‧母儀》：「孟母曰：『夫婦人之禮，精五飯，羃酒漿，養舅姑，縫衣裳而已。』」

[13]《儀禮‧士昏禮》：「父送女，命之曰：『戒之敬之，夙夜無違命！』母施衿結悅，曰：『勉之敬之，夙夜無違宮事！』」《孟子》：「孟子曰：『以順為正者，妾婦之道也』。」〈內則〉：「凡婦不命適私室，不敢退。將有事，大小必請命於舅姑。」

[14]〈曲禮〉：「女子許嫁纓，非有大故，不入其門。」鄭註：「女子許嫁系纓，有從人之端也。」

第二期　東周（西元前 770 年—西元前 222 年）

第五章　東周之社會與思想

一　社會之劇變

如封康叔於衛，伯禽於魯，太公望於齊，召公子於燕，皆以勳戚鎮守封疆。

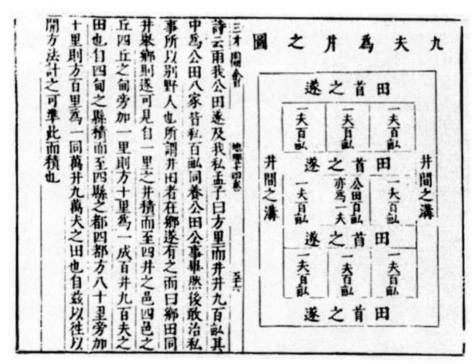

〈九夫為井之圖〉

這幅圖清楚地說明了井田制的形制：井字形布局分田為九部分，中間為公田，周邊為私田。

周朝自征服中原以後，一方從事於國防的鞏固，一方從事於制度的創設。在前者則有封建諸侯，在後者則有宗法制度：這兩種形態皆建築在農業的基礎上面，而維繫於倫理的禮教之中。以禮教的學說維繫其階

級的特性，下層的農奴渾然地過他們的莊園農作生活，士大夫以上則各安其地位與職守，而境外尚沒有強敵興起，於是周朝的社會能夠達到安定與繁榮的情況三、四百年。在這三、四百年中，社會完全受階級的支配，受禮教的維繫，下層階級除了付他們的勞役與地租給領主外無其他事情，上層階級只坐享其種種特權，演習他們紳士的禮節，對於社會之進展卻沒有何種企圖。這種典型的封建社會，是最穩固的社會。

　　但是，一到西元前七世紀之初，周室自東遷以後，從前社會安定的情況就不復能夠維持了，封建諸侯已打破其典型的制度了。推究此時社會發生劇變的原因，不外內外兩種。外因由於戎狄強大，日漸內逼，周家的王室自身不能支持，靠著諸侯的勢力來保護；一般諸侯遂以勤王的勳勞，勢力日強，態度日驕，向外擴張領土的野心從此日起。內因則更是複雜。周朝社會既然安定與繁榮了三、四百年，下層階級的人口逐日加多，原有莊田不夠分配，其解決方法不是向外殖民就是釋放農奴。上層階級因太平日久，必奢侈日甚，國內的榨取不足，不得不向外發展。加以鐵耕與灌溉術的發明，農業生產方法為之一變，不僅狹小的井田制度無法維持，而因生產較前容易，過剩的勞力亦必日日呈現於社會。由以上種種原因，產生下面的兩個結果：(1) 井田制度打破，土地公有變為私有了；(2) 諸侯設法向外擴張領土與殖民、勢力，彼此衝突，因此引起國內戰爭。由以上兩個結果中再產生下面的結果：從前貴族階級必要崩潰，社會秩序必要紊亂，而一般人的生活就要發生動搖。由是封建諸侯的勢力日大，從前的典型制度漸被打破，禮教喪失了它們的神聖權威，社會上的一切自然發生巨大的變革，而知識分子的言論與思想當然要衝天而出，乘時而怒放了。

二　思想之怒放

在西周典型的封建社會之下，能夠受高等教育的只有少數貴族階級，能夠受初等教育的或只有住在城市中的市民，至於一般庶民受到教育的機會是很有限的。貴族階級所受高等教育，也不過誦經典、背掌故、演習紳士的禮節，並沒有很高深的學術之研究，所以在西周三百多年沒有一個學者產生，這個時期的民眾仍是過著蚩蚩的生活。可是一到東周，人類的學術思想，隨著社會的劇變而突放異彩，演成上古學術史上的黃金時代。我們根據前一段所述社會變遷的種種情形，可將本期的學術思想之突發的原因概括為數點於下：

（1）自莊園制度破壞，特殊階級亦隨著崩潰，尤其是下級貴族根本喪失了地位，下降為平民了。他們原多知識分子，失位以後，把官府裡面所祕藏的禮樂詩書隨著帶到平民社會中，招致門徒，講學傳道，知識因此日漸普及。[1]

（2）這一班失意的貴族，兩眼看見事事不如古，從前被他們所役使的庶民現在也抬起頭來向人驕傲了，神聖的禮教也被輕蔑了，在感慨橫生之際，自然要發表他們牢騷的言論。

（3）在這個時候，列國互立並爭，世卿之觀念既被打破，當時諸侯爭自延攬人才以資輔佐，一班新興的策士生遇到這個良好機會，莫不奮發磨礪，研求學術，希圖獵取官位與榮名，而學術因此大放異彩。[2]

（4）列國競爭愈烈，殺人愈厲害，刀兵之後繼之以饑饉瘟疫，人民幾難以為生。[3]且禮教既破，舊道德無以維繫人心，人皆為所欲為，不論善惡好壞，一切不復顧忌。於是有些憂民憂世的知識分子，應運而生，他們對於這等現象的社會皆抱有要求解決的願望，則學術之有系統的研究因此出現，我們所要討論的教育家及其學說也就從此誕生了。

　　班固謂諸子皆出於王官。所謂王官，既有知識的貴族階級，失位以後自能以其平日所守所懷抱者發為自成一家之說。

本章參考書舉要

　　(1)《國語》、《國策》

　　(2)《孟子》

　　(3)《詩經》

　　(4)《先秦政治思想史前篇》（梁啟超）

　　(5)《中國古代社會研究》（郭沫若）

　　(6)《中國哲學史大綱》上卷（胡適）

---

[1]　《孟子・滕文公》：「彭更問曰：『後車數十乘，從者數百人，以傳食於諸侯，不以為泰乎？』」

　　《呂氏春秋・尊師篇》：「孔學徒屬彌眾，弟子彌眾，充滿天下。」

　　《史記・孔子世家》：「孔子以詩書禮樂教弟子，蓋三千焉，身通六藝者七十有二人。」

[2]　按《史記》如秦孝公、齊威王、宣王、梁惠王、燕昭王，乃至孟嘗、平原、春申、信陵之四公子，咸以禮賢下士相尚。

　　《漢書・藝文志》：「諸子百家皆起於王道既微，諸侯力政，時乃世主，好惡殊方，是以九家之說蜂起並作，各引一端，以此馳說，取合諸侯。」

[3]　《孟子・梁惠王》：「爭地以戰，殺人盈野。爭城以戰，殺人盈城。」

　　又：「彼奪其民時，使不得耕耨，以養其父母，父母凍餓，兄弟妻子離散。」

第六章　東周教育家及其學說

第一節　概論

往古九流百家諸士藝術眾
元明壁畫，現存於山西石玉縣保寧寺。

第二期　東周（西元前 770 年—西元前 222 年）

　　東周時代的學派，司馬談分成六家，並作了一篇〈六家要旨〉；班固作〈藝文志〉，別為九流；也有人稱諸子百家的。但在當時，他們的學說，勢力最大且關於教育思想比較重要的，只有儒、道、墨三家。道家始於老子，其後有楊朱、莊周兩派。儒家始於孔子，及門弟子最多，其後分孟軻、荀卿二派。墨家始於墨子，弟子眾多，差不多與孔門相等，其後有宋鈃、列禦寇諸人。老子著《道德經》，追慕羲黃時代的無為主義，所以他在政治方面提倡「小國寡民」，在教育方面提倡絕學主義、禁慾主義。孔子的思想以《論語》為中心，《禮記》裡面也可以看出一部分，他是追慕唐虞時代的揖讓主義的，所以對於政治主張「禮讓為國」，對於教育提倡培養「君子」的人格。墨子的思想以《墨子》為中心，他是追慕夏禹時代的犧牲主義的，所以在政治方面提倡人才主義，在社會方面提倡兼愛主義，在教育方面提倡節約、勤勞及利他主義，羲、黃、堯、舜及夏禹，在中國上古史上，是否真有其人，我們卻不敢斷定，此處所謂「追慕」，也許是他們的心中之「假想」。老子完全是部落時代的思想，尚未脫離氏族社會孔子是封建時代前期的思想，墨子是封建時代後期的思想，這兩人比較老子皆進了一步；但其富於懷古的意味，富有對於當代的政治之不滿的心理，彼此是相同的。這三家的學說，各經直接和間接弟子的擁護與推演，遂形成中國學術思想史上三個體系，其後分支雖多，而他們各家的根本思想卻是始終一貫。不過儒家的學說與中國社會的進展、政治的演變及民族的習慣，較為切合，所以愈傳而勢力愈大，支配中國民族的心理亦最深且久。老、墨二人的言論關於政治方面較多，關於教育方面較少。孔子一生講學時期最長，對於教育的言論發表得很多，自此儒家多以教育為主業，而中國史上的教育事業差不多完全被他們占有。對於人類天性的研究，除儒家外，道、墨兩家皆不多談；但孔子只說了一個「性相近」，到了戰國遂分孟、荀兩派——一主性

善，一主性惡。其後對於天性的研究，亦只有儒家中人，不過到後來，他們愈說愈玄妙了。

守藏室之史，周代管理圖書家文物典籍的史官。

第二節　老子

一　老子何人

司馬遷作《史記》，以神話體式傳老子，據說相傳有三人：一為李耳，二為老萊子，三為周太史儋。李耳字聃，是楚國苦縣人，在東周王室曾做過**守藏室之史**，從前史書上均說《道德經》五千言是他的作品。我們給教育家作傳記，應以其學說為主體，若以《道德經》為李耳所著，此處所謂老子應當歸到李耳名下。李耳生於春秋哪一年，史書沒有明確的記載，不過《禮記·曾子問篇》有孔子向老子問禮的故事，《史記·老子列傳》也載明這一段事，後人因此推斷著《道德經》的老子確生在孔子之前。近人胡適且謂「大概孔子見老子在三十四歲與四十一歲之間，老子與孔子至多不過大二十歲，當生於周靈王初年，當西元前五七〇年左右」（《中國哲學史大綱》第三篇「老子」）。唯清人汪中作《老子考異》，獨持異議。他以著《道德經》五千言的是周太史儋，生於戰國時代，在孔子之後數十年，與孔子問禮的老聃絕不相干。[1] 自汪氏之言出，遂有許多人把著《道德經》的老子列在孔子之後，梁啟超就是主張後說的（見《先秦政治思想史前編》）。著者從前以〈曾子問〉所載老子答孔子的詞氣與《道德經》絕不相類，因主汪說。現在已變更前說：《道德經》五千言雖較〈曾子問〉上所載多激烈，但在消極方面是反禮教的宣傳，在積極方面確是提倡無為主義，追慕氏族時代的部落生活。這種思想，

與其說它是革命的，不如說它是倒退的，唯深知禮教的內容才能對於它作徹底的攻擊，故兩處的詞氣——〈曾子問〉上所載與《道德經》——實非根本上的矛盾。且答孔子問諸語，並非擁護禮教，不過一種隨問隨答的形式，故在此處另斷著《道德經》的是李耳之老子，此人應列在孔子之前。

　　汪中（1744-1794），清代學者。字容甫，江蘇江都人。精於史學，曾博考先秦圖書，研究古代學制興廢。著有《廣陵通典》、《容甫先生遺詩》等。

　　〈曾子問〉，《禮記》中的第七篇，是採用孔子與曾子問答的形式，專門談論「禮」的。

二　無為主義

　　老子的哲學思想即「無為」兩個字。無為主義即順應自然、反對人為的主義。他以為宇宙間有一個自然法則，是極美滿而不可變的。我們人類能夠順著這個法則過生活，毫無所用其計巧，我們的生活就是美滿無缺的生活。這個自然法則，業已充滿了宇宙全體，詮定了宇宙運命，運用到人類社會而有效的。這個自然法則原無可名，若強要加它一個名，叫它做「道」也可。[2] 在原始社會時代，人類全是順著自然過日子，所以日子過得極其舒服。可是到了後來，一般自稱聰明賢哲的人們，故意造出種種禮樂、法度、規矩、教育、刑法等類來箝制人民，矯正人民。他們又強定出什麼善惡、美醜、長短、高下以及仁義道德、忠孝節義種種名稱來誘惑人民，欺騙人民。從前的生活多麼舒服自由，自被他們這樣一來，他們緊緊被圈在檻車裡面。「如享太牢」似的，這不是多麼痛苦嗎？但是人類的天性是愛自然的，如果以違反自然法則造出種種

束縛或干涉來，則人民反抗的動力必定縱橫俱起。那一班自稱聰明賢哲的人們看見社會上發生了兀陧不寧的現象，又設置什麼官吏、警察、軍隊，對著人民施行層層的壓迫。哪知愈干涉愈壞，愈壓迫愈糟，而社會上的一切禍亂由此而起。由老子的眼光看來，現在社會上的罪惡，全是世俗所謂文明的產物，違反了自然法則的結果。所以他說：

> 大道廢，有仁義；智慧出，有大偽；六親不和，有孝慈；國家昏亂，有忠臣。

> 失道而後德，失德而後仁，失仁而後義，失義而後禮。夫禮者，忠信之薄而亂之首。（均見《道德經》）

現在只有把所有罪惡文明的產物一齊毀滅，反諸原始社會，順應自然，我們才有快樂的生活。所謂「絕聖棄智，民利百倍；絕仁棄義，民復孝慈；絕巧棄利，盜賊沒有」（同上）。老子這種反封建主義，反對封建時代的一切禮教及特殊階級，其精神極可欽佩；但認社會一切罪惡皆是文明的產物，提倡無為主義以歸於原始社會時代的自然生活，過於倒傾，與社會演進律實相違反，中國民族之缺乏進取精神，多半受了他的無為主義的影響。

三 禁慾主義

老子返於自然的學說與法國人盧梭（Rouseau）的自然主義殊不相同。盧梭除了反對現代文明以外，並且極力鼓吹個性的發展，故他的自然主義是偏於情感方面的。老子與盧梭不同：他一方面固然反對現代的文明，另一方面可是極力限制個性的發展。他承認人類是有慾望的，慾望之發生由於感官與外物接觸的原因，所謂「五色令人目盲，五音令人耳聾，五味令人口爽，馳騁田獵令人心發狂」（〈檢欲篇〉）。慾望發達到

了高度，彼此一定會起衝突，於是影響社會的安靜。所以要求社會的安寧，一方面須絕對禁止製造人為的引誘品，一方面也要加以限制個人的感官之發達，所謂「不見可欲，使心不亂」；所謂「見素抱樸，少私寡慾」。老子是反對恣情縱慾的人，是主張克己自修的人，人人能夠克己自修，社會自然安寧無事，用不著軍隊、政府的管理，用不著法律、道德的制裁；故他的自然主義要返於原始社會與盧梭略同，而他的禁慾主義，含有很深刻理性的意味，則與盧梭不同了。換句話說，老子不過要去掉外來的制裁——社會的制裁，而代以內發的制裁——個己的制裁；盧梭的主張是漫無所制裁。

四　絕學主義

人心之壞，壞於有知識；知識愈多的人，思想愈複雜，能夠想出種種計劃來害人亂事，所謂「民之難治，以其智多」。人生之苦，苦於有知識；知識愈多的人，慾望愈奢，物質的供給不能滿足他的要求，則種種痛苦煩惱蜂擁而來，所謂「禍莫大於不知足，咎莫大於欲得」。要救以上的毛病，莫如「絕學」。絕了學，就不會有知識，就不會有慾望，則種種害人的事及惱人的事皆不至於發生，所謂「絕學無憂」。所以他主張「塞其兌，閉其門，終身不勤」（〈歸元篇〉），愛惜你的身體，保養你的元氣，「昏昏，悶悶」，一生如嬰兒尚未成孩的狀態，能夠終生保持這種狀態，則與人無忤，我視若愚，個人心地得以安寧，社會自然得享太平。

老子反對人為，因此反對教育，所以提倡絕學主義。這種主義，並非愚民政策，完全是他的一貫的復古思想，因為草昧未開的時代，所有民眾原是蚩蚩貿貿的。不過既提倡無為，則不應主張禁慾，禁慾即「為」的修養工夫，未免自陷於矛盾；但由此可知老子雖然極力地作復古宣

傳，而他的腦筋裡尚富有封建時代的成分。

第三節　孔子（西元前 551 年—西元前 479 年）

一　生活小史

　　孔子名丘，字仲尼，在我們二千五百年前——東周時代——生於山東曲阜縣。他的祖宗本來是一個貴族（宋微子之後），不過在他五世以前業已降為平民。在地位上雖降為平民，但他的家庭情形及生活狀況，尚未脫離貴族習氣——保存不少從前的遺風舊典。曲阜是當時魯國的地方，魯國是周公的封邑，周公是周朝開國制禮作樂的最大功臣。照周朝的例子，只有王城之內才能建立四代的大學，諸侯都邑僅能建立當代一個大學。成王以周公有大勳勞於王室，特別表示優崇，允許魯國得建四代之學，一切車服禮器均仿王者辦理；所以後來周朝的王權雖衰，而典章制度在事實上業已轉移到魯國了。孔子生在貴族的家庭，長在禮教的邦國，享受著這種美好環境的陶冶，所以為兒童時便能陳俎豆，入少年時即知習禮節。

　　據《史記》上說，孔父叔梁紇原有一妻一妾，晚年又娶顏氏生孔子，似未脫貴族習氣。

　　周朝到了春秋末年，昔日制定的禮樂政教，已是百孔千瘡，差不多瀕於破產；社會因戰爭的關係也呈種種紊亂不寧的現象；「暴行邪說」，一齊發作。孔子在少年時代既感受到很深的封建教育，長大了自然容易成功一位擁護禮教的人物。在這個時候，他兩眼既接觸到種種「世道不古」的刺激，於是發生了一種強烈的興奮，慨然以挽回世道、拯救民生為己任。要實現他的這個志願，只有從政教兩方面下手：有機會時，登

上政治舞臺，從改良政治以挽救時局；沒有機會時，退處草野，從提倡教育以挽救時局。所以當他二十歲以後，一面做官，一面講學。但他所講的學問都是禮教，所談的政治都是王道，很不適合時君的好尚，屢欲嘗試而屢不得志。只有一個時期——從五十一歲到五十六歲，得到較好的機會，留在魯國做官做到宰相的地位。從五十六歲以後，他又不得志於魯國了，於是周遊列國，兩馬一車，僕僕風塵了十三年。六十八歲以後，覺得時局終無希望，乃因老還鄉，專門著書立說，講學傳道，把舊有的禮樂詩書通同審訂一番，把魯國的史書——《春秋》——嚴正地纂修一遍，於是他的年紀已老了，他的一生事業也告一個結束了。

　　孔子生於周靈王二十一年，死於周敬王四十一年，共計活了七十三歲。自二十歲講學起，到老死為止，差不多一生講學了五十年，所以及門弟子布滿天下。春秋末了，社會上已呈現一種新的局面。但孔子還是舊時代的人物，他的事業無非「祖述堯舜，憲章文武」（《中庸》第三十章），「修成康之道，述周公之訓」（《淮南子·要略》）；所以及門弟子雖眾，而道仍不行。當他三十歲時，好學心切，為禮教問題，曾往周室訪問過老子，當時對於老子的言論雖頗折服，但他二人的主張終是各走一路。孔子是儒家的老祖，關於儒家的政治哲學，非本書所討論的範圍，我們只就其與教育有關係的言論，提出來說說。

二　性質論

　　儒家論性始於孔子，而孔子卻沒有詳細的解釋，尤未曾提及「善惡」二字。他只有這樣一句話：「性相近也，習相遠也。」（《論語·陽貨》）他以為人類的性質不可以善惡區分，只可以清濁區分。若以善惡區分，實無什麼差異，所有的人差不多是完全相近的。但吾人的行為，在事實

上卻有善惡之不齊，是何原故？這都是由於出世以後，受了環境的習染。因各人所處的環境不同，則各人所受的習染不能一致，於是日久月深，顯出很大的差異來——習於善的則趨於善，習於惡的則流於惡了。環境移人的力量既然很大，所以要注意於環境的選擇，無論交接朋友和毗處鄉鄰，皆須特別慎重。[3] 但善惡雖由環境所演成，而最初萌生時只在一念之差。此一念之差謂之動機，動機善的時候可以成就一個善人，動機惡的時候可以成就一個惡人，所以孔子把它看得非常重要，教人須在這上面用工夫。

至於性質之清濁的區分，謂之智慧——性質清的謂之智，性質濁的謂之愚。孔子分析人類的智慧為上、中、下三等。中等智慧的人富於可塑性，可以使之向上，亦可以使之向下；上等智慧的人雖處在極壞的環境裡頭，也不能埋沒他們的性靈；下等智慧的人縱令給以極好的教育，恐怕也難使他們變做聰明。所以他說，「唯上智與下愚不移」（《論語·陽貨》）；「中人以上，可語上也；中人以下，不可以語上也」（《論語·雍也》）。但人類的智慧雖有高下不等，孔子卻認為不甚重要，只要自己能夠努力，將來還是一樣可以成功；所謂「生而知之者上也，學而知之者次也，困而學之又其次也；及其成功，一也」（《中庸》）。

三　教育目的

在東周時代，知識雖然逐漸下逮於平民，實際上能夠受教育，列為知識分子的，仍是少數——此少數之知識分子，我們稱做「士」。不過從前之士為一固定階級——下級貴族，此時因社會的劇變，打破固定的階級，凡有知識的人們通同可稱為「士」。但此時之士雖沒有固定的階級，卻多屬於有閒階級或優秀分子；既列為士了，仍能享受社會的特殊

待遇，做四民的領袖，獨有政治上及社會上一切權利。孔子平日講學多對這一班人說法，意在培養他們好去執行國政，管理人民；故他的教育目的即在培養士族階級的領袖人才，「君子」就是此項領袖人才之模範人格。試讀《論語》及周、秦諸書，凡孔子及其弟子所形容君子的一切言行，無不是針對模範人格說話，便可知道。從士人到君子，殊不容易，中間必須經過幾許的培植和訓練。士人教育到了君子的地步，則修養可算成熟，於是不激不隨，有為有守，藹然一副儒者氣象。這種人格，不僅富於知識，實優於品性，得志時能致君澤民，不得志時能安貧樂道。國家若是有了多數的這種人才執行政務，則政治必然清明；社會有了多數的這種人才主持正義，則風俗必然醇厚——這就是孔子的教育目的。

四　學習方法

　　孔子對於求學的方法，歸納與演繹二者並用。歸納法即是他所說的一個「學」字，演繹法即是他所說的一個「思」字，「學而不思則罔，思而不學則殆」，謂之學思並用主義（《論語・為政》）。「一事不知，學者之恥」一句俗語，正合孔子的求學主張。凡日常生活的一切事物與知識，我們全應知道，全應學習。但那些事物和知識不必全是能夠施諸實用的，我們須用歸納法歸納起來，抽出它們的共同點，或有用之點，作為我們應事的標準，所謂「博學於文，約之以禮，亦可以弗畔矣夫」（《論語・雍也》）。宇宙間的事物無窮，若要件件學習，似嫌笨拙，所以於力學之外，須加上一半思考的工夫。用思考的工夫，任意抓住一件事物的要點，根據這個要點可以推論一切事物均有與此相同的屬性，謂之推理作用。他告曾子及子貢二人的「一貫之道」，就是這種推理作用。[4] 有了推理作用，「聞一可以知十」（《論語・公冶長》），「舉一可以反三」（《論

語·述而》),「其或繼周者,雖百世可知也」(《論語·為政》)。

除了歸納與演繹兩個方法以外,在學習上,還有兩個重要之點:(1)反覆練習,(2)興味主義。長足地往下學去,而不反覆練習,所學的東西一定容易遺忘。若是努力地反覆練習,不僅能夠得到好的記憶,並且可以推陳出新,意味無窮。所以他說:「學而時習之,不亦悅乎!」(《論語·學而》)「溫故而知新,可以為師矣。」(《論語·為政》)學習而不本諸興味,所得效果必小,故他說:「知之者不如好之者,好之者不如樂之者。」(《論語·雍也》)求學固然貴有興味,但興味是從努力得來,所謂「發憤忘食,樂以忘憂」(《論語·述而》)。這是間接的興味主義。直接的興味,意義膚淺,過時即滅。若是用了一番苦工夫,得到其中奧妙,真是意味無窮,所以間接興味是我們應當養成的。

五　教授方法

孔子平日教人,總是行重於知。他說:

弟子入則孝,出則弟,謹而信,泛愛眾,而親仁;行有餘力,則以學文。

多聞擇其善者而從之;多見而識之,知之次也。

(均見《論語·述而》)

我們分析他所教的內容,據《論語》所載,分為「文、行、忠、信」四項(《論語·述而》)。關於文的,就是他平日嘗說的「禮樂詩書」;[5]關於行的,就是小之灑掃應對,大之致君澤民;關於忠與信的,即是修身的道理。他的教授方法,是很靈活的。(1)或因學生的能力而加以相當的培植,或因他們的缺點而施以適當的補救,所謂「栽者培之,傾者覆之」(《中庸》第十七章)。同一問仁,而所答不同;同一問孝,而所答

不同；同一問行，所答亦不同。這種方法，昔日謂之因材施教，現今叫做適應個性。[6]（2）孔子與學生問答的時候，有時引起他們的動機，有時完全讓他們發動，從未有學生未曾注意或絕無機會，而竟按照一定的課程每日死教的，所謂「不憤不啟，不悱不發」（《論語·述而》）。這種教法，以今語解釋，謂之「啟發式」，又可以說近於「自動主義」。孔子平日這樣教人，能使學生滿意，讚美他是「循循善誘」（《論語·子罕》）。孔子的弟子雖多，講學雖久，但未有固定的講壇，他的學生多半隨從他四方遊歷，一面遊歷，一面講學，是一種流動式的講壇制。[7]他的教育宗旨偏重士族階級的培養，固有時代性，而他這種靈活的教學法，因人因時隨處不同，這一點至今猶有價值。

　　唐虞三代，指自堯、舜至夏、商、週三代。唐、虞都是國號，指堯、舜。

　　在患難中，門弟子從孔子於陳、蔡、衛、宋諸國的情形，見《論語》、《韓詩外傳》及《史記》。

六　結論

　　孔子是一位舊時代的人物，追慕**唐虞三代**的賢人政治，在他的言行中是可以看得出來的。因其如此，所以頗不重視女子的地位及民眾的教育。不過他的精神，充滿了仁義，充滿了情感，悲天憫人之懷愈老而愈切。即平日與門弟子講學，也是以至誠相感召，以人格去感化，樹立千載師門友愛的懿風。試看他們師生間情感之濃厚，說來真是令人驚倒，就是父子兄弟間也未曾有。孔子抱著滿腔憂國憂民的熱忱，總是失意時多、得意時少。當他奔走海內的時候，經過許多的患難與困苦，他的學生總是始終相從，死生不貳，有的給他解懷，有的給他排難，精神凝

結，幾無以復加。顏淵早亡，孔子是慟哭非常，曰：「天喪予！」孔子死了以後，門人於三年心喪期滿，猶含悲不忍離別（見《論語·先進》、《孟子·滕文公》及《史記·孔子世家》）。這種友愛的情感，全是他平日以人格感化得來的。後來一班弟子們在主張上雖各執一說，但在精神上都有「守死善道」、「中立不倚」的風度，儒家所謂「士君子」只有他們才配充當。師生間友愛的關係，人格感化的教育，大大影響中國後來的民族道德；也只有在封建時代才有這種美德，若是拿在裝滿功利的資本主義國家的民族眼中觀之，一定奇怪。

〈滕文公篇〉，作者這裡因前已揭出作者，所以只用篇名，略去了書名。下文〈顯學篇〉亦如此。此為當時行文習慣之一種。

第四節　墨子

一　墨子與儒家

在春秋戰國時代的思想界上，與儒、道兩家鼎足而三的有墨家。孟子說：「楊朱、墨翟之言盈天下，天下之言，不歸楊則歸墨」（〈滕文公篇〉）；韓子說：「世之顯學，儒、墨也」（〈顯學篇〉），可以想見墨學在當時之雄風。墨家老祖姓墨名翟，世稱墨子。墨子著有《墨子》五十三篇，除了發表俠義主義的墨家哲學及辯證法外，其中多攻擊儒家之詞；後人以此說他是與儒家處於極端反對的地位，其實儒、墨兩家卻是同源而異流。我們只要《墨子》打開一讀：稱堯、舜、禹、湯、文、武為聖王，桀、紂、幽、厲為暴王；又屢言仁義、忠臣、孝子及善惡美醜等名義，差不多與儒家同一口吻。不過墨子是一位實行家，功利主義者，眼見當時的社會與周初的社會情形是大不相同了，周初粉飾太平的禮教，

種種繁文縟節，實在不適於現在社會生活，而孔門諸徒不識時務，且愈講愈瑣碎，越發令人厭煩；所以他毅然起而倡改革之論，極力革除不適宜於現時社會需要的節目，再加上自己一部分的創見；他自己在思想上於是另成一派，吾人贈他一個徽號曰「墨家」。[8]

再考儒家的倫理觀念，是「男女有別，尊卑有序」八個字。要維持這八個字，在政略上施行禮教，在宗教上提倡喪祭。（其實喪祭亦屬禮教之一。）觀墨子攻擊儒家的，不過說他們：(1)「不說天鬼」，(2)「厚葬久喪」，(3)「習為音樂」，(4)「以命為有」四點（《墨子·公孟篇》及〈非儒篇〉），而對於儒家的根本主張，並不攻擊，且大致相同。第二、第三兩點全是枝節問題；墨子且亦未完全推翻，不過「去其太甚」是了，毋庸代辯。墨子對於第一點所以提倡天鬼之說的，不過因當紛亂的社會無法挽救，只有假借神道的權威，來規範天下的人心；天既有了意志，能夠主宰萬物，個人的運命就不能存在了。且儒家雖不說天鬼，亦未嘗不信天鬼。孔子說：「獲罪於天，無所禱也。」又說：「鬼神之為德，其盛矣乎！」於此可見一斑。至於第四點命運之說，儒家不過遇到無聊時拿它來解嘲，自己安慰自己罷了，他們也不是靠命吃飯的人，豈獨墨家？[9]

還有一點不同的：儒家言為人之極致在「仁」，墨子言為人之極致在「義」。孔子說，「克己復禮為仁」，教育的工夫即在完成一個「仁」字，有了仁則為完人。墨子說，「夫義，天下之大器也」（〈公孟篇〉）；「天下有義則生，無義則死」（〈天志上〉）；「是故擇天下賢良聖智辯慧之人立以為天子，使從事乎一同天下之義」（〈尚同中〉）。教育的工夫即在完成一個「義」字，所以他有貴義的主張，求學即所以為義。我以為儒、墨兩家的精神之根本不同，即是「仁」與「義」兩字的區分。

關於墨子的生死及籍貫，當時的史書沒有記載。到後來，有的說他

是宋人（《百子全書·墨子篇目考》）；有的說他生於魯，仕於宋（《墨子閒詁·墨子略傳》）。有的說他與孔子同時，稍後於孔子（汪中《述墨學·子序》）；有的說他與子思同時，而生年尚在其後（《墨子閒詁·墨子年表序》）。我們觀察墨子的思想與儒家同一淵源，似乎在魯國受了儒家很深的教育，說他是魯國人比較可靠。至於他的生死，胡適根據汪說，斷定他大概生在周敬王二十年與三十年之間，死在周威烈王元年與十年之間，當他出世時孔子年已五、六十歲了（《中國哲學史大綱》第六篇）。這個斷定，尚屬鑒實，我們毋庸另行考證。

二　兼愛主義

墨子推論社會的亂源，起於「不相愛」。「子自愛不愛父，故虧父而自利；弟自愛不愛兄，故虧兄而自利；臣自愛不愛君，故虧君而自利。……大夫各愛其家不愛異家，故亂異家以利其家；諸侯各愛其國不愛異國，故亂異國以利其國。」（〈兼愛上〉）人人不相愛，彼此交相虧，所以天下大亂無已。但是個人莫不自愛其身，當孝子的人莫不想愛他的父母，當慈父的人莫不想愛他的子女；同時對於他人之身及他人的父母和子女，亦當表示同樣的愛，然後能夠使他人愛我之身及我的父母和子女，如我自愛的一樣（〈兼愛下〉）。使他人能夠愛我及我的關係人如我自愛的一樣，而後愛的意義才大；使社會人人能夠彼此這樣相愛，而後愛的範圍才得以普及。所以要挽救天下的大亂，和達到各人自己所欲愛的目的，應當「兼以易別」（〈兼愛下〉）：「視人之身若其身，視人之家若其家，視人之國若其國」（〈兼愛上〉），就是把他人的父母，當成自己的父母；把他人的子女，當成自己的子女。能夠如此交相利、兼相愛，天下為情感以充滿，社會如一家的同胞，而虧人利己之事自然不會發生。

　　墨家主義以「義」為中心，以「兼愛」為出發點，以「興利除害」為工夫，以「樂生互助」為目的。最善的行為，莫如行天下之利，除天下之害。最好的政治，亦莫如興天下之利，除天下之害。要為天下興利除害，即要使世界人類沒有一人有一毫之本利，沒有一人有一毫之受害，則必要富有極大的熱情——就是有視人如己的精神。這種精神，就是兼愛主義的精神。故以兼愛為出發點，自無人我之分，自然能夠悲天下之痛，憫天下之窮；見別人掉下火坑了不得不捨身援救，於別人有利益的事情不得不設法幫助。這種行為就是「義」的行為，這種政治就是「義」的政治。人人為義，事事皆合於義，則人類樂生互助的目的必可以達到，人類必可以進於世界大同。此墨子的理想，也就是墨家主義的精神。

三　對於精神教育的三個要素

　　墨子以兼愛為出發點，善養而擴充之，在精神教育方面，於是產生三個要素。

　　（1）積極的精神。據《墨子・貴義上》說：「子墨子自魯即齊，過故人。謂子墨子曰：『今天下莫為義，子獨自苦而為義，子不若已！』子墨子曰：『今有人於此有子十人，一人耕而九人處，則耕者不可以不益急矣。何則？則食者眾而耕者寡矣。今天下莫為義，則子宜勸我，何故止我？』」正因天下不肯為義，所以自己更要加倍為義，這是何等積極的精神，何等勇於任事的精神！

　　（2）犧牲的精神。據〈公輸篇〉上說，公輸般為楚國造了一座雲梯，預備去攻宋國的。墨子聽到了這個消息，即刻出發，走了十日十夜，來到楚國，勸他們取消攻宋的計劃。費了許多唇舌，冒了多少危險，結果

是說服了楚王。這種精神，是犧牲的，即是利他的。所以孟子形容他說：墨子兼愛，苟利天下，縱摩頂放踵而亦為之。所以他的學生，為義而犧牲的，為救他人而戰死的，非常之多。

（3）平民的精神。墨子提倡節用，主張薄葬，反對音樂，種種都是為勞苦大眾設想，反對封建的享樂主義，以表同情於平民的。他的學生敘述他的主張有一段話：「子墨子之所以非樂者，非以大鐘鳴鼓琴瑟竽笙之聲為不樂也，非以刻鏤文章之色以為不美也，非以芻豢煮炙之味以為不甘也，非以高臺厚榭遂野之居以為不安也，然上考之不中聖人之事，下度之不中萬民之利。故子墨子曰：『為樂非也。』」（〈非樂篇〉）這都是平民思想的表現。他們師生，穿的是短衣，吃的是藿羹，手足胼胝，面目黧黑，終身為人服役而不求享樂，這是多麼勞動化的精神。

四　方法論

研究的方法，墨子與儒家完全不同，或許墨子對於學術最大的貢獻即在他這一點。儒家對於無論何事只說出一個「當然」，墨子並要問出一個「所以然」。〈公孟篇〉上有一段話：

子墨子問於儒者曰：「何故為樂？」曰：「樂以為樂也。」子墨子曰：「子未我應也。今我問曰：『何故為室？』」

曰：「冬避寒焉，夏避暑焉；室以為男女之別也。」則子告為室之故矣。今我問曰：「何故為樂？」曰「樂以為樂也」，是猶曰「何故為室」？曰「室以為室也」。

儒家只高懸一個理想，教人以「應當如此做」就好了，至問「為什麼如此做」則不必討論。墨子不然，非要問他「為什麼如此做」不可，能夠答出一個「為什麼」，我們才可放心去做；不能答出一個「為什

麼」，我們就不肯輕易去做。換句話說，無論什麼東西必要有一個理由，總要有一個用處。知道了它的理由和用處，才知道它的是非善惡，才是真知，我們實行時才有一種非做不可的精神。中國人素來頭腦籠統，不善分析，墨子這種研究的精神、分析的頭腦，很可以用來診治，故墨子學說裡面要以此點為最有價值。

五　結論

墨子是一個勤勞主義的教育家，是一個苦行的宗教家，也是一個利他主義的實行者；所以他一生奔走列國，講學傳道，致使「突不得黔」。他之崇拜夏禹，即所以取法夏禹的節儉勤勞之精神；他之所以特重「義」者，正所以表示他以天下為己任的俠義精神。墨子雖然取捨與儒家不同，但在當時他的學說是與孔學齊名，他的及門弟子也是與孔門並稱。[10] 墨學既與孔子齊名，弟子亦極眾多，其傳授之系統如何，沒有專書可考。但據韓非子說：「自墨子之死也，有相裡氏之墨，有相夫氏之墨，有鄧陵氏之墨。」（〈顯學篇〉）又據《莊子》說：「相里勤之弟子，五侯之徒；南方之墨者——苦獲、己齒、鄧陵子之屬：俱誦《墨經》而倍譎不同，相謂別墨。」（〈天下篇〉）近人胡適由此別為宗教的墨學與科學的墨學兩派。我們從教育方面看，宗教的墨學以禽滑釐、公尚過等人為著，他們仍守著兼愛主義和勤勞主義。

《墨經》，《墨子》書中的重要部分，是戰國時墨子後學進一步發展墨子思想的著作。內容包括〈經上〉、〈經下〉、〈經說上〉、〈經說下〉、〈大取〉、〈小取〉六篇。

第五節　孔門弟子

一　同門之盛

　　孔子一生講學將近五十年，及門弟子布滿了天下，其總額相傳約達三千之眾，而身通六藝的已是七十多人。[11]既認教育為挽救時局之一策，所以向持「有教無類」主義，無論何人，只要你是誠心求教，我沒有不開誠訓誨的。[12]他的學生，有世子、有官僚、有商人、有大盜、有流氓，但自入孔門以後，人人都受他的感化，使他們皆變成有用的器材。[13]但是他的學生，究竟狷者多而狂者少，論到氣魄之偉大，學說思想之圓通，不及老師多了；因此，學生崇拜他也算到了極點。[14]孔子在當時不過是一個有知識的士大夫，他的聲譽與勢力所以獨雄於後世的，也幸賴這些「中心悅而誠服」的弟子幫他宣傳。

　　在眾弟子中，較著名的，據他們自己所記，可分為四類：(1) 長於德行的，有顏淵、閔子騫、冉伯牛、仲弓；(2) 長於言語的，有宰我、子貢；(3) 長於政事的，有冉有、季路；(4) 長於文學的，有子游、子夏（見《論語·先進》）。又據韓非子說，孔子之後，儒家分為八派：有子張氏一派，子思氏一派，顏氏一派，孟氏一派，漆雕氏一派，仲良氏一派，公孫氏一派，樂正氏一派（見《韓子·顯學篇》）。這兩家分類，皆不足以包括孔門重要的全體；即這十數人中，其言論思想也難一一考見。《論語》、《禮記》及《韓詩外傳》等書中，雖間或記載所言二三，又與教育理論無關，無可記述，我們只有採取《大學》和《中庸》兩書。《大學》相傳是曾子作的，《中庸》相傳是子思作的——這兩部書原為《禮記》中的兩篇。自北宋河南程氏認為有關身心性命之學，從《禮記》中抽出來，加以表彰；南宋朱子接著一宣傳，於是它們的聲價飛騰於世

了。《大學》言格物致知正心誠意，《中庸》言性與誠，皆為宋、元以後的儒者所宗法，而宋、元、明、清八、九百年的學術及教育界上，差不多完全被這數字占領。以下我們說明這兩本書的分別。

二　《大學》

程子說：「《大學》，孔氏之遺書，而初學入德之門也。」朱子說：「《大學》之書，古之大學所以教人之法也。」換句話說，《大學》一書，是古代大學裡面所用的教材，以它教給「初學入德」的學生聽的。它的內容，有經一章，有傳十章。經凡二〇五字，傳是所以解釋經的；所以這一部書通篇的大意只在二〇五個字的經文上，懂得這二〇五個字，全書自可以了解了。全書教人所做的工夫分成兩節，一律以修身為本。修身以前，在明明德；修身以後，在新民。在明明德的工夫裡面，包含格物、致知、誠意、正心四個步驟；在新民的工夫裡面，包含齊家、治國、平天下三個步驟。明明德是本，新民是末，而以修身為基礎。明明德是向內的工夫，新民是向外的工夫，而以修身為樞紐。其實這兩種工夫是一貫的，不過當人手做時有先後不同罷了。兩種工夫包含七個步驟，加上中樞的修身，共計八個步驟。工夫的步驟雖有八個，而全副精神只在一個重心上面；迨這個重心的工夫做到了，其餘皆可以迎刃而解。工夫的重心就是「格物」兩個字，格物的工夫做到了，自然可以做到致知；由此下推，知致了，自可以誠意；意誠了，自可以正心；心正了，自可以修身；身修了，自可以齊家；家齊了，自可以治國；國治了，自可以平天下。

格物、致知、誠意、正心及修身五種，屬於身心性命之學，齊家、治國、平天下之三種屬於政治之學。由格物、致知做到治國平天下，即

從一身之內教起，教到有管理天下國家的知識。由格物、致知做到治國，平天下，即從一身之內做起，做到有管理天下國家的能力。教育的最終目的在於使學生能夠治國、平天下，這種教育自然是政治領袖人才的教育。做人的基本工夫在於有良好的身心修養，這種人物自然是賢人一流的人物。但由格物做到平天下，兩種工夫、八個步驟，每個都要做到止於至善，可不容易。能夠做到這種工夫的賢人，一定是最篤實、最完全而又無所不知、無所不能的人。大學裡頭培養的如果儘是這等人才，國家任用的如果儘是這種領袖人物，一定可以做到黃金世界——天下一家，人類一體。這種政治，就是儒家所理想的賢人政治。這種教育，也是他們所理想的完全人格的教育。

程子，指北宋思想家程顥、程頤兄弟。他們開創了程朱學派，創建了理學。

三 《中庸》

《中庸》一書，共計三十三章。第一章，**程子**謂是孔子的道意，由子思述所傳以轉授於孟子的；其他各章，以他平日所學的心得，盡量闡發首章之意，並博引許多前言往行以資參證。這三十三章，表面上雖各自成段，不如《大學》的組織完善有條理，但熟玩全文，綜合起來，其理論卻是一貫的。《中庸》這本書是一部天人合一論，博大精深的宇宙哲學，它的境界比《大學》更高一層。我們讀了它，真是佩服先民理想的崇高與精神的偉大。是人事的，又是天道的。是個人自修的，又是萬類一體的。極其廣大，而又極其精微。極其高明，而又極其中庸。極其理想，而又極其現實。所以程子極力地讚美說：「其書始言一理，中散為萬事，末復合為一理。放之則彌六合，卷之則退藏於密。其味無窮，皆實學也。」

　　我們讀了這一部書，為其博大精深的理論所籠罩，幾乎如魚之忘於江湖，不知道有邊岸了，只有把它的綱領提出來說說。此書通篇可以用一個「誠」字包括。誠之意義無窮，範圍無限，而用之不盡。在天為性，在人為教，在天人之間為道。在性與道之間，謂之天道；在道與教之間，謂之人道。天地有三：自其體而言，極其博厚；自其性而言，極其高明；自其存在而言，極其悠久。因為博厚，所以能載物，故曰「載華岳而不重，振河海而不洩」。因為高明，所以能覆物，故曰「日月星辰繫焉，萬物覆焉」。因為悠久，所以能成物，故曰「草木生之，禽獸居之，寶藏興焉，龜鼊蛟龍魚鱉生焉，貨財殖焉」。一律是至誠無息。

　　人道有二：自成己而言，謂之達德；自成物而言，謂之達道。達德有三：一曰知，二曰仁，三曰勇。達道有五：一曰君臣有義，二曰父子有親，三曰夫婦有別，四曰長幼有序，五曰朋友有信。合達德、達道二者而有九經；九經即有責任者應當執行的九條人事。哪九條呢？一曰修身，二曰尊賢，三曰親親，四曰敬大臣，五曰體群臣，六曰子庶民，七曰來百工，八曰柔遠人，九曰懷諸侯。九經做到了，即可以治天下國家，所謂「篤恭而天下平」。合天道的至誠無息與人道的篤恭而天下平，凝聚起來，還是一個至誠。由此至誠，可以「經綸天下之大經」，可以「立天下之大本」，可以「知天地之化育」。其最後成功，則「天地位焉，萬物育焉」。

　　最初的工夫，即「中和」兩個字，要使吾人的喜怒哀樂得到中和；其極功，則天地位焉，萬物育焉。工夫的著力處，只有「戒慎恐懼」四個字，即「慎獨」的工夫；其成熟，則有「無聲無臭」的妙境。但無論始終本末，天道人道，只是一個「誠」字包含無餘了，故曰「至誠無息」、「至誠如神」，此之所謂中庸之道。

　　以上所說，是就《中庸》所包羅萬象的哲學說的，其中關於教育的

言性與言學兩點，《中庸》是言性最早的一部書，在《論語》中雖有「性相近也」一語，卻過於簡單，到了它才有極清楚的解釋。不過其中所解釋，仍是根據它的博大精深的哲學來的，仍是一部天人合一論。我們只須引出兩段來：

天命之謂性，率性之謂道，修道之謂教。（第一章）

唯天下至誠，為能盡其性；能盡其性，則能盡人之性；能盡人之性，則能盡物之性；能盡物之性，則可以參天地之化育；可以參天地之化育，則可以與天地參矣。（第二十二章）

性是天賦予人類最完美微妙的東西，吾人的行動順著它走便是道；或有為氣質所偏，或有為物慾所蔽，須待先知先覺的人來矯正或開導，這就謂之教育。教育的功用即在修明本性。本性之在吾人心內，當喜怒哀樂之未發時謂之中，發出而合於節度謂之和，中和也就是性。性即至誠，吾人能做到至誠即所以盡性；盡性即為人之極功，擴而充之，可以與天地並參。

關於言學的一段話，我們也舉在下面：

博學之，審問之，慎思之，明辨之，篤行之。有弗學，學之弗能，弗措也。有弗問，問之弗知，弗措也。有弗思，思之弗得，弗措也。有弗辨，辨之弗明，弗措也。有弗行，行之弗篤，弗措也。人一能之，己百之；人十能之，己千之。果能此道也，雖愚必明，雖柔必強。（第二十章）

說明學習的次序，說明堅決的精神，告以努力必有的成功，在教育方面較前段更有價值，也是歷代教育家所取法的。

第六節　孟子（西元前 372 年—西元前 239 年）

一　孔學紹述家之孟子

　　孟子出世之時，上距孔子死亡之日，足有一〇七年（自周敬王四十一年至周烈王四年）。這一百餘年當中，思想學說的發達如何？政治情形及社會狀況的變遷如何？我們略一思索，確有令人驚異的地方。甲方講合縱，乙方講連橫，彼此以戰勝攻取為能事，以兼併弱小、聚斂民財為企圖，所以說到時局上面，比較孔子時代更覺黑暗。自社會劇變、知識下逮以後，於是諸子百家各本所見所聞，盡量發揮主張，演成種種學說，而以楊、墨兩派最占勢力。所以說到思想方面，比較孔子時代更覺複雜，真有如他本人所說「上無道揆，下無法守」，「諸侯放恣，處士橫議」的現象。孔子是一位志量宏大的人物，很想以匹夫之力擔當歷代相傳的禮樂政教。他這種苦心孤詣，五十年來固然也獲得一部分的成功；可是自他死了以後，及門弟子雖多，大半是「狷潔之士」、「瑚璉之器」，不能夠繼承他們老師的偉業。況當此政潮思潮震盪極猛烈的時代，已經破壞的舊說，既不合於時君的好尚及社會的需要，要想與烈日初升的楊、墨之言，時髦絕頂的縱橫之術對抗，當然是極難的一件事情；所以儒家之學——禮教與王道——到了此時已入於極衰微時期。這個時候，可巧有一位孟夫子出來挽救。

　　趙氏注，即趙氏對《孟子》的註解。趙氏即趙岐（約西元 108 年－西元 201 年），東漢經學家，撰有《孟子章句》，這是他據當時的語言對《孟子》所作的註解。

　　孟子名軻，字子輿，原來是鄒人；鄒國即現今鄒縣，與魯國同屬山東省所轄的地方。生於周烈王四年，死於周赧王二十六年，活了八十四

歲。在幼小時，性情放浪不羈，父親死得很早，由他的母親仉氏設法教誨，始習儒業；故他的一生成就實得力於其母的閫訓。[15] 成年以後，眼看當時社會的紛亂，慨然以「正人心，息邪說，閒先聖之道」為己任。[16] 他與孔子最合脾胃，所謂「先聖之道」，自春秋以來，業已降在孔子一人身上；所以他一生崇拜的只有孔子一人，最願學的也只有孔子一人（見〈公孫丑〉）。可恨他未能及見孔子，竟受業於孔孫子思的門人，稱做孔子的私淑弟子。[17] 他何嘗不想從事政治？但是一生志不得逞，周遊列國一無成功，到了晚年也只有著書講學，亦與孔子同一際遇。[18] 不過他的思想，較孔子已經進步不少，如提倡個人中心論及發揮民權思想，皆有價值；其他關於教育的言論，尤為後人所宗法。

二　性善論

孟子一生學說的重心，即是他的性善論。要解釋這個理論，須先把他所說的「心」和「性」兩個名詞，及二者間的關係闡明出來。他說：

君子所性：仁義機智——根於心。（〈盡心章〉）

盡其心者，知其性也。（同上）

惻隱之心，仁之端也；羞惡之心，義之端也；辭讓之心，禮之端也；是非之心，智之端也。（〈公孫丑章〉）

我們把這三段話的意義申述於下：「心」是吾人內部的靈體，精神的主宰，吾人一切動作與表現皆從此心發動。「性」是一種傾向，又謂之性向；它也只有一個傾向的態度，而實無其物。這種傾向，不是由外面的引誘，是從心坎中發生出來的。吾人莫不同具一顆良心，由良心所發動的性向當然是善的，所以說「君子所性：仁義禮智根於心」。性對於仁的傾向，是從惻隱之心發生；對於義的傾向，是從羞惡之心發生；對於禮

的傾向，是從辭讓之心發生。因為心是良的，所以吾人之心莫不具有此惻隱、羞惡、辭讓、是非四種美態；由此四種美態所發生的性向自然歸於仁、義、禮、智四德，所以說性是善的。而性與心的關係，即可由圖表示出來。

第五圖
孟子的心性關係圖解

孟子的心性關係圖解

何以知道凡人皆具有此良心呢？孟子於是引出兩個證據來。他說：

孩提之童，無不知愛其親也。及其長也，無不知敬其兄也。親親，仁也；敬長，義也；無他，達之天下也。（〈盡心章〉）

所謂人皆有不忍人之心者：今人乍見孺子將入於井，皆有怵惕惻隱之心，非所以內交於孺子之父母也，非所以要譽於鄉黨朋友也，非惡其聲而然也。（〈公孫丑章〉）

前一段話，是從兒童愛親敬長的良知良能上證明人心是良的，而性是向善的。後一段話，是從直覺方面證明人心是良的，而性是向善的。

最後他並肯定地說：

口之於味也，有同嗜焉；耳之於聲也，有同聽焉；目之於色也，有同美焉。至於心，獨無所同然乎？心之所同然者，何也？謂理也，義也，聖人先得我心之所同然耳；故理義之悅我心，猶芻豢之悅我口。（〈告子上〉）

人人既然同具此良心，何以社會上好人少而壞人多呢？孟子以為這是環境或教育不良所致，於先天沒有關係。所以他說：

富歲子弟多賴，凶歲子弟多暴，非天之降才爾殊也，其所以陷溺其心者然也。今夫麰麥，播種而耰之，其地同，樹之時又同。浡然而生，至於日至之時，皆熟矣。雖有不同，則地有肥磽，雨露之養，人事之不齊也。（〈告子上〉）

吾人良心只是一點善機，這點善機是嫩濯濯的，最容易被斲傷的，不是初出母胎便已成熟。這未成熟的善機，全靠教育來培養。但成人社會的習慣業已弄壞了，置純潔的兒童於敗壞的社會裡面，日日受其熏染，沒有不斲傷其良心的。世人不察病源之所在，只看見業已被斲傷了良心的兒童，遂以為人心原來不良，而因以自遂其非，這是最危險的見解。所以他很氣憤地引牛山之木為比譬，以說明人心被斲傷之經過。這一段話是：

牛山之木嘗美矣；以其交於大國也，斧斤伐之，可以為美乎？是其日夜之所息，雨露之所潤，非無萌蘖之生焉；牛羊又從而牧之，是以若彼濯濯也。人見其濯濯也，以為未嘗有材焉，此豈山之性也哉？

雖存乎人者，豈無仁義之心哉？其所以放其良心者，亦猶斧斤之於術也，旦旦而伐之，可以為美乎？其日夜之所息，平旦之氣，其好惡與人相近也者幾希；則其旦晝之所為，有梏亡之矣。梏之反覆，則其夜氣不足以存；夜氣不足必存，則其違禽獸不遠矣。人見其禽獸也，以為未嘗有材焉者，是豈人之情也哉？（〈告子上〉）

　　性善之說始於孟子，對於性的熱心討論也始於孟子時代。當是時，關於性的主張派別很多：除了孟子的主張外，有說「性無善無不善」的；有說「性可以為善，可以為不善」的；有說「有性善有性不善」的。在這些派中，以告子為孟子的最大學敵，與孟子辯論最烈。以我們的觀察，告子對於性的研究，比較孟子來得切實且具體。告子提出「生之謂性」一句口號，凡有知覺運動的動物，性無不同。如食色的欲求即是本性，凡人皆然，凡動物皆然，並沒有什麼善惡之說，其所以有善、所以有惡者，皆由後天的環境或教育所養成。告子這種理論，似根據於生物學的知識，在當時要算特出，孟子很難把他駁倒，只是胡亂地爭辯了幾次，卒以不得結果而罷。但孟子在另一方面，還是承認人類的天性是有物質的慾望的，他說：「形色天性也，唯聖人然後可以踐形。」（〈盡心章〉）形色即物質，傾向物質的享樂即天性。但他可要回護一句：謂聖人不以物質為好，只把它當作形下之品。所以他說：

　　王充《論衡・本性篇》謂周人世碩、密子賤、漆雕開之徒皆言性有善惡，稍在於孟子之前，亦可歸入本時代。

　　口之於味也，目之於色也，耳之於聲也，鼻之於臭也，四肢之於安佚也，性也；有命焉，君子不謂性也。（〈盡心章下〉）

　　既承認聲色臭味為人人所必趨，也是天性；又說凡這些物質的享受，皆有命定，不可強求，所以君子不認他為性。深恐人類縱性情以恣其所好，流入放蕩邪僻，故作這種強制自修的說話，以消弭一般人過度的慾望，或者是孟子的苦心，這也是他要完成性善論的一種強辯。

三　培養主義的教育論

　　孟子的教育論當然是根據他的性善論來的。性是心的傾向，心是主

宰吾人行動、位在體內的一個善機——精神作用。這個善機是非常敏感的，很容易被惡劣的環境引誘的；一引誘就遁了，一遁就與它的原來位置相去十萬八千里了。到了此時，這個人就變成不完全的人。教育目的在以教育手段達到個人人格的完全，故教育第一步工夫就在收回原來的善機，使它常存在身體裡面，或根本不讓它受引誘而外逸。收回善機即孟子所謂「求放心」。[19] 去掉外來的邪念，保存原來的善機，即求放心之道。這種善機是極柔嫩的，極幼稚的，若僅僅至保存或收回為止，那亦無大用處，且難免不再喪失，故教育第二步工夫，即在培養，培養的工夫才是切實的教育。養其善機，擴而充之，即是培養的工夫。孟子對於培養分做三方面：（1）養心。養心的工夫在於寡慾，所謂「養心莫善於寡慾」（〈盡心章下〉）。（2）養性。性是傾向於善的吾，人只要順著它利導，不必巧為穿鑿就行了，所謂「天下之言性也，則故而已矣，故者以利為本」（〈離婁章〉）。（3）養氣。在消極方面，須穩定心志，勿使心志來害氣，所謂「持其志，勿暴其氣」（〈公孫丑章〉）。在積極方面，須做集義工夫以養氣，所謂「必有事焉，而勿正，心勿忘，勿助長也」（〈公孫丑章〉）。這幾句話即是集義養氣的工夫。果能照此培養，充分的培養，必有顯著的功效。良心常存，能夠鎮定，外面無論如何引誘，皆不足以動其心。天性純全，表現於自身方面，不覺「睟面盎背」；擴充於社會方面，「足以保四海」。理氣充沛，形成「浩然之氣」，至大至剛，足以配道義而與天地相參伍。這樣的人格，即孟子所謂「大人」，所謂「大丈夫」。大丈夫的人格是充滿善機，器宇闊大，行為不苟，得乎時則為政治領袖，不得乎時則為學者導師。我們若是靜心體會：這種儒者的態度，高士的風度，正是孟子人格的寫照，但他所講培養主義的理論卻有不可磨的價值。

　　孟子的培養說，與美國人杜威（Dewey）的生長說頗相類似，皆是

從內面向外發展的。不過後者包括身心全體，前者偏重於心的一方面；所以杜氏並注意於感官的發達，孟子視感官為小體，不以重視。[20] 此東西教育家的觀點所以不同，或許因時代不同的關係。

四　學習法

孟子所言學習法有四。

（1）自動。被動的學習都是外鑠的膚淺的知識，心中必無所得，等於未學。知識若是由自己苦心研究出來的，才能徹底明了，能夠活用到實際上面。所以他說：

> 君子深造之以道，欲其自得之也。自得之，則居之安居；居之安，則資之深；資之深，則取之左右逢其源：故君子欲其自得之也。（〈離婁章〉）

即或有時非教師當面教授不可，只能教授一種簡單的學習方法，至於巧妙處還在學者自己體驗出來，所謂「大匠能與人規矩，不能使人巧」（〈盡心章下〉）。

（2）專一。孟子嘗以走棋比譬求學。他說，請一個棋界國手教授兩個生徒，張生專心致志，聽他老師走棋的方法；李生表面上雖同在聽講，而心志卻是飛到天外想像他預備射鳥的情形。結果，張生棋術學成，李生尚茫然無所知。此非兩生的聰明有高下，乃由於專一與不專一的原故（〈告子下〉）。所以求學必須專一，必須繼續不斷地研究，一心二用固然不對，一曝十寒也難成功。

（3）漸進。求學有一定的步驟，應當循序漸進，進了一步再進一步，所謂「盈科而後進，放乎四海」（〈離婁章〉）。倘若不按照程序，妄想一步登天，則「其進銳者，其退速」，反是得不到相當的效率了（〈盡

心章下〉)。

（4）還有一種由博而約的學習法。他說：「博學而詳說之，將以反說約也。」（〈離婁章下〉）此項演繹的學習法，與孔子所說相同，我們毋庸重述。

五　教授與訓練

孟子的教法有五種，皆就各人的程度個性及所處的地位來酌定。第一種是程度最高的學生，只於需要時加一番點化之功，他們就能隨感而通，如同雨露潤澤草木一樣，此所謂「有如時雨化之者」。第二及第三種學力較第一種差淺：若是器宇穩重的，我們就完成其德性；若是天資聰穎的，我們就發展其天能；所謂「有成德者，有達材者」。第四種為問答法，預備無力常從或不能專門研究的學生所施行的方法，偶因一事隨問隨答就行了。還有一等人，居不同地，或生不同時，無法口授，則用間接法，以書面相授，與現代函授法相似。此所謂「有答問者，有私淑艾者」（〈盡心章下〉）。

兒童的享受不可太厚，若是享受太厚，他們業已心滿意足，必不肯用心求學。將來勢必養成一種驕貴的習氣，無用的子弟。吾人的「德慧術智」都是從困難中找出來的，不經過困難，就不會有德慧術智，雖有也很淺薄，也是少數，所謂「生於憂患，死於安樂也」（〈告子下〉）。譬如孤臣孽子，他們所以往往能夠通達成全的，正因為他們常處在困難環境中，受到一種深刻的磨練，能夠「操心慮患」，所以獲得好的結果（〈盡心章下〉）。因此之故，所以對於兒童的訓練，應當使他們感受些困苦才好。孟子是近於人才教育主義的人，他說：「得天下英才而教育之，三樂也。」（〈盡心章上〉）但這種天才的人，他們的才能雖由於先天的賦

予，而他們所以能夠成為大器材的，還是由於後天的磨練。且必有後天的磨練，然後能夠發達他們的天才；所以「天將降大任於是人也，必先苦其心志，勞其筋骨，餓其體膚，空乏其身，行拂亂其所為；所以動心忍性，增益其所不能」（〈告子章下〉）。憂患的境遇正所以成全天才的，亦唯有天才的人，方能利用這個境遇而受成全，此孟子的人才教育主義之根本觀念，或許也是因為他自己幼年的環境如此，有所感而發的。

第七節　莊子

一　莊子與道家

　　莊子名周，河南蒙人，生於戰國時代，與梁惠王、齊宣王同時，略後於孟子。他曾做過蒙之**漆園吏**，為當時思想界的傑出人物。後人以其平日主張任自然，尚無為，棄智慧，絕嗜欲，與老子的哲學思想相同，所以也列入道家一流。但嚴格區分，他們不同之處還多：(1) 老子是道學家，他的態度嚴謹，議論激烈；莊子是名士派，他的態度曠達，議論詼諧。(2) 老子一生著眼在社會的安寧，故對於治國平天下的議論多；莊子一生著眼在個人的逸樂，故對於養生窮年的議論多。(3) 老子最反對的是當時的禮教，攻擊得非常激烈；莊子最厭惡的是當時的一般富貴功名之徒，嘲笑得非常厲害。在他們同異之中，我們給老子的思想一個總評，不外「見素抱樸，少私寡慾」八個字；給莊子一個總評，不外「安常守固，聽天由命」八個字。老子對於教育提倡禁慾主義，莊子對於教育提倡放任主義，皆由二人的觀察點和態度不同所產生的結果。但他們都是反對現社會，只有破壞而無建設，只知倒退而昧於前進，所以演變成一種消極的思想，萎縮的人生，致令中國民族習慣受其不良的影響者

不少，尤以魏、晉六朝時代為最甚。

漆園吏，一般有兩種解釋，一說漆園為古地名，莊子曾在此做過官；一說莊子曾在蒙（今商丘市北）邑中為吏主督漆事。

二　養生主義的教育論

莊子養生的目的在「全生盡年以成天」（〈養生篇〉）。保全天所給你的生命，不要毀傷；享盡你所應有的壽命，不要摧殘；然後能夠返乎天然而與天地一體，此謂之「真人」。解釋「真人」一義，就是一個「真正人的生活」；故莊子養生的目的也可以說是要達到一個真正人的生活。請看現在社會上的人們，紜紜擾擾，孜孜矻矻，把一個赤裸的人生圍困和壓迫到十八層地獄，所有的生活都是非人的生活——牛馬的生活，鬼域的生活，真苦！我們要達到真人的生活，第一步就在要求解放：解放束縛我們的一切桎梏，解放紜擾我們的一切繫念，使成一個赤裸裸的我，悠遊自在的我。所謂「彼民有常性，織而衣，耕而食，是謂同德，一而不黨，命曰天放」（〈馬蹄篇〉）。所謂「安時而處順，哀樂不能入也，古者謂是帝之懸解」（〈養生主篇〉）。不僅貧富、貴賤、利害、得失用不著計較，我們並要極力遠離富貴功名。[21] 不僅死生夭壽用不著計較，我們並要消滅一切感情作用。[22] 仁義禮智，是非善惡，是俗人所通受的桎梏，我們切不要上它們的圈套。[23] 天地萬物是不可計數的，宇宙知識是不可限量的，我們知道多少就是多少，不要貪求，最好是沒有知識。所謂「達生之情者，不務生之所無以為；達命之情者，不務知之所無可奈何」（〈達生篇〉）。「吾生也有涯，而知也無涯；以有涯隨無涯，殆已！已而為知者，殆而已矣！」（〈養生主篇〉）最好是「無思無慮，無處無服」（〈知北遊篇〉），我們也不要出風頭，也不要標奇異，雖然要極力擺脫現

時社會一般非人的生活，但是我雜入在這個社會裡面，卻不要讓旁人看得出我與他們不一樣，那最高明了。所謂「無為名屍，無為謀府，無為事任，無為知主」，「體盡無窮，而游無朕，盡其所受於天，而無見得，亦虛而已」（〈應帝王篇〉）。總結一句：莊子的養生主義，除了自然景物毫不費力地供吾人自由享受以外，其他一切人為的事物完全不要理會，即與社會交際所發生的感情也不要絲毫留戀。做到這步田地，才能實現一個「真我」，才能達到「真正人的生活」。

〈養生篇〉，《莊子》的一篇。以下亦多徑舉篇名。

莊生游逍遙，老子守元默。

這種主義完全是個人的、消極的、冷枯的，是與人生教育相反的。不要知識，自然用不著教育；不要辯論，自然沒有是非；不要有所作為，社會自然沒有進步。他以為教育是殺人的利器，有一段話形容得最痛快：

南海之帝為儵，北海之帝為忽，中央之帝為渾沌。儵與忽相遇於渾沌之地，渾沌待之甚善。儵與忽謀報渾沌之德，曰：「人皆有七竅，以視聽食息，此獨無有，嘗鑿之。」日鑿一竅，七日而渾沌死。（〈應帝王篇〉）

莊子還有一段話描寫教育之害也極好：

馬蹄可以踐霜雪，毛可以御風寒，出草飲水，齕足而陸，此馬之真性也，雖有義臺路寢，無所用之。及至伯樂，曰：「我善治馬。」燒之剔之，刻之雒之，連之以羈馽，編之以皁棧，馬之死者十二三矣。飢之渴之，馳之驟之，整之齊之，前有橛飾之患，而後有鞭莢之威，而馬之死者已過半矣。（〈馬蹄篇〉）

莊子這兩段寓言，極有道理，我們不能一概抹煞。教育確有殺人的地方，吾人倘若受了不良的教育，真的還不如不受教育的好，這是實在的情形。但因此之故，便要滅絕智慧，反對一切教育，未免因噎廢食了。

第八節　荀子

一　儒家左黨之荀子

我們把孟子當成儒家學派的右黨，則荀子應屬於左黨。他們兩人的學說之區分如下：（1）孟子是法先王的，荀子是法後王的；（2）孟子以性為善，荀子以性為惡；（3）孟子言禮主節，荀子言禮主分；（4）孟子論教育重在培養，荀子論教育重在積偽。除此數種外，不同的地方還多。不過孟子的學說，多半抽出孔子所已說了的加以擴充，雖偶有特別見解，而大旨要不與前人違背。荀子除了儒家的根本學說仁義禮樂之外，自己創獲的卻也不少。且後者議論激烈，學說博雜，雖被我們稱他為左黨，也是儒家後起之雄，在教育史上要算是周末最後的一個人。

荀子名況，字卿，是趙國的人氏。他出世的時候，大約在孟子之後五、六十年。中年以後，曾東遊到齊國，西遊到秦國，中間回到趙國一次，末了又南遊楚國。那時楚國春申君正當權，以荀子為當時知識界出色人物，派充任蘭陵的令尹。荀子也是教育家而兼政治的，也想登上政治舞臺，以實行他的主張的，無如南北奔走，終不得大展。自春申君死後，更不復能夠遇到知己，亦無意北歸，後來老死在蘭陵了。平生著有《荀子》三十二篇，思想較孟子進步，不僅極力反對老、莊消極的學說，也嘗施攻擊孔門諸徒及孟子一般人的言論，真不愧儒家後起之雄，關於教育方面的理論尤有很多特殊的地方。

二　性惡論

　　荀子說：「人之性惡，其善者偽也。」這是他的〈性惡篇〉開宗明義第一句，也是他的教育哲學的根本觀念。要用演繹方法來說明這一句原理，我們先要明白荀子所謂「性、偽、善、惡」四字怎麼解釋。荀子說：

　　不可學不可事而在人者謂之性，可學而能可事而成之在人者謂之偽，是性偽之分也。（〈性惡篇〉）

　　生之所以然者謂之性。性之和所生，精合感應，不事而自然，謂之性。……心慮而能為之動，謂之偽。積慮焉，能習焉而後成，謂之偽。（〈正名篇〉）

　　我們拿今語來解釋：

　　(1)「性」是吾人內部與生俱來的一種本能；這種本能一與外界的環境接觸，彼感此應，即發生反射作用。這種反射作用，是自然會能的，不是學得上來的，也不是教得成功的。

　　(2)「偽」是吾人神經接收一種刺激以後，必要經過一種思慮，然後決定一種反應的態度。遇有複雜知識，不僅一番思慮就算完事，必要反覆思慮，再四反應，令初次所反應的態度變成一種習慣行為；這種習慣行為完全是由人力學成教成的。換句話說，凡無意識的、無節制的衝動行為，叫做「性」；凡有意識的、有節制的習慣行為，叫做「偽」。這是「性」、「偽」二字的區別。我們再看他如何解釋「善」、「惡」二字。荀子說：

　　凡古今天下之所謂善者，正理平治也；所謂惡者，偏險悖亂也——是善惡之分也已。……故古者聖人以人之性惡，以為偏險而不正，悖亂而不治，故為之立君上之勢以臨之，明禮義以化之，起法正以治之，重

刑罰以禁之，使天下皆出於治合於善也。(〈性惡篇〉)

　　我們再拿今語解釋：所謂「正理」，是合於中正的道路，所謂「平治」是說已經調治到很平穩了：「已經調治到很平穩，又合於中正的道路」的行為，就謂之善的行為。所謂「偏險不正」是不合於中正的道路，所謂「悖亂不治」是未曾調治到很平穩的地步；「未曾調治到很平穩的地步，又不合於中正的道路」的行為，就謂之惡的行為。換句話說：凡一種行為，經過了人工的訓練，而能順理成章的叫做「善」；凡一種行為，未曾經過人工的訓練，而不能順理成章的，叫做「惡」。照這樣看來，荀子所謂性惡，不過說吾人的本性在胎兒初出母懷時，沒有經過成熟的訓練，完全是一種恣意不馴的樣子，所發出的衝動全不順理成章的。所謂「縱情性，安恣睢，而違禮義」，都是由於沒有經過人工訓練的原故，並不是說吾人初生，即有土匪之性，小人之心，甘心賣淫作盜、殺人放火種種卑劣的行為。試舉例子就明白了。「好利」、「疾惡」及「耳目之欲」三種表現都是人的本性。假使沒有人工的訓練，而順其「恣意不馴」的自由發展，勢必出於爭奪；有了爭奪則亡了辭讓，勢必出於殘賊；有了殘賊則亡了忠信，勢必出於淫亂；有了淫亂則亡了禮義文理；凡此種種惡的行為，都是由於「順是」二字所產生的結果。這種種惡的行為很有危害於社會的治安，所以聖人為之「起禮義，制法度」以矯正，使天下的人類個個皆「出於治，合於道」，所以他說「其善者偽也」。

　　人性既然是惡的，究竟能不能使天下的人都「出於治，合於道」呢？據荀子的意見，以為這是能夠辦得到的。荀子說：

　　凡禹之所以為禹者，以為仁義法正也，然則仁義法正有可知可能之理。然塗之人也，皆有可以知仁義法正之質，皆有可以能仁義法正之具，然則其可以為禹明矣。(〈性惡篇〉)

　　吾人未馴的本性，是很富於可塑性的，並非固定的一塊鐵板。所謂

「皆有可以知仁義法正之質，皆有可以能仁義法正之具」，就是人人皆有變成正理平治的可能。只要有好的教育，或發憤自立的時候，沒有不能成功的，故曰「堯、舜者非生而具者也，夫起於變，故成於修，修之為待盡而後備者也」（〈榮辱篇〉）。

　　說到這裡，我們要問荀子一句：人性既惡，何以能夠產生出禮義來呢？荀子說：「凡禮義者，是生於聖人之偽也。」聖人所以制定禮義以限制眾人，正因為人性惡的原故。我們再問一句：聖人所以產生出禮義來，目的在為社會謀幸福，為社會謀幸福而才有禮義積偽的善行，這種善行不是聖人的本性嗎？荀子又說：本性之惡，君子與小人是相同的，所不同者，在於君子能夠「化性起偽」。這種化性起偽的動機，不是先天生來的，是由於平日感受了社會的不安寧，故意想出種種方法來維持社會的。我們所貴乎聖人與常人不同者就在這一點上——聖人能夠化性起偽，常人不能。我們又要追問：化性起偽的動機不是先天的本性，是由於後天感受了某種刺激，才會發生的；既然君子與小人同具惡性，何以聖人因感受某種刺激便能生出這種善的動機來呢？關於這一點，當時荀子曾經解答過，完全是因為個性差異及環境的關係。

三　積偽主義的教育論

　　要使塗之人變成堯、禹，自然非教育不能成功。教育目的在造就一個「成人」，從「士」造成「聖人」為止，到了聖人的地步那就是一個成人，成為堯、禹一類的人了，教育目的才算達到了。[24] 教育手段不外訓練與教學，訓練的德目是「仁義法正」，教學的材料是「詩書禮樂」。教學是有止境的，從詩書造成禮樂為止；訓練的工夫不到聖人是沒有止境的（均見〈勸學篇〉及〈性惡篇〉）。本性既然是惡的，要從士做到聖人，

前程遠大，工夫繁重，絕非一步能夠跳得到的。要達到教育目的，我們就要今日教學一點，明日又教學一點；上午訓練一回，下午又訓練一回，朝朝暮暮，積日累月，一步一步地逐漸堆砌起來。譬如行路，「不積跬步，無以至千里」；譬如聚水，「不積小流，無以成江海」；所以荀子說：「聖人者人之所積而致也。」（均見〈勸學〉、〈性惡〉及〈儒效〉諸篇）荀子視教育的功用好像用磚砌牆似的，從地平起，一層一層地向上堆，堆到五丈為君子，十丈為賢人，直到聖人為止。各人的天資有高下，職業有區別，事實上絕不能使人人都為堯、禹；雖不能為堯、禹，亦必要使他們達到教育的水平線上。荀子所說的水平線，就「是出於治，合於善」；這個水平線是最低的限度，人人應當遵守的。因為人性皆惡，倘全不遵守這個水平線，社會一定會紊亂不堪，所以要「立君上之勢以臨之，明禮義以化之，起法正以治之，重刑罰以禁之」。

奕秋，春秋時圍棋名手，也是見於史籍記載的第一位棋手。孟子稱其為「通國之善弈者」，後世稱某高手為「當代奕秋」。

四　學習法

荀子講論學習法，較孟子更為詳細，我們只舉三點。

（1）專一　他說：「今使塗之人伏術為學，專心一致，思索孰察，加日縣久，積善而不息，則通於神明，參於天地矣。」（〈性惡篇〉）又說：「蚓無爪牙之利，筋骨之強，上食埃土，下飲黃泉，用心一也。蟹六跪而二螯，非蛇蟺之穴無可寄託者，用心躁也。」（〈勸學〉）這是他的求學貴專一的主張，不專一必不能成功，與孟子所舉奕秋教弈的意思大致相同。當學一件東西，須把全副精神都放在這上面，不許有絲毫的散亂，並要有互助的朋友，布置適當的環境，避免防害的刺激，以此「全之盡

之」，最後必有成功。學成以後，印象已深，意志已定，才不為外物所奪致有所遺忘。[25]

（2）親師「非我而當者吾師也，是我而當者吾友也。」（〈修身篇〉）這是荀氏親師擇友的一句名言。他以良師益友為求學的助力，所以把師友看得很重。其作用有二：一因個人的性質容易被環境變化，倘擇交不慎，必被引入邪途，最為危險。所謂「居楚而楚，居越而越，居夏而夏，是非天性也，積靡使然也」（〈儒效篇〉）。所謂「蓬生麻中，不扶而植；蘭槐之根，是為芷：其漸之滫。故君子居必擇鄉，游必就士，所以防邪僻而就中正也」（〈勸學篇〉）。二因古聖王之道僅載於呆板的六經文字裡面，非口授不能透徹；且六經以外的種種道理，更非賢師益友口講身導，不能周遍。所謂「禮樂法而不說，詩書故而不切，春秋約而不速。方其人之習君子之說則周以遍矣，固於世矣；故因學莫近乎其人」（〈勸學篇〉）。所謂「禮者所以正身也，師者所以正禮也；無禮何以正身，無師吾安知禮之為是也」（〈修身篇〉）。

（3）學習過程　專一與親師，凡中國古代稍談教育的人，沒有不主張的，尚非特別。在荀子的教育學說中有一件足以使我們注意的，是他所說的學習過程。他說：

此處所謂腦神經即荀子所說之心，凡中國古人皆以腦當心解。

君子之學也，入乎耳，著乎心，布乎四體，形乎動靜；端而言，蝡而動，一可以為法則。（〈勸學篇〉）

桑代克（西元 1874 年 -1949 年），美國心理學家、教育家。所著《教育心理學》，為建立西方的教育心理學奠定了基礎。被譽為美國教育心理學之父。

我們分析起他這幾句話，關於學習時可得四步過程。第一步，由感官接受外界的刺激；第二步，把接受了的刺激傳入到腦神經裡面，產生

一種連結和類化作用；第三步，再由腦神經發生命令，傳達到各處肢體；第四步，各處肢體接著神經的命令以後，即表示一種反應的動作。這種動作如果經過了考慮或試驗以後，一定是很合於規則的。荀子這種科學的分析法，與近代美國教育心理學家**桑代克**（Edward Thorndike）、施他基（Starch）一般人所研究的差不多完全相同。

五　論心理作用

說明心的作用，在先秦諸子中，要以荀氏較為詳到。前段所舉學習過程，不過是他所說的心理作用之一種，現在把他所說的整個介紹出來。

荀氏把人類一切精神作用悉統屬於心，心為精神的主宰，活動的中心，所謂「心者形之君也，而神明之主也，出令而無所受令」（〈解蔽篇〉）。心既為人生至上的機能，活動的主宰，所以吾人一切精神表現，意向及動作，應當完全聽命於心，否則難免錯誤。心的關係既如此重要，倘心之本身不良，則由它所發生出來的行為不是一切皆壞了嗎？所以荀子注重修養，把心修養到很好時，心正則一切皆正了。所謂「導之以理，養之以清，物莫之傾，則足以定是非、決嫌疑矣」（〈解蔽篇〉）。養心的工夫，為「積慮焉，能習焉」，仍是他的積偽主義。其所以養心的標準，為一個「道」字，道即「禮義法正」，聖人所制以告一般人所以為人的標準的，所謂「道者，非天之道，非地之道，人之所以為道也」（〈儒效篇〉）。吾人之行為合於心，心合於道，就是善的所謂「心也者道之工宰也，道也者治之經理也，心合於道，說合於心，辭合於說，正名而期，質請而喻，辯異而不過，推類而不悖」（〈正名篇〉）。道既是客觀的標準，為人的權衡，所以吾人要觀察事物，評斷是非，表現意思，及為種種心的活動時，不可不知道。吾人的心原可以知道的，其後來所以

不能知道者，是因為被習俗矇蔽了。心被習俗矇蔽，就不能知道；不能
知道就失了權衡作用，對於一切事物必然觀察不清楚，而生出種種錯誤
的見解，於是「見寢石以為伏鬼，見植林以為後人」（〈解蔽篇〉）。怎樣
能夠解除矇蔽呢？在「虛一而靜」三字上做工夫[26]。能夠「虛一而靜，
謂之清明」，凡有形的東西都能看見，凡能看見的東西都能判斷，凡判斷
的東西無不真確，甚至於一切行為無不合理；於是能「經緯天地，材官
萬物，明參日月，大滿八極」了。

　　三字，這裡作者指三個實詞，即虛、一、靜。

　　情慾是吾人的本性，無法避免的。[27] 多少有無，不關於治亂，其
關鍵還是在心。他說：凡主張去欲的，是不知引導的方法，而為有欲所
困了；凡主張寡慾的，是不知節制的方法，而為多欲所困了。所謂「凡
語治而待去欲者，無以道欲而困於有欲者也；凡語治而待寡慾者，無以
節慾而困於多欲者也」（〈正名篇〉）。要求引導與節制的方法，須先要
把心地弄得清清楚楚，確實有把握，能夠判斷是非得失，每一件事情來
了全由中心做主取決；到了此時，外界的物慾不僅不能引誘，並且不能
矇蔽。於是物慾多有多的好處，不必求寡；少有少的好處，自然不多。
所謂「欲不待可得，而求者從所可。欲不待可得，所受乎天也；求者從
所可，受乎心也。所受乎天之一欲，制於所受乎心之計。人之所欲生甚
矣，人之所惡死甚矣。然而人有從生成死者，非不欲生而欲死也，不可
以生而可以死也。故欲過之而動不及，心止之也；心之所可中理，則欲
雖多奚傷於治？欲不及而動過之，心使之也；心之所可失理，則欲雖寡
奚止於亂？故理亂在於心之所可，亡於情之所欲；不求之其所在，而求
之其所亡，雖日我得之，失之矣」（〈正名篇〉）。

六 結論

孟子先天論者，以人性為善，所以對於教育的功用在培養，順其自然。荀子是經驗論者，以人性為惡，所以對於教育的功用在積偽，嚴加干涉。關於學習與教授兩方面，二人雖各有論列，而以荀子所說較為透闢；尤以關於心理的研究，孟氏遠不逮荀氏。但儒家學說，自此顯分兩派，相併而傳者幾及千年。自唐朝中葉，韓退之以衛道者自任，力張孟子之說；再經宋儒諸子特別的表彰與研究，而孟學遂獨享學術界的尊崇。自宋以後，凡識教育與言性者，無一人不以孟子為依歸，而「性善」二字，萬口一辭，幾成為宇宙內當然的法則，而孟子由是與孔子並列了。孟子獨尊，荀子差不多被擠出儒家之外，其學術雖較進步，卻被抑於社會幾千年，直到清代考據學家出世，才有公平的看待。

本章參考書舉要

（1）《史記》的〈孔子世家〉、〈老莊列傳〉、〈孟荀列傳〉及〈仲尼弟子列傳〉

（2）老子《道德經》

（3）莊子《南華經》

（4）《述學》的〈老子考〉及〈墨子序〉（汪中）

（5）《墨子閒詁》（孫詒讓）

（6）《韓非子》的〈顯學篇〉

（7）《孟子》七篇

（8）《論語》、《大學》、《中庸》

(9)《荀子》（楊驚注）
(10)《中國哲學史大綱》上卷（胡適）

---

[1]　汪中《述學·老子考異》：「……由是言之，孔子所禮者聃也，其人為周守藏之史，言與行則〈曾子問〉所載者是也。周太史儋見秦獻公，《本紀》在獻公十一年，去魏文侯之沒十三。而老子之子宗為魏將，封於段干，則為儋之子無疑。而言道德之意五千餘言者，儋也，其入秦見獻公即去周至關之事。《本傳》云『或曰儋即老子』，其言讎矣。」

[2]　《道德經·象元篇》：「人法地，地法天，天法道，道法自然。」
　　又〈為政篇〉：「道常無為，而無不為。侯王若能為，萬物將自化。」
　　又〈守微篇〉：「是以聖人欲不欲，不貴難得之貨；學不學，眾人之所過，以輔萬物之自然，而不敢為。」

[3]　《論語·里仁》：「里仁為美；擇不處仁，焉得智？」
又：「益者三友，損者三友。」

[4]　《論語·里仁》：「子曰：『參乎！吾道一以貫之。』」《論語·衛靈公》：「子曰：『賜也，汝以予為多學而識之者與？』對曰：『然，非與？』曰：『非也，予一以貫之。』」

[5]　《論語》：「子所雅言；詩書執禮。」又〈述而〉「子曰：『興於詩，立於禮，廢於樂。』」又〈陽貨〉子曰：「小子，何莫學夫詩？」

[6]　《論語·為政》：「孟懿子問孝，子曰：『無違。』孟武伯問孝，子曰：『父母唯其疾之憂。』子游問孝，子曰：『今之孝者，是謂能養。至於犬馬亦能有養，不敬，何以別乎？』子夏問孝，子曰：『色難。』〈顏淵〉：「顏淵問仁，子曰：『克己復禮為仁……』仲弓問仁，子曰：『出門如見大賓，使民如承大祭。己所不欲，勿施於人；在邦無怨，在家無怨。』司馬牛問仁，子曰：『仁者其言也訒。』樊遲問仁，子曰：『愛人。』〈先進〉：「子路問聞斯行諸，子曰：『有父兄在，如之何其聞斯行諸！』冉有問聞斯行諸，子曰：『聞斯行諸。』公西華曰：『由也問聞斯行諸，子曰有父兄在。求也問聞斯行諸，子曰聞斯行諸。赤也惑，敢問？』子曰：『求也退，故進之；由也兼人，故退之。』」

[7]　《論語·先進》：「子曰：『從我於陳蔡者，皆不及門也！』德行，顏淵、閔子騫、冉伯牛、仲弓；言語，宰我、子貢；政事，冉有、季路；文學，子游、子夏。」
　　又《史記·孔子世家》：「孔子去曹適宋，與弟子習禮在大樹下。」……「孔子適鄭，與弟子相失。」如此等語，散見於《論語》、《禮記》及《史記上》甚多，不勝枚舉，

皆足以證明孔子以遊學教弟子，所謂「從游於夫子之門」者也。

[8] 《韓非子·顯學篇》：「孔子、墨子俱道堯、舜，而取捨不同。」又《淮南子·要略篇》：「墨子學儒者之業，受孔子之術，以為其禮煩擾而不悅，厚葬靡而貧民，服飭生而害事，故背周道而用夏正。」由此更足證明儒、墨兩家之淵源。

[9] 《孟子·滕文公》：「顏淵曰：『舜何人也？予何人也？有為者亦若是。』」〈告子〉：「曹交問曰：『人皆可以為堯、舜，有諸？』孟子曰『然』。」《荀子·天論篇》：「大天而思之，孰與物畜而制之；從天而頌之，孰與制天命而用之；望時而待之，孰與應時而使之；因物而多之，孰與聘能而化之；思物而物之，孰與理物而勿失之也。」據此，可見儒家非完全信命者。

[10] 《呂氏春秋·尊師篇》：「孔、墨徒屬彌眾，弟子彌豐，充滿天下。」

[11] 《史記·孔子世家》：「孔子以詩書禮樂教弟子，蓋三千焉，身通六藝者七十有二人。又〈仲尼弟子列傳〉孔子曰：『受業身通者七十有二人，皆異能之士也。』」又《韓非子·五蠹篇》：「仲尼天下聖人也，修行明道以游海內，海內悅其仁，美其義，而為服役者七十人。」

[12] 《論語·述而》：「子曰：『自行束修以上，吾未嘗無誨焉。』又曰：『抑為之不厭，誨人不倦，則可謂云爾已矣。』」

[13] 《史記·孔子世家》：「孔子年十七，魯大夫孟釐子病且死，誡其嗣懿子曰：『……今孔丘年少好禮，其達者與！吾即沒，若必師之。』及釐子卒，懿子與魯人南宮敬叔往學禮焉。」《呂氏春秋·尊師篇》子張魯之鄙家也，顏涿梁父之大盜也，學於孔子。《史記·仲尼弟子列傳》：「子路性鄙，好勇力，志伉直，冠雄雞、佩豭豚，陵暴孔子。孔子設禮，稍誘子路，子路後儒服委質，因門人請為弟子。」《論語·先進》：「子曰：『賜不受命，而貨殖焉，億則屢中。』」

[14] 《論語·公冶長》：「子貢曰『夫子之文章，可得而聞也；夫子之言性與天道，不可得而聞也。』又〈子張〉：「叔孫武叔毀仲尼。子貢曰：『無以為也，仲尼不可毀也。他人之賢者丘陵也，猶可逾也；仲尼日月也，無得而逾焉。人雖欲自絕，其何傷於日月乎？多見其不知量也。』又〈子罕〉：「顏淵謂然嘆曰：『仰之彌高，鑽之彌堅，瞻之在前，忽焉在後。』」

《孟子·公孫丑》：「宰我曰：『以予觀於夫子，賢於堯、舜遠矣。』子貢曰：『見其禮而知其政，聞其樂而知其德，由百世之後，等百世之王，莫之能違也。自生民以來，未有夫子也！』有若曰：『出乎其類，拔乎其萃，自生民以來，未有孔子也？』」

[15] 《列女傳·母儀》：「孟軻之母，其捨近墓。孟子之少也，嬉戲為墓間之事，踴躍築埋。孟母曰：『此非所以居子也。』乃去舍市。其嬉戲為賈衒。孟母曰：『此非所以居子也。』乃徙舍學宮之旁。其嬉戲乃設俎豆，揖讓進退。孟母曰：『此真可以居子

矣。』遂居之。」

《韓詩外傳》：「孟子少時誦，其母方織，孟子輟然中止，乃復進。其母引刀裂其織，以此誡之。」

[16]《孟子·滕文公》：「吾為此懼，閑先聖之道，距楊墨，放淫辭，邪說者不得作。」又曰：「我亦欲正人心，息邪說，距詖行，放淫辭，以承三聖者。豈好辯哉？予不得已也。」

[17]《史記·孟荀列傳》：「孟軻鄒人也，受業子思之門人。」但《趙氏注》及《孔叢子》等書，皆雲孟子親受業於子思。

[18]《史記·孟荀列傳》：「當是之時，秦用商鞅，楚魏用吳起，齊用孫子、田忌，天下方務於合縱連衡以攻伐為重，而孟子乃述唐虞三代之德，是以所如者不合。退而與萬章之徒，序詩書，述仲尼之意，作《孟子》七篇。」

[19]〈告子上〉：「孟子曰：『學問之道無他，求其放心而已矣。』」

[20]〈告子上〉：「孟子曰：『體有貴賤，有小大，無以小害大，無以賤害貴。』」朱註：「賤而小者口腹也，而大者心志也。」

[21]〈庚桑楚〉：「夫至人者，相與交食乎地而交樂乎天，不以人物利害相攖，不相與為怪，不相與為謀，不相與為事，倏然而往，侗然而來，是謂衛生之經也。」

[22]〈德充符〉：「有人之形，無人之情。有人之形，故群於人；無人之情，故是非不得於身。眇乎小哉，所以屬於人也。謷乎大哉，獨成其天。……吾所謂無情者，言人之不以好惡內傷其身，常自然而不益生也。」

[23]〈齊物〉：「自我觀之，仁義之端，是非之途，樊然殽亂，吾惡能知其辯辯？」〈養生主〉：「為善無近名，為惡無近刑。」〈大宗師〉：「茫然彷徨乎塵垢之外，逍遙乎無為之業，彼又惡能憒憒然為世俗之禮，以視眾人之耳目哉？……意而子曰：『堯謂我，汝必躬服仁義而明言是非。』許由曰：『而奚為來軹？夫堯既黥汝以仁義，而劓汝以是非矣，汝將何以游夫遙蕩恣睢轉徙之徒乎！』〈駢拇〉：「且夫待鉤繩規矩而正者是削其性，待繩約膠漆而固著是侵其德。屈折禮樂，呴俞仁義，以慰天下之心者，此失其常然也。常然者曲者不以鉤，直者不以繩，圓者不以規，方者不以矩，附離不以膠漆，約束不以纏索，故天下誘然以生，而不知其所以生；同焉皆得，而不知其所得；故古今不二，不能虧也。則仁義又奚連連如膠漆纏索而游乎道德之間為哉，使天下惑也？」

[24]〈勸學篇〉：「學惡乎始？惡乎終？曰，其數則始乎誦經，終乎讀禮；其義則始乎為士，終乎為聖人。」

〈禮論篇〉：「聖人者道之極也，故學者固學為聖人也，非特學為無方之民也。」

[25]〈勸學篇〉：「全之盡之，然後為學者也。君子知夫不全不粹之不足以為美也，故誦

數（詩書禮樂之數）以貫之，思索以通之，為其人以處之，除其害者以持養之。使目非是無慾見也，使耳非是無慾聞也，使口非是無慾言也，使心非是無慾處也。及其致好之也，目好之五色，耳好之五聲，口好之五味，心利之而有天下。是故權利不能傾也，群眾不能移也，天下不能蕩也；生乎由是，死乎由是，夫是之謂德操。德操然後能定，能定然後能應，能定能應夫是之謂『成人』。」

[26]〈解蔽篇〉：「故治之道在於知道。人何以知道？曰心。心何以知？曰虛一而靜。心未嘗不臧也，然而有所謂虛；心未嘗不滿也，然而有所謂一；心未嘗不動也，然而有所靜。人生而有知，知而有志，志也者臧也，然而有所謂虛，不以己所臧害所將受，謂之虛。心生而有知，知而有異，異也者同時兼知之。同時兼知之，兩也，然而有所謂一，不以夫一害此一，謂之一。心臥則夢，偷則自行，使之則謀，故心未嘗不動也，然而有所謂靜，不以夢劇亂知謂之靜。」

[27]〈正名篇〉：「性者天之就也，知情者性之質也，欲者情之應也。以欲為可得而求之，情之所必不免也，以為可而道之，知之所必出也。故雖為守門，欲不可去，性之具也。」

半封建時代前期的教育

第一期　秦漢（西元前 221 年—西元前 219 年）

第七章　半封建社會形成之第一幕

一　官僚政治之新紀元

自西周時代農業發展以後，中國社會即穩定於農業經濟基礎之上；雖土地的分配，田賦的徵收，歷代小有差異，而以農業經濟為構成社會之基礎，則絲毫不受影響。秦朝立國很短，經濟形態殊無顯然的變化。西漢時代，商業資本似有勃興的趨勢，究竟戰勝不過基礎久已穩固的農業，加以政府施行重農抑商政策，商人受了壓迫，商業益難發展；是以到了東漢初年，農業經濟的勢方更形鞏固。至於政治形態，則與前期截然兩樣。

秦代以前，政權握在貴族階級手中，稱做貴族政治。秦代以後，政權握在士大夫階級手中，而以帝王為元首，稱做官僚政治。故由戰國到秦，實為政治上之一大變革——由貴族政治變易為官僚政治。在官僚政治之下，國家大權名義上雖操於帝王一人之手，其實所有政務全分配於士大夫階級。他們在朝趨承帝王的意旨，自圖生存；出外仗著政府的權威，役使民眾；有時帝王幼弱，反被玩弄，國家大權實際上即由他們掌握和操縱，他們遂形成後世所說的官僚階級。這種階級即昔日的失位貴族、知識分子及自由農民脫胎結合而成，以替代封建貴族的地位。在秦始皇時，封建勢力可算完全被他們打倒；西漢初年，雖然偶一迴光反照，但不久仍歸消滅，而政權依然落在他們手中。他們既然以農業經濟為基礎，農村社會一日不破壞，他們的勢力一日不能消滅，而他們所享受的特權，即昔日封建貴族所享受的特權。在這種政治與社會形態之下，似封建非封建，我們稱做半封建社會——變形的封建社會，以別於昔日典型的封建社會。這種社會，歷漢、唐、宋、明以至於清朝，相繼二千餘年，未嘗改變。不過我們為敘述便利起見，可分成三個階段：自

秦、漢至五代，為前期的半封建時代；自宋、元至明三朝為中期的半封建時代；到了滿清，則為後期的半封建時代。

其實自戰國以來，政權早已移到士大夫階級手中了。

二　秦皇之反儒政策

自春秋以後，典型的封建社會逐漸破壞，知識分子由此起來攘奪政權，所謂「戰國策士」皆屬於這一階級。六國所以互相攻伐，多由此輩策士簧鼓之力；秦皇所以統一天下，亦多由此輩運籌之功；故秦皇之兼併六國，即士大夫階級打倒封建貴族階級之成績。此輩既為昔日失位的貴族及知識分子，所以在學派上分，有屬於儒家的，有屬於道家的，有屬於法家的，有屬於墨家的，就中以儒家信徒最多。但幫助秦皇兼併六國、統一天下的，功不在儒家，而在法家。儒、法兩家的政治主張既然不同，而感情素惡，秦皇功成之後，儒家信徒反來攘奪政權、議論得失，怎樣不遭法家信徒的猜忌？怎樣不合信仰法治效力的始皇厭惡？且儒家代表舊思想，富於保守，與始皇的性情格格不入，所以當他統一成功之後，即採用李斯的計劃，收盡天下的書籍，除了博士官所掌以外，悉數焚燬，以斷絕知識的來源；且為著示威和懲一儆百起見，又逮捕了露骨頂名的四百六十多個儒生，活埋於咸陽。後來的人以始皇「焚書坑儒」一舉為愚民政策，我以為這是他的反儒政策，只從「有敢偶語詩書者棄市」，及「若欲有學法令，以吏為師」（〈秦始皇本紀〉）兩句話，便可看得出來。始皇因厭惡儒生，遂遷怒於其他知識分子，所以除了法家以外無一倖免於迫害的。在這個時候，既然燒盡天下的書籍而立國又短促，除戰爭及廣興土木以外，只以一法字糾繩天下，自然沒有教育可言。

《秦始皇本紀》，此指《史記》本紀之一。

三　漢初之雜霸政策

　　戰國策士不只法家一派，士大夫階級亦不只法家一黨，秦皇過度的舉動，當然引起社會各派的反抗——尤其是儒家的反抗。所以陳涉揭竿一呼，一班儒生如孔鮒、陸賈之徒群起投入革命軍，藉著倒秦的名目為報復運動。可是劉邦素日最看不起儒生，既以流氓階級奪取了秦朝的政柄，雖然賴著儒生一部分鼓吹的力量，對於儒家依然沒有什麼好感，且不知有所謂教育，在彼心目中只知有武力而已。當時在朝大臣，如張良、陳平、蕭何、曹參輩感於高帝、高后之猜忌，力求全身免禍，專究黃老之術以自藏，於教育事業也未曾注意。文帝雖比較賢明，亦沒有遠大志願，不過於大亂之餘，志在與民休養生息；到了中年以後，且頗傾向於法術。景帝則以七國的叛變，更覺刑名主義適合於當時的需要，所以刑名法術之學為晁錯一派的學者所盛倡。他們既不信仰儒術，對於教育尤無提倡的熱心。但黃老之術，在漢初本已流行，及到景帝削平七國以後，官僚階級仍以少事紛更為倡，而黃老之術於是又盛行了；其運動主角，竇太后就是一個。由這樣看來，漢朝初年，不僅無意提倡教育，即所以立國者亦無一定的宗旨，刑名、黃老摻雜施行，此我們所以稱做「雜霸政策」。所以自秦皇到漢武帝之初，八十年間，可說是儒家屈伏時期，亦可說是教育停頓時期。

第八章　儒家學術之獨占與教育

一　儒家學術獨占之原因

　　自秦皇到漢武之初，儒家雖屈伏了八十年，而他們的勢力並未減少，其最後勝利還是屬於他們。他們在學術界上所以得到最後勝利的，則有歷史為之背景。

　　自秦皇統一中國，開創了官僚政治，漢初雖曾一度動搖，而從景帝以後此種政治完全確定。這種政治即士大夫階級依附帝王的權力所形成的一種政治形態；而士大夫階級即昔日的失位貴族、知識分子及自由農民脫胎結合而成。概括一句，這種政治仍建築在農業經濟所構成的社會之上，與封建貴族政治相同。但此輩士大夫階級雖諸子百家各有其徒，究竟以儒家信徒為最多，因為他們以把守歷代相傳的典章制度為職志，差不多為中國民族傳統的思想之繼承者。官僚政治，儒家黨徒既然占多數，他們的思想又與民族習慣思想相近，在政府裡面必然能夠處於最優越的地位，謀以一黨之學術統一全國，情所必然，亦勢有可能。由秦皇至文、景間，在特殊政治情形之下，雖然屈伏了數十年，而他們的勢力其實依然存在。且儒家素正君臣之分，嚴上下之別，與官僚政治之尊王主義及農業社會之安定傾向，無一不兩相適合，那麼，他們的學術之被獨占，不僅勢有可能，且為自然的趨勢而不可避免。

　　儒家的勢力，自戰國以來，久已瀰漫於社會。在孔子死了之後，他的七十門徒，散遊諸侯，大的當師傅卿相，小的友教士大夫，繼世相傳，只就孔子一派，儒家之徒已是布滿了天下。[1] 秦並六國，其國家政策雖然與他們的主張不同，但當初何嘗勇於公然開罪他們。封禪和他們商議，討論國家大事和他們商議，為他們位置，博士多至七十餘人；種

種敷衍手段，都是不敢開罪他們的明證。[2] 但他們主觀太甚，野心不小，一事不合，即造為誹語，謀取法家之政治地位，秦皇才有焚書坑儒的謬舉。這種謬舉，反而激起了他們的憤怒，群起為革命運動，秦朝所以滅亡的迅速，這也是一個大原因。[3] 到了秦、漢之際，孔子的人格被當時社會的崇拜，一天高漲一天，不僅學者儒生拜他為老師，就是帝王、諸侯、卿相沒有一個不尊仰他的，反觀道、墨諸家何嘗可以望生而及。[4] 且漢興以來，社會安定，經生鴻儒教授於地方者所在皆是。他們已帶了幾分宗教性質，抱殘守缺，日事宣傳，往往受地方侯國和郡守的尊禮，益增高其地位。由此看來，在社會方面，因其勢力雄厚之故，他們的學術已非正式地統治了全國。

且儒家的根本思想，不外「正名定分」四個字；這四個字正可以醫治當時拔劍擊柱、漫無紀律的武夫悍卒。叔孫通定朝儀，雖能稍稍箝制一二，但非根本辦法，只有那一種最有勢力的學說才可以深中於人心。儒家學術既有歷史的背景，又合於時代的需要，他們的勢力又不可遏抑，武帝是最善應付潮流的一個有權元首，恰巧此時有人提議，於是儒家學術統治天下的命令頒布下來了。

二　儒術獨占對於教育之關係

提議以儒家學術統一天下的，以董仲舒為首領，附和他的有公孫弘、田蚡一班高等官僚。董仲舒對策曰：

春秋大一統者，天地之常經，古今之通誼也。今師異道，人異論，百家殊方，指意不同；是以上無以持統一，法制數變，下不知所守。臣愚以為諸不在六藝之科、孔子之術者，勿使並進；邪僻之說息，然後統一可紀，而法度可明，民知所從矣。(《漢書·董仲舒傳》)

　　董氏這一段對策，打倒歷來一切學派，獨尊儒術，並以孔子為思想的中心，他不啻思想界的霸王，其獨斷跋扈之態可以想見。接手漢丞相衛綰「奏所舉賢良，或治申、商、韓非、蘇秦、張儀之言亂國政，請皆罷」（〈漢武帝本紀〉），於是皇帝頒一發道政令——「奏可」，而儒術統治天下成功了。學術界的統一令頒發以後，不僅「罷黜百家，表彰六經」，且「立五經博士，開弟子員，設科射策，勸以官祿」（《史記·儒林列傳贊》），種種提倡的手段也制定出來了。到元帝時，又指令郡國遍設學官，置五經博士為教官，且奉周公、孔子為先師。自此以後，中國學術就於一尊，孔子成為思想界的中心人物，儒家經典成為民族的必然讀物，歷代國家教育莫不規定以儒家學說為範圍，相習日久，社會也視為固然，其他各派咸目為異道。其後有時雖因政局的關係，儒家勢力在政治上偶一衰微，但在社會方面總不失為重心，且衰微不久而即恢復。自此以後，差不多中國教育及其思想與儒家學術相終始，且兩相結合而不可分離，直到近代西方文明東漸以後——這也算中國教育史上之一特點。

三　儒術統一全國後之文化事業

　　儒家獨占運動既告成功，於是著手於文化事業。此種工作分為「整理古籍」及「釐定文字」兩項。

　　（甲）整理古籍

　　此處所謂古籍，即他們認為歷代相傳的聖經賢傳——儒家經典，另有其他各家學說。這一類的古籍，經過兩次火劫，一次禁令，到此時早已殘缺不全。好在從秦皇焚書到漢武初年，相隔年代尚淺，至多不過七十餘年，此七十年間，民間私藏的圖書尚多，耆年宿儒猶多存在，倘若以政府的力量向四方搜求，一定能有相當的結果。於是他們對於古籍

的整理，分做四個步驟：

（1）蒐集　蒐集圖書的方法有兩種：一種由政府以公文徵求，使地方所有私藏的圖書均可獻來，政府酌加賞賜；一種由政府派搜求大員分往各地方探買。[5] 此種命令既下，於是典籍源源而出，家有藏書的以書獻，腹有藏書的以口獻，不到百年，政府所得書籍之多有如山積。[6]

（2）繕寫　所搜書籍雖多，而卷帙尚少，且既經缺殘，同一部書必有脫落，要廣流傳，不得不用謄寫；此政府一方面廣為搜求，又一方面乃設官繕寫。再者，從前以竹簡當書，以刀尖當筆，故古人讀書非常困難。現在文化的技術進步了，毛筆和紙逐漸發明，字體已由繁變簡。故書寫時亦比較容易，而於教育之推廣，尤有很大的幫助。[7]

〈藝文志〉，此指《漢書》的志之一，簡稱〈漢志〉，是與《隋書·經籍志》（簡稱〈隋志〉齊名的正史典籍志）。

（3）庋藏　舊書既已蒐集，殘缺脫落的又加補繕。要垂永久，免於散亡，於是藏書的工作又發生了──自武帝時即有「建藏書之策」（見〈藝文志〉）。據史書所載，西漢儲藏圖書分內外二府：外府有石渠、石室、延閣及廣內等閣；內府有蘭臺、麒麟及天祿等閣。王莽末年，遭了一次焚燒。光武中興，漸漸規復舊觀，故東京所藏亦復不少──後漢時代，除了上列諸圖書館外，東京更有東觀、仁壽等閣儲藏新書。[8] 漢朝特別注意圖書之庋藏，學者講學，天子問經，多半在此館閣內。其實中國古代注意圖書的庋藏，不僅始於漢代，即周朝也曾特設史官專管圖書；又兼代代世襲，所以史官的學問思想皆較旁人淵博。漢朝中央官職雖非世襲，但司馬談之後有司馬遷，劉向之後有劉歆，似乎史官是一個特殊官職──掌管文化的鎖鑰，非世襲恐難勝任的。

（4）校對　既從斷簡殘編中蒐集成巨書，裝訂時自然免不了錯落的毛病，且各種書籍次第發現，往往同一書名，而內容相差甚巨，文體亦

不一致。究竟孰真孰偽，於是校對的工夫因需要而產生。西漢成帝時，派劉向校對經傳諸子詩賦，任宏校對兵書，尹咸校對數術，李柱國校對方技，而以劉向總其成。劉向死後，又派他的兒子劉歆繼承父業（見《漢書·藝文志》）。永初時，派「謁者劉珍及五經博士校定東觀五經，諸子傳記，百家藝術，整齊脫落，是正文字」（見〈安帝本紀〉）。順帝永和時，又派伏無忌與議郎黃景校定中書五經諸子百家藝術（見〈伏無忌傳〉）。大儒揚雄在王莽時亦曾校書天祿閣，後蒼亦曾校書曲臺。以上校對的人員已屬不少，在前後兩漢，差不多時時有不斷的校書工作。到後漢末年，更有一次大規模的校讎，總其成的為蔡邕。他與馬日磾等商議，把校正的經傳，一一刻在石碑之上，樹立於太學門外，令天下或後來的人，皆有所取正。[9] 漢代整理古籍分成四步，而以校讎的工作最大。

（乙）釐定文字

在秦代以前，不僅言語各國不同，即文字也不一樣。秦皇吞併六國以後，感於文字不統一的困難，乃用威力強使天下通行秦國的文字，其他各國文字，倘與秦文同的自無問題，倘不與秦文同，則一律廢止。自此以後，中國全境所通行的文字於是統一。但此處所謂文字統一，不過法定上的統一，而所統一的也非一種。據史書上說，秦時最通行的文字有兩種：（1）小篆，由李斯、趙高諸人根據史籀大篆，約省原有的筆畫而成的；（2）隸書，由程邈根據篆書再省約而成的。書寫時，小篆省於大篆，隸書又省於小篆，隸書就是後世楷書的雛形。

大篆、小篆

　　秦時法定文字雖然統一，但從前列國通行的各體文字並未完全消滅，它們尚流行於民間，頗具勢力。我們把它們合計起來，共有八體。漢代的儒者第一步獨占運動既告成功，第二步著手於古籍的整理，而整理古籍的先決問題，自然是文字的整理了。既以整理文字為整理古籍的先決問題，則各樣文體的認識，及文字的解釋和應用，在當時成了重要工作，必需的工作。政府拿這種工作為錄取人才的法門，所以考試人才時以識字的多寡定去留的標準，官吏上書時以寫字的好壞定功罪的標準。學者也拿這些東西為研究的資料，當時如杜林、司馬相如諸人，或正字體，或正讀音，於是關於文字的著述逐日加多。文字整理，風行一時，彼此互相研討既久，最後必有相當的結果，而**許慎**的《說文解字》

一書就是由此產生。這一部書，成於東漢末年，把音、形、義三類統加解釋，不僅整理古籍者在所必讀，而後世研究小學的人們也奉它為祖師。

　　許慎（西元 58？年－西元 147？年），東漢經學家、文學家。字叔重，汝南召陵（今河南郾城）人。所作《說文解字》是中國最早的最有權威的一部古文字的字典。

---

[1]　《史記‧儒林列傳》：「自孔子卒後，七十子之徒，散游諸侯；大者為師傅卿相，小者友教士大夫，或隱而不見。故子路居衛，子張居陳，澹臺、子羽居楚，子夏居西河，子貢終於齊。如田子方、段干木、吳起、禽滑釐之屬，皆受業於子夏之倫，為王者師。」

[2]　《史記‧秦始皇本紀》：「二十八年，始皇東行郡縣，上鄒嶧山，立石，與魯諸儒生議刻石頌秦功德，議封禪望祭山川之事。三十四年，始皇置酒咸陽宮，博士七十人前為壽。……李斯曰：『非博士官所職，天下敢有藏詩書百家語者，悉詣守尉雜燒之。』」

[3]　《史記‧儒林列傳》：「陳涉起匹夫，驅瓦合謫戍，旬月以王楚。不滿半歲，竟滅亡，其事至微淺。然而縉紳先生之徒，負孔子禮器，往委質為臣者何也？以秦焚其業，積怨而發憤於陳王也。」

[4]　《史記‧孔子世家》：「高皇帝過魯，以大牢祠焉。諸侯卿相至，帝先謁然後從政。……太史公曰：『孔子布衣，傳十餘世，學者宗之。自天子王侯，中國言六藝者折衷於夫子，可謂至聖矣！』」

[5]　《漢書‧藝文志》：「漢興，大收篇籍，廣開獻書之路。迄孝武時，書缺簡脫，……於是建藏書之策，置寫書之官。下及諸子傳說，皆充祕府。至成帝時，以書頗亡，使謁者陳農求遺書於天下。」
　　《漢書‧河間獻王傳》：「王修學好古，實事求是，從民間得善書，必為好寫與之，留其真，加金帛賜以招之。由是四方道術之人不遠千里，或有先祖遺書，多奉以奏獻王者。故得書獨多，與漢朝等。」

[6]　《文選注》：「孝武敕丞相公孫宏廣開獻書之路，百年之間書積如山。」

[7]　《漢書‧藝文志》：「李斯作〈倉頡篇〉，趙高作〈爰歷篇〉，胡毋敬作〈博學篇〉，皆取史籒、大篆而省約之者，故曰小篆。」
　　按秦朝通行文字有兩種：一為李斯等所作之小篆，一為程邈所作之隸書，皆較從前

097

省略易寫。到了漢時，隸書更通行。又秦時有蒙恬以兔毫制筆，漢時有蔡倫以樹皮造紙，二者皆於教育工具上有甚大貢獻。

[8] 據《漢書·藝文志》所載，西漢所藏圖書，頗為宏富：（一）凡六藝，一百三家，三千一百二十三部；（二）凡諸子，百八十九家，四千三百二十四篇；（三）凡詩賦，百六家，千三百一十八篇；（四）凡兵書，五十三家，七十九篇，圖四十三卷；（五）凡數術，百九十家，二千五百二十八卷；（六）凡方技，三十六家，八百六十八卷。合計藏書凡分七類，三十八種，五百九十六家，一萬三千二百六十九卷。據《後漢書·儒林傳》，當光武遷都洛陽時，載運經卷祕書，已二千餘籍。自此以後，逐年增加，參倍於前。又據《隋書·經籍志》王莽之末，又被焚燬。光武中興，篤好文雅。明章繼軌，尤重儒術。四方鴻生巨儒，負裘自遠而至者，不可勝算。石室蘭臺，彌以充積。又於東觀及仁壽閣集新書，校書郎班固、傅毅典掌焉。並依七略而為書部，固又編之以為《漢書·藝文志》。

《通典》：「漢時圖籍所在，有石渠、石室、延閣、廣內貯之於外府。又御史中丞居殿中掌蘭臺祕書及麒麟、天祿二閣，藏之於內禁。後漢圖書在東觀。」

《宋·百官志》：「漢西京圖籍所藏，有天祿、石渠、蘭室、石室、延閣、廣內之府，是也。東京圖書在東觀。」又云：「東京圖書在東觀，故使名儒碩學者作東觀，撰述國史。」

[9] 《後漢書·蔡邕傳》：「建寧中，校書東觀，遷議郎。邕以經籍去聖久遠，文字多謬，俗儒穿鑿，疑誤後學。熹平四年，與五官中郎將堂谿典、光祿大夫楊賜、諫議大夫馬日磾、議郎張子俊、駱韓說太史令單颺等奏求正定六經文字，許之。邕乃自書丹於碑，使工鐫刻石，立於太學門外，後儒晚學咸取正焉。碑始立，觀視摹寫者，車乘日千餘輛，填塞街陌。」

第九章　兩漢學風

一　致力考據

漢儒講學，只在經典的考據與經文的解釋，所以後人稱他們為考據學家。中國古籍原為竹簡木版，自遭秦、楚兩厄之後，盡被殘毀脫落。漢儒以儒術統一天下之後，第一步即從事於古籍的整理，第二步則從事於經文的訓詁。考據是整理古籍的全部工作，即兼校讎和訓詁的所有工作，兩漢四百年，所有鴻生巨儒莫不注一生精力於這種工作上面。他們對於古籍，一方面翻譯，一方面考據，苦力搜求，不厭瑣碎，於是「枝葉繁衍，一經說至百餘萬言」（見《漢書·儒林傳贊》），就是《尚書》開首之「粵稽古帝堯」五個大字，也曾引證到十餘萬言，可以想見其工夫之繁瑣了。這種研究的方法，在壞的方面，支離破碎，專在斷簡殘篇裡頭討生活，缺乏開展思想的機會；在好的方面，實事求是，精密搜討，確實含有幾分科學的精神。這種精神，對於古籍之整理貢獻於後來的讀者，功實不小；而殘缺破碎的古籍，假設不經兩漢學者這樣整理的工夫，我們對於中國古代文化考見更難。但他們無論費若干精力，考據若何鑿實，於個人的修養及行為的指示毫無關係，不過養成一班書生而已。

二　遵守家法

「師法」與「家法」是漢儒講學慣用的名詞。這兩個名詞是怎樣解釋？原來他們講學分今、古文兩派，各大派中每一經藝又分做數家。講學既有家了，每一家學各有弟子相傳相守，歷年久遠也不紊亂，此即所

調家法。一家之中，師徒相傳，愈演愈廣，而各門弟子所直接領受於老師的，又略有出入，他們亦謹守而不失，此即所謂師法。師法的差異較小於家法，其關係亦較家法略輕，所以同一家的信徒在師法之上雖小有出入，但對於家法則必嚴謹遵守，竭力擁護。遵守家法的學者，被當時視為有淵源的正學；紊亂家法的學者，則目為背叛家法的異徒。在家法森嚴的時候，不僅對於學宗所講經義要絕對服從，甚至尋章摘句，不知貫通。從事於章句者謂之章句之學，所以章句之學也成了他們的重要名詞。學者以這種學問名家，國家以這種學問取士，於是「修家法」和「依章句」成為漢儒講學的時髦風氣。

這種風氣的養成，也是由於古籍殘毀脫落的原因。因為古籍經過殘毀之後，整理煞費苦心，所以他們對於已經整理好的古籍及有整理古籍能力的宿儒，視為珍寶，抱守而不失，久之遂養成這一種時代的風氣。這種風氣的嚴重，我們遍查前後《漢書·儒林傳》及各大儒本傳，都可看得出來。[1] 這種講學風氣，只有模仿，沒有創造，儒家之徒儘管橫行於兩漢四百年，但對於儒家的學術思想竟沒有許多的開發，恐怕就是這個原因。但是社會一切權威都有他們的時效性，家法與章句之學到了東漢後半期，業已漸漸維護不住了，思想較敏者已有起來作反抗的運動了。發難的人當然是一班青年學生——當時所謂博士弟子。這種反動，多少帶幾分革命的意味，而當時頑固黨看著世風不古，有感於懷，往往藉著國家的權力施行干涉，自不在話下。[2] 但是破綻已露，干涉不過一時，而六朝虛無清談之風，距此時不到百年，這就是聖經與帝王兩種權力壓迫所生的反動結果。

三　公開論辯

　　兩漢藏書的地方很多，而石渠閣與白虎觀兩處尤值得我們特別注意。漢代以儒家之學統一了天下，不僅朝野士大夫戴著儒冠，披著儒衣，就是歷代帝王莫不嗜好經術，固然也有幾個例外。他們君臣之間對於儒術不僅嗜好，而且嘗為公開的辯論，毫不客氣，石渠閣就是西漢君臣辯論五經的一個會場，白虎觀是東漢君臣辯論五經的一個會場。這種經術辯論會，西漢發起於武帝時，東漢發起於光武時。在武帝時不過為《公羊》與《穀梁》之爭，爭論尚屬簡單。到甘露時，宣帝乃借石渠閣的地方，作大規模的公開討論，所有五經異同均列入議事日程。當時出席的名儒有蕭望之、韋元成、梁丘臨、施讎諸人，其辯論結果，除《公羊春秋》已於武帝時先立學官外，至此則凡梁丘《易》、大小夏侯《尚書》、《穀梁春秋》諸家均得建立學官，設置博士。自此以後，石渠閣遂成為討論五經固定的地方。每一時代均有辯論，而名儒如劉向、戴德、戴聖等莫不受命參加（見各本傳）。在光武時，當初不過為《左氏春秋》設置博士與否之爭。到了建初，章帝乃仿照甘露、石渠的故事，闢白虎觀為會場，公開討論，所有五經異同亦均列入議事日程。當時出席的有丁鴻、樓望、成封、桓郁、班固諸名儒。其後也是以此地為固定的公開辯論會場。漢人講經，在「專己守殘」的偏見上，固然最易引起我們的厭惡。但在他們公開辯論的時候，只有是非、不問君臣，只認真理、不避權勢的這一種精神，真正是儒者的精神的表現，並且含有科學家精神在裡面，值得我們欽佩。

四　講學與黨禍

漢儒對於經術，因為專己守殘，所以對於持身，他們也能守正不阿；對於經術，因為最喜辯論，所以對於國事，他們也敢危言讜論，不避權貴。這種行動，積養既久，成為習慣，甚至於「殺身成仁，捨生取義」，他們也不害怕。我們若以美的名詞來讚揚他們，在個人方面，謂之「氣節高尚」；在社會方面，謂之「世風優美」。明末遺老顧亭林是最負氣節的一個人，他與東漢一班士君子頗合脾胃，所以他說「三代以下，風俗之美，無尚於**東京**者」（見《日知錄·世風》）。此種風俗，雖由於在學學生與社會上的名流學者互相倡導的一種風氣養成，但更有外因存在。蓋因當時政治腐敗，奸邪當權，這一班正人君子在政府裡頭站立不住，為熱血所鼓動，又不甘於緘默，所以他們一面講學論文，一面攻短道長。他們種種論調，無非對於現政府施行猛烈的攻擊，於是他們愈不容於朝，而他們的氣勢愈激昂。衝突既久，必有紛爭，於是演成東漢黨錮之禍。黨禍起源於講學，結果講學之士被摧殘，太學亦遭破壞：但他們敢作敢為的精神，主持正義，不避權勢，也留下後人不少的紀念。

東京，指東漢的首都洛陽，在西漢首都長安（今西安）東，故稱。

---

[1] 《漢書·儒林傳》：(1)「孟喜受《易》，博士缺，眾人薦喜，上聞喜改師法，遂不用。」(2)「秦恭修章句，師法百萬言。」(3)「唐長賓、褚少孫事王式，問經數篇。式曰『聞之於師具是矣，自潤色之。』不肯復授。唐生、褚生應博士弟子選，詣博士，摳衣登堂，頌禮甚嚴，試誦說有法，疑者丘蓋不言。」(4)「梁丘臨學精熟，專行京房法。」
(各本傳) (1)「匡衡對《詩》諸大義說，有師道可觀覽。」(2)「張禹對《易》、《論語》大義，經學精習，有師法。」(3)「魏相明《易經》有師法。」

　　《後漢書‧章帝紀》：「建初八年，詔曰：『五經剖判，去聖彌遠，章句遺辭，乖疑難正，恐先師遺言將遂廢絕，非所以重稽古求道真也。』」

　　《左雄傳》：「辛卯，初令郡國學孝廉，限年四十以上，諸生通章句，文吏能箋奏，乃得應選。」《鄭玄傳論》：「漢興，諸儒必修藝文，東京學者亦各名家。以有數家，家有數說。章句多者或百餘萬言，學者徒勞而功少，後生疑而莫正。」

　　《後漢書‧儒林傳序》：「光武立五經博士，各以家法教授，凡十四博士。」

　　《詩正義》：「漢承滅學之後，典籍出於入間，各專門命氏，以顯其家之學，故為傳訓者，皆言『某家』，不言名。」

[2] 《後漢書‧儒林傳》：「自是遊學增盛，三萬餘生。然章句漸疏，多以浮華相尚，儒者之藝盡衰矣。」《徐昉傳》：「伏見太學試博士弟子，皆以意說，不修家法，私相容隱，開生奸路。每有策試，輒興諍訟，論議紛錯，互相是非。不依章句，妄生穿鑿。以遵師為非義，意說為得理，輕侮道術，浸以廢俗，誠非詔獻本意。臣以為博士及甲乙策試，宜徒其家法章句，開五十難以試之。解釋多者為上第，引文明者為高說。若不依先師義，有相伐，皆正以為非。」……詔書下，公卿皆從昉言。」

第十章　兩漢教育制度及其實施

第一節　概論

嚴格說來，自漢代以前，中國實沒有可靠的教育制度。在上古時代，學者雖有傳說，我們認為是臆造的。在周朝時代，史官雖有記載，我們認為是附會的。漢代的教育制度雖比較可靠，但有系統的規定還在中葉以後。當武帝時，所興學校只是草創，尚無系統可言。迨至平帝元始三年，始制定中央與地方的學制系統——元始三年，即西元後三年，上距開國之初已二百多年了。當時分學校為五級：在中央只有太學這一級；在地方分學、校、庠、序四級；——由郡國縣邑舉辦的稱學和校，由鄉聚舉辦的稱庠和序。太學屬於大學性質，學、校屬於中學性質，庠、序似屬於小學性質。其實這種等級，並不十分顯明，且沒有中小學正式的名稱。學、校、庠、序四級，沒有連屬的關係，對於中央之太學也不相統屬，不過由學與校出身的學生才有升入中央太學求學的資格。以上所說，全為直系的學校，此外還有兩種旁系的：一曰宮邸學，是政府專門為皇室及貴冑子弟創辦的；二曰鴻都門學，是由帝王一二人的意旨臨時舉辦的。

漢代國家教育雖較前代發達，而私人講學的風氣尤極一時之盛，兒童和青年教育多半附托在私塾裡面。私塾似乎也有兩級，而低級特稱「書館」。[①]私塾的勢力有時凌駕官立學校之上，而地方政府設立的學校，時興時廢，若有若無，反不足輕重了。

關於教育行政機關，也不完備。在中央的教育長官稱太常，卻不是專管教育的；地方更無專官，所有學校大概由各級地方行政長官兼轄。我們把此時期的教育系統用下頁圖表示。

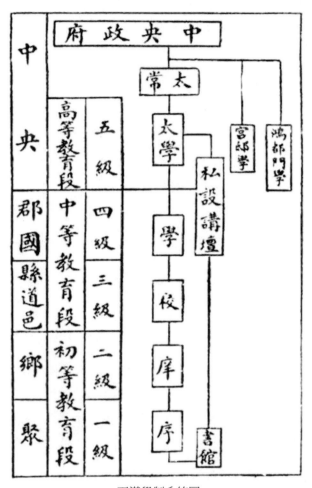

兩漢學制系統圖

　　漢代既以儒術統一天下，興起學校，其教育宗旨當然可以統一——此時國家教育宗旨即儒家的教育主張。儒家本屬於士大夫階級，以政治為活動的本位。他們的政治主張不外「正名定分」，與漢代帝王的自私自尊心理很相吻合，因此結合而造成兩漢的官僚政治。所以他們的教育宗旨即在「尊王明倫」，其目的則在造成治術人才，這一班治術人才即善能尊王明倫的士大夫階級之繼承者。宗旨既定，教材亦隨之而定。當時所

用的教材，不外儒家的經典——六經及孔子的言論。[1] 雖然他們的經典有古、今的派別，而公私學校奉此類為神聖的教科書則無庸置疑，不過今文家奉今文經典，古文家奉古文經典就是了。若以教育階段區分，蒙童教育只授小學諸書，公立小學授以《孝經》、《論語》，中等學校專讀一經，到了大學則六經全授。

第二節　太學

一　太學之起源

漢代太學，在武帝時始，由董仲舒提議創設。當初只有博士弟子五十人，昭帝時增加一倍，宣帝時增加二倍，至元帝時才增到一千人，成帝時再增加三倍——已到三千人了。東漢初年，學額無從考查，但以光武熱心提倡，學者雲集京師，諸生橫巷，比較西漢發達可以斷言。至於學生最盛時代，當以質、桓二帝之際為第一——當時學生已達三萬餘人。

西漢建都長安，太學亦設立在長安。校址在城外西北，相距約七里。它的房臺多少殊不可考，但據《三輔皇圖》上說，其中並有市和獄，市猶現今販賣部，獄猶現今裁判所，可想見其規模當亦不小。[2] 王莽是一個復古大家，對於明堂、辟雍、太學一類的古制度，尤喜誇張；所以到他秉政的時候，特別擴充太學，增加數十倍。[3] 東漢建都洛陽，太學即遷設在洛陽。校址在南門外，距宮約有八里。在光武初年，即設有內外講堂，長十丈，寬三丈，門前並有石經四部。[4] 日久頹廢，黌舍變為園蔬。到順帝時，用翟輔的建議，才加修一次，更為開拓房舍。此時所構造，共有二百四十房，一千八百五十室，其規模比較前代自然大多了。[5]

太常秦本稱奉常，此不過易一字之名耳，其職務仍舊。

二　教授與學生

　　兩漢大學教授通稱「博士」，取其博學多能的意思。博士本是秦朝的一個官名，他們的職務是主管經史百家。充任這個職務的人們，對於經史百家須當徹的通曉，然後可以備皇帝的顧問及學者的就正，所以稱做博士。[6] 漢朝的官制多半模仿秦朝，而太常博士等官也相因未改。當時太學裡頭的教材不外「孔子之術，六藝之文」，而對於這一類的學術最有研究的自然要算博士了；所以他們的教師，與其從傍採訪，莫如以當時典掌經史百家的博士就近兼充。博士既以政府官吏的資格兼充太學的教授，他們的學識與責任較前更大，不僅以熟習經史百家為能事，此外還要「明於古今，溫故知新，通達國體」，方配充當。[7] 博士舉用之法，西漢只用薦舉，東漢還須經過一番考試，故當時所有博士，皆一世經師碩儒，他們在世會上能占極尊崇的地位，而學者對於他們的崇拜和服從，也如子弟之於父兄。[8]

　　太學教授既以博士充當，故受教的學生稱做「博士弟子」，或簡稱「弟子」。[9] 東漢時，常稱「諸生」，或稱「太學生」。[10] 他們入學的資格和年齡，均沒有特別規定，我們不敢強為臆斷。不過根據《史記》及《漢書·儒林傳》的記載，西漢太學生入學的資格似乎分為兩種：一由太常於京師地方直接挑選，凡年在十八歲以上、儀狀端正的學生，均有被選入學的資格；一由郡國縣邑於各該轄選送，他們被選的資格，要「好文學，敬長上，肅政教，順鄉里，出入不悖所聞者」。東漢入學的資格更無可考，但入學的學生，西漢平民子弟較多，東漢貴族子弟較多。[11] 漢朝的大學好像現代研究院制似的，修學無一定的期限。西漢武帝雖定一年一考，及格予以官職，與現今畢業試驗彷彿相同，但有了官職還可以留

在大學繼續研究，並非修滿一年考試及格以後，即令他們與學校脫離關係。東漢兩年一考，及了格委派以某種官職，不及格仍舊留校。過了二年再考，及了格委派以某種官職，不能及格又留校。從前得了官職的畢業生，滿二年後另有試驗，試驗及格更委以較大的官職；故他們雖然一方做官，一方仍當學生。[12]但有因天資過劣，或根底較淺，而屢試不中，以致屢次留校的人亦復不少，故太學裡頭往往有「結童入學，白首空歸」的失敗老學生。[13]我們若是閉著眼睛一想像：當時在校學生年齡真不整齊！六十多歲的白髮老頭子，穿著布衣，且與十三、四歲的黃口小兒，同學為伍，其狀固然可憐，而其意味亦殊有趣！[14]

漢朝有童子科以待天才之士，十三、四歲被選後即可入大學讀書，詳見下節選舉。

三　歲課與射策

考試是中國最古的方法，也是中國選拔人才最好的方法，兩漢太學裡頭也是注意考試。在西漢是一年一試驗，[15]在東漢大概是兩年一試驗（解見前）。隨年級的大小，定所試的種類。以所試的種類不同和所答的淺深不同，即位置他們以相當的官職。

射策也是考試的一種，不過含有學術競賽的性質。這個方法創始於武帝。由主試者設為問題若干，按照難易的性質分為甲乙兩等。把這些難題寫在紙帛上面，密封封緊，不使宣洩。聽憑被試者隨意取出一種或兩種解答，以他們所答的試卷而評判他們的優劣。應射的人不限於一定資格，無論在太學裡頭將畢業或未畢業或久已畢業的學生，皆有應射的權利。射中了，同樣的給以官祿。但每射一次，取錄皆有定額。此等定額又隨各時代之需要而有多寡不等。

四　視學

《三輔皇圖》，古地理書。撰者不詳。書中記載秦漢時期三輔的城池、宮觀、陵廟、明堂、辟雍、郊畤等。

太學是最高的學府，天子也非常重視，在一定的時期必親往太學省視一回，考查他們內部情形怎樣。但西漢諸帝尚不十分講求，省視之勤的要算東漢了，例如光武、安帝、靈帝、獻帝等都是常常往太學省視的。當他們視學時，改召集太學的教授，講論經義，或考查學生的程度。迨主要事情完畢以後，即與太學師生開會聚樂，唱歌作樂，備極歡洽，並且對於辦事勤勞或成績優良的人頒給獎賞。

漢朝太學很帶有幾分社會化，每當天子視學時，必公開講演，社會人士環橋觀聽的常及億萬人，比較現在大學尤為公開。《三輔皇圖》謂「有市有獄」，或者校內還有販賣部和法庭亦未可知。王莽為學者築舍萬區，光武起太學博士舍，諸生橫巷，不僅學生在校寄宿，而教授亦備有寄宿舍。由這一方面看來，當時太學，儼然一個小規模的社會。

五　太學生在社會上之地位

太學裡頭所產生的人才真不少！西漢如息夫躬、蕭望之、匡衡、何武，東漢如王充、鄭玄、郭林宗、賈偉節諸人，他們都是由太學出身的，或以學術知名，或以居官顯揚，其餘有名當時、流傳後世的更多不勝數。這裡面何以能夠產生這樣多的人才來？因為太學在當時是最高的學府，所聘請的教授全是一代鴻生巨儒，所選錄的學生儘是社會優秀分子，聚全國精華於一處，積數百年培植，自然獲得這種燦爛的結果。有

此燦爛的結果，自然能占崇高的地位，於是太學自身亦以知識界的領袖自雄，而太學學生亦以國家的棟梁自許。在社會方面，對於他們常常表示愛惜和欽佩的態度；在政府方面，對於他們常常表示嚴重的注意。他們對於政府也勇於批評，對於百官也勇於攻擊；於是他們的勢力不僅侵入到社會裡面，並且侵入到政府裡面。這種勢力到東漢末年非常強盛。在這個時候，差不多隱隱中能夠操進退百官的大權，他們所處的地位與潛蓄的勢力也足以驚人了！

第三節　鴻都門學與宮邸學

中央除了太學以外，在東漢還有兩所特殊學校——一曰宮邸學，一曰鴻都門學。但此地所謂特殊，不過是從行政系統上說，非正統的，是旁支的；並非像現今盲啞學校或感化院等特殊的性質。我們且將這兩種特殊學校分述於下。

一　鴻都門學

此校創立於東漢末年，因校址在鴻都門，所以稱做鴻都門學。追溯此校創立的原因，倒也新奇。因為靈帝是一個好學的皇帝，並且嗜好尺牘及字畫。當時太學為儒家子弟充滿，滿門經氣，不足以滿足他的個性的要求。他因此在鴻都門另開了一所學校，專習尺牘及字畫一類藝術科。所有學生則從州郡三公選派。新門獨闢，世俗必以少見為怪，當時士大夫很不以為然，群起反對；且羞與這一班畢業生為伍。但靈帝為貫徹他的主張和滿足他的嗜好起見，不僅對於反對者置之不理，並且拿高官厚祿來鼓勵這一班學生；於是這一班藝術專修科畢業生遭逢時會，出

則為刺史太守，入則為尚書、侍中，甚至於獲得封侯拜爵等榮耀。（見
《後漢書・靈帝本紀》及〈蔡邕陽球傳〉）

二　宮邸學

　　宮邸學校也可以說是貴冑學校。此校創始於東漢明帝，歷安帝、質
帝屢有加修，所經歷的時間較鴻都門為長，其成效也較前者為大。東漢
有外戚樊氏、郭氏、陰氏、馬氏四大族——當時所謂「四姓小侯」者——
他們子弟卻也不少。但這些子弟全是食祿之家，倘逸居而無教，必近於
禽獸，明帝於是給他們特開一所學校，聘請五經教師專門教育他們。為
四姓小侯子弟讀書特開的學校，自然帶著很重的貴族色彩，所以設備之
完全，及教授者之人選，有時超出尋常大學。到後來，門戶開放，凡是
貴族子弟，不論姓氏，不論文武，皆有入此校肄業的機會。聲名既彰，
流傳到國外，引起外人的羨慕，到後來國外如匈奴等國也派遣生徒來漢
留學。外人來中國留學，從漢朝開始，唐朝最盛，北宋以後則漸漸減
少，至清時則沒有了。文明的古國，子孫太不爭氣！於今文化倒退，事
事必得模仿外人，留學外國，試思先代教育之發達，文化之進步，外人
紛紛前來留學，能不愧死！在貴族方面，尚不僅這一個學校，到安帝
時，鄧太后又為和帝弟濟北河間王的子弟年在五歲以上四十餘人，及鄧
氏近親子孫三十餘人，另開書館，教學經書，並且親自監視，如同學監
似的（見《漢書・鄧太后本紀》）。無論他們所教是否適宜，但從此觀察，
東漢較西漢人更注意教育，可以想見。自從光武「投戈講藝，息馬論道」
以來，風氣一開，不僅歷代帝王，就是皇后也是熱心如此，則知東漢學
校的發達和士氣的旺盛，是有由來的。

第四節　郡國學校

一　地方行政的區劃

　　兩漢時代是封建與流官並行的，在封建曰國，在流官曰郡。一國的長官稱王或稱侯，一郡的是長官稱守。郡國以下，各屬若干縣邑，縣邑大的長官稱令，小的稱長。當時是郡與國相間並立，如同犬牙相錯。在若干郡國之上還有一刺史統治他們，刺史所轄的區劃曰州。我們若是以職位上說，地方長官最大的為州刺史；其實兩漢均以郡國為單位，而州刺史不過由中央委派的一種監視或巡察性質的臨時大員。但到東漢末年，王綱不振，地方盜匪蜂起，假州牧以征討之大權，而州牧權位遂大了。我們要考漢代地方教育，應以郡國為單位。

二　郡國學校之起源

　　郡國設立學校，始於蜀郡文翁。蜀郡即現今四川省，在漢初還是蠻夷之俗，草昧未開。文翁是一個儒者，當他往蜀郡做太守時（景帝時），即想借中原的文化把此地開闢出來；於是派遣郡縣小吏開通有才能如張叔等十多人，往京師大學留學，或學經傳，或習律令。當這十多個學生啟程的時候，他還買些蜀中特產給他們帶贈太學博士，作為敬儀。蜀中當時並不富裕，這些禮物，還是由他減省郡庫用度積下來的，這種提倡地方教育的苦心，不得不令我們欽佩！果然有志竟成，數年之後，十多個學生學成歸國，文翁即委派他們各種優差，以示鼓勵。凡文翁赴各縣巡視時，必率領高才生同行，借受經驗，與修學旅行性質相同，而社會人士看見了莫不引為光榮，向慕的情感自然一天增盛一天。文翁於是在

他的治所建起學官，招收下縣子弟入學受業，並免除他們的差役，畢業優等的即予官職。數年之後，地方學子負笈來學的爭先恐後，資本家解囊捐助，要求允許他們的子弟入學；於是蜀郡教化大啟，稱天下模範郡。此事傳到朝廷，武帝極力嘉獎他的成績，乃下一道詔書，令天下郡國仿照文翁，皆立學官，俾地方教育易於普及（見《漢書·循吏傳》）。漢代地方教育之提倡和建設，我們要推文翁為首功。〈循吏傳〉告訴我們：「文翁終於蜀，吏民為立祠堂，歲時祭祀不絕；至今巴蜀好文雅，文翁之化也。」則文翁對於地方的感情為何如！《益州記》上說：「文翁學堂在南門後，太守高朕復修繕，立圖聖賢古人像，及禮器瑞物。」一種訓練的儒家式的布置，我若往吊，必有能見之者！

　　《益州記》，古代巴蜀最有影響的地方志之一，宋以後此書亡。作者任豫，晉人；李膺、齊梁間益州（四川人）。

三　郡國學制之成立

　　武帝雖然命令天下均仿蜀郡立學官，此種學官不過一郡的儒者之集會場所，而學制尚未成立，亦未曾普及於各縣邑。到平帝時始成立了學校制度：凡郡國設立的學校稱學，縣邑道設立的稱校，每一學或一校各置經師一人；凡鄉立的舉校稱庠，凡聚立的稱序，每一庠或一序各置孝經師一人。凡學及校等於中學性質，有升入中央太學的資格；凡庠及序若屬小學性質。此制度成立以後，歷東漢二百年未改，不過政府所注重的只有前二級，而庠、序並未長期設立。東漢官吏，儒者尤多，每逢儒者到一郡守任時，必首先注意學校的修理及文學的提倡。例如寇恂之於汝南，李忠之於丹陽，秦彭之於山陽，伏恭之於常山，鮑昱之於南陽，孔融之於北海，每到任所，必極力提倡，尚未設立的由他們設立起來，

業已設立的由他們維持整頓。(見各本傳) 東漢地方不僅官立學校不讓前代，即私立學校亦極發達，其如班固所謂「學校如林，庠、序盈門」的景象 (見〈東都賦〉)。道以下有亭、有鄉，十亭一鄉，鄉有三老，專掌一鄉的教育，則知鄉村教育在當時也是很注重的。

〈東都賦〉，東漢辭賦家班固作。是〈兩都賦〉中的一篇。透過虛擬人物東都主人對東漢建都洛陽後的建武、永年盛世進行了歌頌。

四 地方教育之內容

《漢書‧地理志》:「景武間，文翁為蜀郡守，教民讀書法令，未能篤信道德。及司馬相如遊宦京師諸侯以文辭顯於世，鄉黨慕循其跡。後有王褒、嚴遵、揚雄之徒，文章冠天下，由文翁倡其教，相知為之師。」

《漢書‧平帝本紀》:「平帝元始三年，立學官:郡國曰學，縣道邑曰校，校、學置經師一人;鄉曰庠，聚曰序，序、庠置《孝經》師一人。」《文獻通考‧置太學》:「先公曰:『西漢博士隸太常，有周成均隸伯之意。州有博士，郡有文學掾，五經之師，儒宮之官，長吏辟置，布列郡國，亦有黨庠遂序之意。然有二失:鄉里學校人不升於太學，而補弟子員者自一項人 (好文學、敬長上、儀狀端正者);公卿弟子不養於太學，而任子盡隸光祿勳。自有四科，考試殊途異方，下之心術分裂不一，上之考察馳駕不精。』」

《後漢書‧禮儀志》:「明帝永平二年，三月，上始帥群臣躬養三老五更於辟雍，行大射之禮。縣道行鄉飲酒於學校，皆祀聖師周公、孔子，牲以犬。」

漢代地方教育所謂「學、校、庠、序」，都是儒者的宣傳機關;因為

辦理的全是儒生，他們所教授的非儒者之文藝，即儒者之儀節。試舉出幾個西漢的例證來：文翁獎勵學生者，要以明達經術為上。（《漢書·循吏傳》：「文翁每出行縣，從諸生明經飭行者與俱。」）韓延壽守潁川時，教諸生「皮弁執俎豆」；及遷到東郡，又教諸生「鄉射，陳鐘鼓管弦，盛升降揖遜」（見《漢書》本傳）。再舉出幾個東漢的例證來：寇恂在汝南，「修鄉校，教生徒，能《左氏春秋》者，親受學焉」（見《後漢書·寇恂列傳》）。李忠在丹陽，「起學校，習禮容，春秋鄉飲，選用明經，郡中向慕」。鮑昱在南陽「修起黌舍，備俎豆，黻冕，行禮奏樂；又尊饗國老，宴會諸儒」。「孔融為北海相，立學校，表顯儒術。」（俱見《後漢書》各本傳）諸如此類，不勝枚舉，可知地方學校即是儒者的宣傳機關。〈東都賦〉所謂「獻酬交錯，俎豆莘莘，下舞上歌，蹈德詠仁」，這幾句話生動地表現出儒者雍雍的態度。還有一事足以使我們注意的，你道是什麼？就是漢朝學校之內規定崇祀周公、孔子。我們考查《後漢書·禮儀志》，學校崇祀周、孔實始於東漢明帝。在明帝不過略一提倡，孰知此令一下，互數千年相襲不變，以迄滿清末年，無論公學或私塾，莫不尊孔子為萬世師表，而孔子儼然為中國思想行為上的救主，學校不啻儒者逐日誦經的教堂。

　　孝文帝、孝武帝，即漢文帝和漢武帝。漢代皇帝廟號中均有一個「孝」字。

第五節　選舉

一　普通選舉

考漢朝選舉，名目繁多，沒有定規，往往因一時的需要，或因時君個人的好尚，即開設某科。[16] 總括起來，大概可別為「賢良方正」、「孝廉秀才」及「博士弟子」三科。[17] 前一科始於**孝文帝**，後二科創於**孝武帝**（見各本紀）。前二科必限於有資格的或有名望的人員，後一科則只限於年少的學生。[18] 前二科選舉取中以後，即刻有官做，有祿享；後一科被選後，不是拜官，是送往中央大學裡頭讀書。故從嚴格上說，唯賢良方正及孝廉秀才二科才是真正的選舉，而博士弟子一科不過選送學生入學讀書就是了。至於選舉的手續：第一步賢良方正科多由中央就畿輔人才直接挑選，孝廉秀才科則由郡國長官奉著天子的命令，徵求地方有名望的人才或於本署屬吏中賢者擇優派送。[19] 選送以後，第二步在西漢或由天子親自策問，或竟不問而即委用；在東漢，被選送的人才，須更經一番文字的考試科然後錄用。[20] 兩漢諸科，視賢良方正最為重要，然得人之盛，則莫如孝廉；到東漢時，孝廉一科比較尤為發達，所有一時名流賢士往往從此中產生出來。[21] 除上所述外，還有四科官人之法。哪四科呢？一是「德行高妙，志潔清白」，簡單些說，謂之德行科。二是「學通行修，經中博士」，簡單些說，謂之文學科。三是「明習法令，足以決疑，能按章覆問，文中御史」，簡單些說，謂之法律科。四是「剛毅多略，擅事不惑，明足決斷，材任三輔縣令」，簡單些說，謂之政治科。再按照他們的性質歸納，四科可大別為兩類，第一、第二屬於文科類，第三、第四屬於法科類。這四科的選舉，是按照各郡國的人口數為比例，選舉時只在這四種所標範圍以內隨材遴選，與孝廉或賢良兩科之分別舉

行者不同。[22] 但無論賢良與孝廉或者四科，此時分科的選舉即隋、唐以後科舉的雛形。

《東漢會要》，南宋徐天麟編撰，記述了東漢典章制度。全書共 40 卷，分 15 門，384 事。

二　公府辟舉與童科

除上各種科目外，還有當時所視為很榮貴的選舉法曰「公府辟舉」。原來漢代有一種特別世風，凡做官做到三公的時候，位極人臣，即想羅致天下的名士備充他自己的幕府，給他爭光臺面。所得賢才越多，越顯得他的臺面闊大，以為天下的人才都肯被他延攬——看得起他。這種選舉方法，不限資格，只問質能。而一般英才俊士，本身既無奧援，幸喜有這一條出身的捷徑，因此益自磨礪，希望得一個好幕府來徵聘，以寄託他的生命，發展他的經綸。他們——三公和賢士——彼此全以道義相結合，不是以權利相比附；以賓主相見，不是以君臣相待。此風始於西都，至東都則大盛，氣節由此鼓勵，廉恥由此養成，而東漢末年的美風之養成這也是一個大原動力。[23]

還有一種最有意味的就是童子科。公府辟舉是獎勵賢士的方法，童科選舉是獎勵天才的方法。考兩漢童科被選的童子，不出十二歲至十六歲，在這個年齡期中適等於現今初級中學學生的年齡。以十二歲至十六歲的小孩子，能夠「博通經典，顯名太學」，非生資特異者，哪能有這樣的發達！漢朝特設此科以待一般奇童，在提倡天才教育這一點上，足以值得我們注意。[24]

三　結論

　　在氏族社會時代，所有各種重要行動，多由氏族會議決定；此項會議，即由各房各族所選出來的代表組織而成。此項代表，即各房各族的長老，足以代表他們的房族的，故選舉是該社會最普通且最重要的政治行為。在封建社會時代，君主權力日增，長老會議已不重視，且漸歸於消滅，但選舉制度仍然存在。不過他的意義已變更了──由選舉代表的意義變為選舉賢能的意義。此時所謂賢能，只限於士族階級，但仍以年高德劭為標準，尚有氏族時代選舉長老的遺風。

　　自秦、漢以來，社會又進了一步，打破了從前的典型封建社會而演成變形的封建社會──半封建社會。在這種社會之上，所有政治組織皆與從前不同，政治統於帝王一人，士大夫階級依附著帝王以圖生存，選舉制度當然用不著了。但在半封建時代的前期，去古未遠，他們仍要保留昔日選舉的遺蹟，不過其意義與形式與從前絕不相同了。從前選舉只是單純的代表，此時則分科別類──如賢良方正及孝廉秀才等科。從前只以年齡或德望為標準，此時則重在文字。在西漢尚只以上書對策為限，到東漢且有試文一途──諸生試家法，文吏課箋奏。由這看來，兩漢時代的選舉，即隋、唐以後的科舉之雛形，已不是昔日之舊了。

本章參考書舉要

　　（1）《史記》的〈儒林列傳〉及高、文、景、武本紀

　　（2）前後《漢書》的各帝王本紀、〈儒林列傳〉、〈循吏列傳〉及董仲舒、蔡邕、桓榮、揚雄等列傳

（3）《兩漢會要》的〈學校〉及〈選舉〉全篇

（4）《文獻通考》的〈學校〉及〈選舉〉關於兩漢者

（5）《玉海》的〈學校〉及〈選舉〉關於兩漢者

---

[1]　《後漢書・朱浮傳》：「朱浮上書曰：『夫太學，禮義之官，教化所興，博士之官為天下宗師，使孔聖之言傳而不絕。』」
　　　《後漢書・五帝本紀贊》：「孝武初立，卓然罷黜百家，表彰六經。」
　　　《後漢書・儒林傳序》：「光武立五經博士，各以其家法教授，凡十四博士。」

[2]　《三輔皇圖》：「漢太學在長安西北七里，有市有獄。」

[3]　《漢書・王莽列傳》：「莽奏起明堂，辟雍，靈臺，為學者築舍萬區。」

[4]　陸機《洛陽記》：「太學在洛陽城南開陽門外，去宮八里。講堂長十丈，廣三丈，堂前石經四部。」《漢書・翟輔傳》：「光武初興，愍其荒廢，起太學博士舍，內外講堂，諸生橫巷，為內外所集。」

[5]　《後漢書・儒林傳》：「自安帝覽政，薄於藝文，博士倚席不講，生徒相視怠荒，學舍頹敝。順帝感翟輔之言，更修學舍，凡所造構二百四十房，千及百五十室。」

[6]　《漢書・百官公卿表》：「博士，秦官，常通古今。」

[7]　《漢書・哀帝本紀》：「陽朔二年，詔曰：『儒林之官，四海淵源，官皆明於古今，溫故知新，通達國體，故謂之博士。否則學無述焉，為下所輕，非所以遵道德也。』」
　　　《後漢書・百官志》：「博士祭酒，掌教國子；國有疑，掌承間對。」

[8]　《文獻通考・太學》按西京博士，但以名流為之，無選試之法。中興以來，始試而後用，蓋欲其為人之師範，則不容不先試其能否也。」

[9]　《漢書・帝紀》：「元朔五年，置博士弟子員。又昭帝舉賢良太學，增博士弟子員滿百人。哀帝時，置博士弟子，父母死子寧三年。」
　　　《後漢書・帝紀》：「世祖建武五年，十月，常起太學。車駕幸太學，賜博士弟子各有差。和帝永元十二年，賜博士弟子員在太學者布人三匹。」

[10]《後漢書・桓榮傳》：「光武詔諸生雅吹擊磬，盡日乃罷。」《靈帝紀》：「熹平五年，試太學生年六十以上百餘人。除郎中太子舍人。」《文獻通考・太學》：「時甘陵有南北部黨人之譏，汝南南陽又有畫諾坐嘯之謠，因此流言轉入太學。諸生三萬餘人，郭林宗為之冠。」

[11]《文獻通考》：「西漢鄉里學校，人不入於太學，而補弟子員者自一項人；公卿子弟不養於太學，而任子盡隸光祿勳。」《後漢書・左雄傳》：「奏召海內名儒為博士，

使公卿子弟為諸生。」《後漢書·儒林傳》:「本初元年,梁太后詔曰:『大將軍下至
六百石,悉遣子就學。』」

[12]《後漢書·帝紀》:「永壽二年,詔復課試諸生,補郎舍人。其後複製,學生滿二歲
試,通二經者,亦得為文學掌故。其不能通二經者,須後試,復隨輩試之,通二經
者亦得為文學掌故。其已為文學掌故者滿二歲試,能通三經者繼其高第為太子舍
人。其不得第者後試,復隨輩試,第復高者亦為太子舍人。已為太子舍人,滿二歲
試,能通五經者,推其高第為郎中。其不得第者後試,復隨輩試,第復高者亦得為
郎中。滿二歲試,能通五經者,推其高第補史,隨才而用其人,其不得第者後試,
復隨輩試,第復高者亦復補史。」

[13]《後漢書·獻帝紀》:「詔曰:『今者儒年逾六十,去離本土,營求糧資,不得事
業。結童入學,白首空歸,長安農野,永絕榮望,朕甚愍焉!其依科罷者聽為太子
舍人。』」

[14]《後漢書·靈帝紀》:「熹平四年,試太學生年六十以上百餘人。」《文獻通虧·太學
注》:「時長安為之諺曰:『頭白皓然,食不充糧。裡衣寒裳,當還故鄉。聖主愍念,
委用補郎。舍是布衣,被服元裳。』」

[15]《文獻通考·太學》按:「時甘陵有南北部黨人之譏,汝南南陽又有畫諾坐嘯之謠,
因此流言轉入在太學。諸生三萬餘人,郭林宗、賈偉節為之冠,並與李膺、陳蕃、
王暢更相褒重。學中語曰:『天下楷模李元禮,不畏強禦陳仲舉,天下俊秀王叔
茂。』……並危言深論,不隱豪強,自公卿以下,莫不畏其貶議,屣履到門。蘇東
坡〈南安軍之學記〉曰:『學莫盛於東漢,士數萬人,虛枯吹生,自三公九卿皆折節
下之。三府辟召,常出其口,其取士議政,可謂近古。』」

[16]《後漢書》范曄論曰:「漢初詔舉賢良方正,州郡察孝廉秀才,斯亦選士之方也。中
興以後,復增『淳樸』、『有道』、『賢能』、『直言』、『獨行高節』、『質直清白』、
『淳厚』之屬。榮路既廣,觖望難裁。自是竊名偽服,浸以流竟,權門貴勢,請謁
繁興。」

[17]《文獻通考·選舉考舉士》:「按漢制,郡國學士,其目的大概有三:曰『賢良方正』
也,『孝廉』也,『博士弟子』也。然是三者,在後世則各為科目,其與鄉學裡選又
自殊途矣。」

[18]《文獻通考·選舉》:「西漢舉賢良文學:晁錯以太子家令舉,遷授中大夫;董仲舒以
博士舉,遷授江都相;黃霸以丞相長史舉,遷揚州刺史。東漢舉賢良文學:魯丕以
以郡功曹舉,遷議郎。又西漢舉孝廉,路溫舒以決曹史舉,遷山邑丞;蕭望以御史
史官屬舉,遷治禮丞。東漢舉孝廉:馬稜(伏波族孫)以郡功曹舉,遷謁者。」

[19]《漢書·董仲舒傳》:「對策曰:『臣愚以為使列侯郡守二千石各擇其吏民之賢者歲貢

　　各二人以給宿衛；且以觀大臣之能……』後遂令州郡舉茂材孝廉，皆自仲舒發之。」

　　《文獻通考‧選舉》：「漢制，凡郡之官，非傅相，其他既自署置，又調僚屬及部人之賢者，舉為秀才廉吏而貢於王庭，多拜為郎。」

[20]《文獻通考‧選舉》：「武帝即位，舉賢良文學之士，前後百數。而董仲舒以賢良對策，天子覽其策而異焉，乃復策之。對畢，復策之以為江都相。轅固帝初即位時，以賢良征。諸儒嫉毀，言固老，罷歸之。」

　　《東漢會要‧選舉》：「西都止從郡國奏舉，未有試文之事。至東都則諸生試家法，文史課箋奏，無異於後世科舉之法矣。」

[21]《東漢會要‧選舉》：「漢世諸科雖以賢良方正為至重，而得人之盛則莫如孝廉，斯亦後世之所不能及。」《文獻通考‧選舉》：「按東京選舉，孝廉一科為盛，名士多出其中。」

[22]《文獻通考‧選舉》：「制郡國口二十萬以上歲察一人，四十萬以上四人，六十萬三人，八十萬四人，百萬五人，百二十萬六人，不滿二十萬二歲一人，不滿十萬三歲一人。」又：「東漢之制，郡太守舉孝廉，郡口二十萬舉一人。」

[23]《東漢會要‧選舉》：「公府有辟命，自四京則然矣。然東漢之世，公卿尤以辟士相高。卓茂習詩禮為通儒，而辟丞相府史。蔡邕少博學，好辭章，而辟司徒橋玄府。周舉博學洽聞，為儒者宗，而辟司徒李部府。又有五府俱辟如黃瓊者，四府並命如陳紀者，往往名公巨卿以能致賢才為高，而英才俊士以得所依秉為重，是以譽望日隆，名節日興，而一洗末世苟合輕就之風。」

[24]《文獻通考‧選舉‧童科》：「漢興，蕭何草律曰：『太史試學童，能諷書九千字以上，乃得為史。又以六體試之，課最者以為尚書。』」

　　（同上）汝南謝廉、河南趙建章年始十二，各能通經，左雄並奏童子郎。黃香年十二，博學經典，京師號曰天下無雙、江夏黃童。任延年十二，為諸生，顯名太學中，號為任聖童。

第十一章　兩漢教育家及其學說

第一節　概論

班固說：

自武帝立五經博士，設科射策，勸以官祿，訖於元始，百有餘年，傳業者浸盛，枝葉蕃滋，一經說至百餘萬言，大師眾至千餘人，蓋利祿之路使然也。（《漢書·儒林傳贊》）

范曄也說：

自光武中年以後，干戈稍戢，專事經學，自是其風世篤焉。其服儒衣、稱先王、游庠序、聚橫塾者，蓋布之於邦域矣。若乃經生所處，不遠萬里之路，精廬暫建，贏糧動有千百。其嗜名高義，開門授徒者，編牒不下萬人，皆專相傳祖，莫或訛雜。至有分爭王庭，樹朋私里，繁其章條，穿求崖穴，以合一家之說。（《後漢書·儒林傳》）

由這兩段話，兩漢學者講學的風氣可以看出一個大概。開始由國家提倡，迨後則自動講學起來了；開始行於學校，迨後則私人開門授徒遍於邦域了。大師門徒之盛，動有千百，或不下萬人，此種講學風氣實較前代為發達，亦唯有在農村社會安定之下才能產生此種現象。我們要想把所有講學大師一一錄在教育史中，殊覺有收不勝收之苦。但他們生在圖書焚燬之後，其畢生精力專在整理古籍——致力於考據訓詁之學，對於思想的發展和學理的研究成績較少。教育家對於教育方面的理論多少應有幾分研究，所以在此四百年中，我們只取了八人——前漢為賈誼、董仲舒及揚雄，後漢為王充、馬融、鄭玄及荀悅、徐幹。在這八人當中，除馬、鄭二氏外，皆有相當理論的表現；而馬、鄭二氏的講學成績且遠出其餘六人之上，雖無理論，亦足以代表一代經生鴻儒。在這些人

當中，關於本性的研究，較前代進步。如董仲舒的性未善論，揚雄的性善惡混論，王、荀二氏的性有三品說及荀氏的性情相應說，皆各有見解。關於教育原理方面，有較平常的，也有較進步的。如董氏之化民成性，揚氏之強學力行，是較平常的理論；如賈氏之提倡胎教，徐氏之知識重於德行，及他們之注意於習慣的養成，是較進步的理論。至於徐氏的教授方法論，注重兒童的個性和能力及他們當時的心理狀態，理論精透，不僅前所未有，至今日猶有存在的價值。

第二節　賈誼

一　略傳

洛陽有賈生，名誼，是漢文帝時的一位秀才。才氣縱橫，天資特異，十八歲就以文章聞名於郡中，對於諸子百家無不窺閱。當二十多歲時，以河南郡守吳公的推薦，文帝授以博士，所發議論，悉合皇帝的意旨，深蒙賞識，一年之中，官階屢遷至大中大夫。賈生於是再進一步，進以治國安邦的策略。此時已有公卿的希望，不意為忌者攻擊，遂被排擠出京了。初為長沙王太傅，後為梁懷王太傅，兩次共計四年有餘——這是他的教育生活。平生不脫文人習氣，愛哭泣，愛發牢騷，每因貶謫更覺抑鬱不得志，終以此短命，死時只有三十三歲。

二　教育論

賈生在太傅期內，作了一部書名叫《新書》。此書前半篇，是他的政治主張，後半篇是他的教育主張。他的教育主張共計三點：第一點，說

明保傅的職責;第二點,說明習慣的養成;第三點,說明胎教的重要。
為保傅的職責,在「聳善而抑惡,以革勸其心」;換句話說,即在輔導太
子以聖人之德,使成為賢明的儲君。教育在養成良好的習慣;此種習慣
之養成,第一要從幼小時著手,第二要選擇優良的環境。太子如從少時
就日處在優良的環境中,所聞所見所行,自然入於正路;如環境不良,
或培養過遲,縱教者善教,學者善學,亦難免不為惡習所轉移。故他說:

　　故太子初生,而見正事,聞正言,行正道,左右前後皆正人也。習
　與正人居之,不能不正也;猶生長楚,言不能不楚也。故擇其所嗜,必
　先受素,乃得嘗之;擇其所樂,必先有習,乃能為之。孔子曰:「少成若
　天性,習慣成自然。」習與智長,故切而不愧;化與心成,故中道若性。
　(《新書‧保傅》)

　　夫胡越之人,生而同聲,嗜欲不異。及其長而成俗也,累數譯而不
　能相通行,有雖死而不相為者,則教習然也。(同上)

　　習慣的養成固然越早越好,而從母親懷胎中就開始培養起來更好,
故胎教尤為重要。他說:

　　《易》曰:「正其本而萬物理,失之毫釐,差以千里。」故君子慎始。
　謹為子孫婚妻嫁女,必擇孝悌,世世有行義者;如是,則其子孫慈孝,
　不敢淫暴,黨無不善,三族輔之。故鳳凰生而有仁義之意,虎狼生而有
　貪戾之心,兩者不等,各有其母。……周妃後妊成王於身,立而不跛,
　坐而不差,獨處不倨,雖怒不罵,胎教之謂也。(《新書‧胎教》)

　　胎教即母教,母親能否施行胎教,不在有豐富的知識,實在於有賢
淑的德行;具有賢淑德行的母親,則動靜語默,皆出於中和,合於法
度,自能使胎兒感受正當的刺激,養成正當的習性,出世以後,則本質
良善,容易教成好人,此胎教之所以重要。

第三節　董仲舒（西元前 160 年—？）

一　生活小史

　　自孟子死後一百四十年，中國又出了一位所謂「正人君子」者，就是在教育史上很有關係的董江都。董子名仲舒，生在河北廣川縣。他是儒家的純正信徒，幼小時代專修《春秋公羊傳》，研究精深。他一生的著作無非發揮《春秋》的義例，他一生的品格即有《春秋》義例上所陶鑄的模型，所以「進退容止，非禮不行」（見《漢書》本傳）。學成以後，在景帝時，果然拜了博士之官。武帝當國，需要人才，指令天下郡國選舉「賢良文學」，仲舒以對策取得第一，故在青年時代業已名震全國。仲舒的性格極其廉直，遇事守正不阿，敢發讜論。但他並非小心謹慎一流的人物，卻是才氣縱橫，氣宇闊大，我們看他在殿廷幾次對策所發表的言論，無非經國濟民之策，故與其稱他是一個學者，毋寧說他是一個政治家，並且是一個有主義的政治家，極講道德的政治家。可惜武帝只能承認和嘉獎他的議論是對的，竟沒有重用一次，給他一個機會大展經綸。對策以後，即拜他為江都相，事奉易王。當時諸侯恃著宗室的關係，多半驕恣不法，而膠西王自以皇兄之故，較一般驕恣更甚。與董氏有仇怨的人們，其後又奏請調他相膠西王，借此陷害。但仲舒本為一代名儒大師，他的聲名久已震於全國，到任以後，膠西王卻極表尊崇，待遇以賓師之禮。仲舒抱有大志，既不得展於朝廷，在郡國又事兩驕王，使他人處此環境，未必不牢騷萬狀，可是董子還是本著他素來的修養，正身以作則，教令全國，兩王亦被感化，這也是他的成功之一。到了晚年，自知直言招忌，恐終不免於禍患，於是絕念於政治生活，款擔回鄉，在家專門著書講學，以享暮年。綜計董子一生講學共有兩個時期，

一在青年，一在老年，其餘則全消磨於地方的政治生活了。在講學期內，他的教授方法非常特別，由弟子之程度高的教授程度低的，再由低的教授更低的，直接聽講者只有少數資格最久、程度最高的學生。好似一種優生輔導的班級制教授法。

二　未善的性論

儒家本來都是以教育為手段化社會人類於至善的。不懂性情為何物，就不能說明教育原理；不能說明教育原理，則教育方法無從設施，所以儒家對於本性的研究都較其他各家注意得多。但有同屬於儒，而對於本性的見解亦各說不一。孟子言性善，荀子言性惡，兩人差不多完全矛盾；董子又與他們兩人所說不同。董子說：

性者天資之樸也，善者王教之化也。無其質則王教不能化；無其王教，則質樸不能善。（見《春秋繁露·實性篇》）

他是把性當成像一塊毫未雕鑿的原石：可以為善，而非善；可以為惡，而非惡。董子這種見解，與孔子的「性相近也，習相遠也」說很相近，故吾人取名曰「性未善論」。他這種見解，是從「性」字的本身上解釋的。他說：「性之名非生與？如其生之自然之質謂之性，性者質也。」（〈深察名號篇〉）性就是生，初生的自然之質謂之性。自然之質說不上什麼善惡，這又採取了告子的「生之謂性」之說了。再看他所引的幾個譬喻，更可以明了他的解釋。董子第一個比方，是以禾喻性，以米喻善。他說：由這兩個比方看來，性是天生的，善是人為的；性雖有善質，究未可謂善，必待人為的教育才能使它進於善。所謂「善與米人之所繼天而成於外，非在天所為之內也。使天之所為有所至而止，止之內謂之天性，止之外謂之人事。事在性外，而性不得不成德」（〈深察名號篇〉）。

善如米，性如禾。禾雖出米，而禾未可謂米也；性雖出善，而性未可為善也。（〈實性篇〉）

是故性比於禾，善比於米。米出禾中，而禾未可為米也；善出性中，而性未可全為善也。（〈深察名號篇〉）

第二個是以繭與卵喻性，以雛與絲喻善。他說：

民之性如繭如卵。卵待覆而為雛，繭待繅而為絲，性待教而為善，此之謂真天。

繭有絲，而繭非絲也；卵有雛，而卵非雛也。比類率然，有何疑焉。（均見〈深察名號篇〉）

董子又以「民」字來解釋性。他說：「民之號，取之瞑也。使性而已善，則何故以民為號？」民即「萌而無識」之意，性即民，故性也是萌而無識。民待王教而後有知識，性待教育而後進於善，所以他又拿出一個比方。他說：

性有似目，目臥幽而瞑，待覺而後見。當其未覺，可謂有見質，而不可謂見。今萬民之性，有其質而未能覺，譬如瞑者待覺教之然後善。當其未覺，可謂有質而不謂善，與目之瞑而覺，一概之比也。（〈深察名號篇〉）

人之有性情，猶如天之有陰陽，故性情二者凡人之身所不能無的。有時性與情相合為一，未動之情即是性，故性情二者皆屬於質。情如天之陰，如政之刑，不能說是善的。既性情二者同一為本質，假若謂性為已善，豈不與不善之情矛盾嗎？故就情之一詞亦可以證明性之質謂未善，而善全屬於教育之功。孟子謂性為已善，是拿禽獸之性與人比較。人類的行為固然較禽獸為良，若與聖人的行為比較則相差遠甚。必要如聖人之所為，「循三綱五紀，通八端之理，忠信而博愛，敦厚而好禮，乃可謂善」（〈深察名號篇〉）。

　　因此董子把人類的本性分做三等：上等為聖人之性，下等為斗筲之性，皆不可以性名，只有中民之性才可以性名，中民在人類為最大多數，故中民之性就可以包括人類的全體。斗筲之性近於禽獸，自然說不上什麼善，而聖人之性又居於最少數。中民之性只有善質而未至於善，而中民又居最大多數，所以說「性未善」。

三　化民成性的教育論

　　董子的政治思想本著春秋大一統之說，故其政治主張極力提倡王權論。他以帝王為有絕對的權威，足以制馭天下，凡天下的臣民皆應受帝王的支配，而後天下一統，思想一致，社會太平。他的性論及教育論皆是由此產生的。他反對性善之說，由於看重教化，把教化視為必不可少的工作。如謂人性已善，則不必要教育；不要教育，則帝王就無所施行其權威。所以他說：「今謂性已善，不幾於無教，而如其自然，又不順於為政之道矣。」（〈實性篇〉）

　　為善是天意，而人性初生未至於善，要承天意使未善者進於善，當然要教。釐定教育宗旨，施行教育政策，則在於帝王。所以他說：「民受未能善之性於天，而退受成性之教於王，王承天意以成民之性為任者也。」（〈深察名號篇〉）權由帝王掌握，教育目的則在於「化民成性」。化民成性，即使被教者皆知從義而遠利。從義是向善，遠利是止惡。凡民性之所以為惡者，以利為引誘，而人民趨利如水之走下，極其自然。倘無教育，則奸邪必生，社會必亂。故教育也可以說是制止人民趨利為惡的堤防。要使人民從義遠利，第一在於為政者能夠以身作則，第二在於社會沒有為惡的事情發生。為政者能夠以身作則，則下民自然觀感而向化，所謂「上之化下，下之從上，猶泥之在鈞唯甄者之改為，猶金之

在熔唯冶者之所鑄」（〈對策〉一）。社會沒有為惡的事情發生，則環境優良，雖欲為惡亦不知所以為惡，而自然趨於善，所謂「天下者無患，然後性可善；性可善，然後清廉之化流；清廉之化流，然後至道舉，禮樂興，其在此矣」（〈盟會要篇〉）。

教材自然屬於六藝。六藝各有所長，各有所用。人類個性不齊，各有好惡，各有優劣。優良之教師，當循循善誘，因材施教。又要細心考察其性情，凡天性所好而屬於善的則引導之，凡天性所惡而屬於惡的則去掉之，能夠如此，則用力少而成功多。[1]

四　教育政策

董子的性論及教育論全是本著他的政治思想生出來的，所以在其教育理論上尚無特別精彩，而關係之重要實在於他的教育政策。他是想以政治的手段，藉著國家的力量來施行其教育主張的一個人。他是要用大刀闊斧來實現他的理想的，不是斗筲之才、一孔之儒的行徑。他對武帝所提倡教育政策，共有三件，茲分述於下。

（1）設立學校。提倡美風，防止亂民，莫重於教化。施行教化必有一定的地方，莫過於學校。「漸民以仁，摩民以誼，節民以禮」，則民心既正，才沒有犯法作亂的行為。民不犯法作亂，則風俗自然良美，這就是董氏設學的根本主張。在中央，設立大學，教育貴族子弟及他子弟之俊秀者；在地方，設立庠序之學，教育一般人的子弟。這就是董氏辦學的一種規定。無論他的主張對與不對，但古代學校自東周以來業已毀棄四百年，此時經他一提倡，公立學校於是重興，這一點殊足以令我們紀念的。

（2）興辦選舉。學校固然是培養人才的地方，但在學校畢業的學生未必個個都是人才，設國家沒有一種選擇的方法，用人必無標準。且當

時私人講學之風極盛，許多人才不必全由學校出身，設國家沒有一種選舉法，這一般人才亦無由上進。國家要收攬人才，要錄用真正的人才，於辦理學校之外，選舉也關重要。所以董氏又對武帝建議，要求州郡每歲須選舉茂才孝廉獻送到中央錄用，而漢朝恢復古代鄉評裡選之法也是由他此時提倡起來的。

儒者統一於漢朝，固有趨勢，但提倡者乃董氏諸人，故獨責備之。

（3）統一學術。罷黜百家，獨尊孔子，是董氏的第三個教育政策。孔子便是儒家的代表，他的學說即是六藝之術。六藝之術本是先哲先賢逐年集下來的典章制度，到春秋時，經孔子的大手筆，把這些書籍通同整理一番，從前零亂的現在成為整體的了，於是後人合稱「六藝」。孔子的門徒又把六藝裡面的義理和孔子平日的言論混合起來，加以發揮，後人稱之日「儒家學說」。中國民族思想的開放，要以春秋戰國時為最燦爛，孔子雖集古代民族思想之大成，但在當時不過百家之一派。尚無他種勢力，限制其他各家的發展，則諸子百家的學說或與儒家平均發達，或任由一家畸形發達，很難逆料。董子本是儒者的忠實信徒，入主出奴，已為學者的固習，他於是以歷史的關係，藉著國家的力量，強以儒術統一全國人的思想；自此以後，中國民族思想遂牢固於一家之下而不能有所解放。董子的三個政策都是關於教育的，而以第三個為最有關係。他固然有功於儒家，不愧為儒者，但是我們二千年來的思想被他們這種無形的枷鎖捆住，難以自由發展，卻是吃虧不小了。

第四節　揚雄

一　略傳

揚雄字子雲，生於四川成都，是西漢末年的一個大思想家。當少年時代，喜為辭賦，即以文章名。年屆四十，遊宦京師，以性情恬淡孤僻，不善應酬，僅拜郎中給事黃門。在王莽當國時，以大夫的資格常校書天祿閣，著《太玄經》以自娛，雖遭劉歆的譏笑，他也不去理會。西漢的學者都來講求章句訓詁之學，藉以求得仕進，但揚氏只求通大義，中年以後，專心於哲學的探討，雖辭賦也不講了，這也是他與一般人不同的地方。他的思想是雜採儒、道兩家而為一的——倫理觀得之於儒家，本體論得之於道家。他說：「老子之言道德也，吾有取焉；其槌提仁義，絕滅禮樂，吾無取焉。」又說：「向牆之戶不可勝入矣。日惡由入？日孔氏，孔氏者戶也。」由此可知他的思想之淵源了。他的著作，有《太玄》及《法言》兩種，他自比《太玄》於《易經》，比《法言》於《論語》。在這兩部書裡面，前者完全講宇宙本體，後者講儒家倫理，關於教育原理方面的只有論性及論學兩項，揚氏平日並未從事於教育事業，關於教育理論亦僅僅如此，我們所以列入為教育家的，以其性論獨到，有關於教育價值不少。

二　善惡混的性論

董氏以「未善論本性」，已較孟、荀進了一步；而揚氏以「善惡混論本性」，則較董氏又進一步了。揚子說：「人之性也善惡混，修其善則為善人，修其惡則為惡人，氣也者，所以適善惡之馬也與！」（《法言·修

身篇》）細繹他這句話，拿來與近代心理學家講論的本性比較，很相吻合。本性好的壞的是人人全有：例如「愛群」、「好奇」、「求食」等等皆屬於好的本性；「自私」、「妒忌」、「好鬥」等等皆屬於壞的本性。無論何人，所有本性皆是與生俱來的，不過因各人所處的環境和他們所稟賦的分量之不同，故其發達的結果有差異。好的壞的既是全包含在人類本性之中，這就是揚子所說的「善惡混」。所謂「修其善」、「修其惡」兩個「其」字，即是「本性」二字的代名詞，兩個「修」字即是發展的意思。一個兒童，若是盡量地發展他的善性，便會成一個善人；若是盡量地發展他的惡性，便會成一個惡人。吾人所以生存活動的在「氣」，——也可以說是活動能力。氣比方是馬，性比方是路。駕馬於廣平的道路上，則馬才跑得迅速而順利；用氣於善良的本性，則人所活動的都是善良的活動。所謂本性與生俱有就是不學而能的意思，例如眼睛能看，耳孔能聽，口舌能言，莫非本性。但人類的社會總是好的少而壞的多，本性往往容易傾向於壞的方面。若聽其自然發展，不給以良好的教育，其結果大半走到惡的一途，而教育的功用就是防止惡性，陶養善性的。所以他又說：「學者所以修其性也。視、聽、言、貌、思，性所有也，學則正，否則邪。」（《法言·學行篇》）

按「本性」二字英文為 instinct，中國人譯作「本能」。愚見以本能的意義應為 capacity，而 instinct 應作本性解釋較切。

三　強學主義的教育論

人類與禽獸所以不同的地方，在有理性與無理性。禽獸沒有理性，所以觸感而情發。人類有理性，雖有時因情感而發，但亦能夠因義理而止。[2] 人類是要有禮義的，有禮義方可以為善人，為君子，可以睎求聖

賢。但人類的本性是善惡混的，而惡性往往被不良的社會引誘的原故，發達較善性快些；故吾人要為善人，非加一番努力不可。怎樣努力？則在「強學而力行」。[3] 吾人也必待強學力行，而後可以成就一個「人」。所謂「有刀者諸，有玉者錯諸；不礪不錯，焉攸用？礪而錯諸，質在其中矣」（《法言·學行篇》）。強學非私自攻求所能有成的，倘私自攻求而不就正於師，則必惑於眾說，難以取決，所以要「一卷之書必立之師」（《法言·學行篇》）。從師不僅獲求知識，而品性的陶冶亦至有關係，且吾人求學原來是要矯正品性的，所謂「務學不如務求師，師者人之模範也」（同上）。揚子認教育是很有效力的，受一個什麼教育就能得到一個什麼模樣。他說：「睎驥之馬，亦驥之乘也；睎顏之人，亦顏之徒也。」又說：「耕道而得道，獵德而得德，是獲飧也。」（均見上）這即是承認教育是萬能的。不怕教育不能成功，只怕吾人沒有意志，「百川學海而至於海，丘陵學山而不至於山，是故惡夫畫也」（同上）。揚子是一個實學家，對於專講虛聲而不務實際的學者，是非常疾惡的。在《法言·吾子篇》上設為與或人問答一段話，你看是何等的冷嘲熱罵：

或曰：「有人焉，云姓孔氏，而字仲尼，入其門，升其堂，伏其几，襲其裳，則可謂仲尼乎？」曰：「其文是也，其質非也。」「敢問質？」曰：「羊質而虎皮，見草而說，見豺而戰，忘其皮之虎矣。」……好書而不要諸仲尼，書肆也。好說而不要諸仲尼，說鈴也。」

學習的步驟有五：第一步，取我們要學的材料整理整理；第二步，則用思考的工夫，加以揀擇，取其精華而去其糟粕；但一人的思力究竟有限，第三步還須與同學彼此磋磨，以就正其是非；第四步，則用獎勵的方法；最後則以始終不倦為依歸。能夠這樣的學習，才算得好學，學而後有成。[4] 讀書須多，而取捨要精；多則可以觸類旁通，精則有選擇、有操守，所謂「多聞則守之以約，多見則守之以卓」（《法言·吾子篇》）。

諸子百家異說分歧，我們應當以聖人所說的話為標準；聖人之所是，就是對的；聖人之所非，就是不對的。[5]

第五節　王充（西元 27 年—西 96 年）

一　略傳

王充字仲任，以光武建武三年生於浙江上虞，以和帝永元中年病死於家中，年壽將近七十歲，是東漢前期的一個大思想家。他的家庭貧寒，父親早死，中年雖常涉郡守衙門，做過小小官吏，但以性情恬淡孤僻，難與一般俗吏苟合，故他的一生生涯大半消磨在鄉里教書或著述之中。幼年——約七、八歲時——讀書於書館，長大曾肄業於太學，扶風班彪就是他的老師。因家貧無錢買書，常往洛陽書店，任意取閱，凡翻閱一遍皆能背誦，記憶力之強可想而知。他喜為博覽，不守一家的學說。但他論治國常以孔子的「禮義」為本，[6]論宇宙以老子的「自然」、「無為」為歸，最反對韓非專任「刑名」之術；所以論列他的學派是處於儒、道兩家的中間而兼採的一個人物。他對於教育事業，除居鄉教授以外，毫無建樹；對於教育學說，除論性一段外，毫無貢獻，殊不配稱為教育家。但我們教育史上所以選錄他為一員的，完全在他的創造的思想，和批評的態度。自他絕意仕進以後，歸處田間，謝絕一切俗事應酬，用他的天才，對於宇宙萬事萬物，以沉默的工夫，日夜思索探討，果然得到了成功。我們分析他的思想最精粹的地方，正「宇宙觀」與「運命論」兩種。他的非教育學說而勢力足以影響於教育思想的，在以科學的方法，用極銳利的筆鋒，攻破當時或從前的一切迷惑的信念與傳說，一掃漢家二百年來的陰陽讖緯之風，而使一班方士、陰陽家頓失其權威，一

班迷惑於他們的邪說的人們頓失其信仰的根據。[7]沉霧一撥，青天立見，吾人才知道真理之所在，而有思路可尋。故他的批評的論調比較他的性論更有價值，而運用思考的方法尤為後世研究者的取法，王充可算為能夠超出兩漢思想範圍以外的一個人物了。他著有《譏俗》、《政務》、《養性》及《論衡》諸書，《論衡》至三國時始行於世，其他皆失傳。

二　自然的宇宙觀

講宇宙觀，王充與道家同一見解，儒家許多人都承認天是有意志的，凡宇宙萬物皆有天意操縱其間，故一舉一動、一呼一息，都是隨著天命。墨家更信天有強力的意志，而吾人非尊守天志不可。王氏反對此說。他說：天是無意志的，不能為萬物主宰的。宇宙萬物皆是自然而生、自然而滅，非由默默中有一個主宰使它們生、使它們滅。「天」就是「自然」的假名，換一句說，宇宙間只有「自然的現象」，並沒有「有意志的天神」。萬物皆是自然生滅，故曰無為。萬物的生長既無主宰，而萬物本身實有物質與機能，而此種物質與機能從何而來？在王氏以為萬物的種因就是天地陰陽之氣，二氣相合而萬物生，二氣相離而萬物滅；而此二氣相合相離相變化種種作用，也是自然的作用，毫無主宰有意使它們發生此種作用。故曰：「天地合氣，萬物自生：猶夫婦合氣，子自生矣。」（〈自然篇〉）又曰：「天之初行也，施氣也，動體氣乃出，物乃生矣。由人動氣也，體動氣乃出，子亦生也。夫人之施氣也，非欲以生子，氣施而子自生矣。天動不欲以生物而物自生，此則自然也；施氣不欲為物而物自為，此則無為也。」（〈自然篇〉）宇宙現象既是自然的，吾人應當秉著無為主義，聽其自然變化，無庸自作聰明，矯揉造作；倘故欲有為，如同「宋人之揠苗助長」，沒有不失敗的。故王氏對於宇宙的觀

察，與道家同一方面。

　　王氏的宇宙自然觀既與道家相同，故他極力推崇黃、老。不過他的學說比較老子更進一步：老子只空談自然無為，使人聽了難於明瞭；而王氏以科學的方法，援引種種證據，證明他的學說實有根據，使人無從否認。故他說：「道家論自然，不知引物事以驗其言行，故自然之說未見信也。」（〈自然篇〉）王氏說：吾人何以證明天是自然？因為它無口目。凡非自然而有為的，必是有口目一類的東西。今天既無口目之欲，於物無所求索，則有何為。何以證明天無口目？以地證明。地以土為體，土本無口目。天地夫婦，地體既無口目，故知天也無口目。再者使天為體，宜與地同，使天為氣，氣若雲煙，更無口目可言，故曰天是自然的，無為的。他又反證如下：假如萬物皆由天地有意的製造，製造應當用手，天地安得萬萬千千手，並為萬萬千千物（均見〈自然篇〉）。按王氏此種證明，固然不盡合於邏輯，但生在章句之學的漢代，而肯以此種方法研究宇宙現象，打破當時方士一切祥瑞災異之迷信，非超出環境之外，以運用思想的人絕不能有此，所以我們是很佩服的。最令人可驚的，是他的「情慾生子說」。他說：夫婦生子，完全由情慾衝動，並非有意為某種目的而生子，故曰「夫天地合氣，人偶自生也，猶夫婦合氣，子則自生矣」（〈物勢篇〉）。此種見解，把千餘年的父子神聖關係的禮教信條，一爪揭穿，使人看得一錢不值，真可謂極大膽之言論。吾人敘此一段，是由於觀察到批評的膽量及證驗的創見；至於氣數的命運論與教育關係太小，理論雖精，仍以割愛為是。

三　論性與學

　　王氏論性與前儒不同。告子說「性無善惡」；孟子說「性善」，荀子說「性惡」，董子說「性未至於善」，揚子說「性善惡混」：他們各人有各人的觀察，也皆不免各有偏重的地方。王氏的性論，是綜合各家的觀察而得出一個比較完善的結論。他說，性是有善有惡的，善的可以變惡，惡的可以變善。故曰：「論人之性，定有善有惡，其善者固自善矣，其惡者故可教告率勉，使之為善。……凡人君父審觀臣子之性善，則養育勸率，無令近惡；近惡則輔保禁防，令漸於善。善漸於惡，惡化於善，成為性行。」（〈率性篇〉）但教育可以改變某人的本性，是針對中等人之性說的，至於極善或極惡之性非習染所能成，雖處在極強的環境或極有力的教育當中，亦不能夠移動。因為人類的本性既不一致，所以王氏把它們分做三等：「孟軻言人性善者，中人以上者也；**孫卿**言性惡者，中人以下者也；揚雄言人性善惡混者，中人也。」（〈本性篇〉）我們在這裡，就有兩個疑問請問王先生：一，同樣叫做「性」，為什麼有善惡？同樣是善惡，為什麼有三等？王氏說，吾人本性稟著先天的元氣而成，元氣本無二樣。不過「氣有多少，故性有賢愚；稟氣有厚泊，故性有善惡」（〈率性篇〉）。這是他答覆我們第一個問題的回答。至於第二個問題，他也有答覆。他說，人性三等由於吾人初生時所感不同：上等人所感的是「正性」，中等人所感的是「隨性」，下等人所感的是「遭性」。正性所稟的是先天五常之性，良善完美，沒有一分瑕疵摻雜在裡面，故在後天不受任何勢力的習染。隨性所稟的是父母的遺傳，善惡混雜，中等成分，故在後天可以被改變的。遭性所稟的是惡物之性，穢惡不潔，已成固定，是無法改變的（〈命義篇〉）。但這三等性全是感受於兒童受胎頃刻之

間，在這唯微唯危的期間，感著正性，就可以成上等人；感著隨性，就可以成中等人；感著遭性，即是下等人。因頃刻間所感的不同，所以成性有顯然的差異。這種感遇，不是人意，亦非天命，完全憑著機會。這個機會非必然的，是偶然的。既是偶然的，必有方法能夠設防，故王氏又提倡胎教之法。當兒童受胎時，他們的父母的居處言行以及思慮全是純正的、有規律的，所感必然是善的影響；反之所感必然是惡的影響，故他說：「初生意於善，終以善；意於惡，終以惡。」（〈率性篇〉）其實王氏「性有三等」說是根據於西漢人賈誼（見《新書·連語》），注重胎教亦本於賈誼（見《新書·胎教》）。至於「性有善有惡」說，則本於周人世碩，而兼採告子和揚子二人的學說以成立的。既是根據前人的學說以立論，自然不能算為創見，不過他僅根據前人一個原理而能推演出許多路徑，這種路徑皆合於科學法則，非同玄想，故與前人不同。

孫卿，即荀況。

王氏論性，無論先天或後天，差不多全體承認教育有效力，是與他的命運論完全相反。他要圓足他的學說，故把性與命絕對分開，兩不相關。他說：「夫性與命異，或性善而命凶，或性惡而命吉。操行善惡者性也，禍福吉凶者命也。或行善而得禍，是性善而命凶；或行惡而得福，是性惡而命吉也。」（〈命義篇〉）我們可以把他的性論列出一個表來看看，以免讀者混淆：

王充的性論表

性	上等之人 ……… 善的 ……… 後天不能移的	
	中等之人 ……… 善的／惡的 ……… 後天能移的	行胎教法而有效的
	下等之人 ……… 惡的 ……… 後天不能移的	

王氏承認教育對於變易性質是有效力的，所以他承認教育的價值；教育不僅是鍛鍊兒童的本性，並可以完成它們的人格。他說：「夫儒生

之所過文吏者，學問日多，簡練其性，雕琢其材也。故夫學者所以反情治性，盡材成德也。」（〈量知篇〉）沒有學問的人，好似穀和米，不能為用；有學問的人，好似穀已成粟，米已成飯，可以直接利用的（〈量知篇〉）。讀書的方法在深思，能夠深思，雖然很艱難的事情也能了解。凡天才人的見解所以超過尋常人的，並非他有什麼神奇，就因為他肯用思考，常注意常人所注意不到的地方。而思考的根據在實證，有了實證，則思想成為學說；沒有實證，學說不能成立，就不能令人相信。故曰：「凡論事者違實，不引效驗，則雖甘義繁說，眾不見信。」（〈知實篇〉）處處用證驗以斷定某種學說和事實之能否存立，破除一切口耳的傳說與荒誕無稽的迷信，這是王充學問的特色，我們選他列入教育史裡一員的理由，也就在這一點上面。

第六節　馬融與鄭玄

一　兩人的生活

　　馬融字季長，以東漢章帝時生於扶風茂陵，照現在的地圖說，應當是甘肅省籍。馬氏才資俊秀，讀書博洽，不拘守成法，為漢儒中最通達的一個人。他的學識與才氣，在青年時代，業已馳名於關西。他本生長在貴族的家庭（其父為馬嚴曾為將作大將），素性已是放蕩不羈，不願寄附權貴做小官。在三十歲的時候，適逢地方兵亂，加以奇荒，不耐於困苦飢餓；因此深悔從前的行為，只顧小節而忘大體，未免陷於俗儒的圈套。所以從三十歲以後，他即宦遊京師，改變態度，從事於政治生涯。但文人做官，總不外乎執筆磨墨一類的事情，好談時政的得失，以致屢忤權貴，幾遭貶謫。他的教育生活，大半在六十歲以後，約計二十餘年。

　　馬融有高足弟子，姓鄭名玄，字康成。鄭氏以東漢順帝初年生於北海高密，是現今的山東省人。他的家世不及馬融的高貴，所以少年時的修養便與他的老師不同。雖少年曾做過小小官員——鄉嗇，他的父親也希望他從事於官吏生活，但此非他的本性所好，故後來便西赴京師，投入太學，以求高深的學問。初從京兆第五元先，已通習《京氏易》、《公羊春秋》、《三統歷》及《九章算術》。其後又從東郡張恭祖，研究《周官》、《禮記》、《左氏春秋》、《韓詩》、《古文尚書》，皆已通曉。但鄭氏志量遠大，僅僅這幾門經術殊不足以滿足他的要求；而環顧京師，可數的經師皆不在目下。當時海內名師唯有扶風馬融，鄭氏於是西出京師，以涿郡盧植的介紹，往關西從事馬融，此時他的年齡大約已到二十七、八歲了。當鄭氏入關的時候，馬氏門徒已四百多人，研究較深而有資格直接聽講的有五十餘名。馬氏素性驕貴，鄭玄以新生依附門下，三年不得見面，都是使高足弟子間接傳授。但玄因此益自磨勵，勤學不倦。其後馬氏召集諸生考論圖緯，聽說鄭玄頗能算術，始得召見。鄭氏得此機會，一一質問平日所有疑義，考問完畢，鄭氏的學問差不多將告成功，遂拜辭這一位闊綽的馬老師而東歸。此時鄭氏年將四十，家計貧寒，遷居東萊，一面耕田，一面教書，學徒相隨常數百千人。桓帝時，黨禍發生，他亦同被禁錮。在禁錮的時候，謝絕交遊，專修經業。迨靈帝末年，黨禁解除，在朝權貴如何進之徒極力羅致，但他淡泊為懷，至老不渝，終不肯起；因之弟子自遠方來遊的益多。鄭氏自四十歲以後，即設帳教學，約計二十餘年。當時漢室瓦解，豪傑並起，而鄭氏以名望自累，屢被這些野心家想羅致門下以自誇重，使他不得安享餘年。我們推想這位不願甘作他人傀儡的老學者的心理，蓋亦良苦！而鄭氏卒以建安五年老死於袁紹軍中。

二　兩人的譯著及教法

　　馬氏教書是傳遞式的等級教授法，彷彿與歐洲中古時代僧侶學校的教授法相似。老師高坐講堂，親授與前列的高足弟子，由他們依次轉授與其下弟子。這種教法，董仲舒教書時也是一樣，或者漢代經師家一種普通教授法也未可知。但馬氏還有一層與旁人不同的地方，就是他那驕貴的態度，和闊綽的排場，雖在教書時也是一樣排著，前面上課，後面排列女樂，書聲與琴聲弦盤聲和並奏，這或者是馬氏的興味主義？[8] 鄭氏教授方法，史無明文可考。但據他的本傳上說，當鄭氏死後，一班門生收集他平日答覆他們的五經諸問，仿照《論語》編成《鄭志》八篇，那麼，鄭氏多半採用問答法了。

　　他們平生都無特別創作，所有的作品，大半把古人的經傳下一番註解，或考校同異，或闡發義蘊，《潛夫論》說「賢人為聖譯」，所以我稱他們為譯著家。馬氏一生的作品有：《三傳異同說》，及《孝經》、《論語》、《詩》、《易》、《三禮尚書》、《列女傳》、《老子》、《淮南子》、《離騷》等注。除此以外，還有賦、頌、碑、誄、書記、表奏、七言琴歌、對策、遺令等二十篇。鄭氏一生的作品有：《周易》、《尚書》、《毛詩》、《儀禮》、《禮記》、《論語》、《孝經》、《尚書大傳》、《中候乾象歷》等注；又著有《天文七政論》、《魯禮禘祫義》、《六藝論》、《毛詩譜》、《駁許慎五經異議》、《答臨孝存周禮難》；合共六百餘萬言。兩漢四百年，今古文兩派爭論不決，竟成學術界一大公案。馬、鄭二氏以他們博學精通的力量把兩派溝通一氣，不加軒輊，這種廣納兼蓄的態度，我們不得不佩服了！但我們比較他們師徒二人，則鄭玄的學問尤為淵博純粹些。

三　兩人性格的比較

　　品題純粹的儒者，不待說，西漢當推董仲舒，東漢要算鄭康成。不過鄭玄與董仲舒不同的地方：董氏是想借國家的權力施行他的教育政策，我們可稱他是政治家的儒者；鄭玄是想用講授的方法宣傳他的教育宗旨，我們可稱他是「學者派的儒者」。鄭玄不願做官，固然由於性非所好，但此絕不是他的消極。他是想拿全副的精力從事於「整理古籍，闡明聖教」的一個衛道先生。請看他教子家訓裡頭的幾句話：「吾自忖度無任於此；但念先聖之元意，思整百家之不齊，亦庶幾以竭吾才」（見《後漢書》本傳），我們就可想而知了。至於馬融則不然。論他的學業，固然與漢儒無異，但他的思想與性情卻非漢儒所能範圍。他的性情放達，才氣高朗，是讀活書而不肯死讀的人，是講通權而不肯顧細謹的人。請看他在困難時給他的朋友一封信裡頭的話：「古人有言，『左手據天下之圖，右手刎其喉，愚夫不為』。所以然者，生貴於天下也。今以曲俗咫尺之羞，滅無貲之軀，殆非老、莊所謂也。」（見《後漢書》本傳）馬氏這一段話，簡直超出儒家的思想圈子以外，走進了老、莊的思想境界。他是重肉體而輕名節的，提倡快樂而反對苦行的；所以他對安帝說，「夫樂而不荒，憂而不困，先王所以平和府藏，頤養精神，致之無疆」（同上）。老師放達，學生醇謹，性情絕然相反。而負社會的仰望，受士林的稱譽，鄭氏所得比他的老師實多；固然由於馬氏有時太不顧行檢，理有應得，但當時為儒家思想的世界，怎能容許異軍出頭，而不隨時攻擊阻遏呢？但前賢畏後生，鄭氏學識較馬氏淵博，譯著亦較豐富，對於諸子群經的整理，貢獻於學術界上尤屬功不可掩。鄭氏以後，直接弟子，再傳門生，布滿了中原，兩晉雖經五胡之亂，而北朝經學猶能講習不衰，

也是鄭氏勢力的遠播。[9] 然馬氏死後，不到五十年，而天下大亂，三百餘年儒家的世界一變而為老、莊，那麼，要追溯魏、晉六朝的思想之源泉，說是開始於馬氏也未嘗不可。

第七節　荀悅與徐幹

一　荀徐略傳

荀悅字仲豫，是河南潁川人，與北海孔融同時。徐幹字偉長，是山東北海人，與高平王粲同時。荀氏與其弟或及孔融侍講於獻帝禁中，名義上是做漢朝的官，其實是在曹魏勢力下當幕僚。徐氏生年又較荀氏略晚，性情不愛做官，與王粲等交友最善，稱為建安七子之一。當是時，漢鼎在事實上已移轉到曹魏手中多年了，所以按照二氏生世之年，應歸入第四編魏、晉六朝的時期中。但他們都是儒家的信徒，所有思想言論與漢儒同一氣味，且想以他們自己的精力力挽漢儒的頹風，作一個中流砥柱。他們的靈魂，還是漢朝的人物，所以我們把他們編入到本編之末了。荀氏著有《申鑒》、《漢紀》等書，徐氏著有《中論》二篇，二人雖同屬於漢儒思想一派，但其中貢獻於教育理論，各有發表，兩不相同。荀氏注意在本性一方面，徐氏注意在教學一方面，其餘無關於教育的文章，我們毋庸討論，現在只分述此兩個論點於下。

二　荀氏論性

我們前面說王充把人類本性分為三品，是根據賈誼口裡的話。但他們不過觀察社會人類的行為有三種傾向，因之區別人類有三等性質；至

於正式提出「三品」的名詞，要從荀悅創始。荀氏論性反對孟、荀的絕對論，亦反對揚雄一班人的含混論，他是主張相對的，又是分析的。[10]他說：三品之性，中品可以隨環境或教育變遷，上下二品則難於移轉，但初生相差很小，到後了卻愈差愈大了。由此看來，荀氏三品的理論，又是從孔子的「性相近也，習相遠也，唯上智與下愚不移」說闡釋出來的。那麼，性既有三品的差異，究竟有無善惡的分別？荀氏認上品之性善是已確定了的，難以轉移為惡；下品之性惡也是已確定了的，難以轉移為善；唯中品之性，極富於可塑性，雖有善惡不等，而全可用人力轉變。所以他說：

> 生之謂性也，形神是也。所以立身終生者之謂命也，吉凶是也。（〈雜言下〉）

形神即性，性即生之自然。換句話說，吾人生命的表現，及表現的力量和差異，全謂之性。這種差異，大概說來，共有三品。哪三品呢？他說：

> 或問天命人事？曰：「有三品等：上下不移，其中則人事存焉爾。命相近也，事相逢也，則吉凶殊矣，故曰窮理盡性以至於命。」（〈雜言下〉）

> 性雖善，待教而成；性雖惡，待法而消。唯上智與下愚不移，其次善惡交爭。（〈雜言下〉）

至中品之性何以易於轉變？要答覆這一點，須看他如何解釋性情二者的關係。

荀氏不主張性情皆善說，或性情皆惡說，亦不主張董氏的性善情惡說，他是採納劉向的「性情相應」說。性情相應說，即性不獨善，情不獨惡，兩者有相連為一致的關係。所以「性、情」二字並不分開，本體是一個，不過當未發時謂之性，當發出時則謂之情。情之表現，如好惡

之類，皆從性中發出，所謂「好惡者性之取捨也，實見於外，故謂之情」
（同上）。

　　性源本有善惡，猶氣源本有白黑一樣。性之善惡表現於情，於是情
也有善惡了；如氣之白黑表現於形，而形也有白黑一樣。世人只見外面
的惡情，遂以為情惡，而不察情惡之本源由於性，與不察形黑之本源由
於氣，同一誤謬。其實性與情是一致的，所有起伏動靜的傾向是相關連
的。[11] 但情之善惡雖本於性，而好善惡惡，或好惡惡善，性也不能完
全作主，須視外面環境勢力之大小而定。換句話說，好惡之取捨雖由於
性，而性之取捨則由於外界刺激力之強弱。比方有酒與肉並呈於桌前，
兩者都是我所愛吃的。此時兩種欲念就產生競爭，它們競爭的勝負，要
視兩方刺激力的強弱而定。酒的刺激力強則酒被飲，肉的刺激力強則肉
被食，酒或被飲、肉或被食，完全由二物刺激所生的結果，非由性情二
者有什麼戰爭所得的結果。若謂情要得酒而性要得肉，簡直是胡說。又
譬如義與利並迫於目前，兩者都有難捨的理由。此時利的勢力大能夠爭
勝，則捨義而取利；義的勢力大，能夠爭勝，則捨利而就義。二者被取
或被捨，也是由它們的刺激力彼此競爭所得的勝負結果，非由性情二者
戰勝的結果。若謂情要取利而性要就義，也是胡說。二物同來，吾能並
容，則全體收納；不能並容，則隨它們刺激的強弱而定取捨。倘二者勢
力相等，而又不能並取，這個時候，精神上必發生種種迴旋與起伏的彈
動，取捨之決定，就沒有以前那樣容易了。[12]

　　荀氏性情一元論，雖本著劉向的性情相應說，但把性分成一、二品
而不認為有絕對的善惡，且認善惡多取決於外界刺激力的強弱，在性情
的本身反處於被動的地位，這確是他的創論。因此，荀氏承認教育是有
效力的，他以為人類十分之九有受教育的可能。他說：

　　性雖善，待教而成；性雖惡，待法而消。唯上智與下愚不移，其次

善惡交爭。於是教扶其善，法抑其惡，得施之九品。從教者半，畏刑者四分之三；其不移，大數九分之一也；一分之中，又有微移者矣。然則法教之於化民者幾盡之矣。及法教之失也，其為亂亦知之。(〈雜言〉)

這種用數字的分析法，尤為荀氏的特長。由此九品之說看來，差不多人類全部皆有受教育的可能，皆有受教育的必要了。

性雖善，或善惡不等，如社會沒有教育，而人生總較易於為惡，這是在荀氏以前的儒者全是這樣見解，荀氏亦然。但問何以人性容易為惡，則只有荀氏答覆的最顯明。他說：

凡陽性升，陰性降，升難而降易。善陽也，惡陰也，故善難而惡易。縱民之情，使自由之，則降於下者多矣。

以陰陽二性解釋善惡，以升降二理解釋難易，此說雖沒有科學的根據，但亦發前人所未發。由其性論的全體看來，荀氏所論總才是有幾分特出。

三　徐氏論教育

徐氏論教育的功用有三種：一是啟發智慧，二是改進習慣，三是完成人格。他說知識如珠寶，兒童初生，腦筋矇昧，如處暗室，室中縱有許多珠寶，概不能見。教育如同白日，拿白日的教育之光一照，四壁如晝，所有宇宙間一切瑰寶皆能看見，皆有路搜求，故教育是啟發吾人的智慧以搜求知識，引導吾人由黑暗到光明路上的一個工具。這是第一種功用。兒童初生，不但沒有知識，他們的性情也是很粗野未上軌道的。倘若聽其自然，不但惡的本性容易養成惡的習慣，即善的本性亦難以形成。教育的功能，正是要培養善的習慣，去掉惡的習慣。故曰：「人雖有美質而不習道，則不為君子，故學者求習道也。」這是第二種功用。啟

發兒童的智慧，把他們引導到成人社會裡面和成人一塊生活；培養善良習慣，使他們向著好的路上行走，所有吾人應備的生活條件，全可以由教育教給他們，使他們在社會裡面成一個美好無缺的個人——徐氏所謂「有德的君子」，這是教育第三種功用。

以上三種功用，尤以啟發智慧為重要。啟發了智慧就可以探求知識，有了知識則為人、處世或利己利人，皆有莫大的功用。因此，徐氏特別看重知識，並發表「知識重於德行」的言論。他說：富於知識的謂之明哲之士。明哲之士，見理透闢，認事清楚；能考察已往，能推測未來；處常也可，處變也可；權力不能受其威脅，巧詐不能受其欺蔽。像這種明哲之士，比較那專講道德、死守清高的君子，有用多了。他並引了孔子之讚美顏淵，及曾參、原憲之不能列入四科，皆以才盛與否為標準，不完全謂顏淵之有盛德的關係。[13] 儒家本以德行為本，徐氏亦純正儒者，而發表「知重於行」的奇論，或矯先儒空疏之弊，或感於當時一般正人君子反以盛德受禍，此兩種心理都是有的。

知識既重於德行，倘專靠聰明才智而不努力，則知識亦無法增進。所以徐氏一方面雖稱美聰明才智之人，同時還要鼓勵一般人的意志之努力。蓋吾人求學多由意志的督迫而成；意志堅強，雖生性笨拙，也能成功；意志不堅強，縱有天才，也是無用。所以他說「故雖有其才，而無其志，亦不能興其功也。志者學之師也，才者學之徒也。學者不患才之不贍，而患志之不立；是以為之者億兆，而成之者無幾，故君子必立其志」（〈治學篇〉）。他又說：「故才敏過人，未足貴也；博辨過人，未足貴也；勇決過人，未足貴也。君子所貴者，遷善懼其不及，改過惡其有餘。」（〈虛道篇〉）「遷善懼其不及，改過惡其有餘」，即意志的努力。

徐氏關於教育方面最精到的地方，要算教授方法論。他說，教授兒童，不在多灌以死的知識，和喋喋多言。第一步要考查他們的本性和領

悟力，並要觀察他們此刻心志的活動。本性近於某方面，即向某方面引導，所謂「導人必因其性」。按照他們的領悟力而給以相等的材料，所謂「君子之與人言也，使辭足以達其智慮之所至，事足以合其性情之所安，弗過其任而強牽制也」。但本性固然有定，而心理的狀態可是常常有變化的，必要觀察他們現時的心理狀態，或是常態，或是變態，或正被某種事物所牽引，然後施以適當的方法——或提示、或警告、或授與。使他們自然能夠領受，毫不牽強；使他們樂於領受，毫不感覺痛苦。[14] 倘不用此種方法，而硬要注射以多量的材料，不唯於兒童沒有進益，反足以使他們益陷於糊塗，兒童不但不感激教者的熱心，並能引起師生間不好的感情，說教師有意欺騙。所謂「苟過其任而強牽制，則將昏瞀委滯，而遂疑君子以為欺我也；否則日無聞知矣」（〈貴言篇〉）。按照兒童先天的本性，和現在的了解能否力，以及此刻的心理狀態，而施行適當的教育，使他們欣然自得，這種學說總算是比較精到的。兩漢二百年來的教育學者講論本性固然先後繼起，各有發揮，至於教學方法的理論前賢應當讓後生，以徐幹最為進步。至於求學：（1）貴在虛心聆受，不宜自是；（2）不重名詞的死記，而重大義的了解；（3）多方探求以歸納成一個原理；皆屬很平常的理論，我們毋庸多述了。

徐氏還有一個開闢的思想，就是反對「輕愛生而重哀死」這一派思想的人。他說：

人之過在於哀死，而不在於愛生；在於悔往，而不在於懷來。喜說乎已然，好爭乎遂事；墮於今日，而害於後旬；如斯以及於老。（〈修本篇〉）

中國民族——尤其是厭世派的人——把「生之欲」看得太輕，把「死之哀」看得太重，總在已往的事情上面錙銖較量，而於將來的事情全不注意有系統的計劃。這種態度的民族，可以說是一種「悼亡」的民族、

「懷古」的民族，及對於將來新的生活，與世界毫不注意和希望開闢與獲得的民族，中國人思想之沒有多大的進步就在這個原因上面。魏、晉六朝人精神上所包含這種毛病的成分更多。徐氏生當佛老思想正在發達的時代，而有這個進步的開闢的思想，發表出來，不但正好診治當時思想的頹廢，並是跳出漢儒死的教育圈子以外，而給予新的希望，使吾人益信教育是有效能力的。至於修養方面，孜孜矻矻，真有「遷善懼其不足，改過恐其有餘」之態，不愧為當時的名賢、儒家的殿將了。

本章參考書舉要

（1）前後《漢書》的賈誼、董仲舒、王充、揚雄、馬融、鄭玄各人本傳

（2）《三國志》的〈魏志〉

（3）《春秋繁露》

（4）《新書》

（5）《法言》

（6）《論衡》

（7）《申鑒》

（8）《中論》

---

[1]　《春秋繁露・玉杯》：「是故善為師者，既美其道，有慎其行，齋時早晚，任多少，適疾徐，造而勿趨，稽而無苦，省其所為，而成其所湛，故不勞而身大成，此之謂聖化，吾取之。」
　　《春秋繁露・正貫》：「故知其氣矣，然後能食其志也；知其聲矣，而後能扶其精也；知其行矣，然後能遂其形也；知其物也，然後有別其情也。故唱而民和之，動而民隨之；是知引其天性所好而壓其情之所憎者也。如是，則言雖約，說必布矣；事雖小，功必大矣。」

[2] 《法言・學行篇》：「鳥獸觸其情者也，眾人則異乎？註：人由禮義，閉其邪情，故異於鳥獸也。」〈修身篇〉：「天下有三門：由於情慾，入自禽門；由於禮義，入自人門；由於獨智，入自聖門。」

[3] 《法言・修身篇》：「是以君子強學而力行。」〈教至篇〉：「天下通道五，所以行之一，曰『勉』。」

[4] 《法言・學行篇》：「學以治之，思以精之，朋友以磨之，名譽以崇之，不倦以終之：可謂好學也已矣。」

[5] 《法言・吾子篇》：「或曰：『人各是其所是，而非其所非，將誰使正之？』曰：『萬物紛錯，則懸諸天。眾言淆亂，則折諸聖。』或曰：『惡睹乎聖而折諸？』曰：『在則人，亡則書，其統一也。』」

[6] 《論衡・非韓篇》：「國之所存者禮義也，民無禮義，傾國危主。今儒者之操，重禮愛義，率無禮之士，激無義之人，人民為善，愛其主上，此亦有益也。」

[7] 按〈書虛〉、〈變虛〉、〈感虛〉、〈福虛〉、〈龍虛〉、〈雷虛〉、〈道虛〉諸篇皆獨著創見，破除當時或從前一切迷信之說。〈談天〉、〈說日〉等篇亦具隻眼，不同流俗。〈宣漢〉、〈恢國〉、〈驗符〉、〈須頌〉諸篇，雖不免衷揚漢朝，而力辟是古非今之舊觀念，亦能使人耳目一新。不過謂世界為循環式的非進化的，猶不脫古人之舊觀念也。

[8] 《後漢書・馬融傳》：「融善鼓琴好吹笛。達生任性，不居儒者之節。居定器服，多從侈飾。常坐高堂，施絳紗帳，前授生徒，後列女樂，弟子以次相傳，鮮有入其室者。」

[9] 《廿二史札記・北朝經學》：「六朝人雖以詞藻相尚。然北朝治經者尚多專門家。蓋自漢末鄭康成以經學教授，門下著錄者萬人，流風所播，士皆以通經積學為業。而上之舉孝廉、舉秀才，亦多於其中取之，故雖經劉石諸朝之亂，而士習相承，未盡變壞。」《東塾讀書記・鄭玄》：「蓋自漢季而後，篡試相仍，攻戰日作，夷狄亂中國，佛老蝕聖教；然而經學不衰，議禮尤重其源，皆出於鄭學。即江左頗遵王肅，亦因讀鄭君書乃起而自勝耳。然則自魏至隋，數百年斯文未喪者，賴有鄭君也。」

[10] 《申鑒・雜言下》：「孟子稱性善，荀子稱性惡。公孫子曰，性無善惡。揚雄曰，人之性善惡混。劉向曰，性情相應，性不獨善，情不獨惡。或曰：『請問其理？』曰：『性善則無四凶，性惡則無三仁。人無善惡，文王之教一也，則無周公管蔡。性善情惡是桀、紂無性，而堯、舜無情也。性善惡皆渾，是上智懷惠而下愚挾善也理也未究矣，唯向言為然。』」

[11] 〈雜言下〉：「凡言神者莫近於氣，有氣斯有形，有神斯有好惡、喜怒之情矣。故人有情，由氣之有形也。氣有白黑，神有善惡，形與白黑偕，情與善惡偕，故氣黑非形之咎，情惡非情之罪也。」

[12] 〈雜言下〉：「或曰：『人之於利，見而好之，能以仁義為節者，是性割其情也。性少情多，性不能割其情，則情獨行為惡矣。』曰：『不然。是善惡有多少也，非情也。有人於此，嗜酒嗜肉，肉勝則食焉，酒勝則飲焉。此二者相與爭，勝者行矣，非情慾得酒、性慾得肉也。有人於此，好利好義，義勝則義取焉，利勝則利取焉，此二者相與爭，勝者行矣，非情慾得利、性慾得義也。其可兼者則兼取之，其不可兼者則只取重焉。若苟只好而已，雖有兼取矣。若二好鈞平，無分輕重，則一俯一仰，乍進乍退。』」

[13] 《中論·智行篇》：「夫明哲之士者，威而不懾，困而能通，決嫌定疑，辨物居方，禳禍於忽秒，求福於未萌，見變事則達其機，得經事則循其常，巧言不能推，令色不能移，動作可觀，則出辭為師表，此諸志行之士，不亦諸乎？」

[14] 《中論·貴言》：「故君子之與人言也，使辭足以達其智慮之所至，事足以合其性情之所安，弗過其任而強牽制也。苟過其任而強牽制，則將昏瞀委滯，而遂疑君子以為欺我也，否則曰無聞知矣。非故也，明偏，而示之以幽，弗能照也；聽寡，而告之以微，弗能察也。斯以資於造化者也，雖曰無訟，其如之何。……是以君子將語人以大本之源，而談性義之極者，必先度其心志，本其器量，視其銳氣，察其墮衰，然後唱焉以觀其和，導焉以觀其隨；隨和之微發乎音聲，形乎視聽，著乎顏色，動乎身體；然後可以發幽而步遠，功察而治微；於是乎闓張以致之，因來以進之，審論以明之，雜稱以廣之，立準以正之，疏煩以理之；疾而勿迫，徐而勿失，雜而勿結，放而勿逸；欲其自得之也。故大禹善水，而君子善導。導人必固其性，治水必因其勢，是以功無廢而言棄也。」

第二期　魏晉南北朝（西元220年—西元588年）

第十二章 魏晉六朝之政局與民族

一 混亂的政局

　　兩漢帝室統一中國將近四百年，接著一個長期的混亂局勢來了。這一個時期，包含三國、兩晉、南北朝，簡稱魏、晉六朝。魏、蜀、吳三國鼎峙了六十年，沒有一日無戰爭。西晉滅蜀並吳，統一中原不到四十年，便受五胡的侵凌，把政府搬到江左，避亂以圖苟安。且在這三十多年中，內有南北穢亂朝綱，外有八王操戈同室，混亂情形較甚於三國時代。東晉偏安江左不過百年，而權奸之叛亂已是五起。自此以後，江南則四十年一革命，五十年一換朝；江北自五胡十六國擾亂以後，中間百餘年雖曾一度統一於元魏，稍稱小康，不久亦分東西。這種棼亂的政局，由三國到南北朝之末，竟延長了四百年之久，可謂中國歷史上混亂最長的一個時期。

　　當政局混亂的時候，多半是干戈相尋的時候。有時是同族相殺，有時是異族相殺，有時是同姓相殺，有時是異性相殺；故生在魏、晉六朝的人民一方受政治的荼毒，同時又受戰爭的殘害。我們檢查一看歷代的戶口冊子：東漢盛時有人口五千三百二十餘萬，到三國時代銳減，僅有七百六十七萬人。晉武時稍增至一千六百十餘萬，至南北朝之末又減到一千一百餘萬。以此數目——南北朝之末的人口數——與隋文帝時比較，相差已是三倍。若以三國時的人口再與隋文時比較，相差竟到六倍之多。（隋文時有四六○一九五六人。）這個時期的人口之銳減，亦可以驚人了！縱令此時人口生殖率較前後各期都弱，但亦不致弱到這步田地。蓋當戎馬相踏的時候，犬馬也不安寧，加以賦役煩苛，災疫流行，於是壯者應戰爭以死，老弱因逃亡以盡，人口銳減乃是當然的結果。

二　異族的內犯

　　這個時候，正是漢族勢力衰弱，北方諸族紛紛向內遷移的時期，中原之民因此更遭一層痛苦。漢族自蕃殖其種族於黃河腹地以後，經屢代的開發，凡政治組織能力及文化程度皆優於其四鄰各族；因此漢族自詡為文明民族，把其他全看著為野蠻民族。其他各族的文化程度本來遠不如漢，當西周末年尚為部落生活，東周以來，雖時時侵犯漢族，不久就被漢族的強大諸侯所征服了。自秦、漢以來，漢族的勢力一日強盛一日，不僅內部統一，且擴充帝國領土於四鄰不遺餘力，於是漢族之名震轢海外，儼然為東方主角。富強既久，生活日習於奢侈，體質亦因受了文雅教育漸趨於柔靡，種種弱點逐漸暴露。東漢末年，帝國政府失了統御的能力，內部自相殘殺，更給異族侵擾的機會。且北方野蠻民族也隨著時代而進化，趁中國內亂、漢族衰弱的時候，紛紛向內遷徙，蕃殖他們的子孫於中原——由黃河流域漸及於淮河流域，於是自江、淮以北全為他們所占領。這種野蠻民族，文化粗淺，性情獷悍；其殘暴與破壞的行為，自然到處橫施。漢族人素以華夏自居，今見中原文化之地室家所托，丘墓所在，突然遭受這種蹂躪，其心理上一定感受到非常的痛苦與悲憤。

　　曹魏父子，指漢末時期的曹操和其子曹丕。曹操曾任漢獻帝時丞相，獨攬國政；曹丕則建立曹魏王朝，是為魏文帝。

　　政治紛亂，戰爭相尋，異族橫行，人口銳減，社會上一切生產事業無從進步，民族的精神思想方面自然難得有積極的表現。這種情形，魏、晉更甚於南北朝。在魏、晉時代，除了以上各種混亂情形外，更有政治的殘暴。東漢末年，由宦官專政所演成的黨錮之禍，已使知識分子見而寒心；**曹魏父子**當國，乃以猜忌御群臣，以苛刻待士類，更使知識

分子感覺「危行言慎」的痛苦。這個時候，民族精神思想方面更難得有積極的表現，此消極的出世的佛老學說所以盛行於一世了。

第十三章　魏晉六朝之學風

一　老莊變為清談

　　兩漢承秦、楚兩火之後，一般儒家用全力蒐集遺書，整理國政，做他們的學術統一工作。政府借此為獎勵，學者借此求功，各相習成風，於是考據之學成為兩漢四百年研究學問的唯一路徑。這種治學的方法固有其自身的價值，但師法專在承襲，考據過於瑣碎，結果只有記誦而無思考，只有保守而無創作。這種學問，在當時固屬適應環境的需要，上下相倡，演為學風。但自時代變遷以後，或工夫厭煩以後，必然起很大的變化，本期的老莊學派與佛家學派，就是對兩漢考據學派所起的幾種學派。儒家考據學因工夫過於機械，至東漢末葉已經維護不住了，大儒馬融之不遵禮法，太學諸生之不守章句，皆是考據學逐漸崩潰的明證，也是儒家勢力逐漸衰落的明證。[1] 到了魏、晉，加上政治的殘暴，蠻族的蹂躪，及長期的內亂，一般人不但生活得不到安定，且於生命常有不測的危險，為苟全性命於亂世，只有借老、莊學說為護符，此老莊學說所以在魏、晉演成一個時代的風氣。此時演習老、莊學說的人們，稱做清談家。他們的思想不與老、莊全合，介於老、莊兩派之間，而態度近於莊派，可說是一種專掉虛空玄理的名士派。此種清談風氣，始於魏文正始年間，開山老祖為何晏、王弼，至晉則以王衍、樂廣為代表，而阮籍、嵇康、王戎、裴楷諸人也是此中的重要人物。[2] 他們喜為放言高論，平日所談說的全不關於實際生活，不關於國家痛癢，越是說得虛空巧妙，越發顯得他們漂亮，博得大眾的讚揚與羨慕——當時謂之清談。[3] 但他們的思想雖介於老、莊兩家之間，他們的態度則為紳士與官僚的混合，依然為封建社會的產物，而較封建貴族更其虛矜。

二　佛學之輸入

　　魏、晉為老、莊思想流行的天下，南北朝則為佛家信徒獨步的世界。佛教流入中國，據舊史所載都說始於東漢中葉，當西元百年之頃。自此以後，西僧陸續東來，也有為中國人翻譯經典的。但他們的勢力究屬微薄，所譯全是小品，中國人也未曾感到享用上的必要，不過為極少數者為迷信與好奇兩種心理所趨使。自東漢末年以後，政局混亂，儒家學術獨占的世界漸次瓦解，國人始感到佛教的需要，而開始作輸入的運動。此種運動始於魏、晉之初，到南北朝而大盛，逼直延續至唐之中葉，前後相繼橫亙五百年。當這個時期，中西信徒對於佛教的灌輸運動、翻譯工作，極一時之狂熱。中國名僧冒險前赴西域或印度搜求的，共計一百多人，前後數十起。他們前往西土，或十餘年始歸，或二十年乃返，攜帶經典來中國弘布，成績卓然驚人。本期佛教中心地點，分長安、洛陽及建康三處。長安為往來西域的要衝，在姚秦、苻秦時代翻譯事業頗極一時之盛，著名西僧鳩摩羅什即此時代表人物。[4] 洛陽為北朝的國都，建康為南朝國都。佛教在北朝除了因太武帝特好道教大受一次迫害外，佛經流通、信徒入教的更盛於前。[5] 南朝人的性情更喜佛法，三百年間流行無阻，尤以梁武時為最發達。[6] 第一次往西域搜求佛經的名僧有朱仕行，對於佛學開始做發明工作的名僧有衛道安，皆是本期佛學界上的偉大人物：而隋唐所有宗派大半也是在此時期成立的，可以想見其盛況了。自此以後，中國遂為佛教的消納地，佛教思想在此數百年間，涵煦長養於中國民族的腦海中，差不多成了第二天性。

三　儒學之分南北

這個時期，佛、道兩家雖氣焰萬丈，清談風氣雖時髦絕頂，但國人對於儒家經術的研究，並非完全消沉。其實北朝因鄭氏講學的流風，及政府熱心的提倡，學者家法相承，往往不絕，且有專門名家的。南朝經學雖不及北朝的發達，但在蕭齊之初，及梁武四十餘年間，儒學亦稱隆盛。[7] 不過當時治經者，有南學、北學之分。北學所通行的，是鄭玄注的《易經》、《書經》、《禮記》，毛公注的《詩經》，服虔注的《春秋》。南朝所通行的，是王弼注的《易經》，王肅偽作的《孔安國書經傳》。總之北學以鄭氏為宗，南學以王氏為歸；加以兩方民性不同，所以生了顯然的差異。

本章參考書舉要

(1)《晉書》的〈儒林傳〉

(2)《北史》的〈儒林列傳〉

(3)《南史》的〈儒林列傳〉

(4)《魏書》的〈釋老志〉

(5)《隋書》的〈經籍志〉

(6)《晉略匯傳》

(7)《日知錄》的〈世風〉

(8)《廿二史札記》的〈清談〉及〈經學〉

(9)《梁任公近著》第一集的〈佛教之輸入〉

[1] 《後漢書‧儒林傳》：「自是遊學增盛至三萬餘生。然章句漸疏，而多以浮華相尚，儒者之風蓋衰矣。」

〈徐防傳〉：「伏見太學試博士弟子，皆以意說，不修家法。」

[2] 《日知錄‧世風》：「講明六藝，鄭、王為集漢之終；演說老、莊，王、何為開晉之始。」〈閻氏〉曰：「清談之風，一盛於王、何，再盛於阮籍，三盛於王、樂，而晉亡矣。」《晉略匯傳‧清談》：「樂廣與戎從弟衍俱宅心世外，天下言風流者稱王、樂。」《廿四史札記‧六朝清談之習》：「清談起於魏正始中，何晏、王弼祖述老、莊，謂天地皆以無為本。向秀好老、莊之學，嘗註釋之，讀者超然心悟。郭象又從而廣之，儒墨之跡見鄙，道家之風遂盛。……是當時父兄師友之所講求，專推究老、莊以為口舌之助。……則隋時五經之外仍不棄老、莊，且又增佛義，晉人虛偽之習依然未改，且又甚焉。風氣所趨，積重難反，直至梁平陳之後始掃來之。」

[3] 《晉書‧儒林傳》：「有晉始自中朝，迄於江左，莫不崇視華競，祖述虛玄，擯闕里之經典，習正始之餘論，指禮法為流俗，目縱誕以清高，遂使憲章弛廢，名教頹毀。」《廿四史札記‧六朝清談之習》：「清談起於魏正始中，何晏、王弼祖述老、莊，謂天下萬物皆以無為本，無也者開物成務，無往而不成者也。是時阮籍亦素有高名，口談浮虛，不遵禮法。籍嘗作〈大人先生傳〉，謂世之禮法君子，如虱之處揮。其後王衍、樂廣慕之，俱宅身世外，名重於時，天下官風流者以王、樂為首，後進莫不競為浮誕，遂成風俗。學者以老、莊為宗而黜六經，談者以虛蕩為辯而賤名檢，行身者以放濁為通而狹節信，仕進者以苟得為貴而鄙居正，當官者以望空為高而笑勤恪。」《晉略匯傳》：「《清談總論》曰：魏文浮華，藻繢乃極，再變而老、莊之辯出焉。王、何膽口，務為高遠，因以簡功實墮職業，其初為清談，其放為任達。」

[4] 《隋書‧經籍志‧佛經》：「姚萇弘始二年，鳩摩羅什至長安，大譯經論。道安所正與羅什所譯義如一，初無乖舛。時胡僧至長安者數十輩，唯鳩摩羅什才德最優。」

[5] 《魏書‧釋老志》：「自魏有天下，至於禪讓，佛經流通，大集中國，凡有四百一十五部，合一千九百一十九卷。正光已後，天下多虞，工役尤甚，於是所在編民相與入道，假慕沙門，實避調役，猥濫之極，自中國之有佛法未之有也。略而計之，僧尼大眾二百萬矣，其寺三萬有餘。」

[6] 《隋書‧經籍志‧佛經》：「梁武大崇佛法，於華林園中總集釋氏經典凡五千四百卷。」

[7] 《廿二史札記》：「六朝人雖以詞藻相尚，然北朝治經者尚多專門名家，蓋自漢末鄭康成以經學教授，門人著錄者萬人，流風所被，士皆以通經積學為業，而上之舉孝廉秀才亦多於其中取之。故雖經劉、石諸朝之亂，而士氣相承未盡變壞。」又：「梁武之世，不特江左諸儒崇習經學，而北人之深於經者亦聞風而來。」

第十四章　魏晉六朝之教育

第一節　魏晉之教育

一　學校

　　從曹丕篡漢，到東晉滅亡，將近二百年（西元 220-402 年）。在這二百年的時期裡，學校教育雖不能說是完全停止，也可以說是在若有若無的狀況之中。我們先拿中央的大學來說吧：在魏文帝黃初時，本有明令興建太學，制定五經課試的方法，並布告所轄的州郡，令有志求學的士子咸來入學，非不堂哉皇也。但一考其實，太學儘管開設，學生也上千人，而內容腐敗，有名無實，所謂太學不過掩人耳目的一種裝飾品。[1] 東吳只有學官而無學校，西蜀則國小民貧，年年用兵，更談不到學校的設置。以上三國時代的大學情形是大概如此。晉武帝統一全國以後，承曹魏太學的舊物，稍加擴充，故其中諸生曾一度增盛，也到了七千餘人，雖然品類不齊。但自懷、愍被擄，中原云擾，太學於是無形地停閉了。[2] 東晉建國江左，中州士大夫不堪胡馬之蹂躪，紛紛南徙避亂，這一班知識分子懷著中原舊有的文物禮器以俱來，於是江左也修建太學。但君權薄弱，內亂屢起，學校受政潮影響，因此時興時廢，毫無成效可言。以上兩晉時代的大學情形大概如此。至於地方教育，則更無可觀了。曹魏與西晉立國短促，州郡學校大學在平靖時則開設，在變亂時則停閉。東晉年代較長，中央雖屢經政變，而大權在地方，地方教育往往由封疆大吏私自提倡，[3] 所以全國頗不一致，也沒有統一或長久的計劃。總之這個時期的學校，可以拿「若有若無，時興時廢」八個字形容。

　　當時階級觀念甚深，所謂品類不齊有二說：一士族與庶族，二真正

學子與假冒讀書者。

我們考究其原因，除了政變以外，還有三種：（一）在當時長期的變亂中，政局沒有充分的安定，政府不過以設立學校為裝飾門面的工具，所聘教師率多粗疏，辦理自不良善。而地方多亂，太學學生多半為避亂或免役而來，目的本不在研求學問，他們亦不復安心讀書，所以往往冬來春去，而學業則陷於有名無實。（二）學校課程不外乎五經之術、六藝之文，這都是儒家的行業。但當時學風已布滿了老、莊的空氣，士大夫既以究習老、莊為時髦，雖政府如何提倡，效力亦屬無幾。況政府中人並未具何種提倡的熱心。[4]（三）漢末以來，經學業已怠荒，讀書之業替代經學而起的為文學。自曹魏父子以君主而擅文壇，海內從風，以致南北朝至隋，此風不改。士大夫既習於文學，故經學因此不復用力研求——除了少數積學之士以外。[5] 至於學校內容，大概仿照兩漢之舊，沒有什麼創作，更不必多敘了。[6] 不過此時有一件可注意的事情：晉武帝在太學之上另立一種國子學，專以教養五品以上的子弟，在他以為仿周禮國之貴遊子弟受教於師氏之意，而當時士庶階級濃厚的觀念就可從此處看出來。

二　選舉

士子仕進的門路，魏晉六朝與兩漢無大差異：或由公府辟召，或由郡國薦舉，或由地方長官的僚屬遞次上升，或由世族子弟承繼先人的地位（見《文獻通考·舉士》馬氏按）。但此時所與兩漢不同的，則另有一種選舉方法，名曰「九品中正」。兩漢除了貴冑子弟承繼一門以外，其他三門多半根據於鄉里的毀譽——大多數人的輿論——以定選舉的標準，而九品中正之法則殊有不同。此法創始於陳群。陳氏是魏文帝時的尚

書，他以為舊日選舉法毛病甚多，不能取得真正的人才，乃創立九品官人的制度以替代之。把社會人才分做九等，每州每郡專派一人當選舉之任，按照品第以為升降。若是品學兼優的人則逐漸上升，或以五升四，或以六升五。若是道義虧缺的人，則遞次下降，或自五退六，或自六退七。執掌選舉者關係於一鄉一邑之人的榮辱，升降責任何等重大，倘此沒有公平正直的修養，必難勝任，取名「中正」，其意可知了。凡郡邑設小中正一人，凡州邑設大中正一人。小中正所品第的人才，上貢到大中正，由大中正審核送到中央之司徒，司徒再考核一道，然後發往尚書處錄用。此項中正多半是本鄉人，曾經做過大官，德望俱高者，方能當選。此法始於曹魏初年，經兩晉以至南北朝，差不多施行了四百年。到隋開皇中葉，方始廢止。[7] 人群進化，思想是一天複雜一天，古人自不及今人；但存心公直，似乎今人不如古人了。魏晉六朝士氣雖然不振，然直道之風尚有一二可取的地方，故九品中正之法尚能取得真正的人才。不過自開門第風氣以後，士庶的界限分得太嚴，司品題者多半是士族，因之被品題者也是以世家為主，流弊所趨，庶族雖有高才亦難登上選，此劉毅有「上品無寒門，下品無士族」之嘆。[8] 自此以後，拔取人才的方法，乃由科舉代之而興了。

第二節　南北朝之教育

一　南朝學校

梁武帝書法

　　南朝學校之不振興，與魏、晉同一情形。我們考查史書，他們興建太學校有起色的，只有兩個時代：一在宋文帝元嘉的時候，一在梁武帝天監的時候。在元嘉時，京師開辦了四個大學，研究佛老學說的曰「玄學」，研究古今歷史的曰「史學」，研究詞章的曰「文學」，研究經術的

曰「儒學」（見《通鑒》）。中國歷代國立學校即以經術為課程，竟成定規，而此時對於佛老學術及歷史且正式設立大學，從事研究，面目獨闢，這一點很值得我們讚美了。但此時州郡學校的情形如何，殊難考查。在天監時，於中央地方建立國學以外，開設五館，每館置五經博士，充當館長，而以五經教授一人總其成。館內課程不外五經之術、六藝之文。學生只問程度，不限資格，果具才能，雖寒門子弟皆有入館求學的機會。生徒入館求學，由館供給膳宿。館中亦有定期考試，倘能射策通明經術的，即可委派一種官職。五館既不限資格，又不限名額，所以四方學子負笈求學的非常踴躍，每館養士率皆多至數百。武帝要算帝王中最有學識的一個人，自建國學、開五館以後，嘗仿照三代視學之禮，親往省視，一則祭奠先師，一則獎賞勤勞。並且分遣博士祭酒到各州郡立學。[9] 自武帝這樣一提倡，不僅學校發達為南渡諸朝之冠，即講誦經學的風氣也是盛極一時，北方學者聞風而來的亦復不少。[10] 可惜晚年迷於佛教，置其他經術於不顧，而學校由此漸衰，迨侯景亂後遂無形停閉了。

二　北朝學校

北朝學校較南朝發達：一則由於國君的提倡，一則由於時局比較安定。蓋南朝合共一百七十年（自西元420至588年），更姓四次，太平日少，喪亂日子多。北朝自道武帝開國，到東西分裂之初，統一中國北部將近一百五十年（自西元386至534年），所以他們對於教育事業比較容易建設。當道武帝初定中原的時候，即提倡經學，在首都平城設立太學，置五經博士，充當教授，學生由千人至三千人，這是北魏太學的創始。太武帝接著起來，又於城東建立太學一所，令天下州郡選派才學

之士，進京求學。北京多年受到胡馬的踐踏，經術荒蕪之餘，經他們這樣一提倡，「於是人多砥尚儒術，轉興獻文」（見《北史‧儒林傳》）。到獻文帝時，乃規定州郡學校的制度，遍開鄉學，每郡設鄉學一所，每所有正教、有助教，多少不等，而正教以博士充當。凡大郡立博士二人，助教四人，學生一百人；凡次郡立博士二人，助教二人，學生八十人；凡中郡立博士一人，助教二人，學生六十人；凡下郡立博士一人，助教一人，學生四十人。孝文帝尤慕華風，遷都洛陽以後，事事模仿漢人所為，變胡服而衣華裝，斷胡語而從正音，一切禮儀制度無一不效法漢人。至於「開設大學，講論經術」，尤為漢族文化的特色，他極力提倡此特色的文化，自然不在話下。所以在洛陽除了設立國子太學以外，又於四門設立四門小學。自此以後，北方承平將近八十年，不僅國學、鄉學比較南學完備，即私人講學之風也是盛極一時。[11] 這個時候，正當南朝梁武帝提倡學校的時候，介於五、六兩世紀之間，我們若是統觀六朝的四百年教育，要算這個朝代為最發達。但自孝昌以後，北魏領土東西分裂，四方學校殘毀殆盡，北齊高氏與北周宇文氏雖稍稍修復，然亦不過具文，不足觀了（本文均見《魏書》及《北史‧儒林傳》）。

本章參考書舉要

(1)《文獻通考》的〈舉官〉、〈舉士〉

(2)《五禮通考》的〈學禮〉

(3)《宋書》的〈禮志〉

(4)《齊書》的〈禮志〉

(5)《隋書》的〈百官志〉

(6)《魏志》

[1] 魚豢《魏略》：「至太和中，中外多事，人懷避就，雖性非好學，多求詣太學，太學諸生有千數。而諸博士率皆粗疏，無以教弟子，弟子本亦避役，竟無能習學。冬去春來，歲歲如是。」《魏志‧劉馥傳》：「上疏曰：『自黃初以來，崇立太學廿餘年，而寡有成者。蓋由博士選輕，諸生避役，高門子弟恥非其倫，故夫學者雖有其名而無其人，雖設其教而無其功。』」《宋書‧禮志》：「東晉孝武太元元年，尚書謝石疏曰：『大晉受命，值世多阻，雖文化日隆，而王道未備。庠、序之業或廢或興，遂令陶鑄闕日用之功，民性靡素絲之益。』國子祭酒殷茂言之曰：『自大晉中興，肇基江左，崇明學校，修建庠、序，公卿子弟併入國學。尋致多故，訓業不終，陛下以聖德玄一，恩隆前美，興復儒肆，僉與後生。自學建彌年，而功無可名，憚業避役，就存者無幾。或假托親疾，真偽難知，聲實渾亂，莫此之甚。』」

[2] 《文獻通考》：「戴邈上言，喪亂以來，庠序隳廢。馬端臨曰：『自永嘉之亂，庠序無聞。及堅之僭，頗留心儒學。』」

[3] 《宋書‧禮志》：「晉穆帝永和中，征西將軍庾亮在武昌開置學官。」

[4] 《文獻通考》：「成帝咸康三年，國子祭酒袁懷、太常馮懷以江左漫安，請興學校。帝從之，乃立太學，征生徒。而士大夫習尚老、莊，儒述終不振。」《南史‧儒林傳》：「泊魏正始以後，更尚玄虛，公卿士庶罕通經業。」《廿四史札記》：「是當時父兄師友之所講求，專推究老、莊以為口舌之助，五經中唯崇易理，其他盡閣束也。」

[5] 《文獻通考‧舉士》：「李諤以選才失中，上書曰：『自魏之三祖更尚文詞，忽君人之大道，好雕蟲之小技。下之從上，有同影響，遂成風俗。江左齊、梁，其弊彌甚，代俗以此相高，朝廷據此擢士，利祿之路既開，愛尚之情愈篤。於是閭里童昏，貴遊總丱，未窺六甲，先制五言，捐本逐末，流遍華壤。」

[6] 《魏略》：「黃初元年之後，新主乃掃除大學之灰炭，補舊石碑之缺壞，備學士之員錄，依漢甲乙以考課。申告州郡，有欲學者皆遣詣太學，太學始開，有弟子數百人。」

[7] 《通典》：「魏文帝時，尚書陳群以天朝選用不盡人才，乃立九品官人之法，州郡皆置中正以定其選。擇州郡之賢有識鑒者，為之區別人物，定其高下。」（餘均見杜佑氏按語）
《廿四史札記》：「魏文帝初，定九品中正之法，郡邑設小中正，州邑設大中正，由小中正品第人才以上大中正，大中正核實以上司徒，司徒再核，然後付尚書選用。此陳群所建白也。」

[8] 《文獻通考‧選舉‧任子》：「馬氏曰：自魏、晉以來，始以九品中正為取人之法，而九品所取，大概多以世家為主，所謂『上品無寒門，下品無士族』，故自魏、晉以

來，仕者多世族。逮南北分裂，凡三百年，而用人之法多取之世族。如南之王謝、北之崔盧，雖朝代推移，鼎遷物改，猶印然以門第自負。」

[9] 《隋書·百官志》：「梁國學有祭酒一人，博士二人，助教十人。太學博士八人，天監四年置五經博士各一人。舊國子學生限以貴賤，帝欲招來後進，五館生皆引寒門俊才，不限人數。」（餘均見《南史·儒林傳》及《梁書·儒林傳》）

[10] 《廿四史札記·南朝經學》：「其時自北來者崔君恩、宋懷方、戚袞外，尚有孫祥、蔣顯等，並講學，而音辭鄙拙，唯盧廣言論清雅，不類北人。是可見梁武之世，不特江左諸儒崇習經學，而北人之深於經者亦聞風而來，此南朝經學之極盛也。」

[11] 《北史·儒林傳》：「時天下承平，學業大盛；故燕、齊、趙、魏之間，橫經著錄不可勝數，大者千餘人，小者猶數百。州舉茂異，郡學孝廉，封揚王庭，每年愈眾。」（見《北史·儒林傳》甚多，不詳錄。）

第十五章　本期教育家及其學說

第一節　概論

　　本期經學大師，首推王肅，其次則為徐遵明。王氏字子雍，江蘇東海縣人，在曹魏時代做官至中領軍散騎常侍。平日喜究賈、馬之學，所學駁雜，又喜著述。當時海內講經的學者多宗鄭氏之說，自王氏出，儼然為鄭氏一大學敵。到南北朝時，經學遂分成兩派：北朝以鄭氏為宗，南朝以王氏為主，兩家門徒互有攻訐。今文學家以王氏喜為造作，又多附會冒充的話，所以對他特別不滿。徐氏字子判，陝西華陰人，為北魏時代一大宗師。徐氏自幼時即愛讀書，但他的性情卻肆放不守繩墨，易師四次而業始就。學成以後，在外講學二十多年，海內莫不宗仰，只以頗愛錢財，每講必懸價格，與儒者的風度不同，所以時人每多疵議他的人格。以上二人雖為一代的經師鴻儒，思想方面卻毫無表現。本期以儒家而具教育理論的只有傅玄與顏之推二人。傅氏論性與揚子的善惡混說相似。顏氏注重兒童教育及論環境勢力的重大，並提倡胎教，極見精要。除儒家以外，道家取葛洪一人，佛家取劉勰一人，為代表葛氏言教育的功用，劉氏論修養的方法，較有可採。至於清談派，思想近於莊子，態度可極鄙陋，且無一人具有教育意味者，只好從略。

第二節　傅玄與顏之推

一　傅玄

　　傅氏生於漢獻帝建安二十二年，死於晉武帝咸寧四年，應為三國時的魏朝人物。但他在晉朝，官遷至太僕，且對武帝上疏貢獻過政見，他的《傅子》一百二十卷也是完成於晉初，所以史家把他列入晉朝。原籍北地泥陽，今屬於甘肅，一生剛勁亮直，於沙漠生活不無關係。本期儒家的純粹分子，應推他為第一，所著《傅子》，大抵是闡明儒家的經濟政策與倫理哲學，關於社會經濟方面的議論，尤具卓識。但他的倫理哲學，完全是唯心的。他以心為「神明之主，萬理之統」，所以「立德之本，莫尚乎正心：心正而後身正，身正而後左右正，左右正而後朝廷正，朝廷正而後國家正，國家正而後天下正」。《傅子‧正心篇》傅氏論性，與揚雄的善惡混說很相近。他以人類有「好善尚德之性」，又有「貪榮重利之性」──前者是善的，後者是惡的。但此善惡混雜之性，並不固定，是極靈活而富於矯揉的。舉例來說：

　　人之性如水焉：置之圓則圓，置之方則方；澄之則淳而清，動之則流而濁。（《傅子‧附錄》）

　　因為人性是極靈活的，所以容易受教育。因為人性是善惡混雜的，所以必須給以好的教育。好的教育就是禮義，以禮義為教，則善日長而惡日消，於個人則可以為君子，於社會國家則可以得到安順。所以他說：

　　先王知人有好善尚德之性，而又貪榮而重利也，故貴其所尚，而抑其所貪。貴其所尚則禮讓興；抑其所貪，則廉恥存。（〈戒言篇〉）

　　能夠以禮義為教，發達人類的善性，自然上安而下順；否則施教不以其道，使惡性發展，則天下必同受其禍。所以他又說：

人之性，避害從利：故利出於禮讓，則修禮讓；利出於力爭，則任力爭。修禮讓，則上安下順而無侵；奪任力爭，則父子幾乎相危，而況於悠悠者乎」。（〈貴教篇〉）

二　顏之推

顏氏名之推，字介，是山東瑯邪臨沂人。性愛飲酒，多放縱，不是純粹的儒者。幼年承家學，善《周官》、《左氏》。稍長，博覽群書，無不該洽；喜為詞章，也極典麗。生於天監年間，當十二歲時，值湘東王繹自講老、莊，遂做了他的門生，後又在他的幕下當參軍，很受器重。到後來，湘東王繹失敗，顏氏被虜至北齊。隋文帝興起，又在隋朝做過學士。

顏氏的思想，見於《顏氏家訓》。此書二十篇，凡讀書、習禮、為人處世、治家、交友種種要道，一一舉說，以訓誨他的兒子，可謂一本家庭教育課本。通篇言論皆以儒家主義為中心，其中關於教育理論的有數點：

（1）教育的意義，在誦習古人的嘉言懿行，以啟發其知識，而指導其行為。上智之人，知力天成，或不待學習而自能與法則暗合；其餘一般人，欲其多智明達，未有不待學習的。例如養親事君之道，必須考查古人的懿行，而體貼模仿，才能合於正理而當於人情。[1]

（2）教育子弟，須從懷胎時教起，縱一般人辦不到，亦須從幼小教起。其理由有二：一則人當幼小時，性情純潔，未染惡習，對於父兄師長的教誨，極易接收，否則費力多而成功少。所謂「當撫嬰稚，識人顏色，知人喜怒，便加教誨，使為則為，使止則止。比及數歲，可省笞罰；父母威嚴而有慈，則子女畏慎而生孝矣。……驕慢已習，方複製之，捶

撻至死而無威，忿怒日隆而增怨；逮於成長，終為敗德」（〈教子篇〉）。二則幼小兒童腦筋簡單，未經鑿傷，讀書容易記憶；到二十歲以後，則記憶力銳減了。所謂「人生幼小，精神專利；長成以後，思慮散逸，固須早教勿失也」（〈勉學篇〉）。

（3）環境的力量最大，兒童的習慣多半被左右近習之人所影響。所謂「人在幼年，神情未定，所與欵狎熏漬陶染，言笑舉動，無心於學，潛移暗化，自然似之」（〈慕賢篇〉）。因此，父母對於子女，一面固然要從小施以良好教育，一面對於他們左右近習之人審慎選擇，以免導入歧路而不自覺。

第三節　葛洪與劉勰

一　葛洪

葛氏字稚川，是丹陽句容人，自號抱朴子。他的先世雖做過大官，到他初生時業已中落了。幼時貧且孤，嘗以耕田砍柴過日子。但好學心切，每於工作餘暇，刻苦讀書；即做工時，也不釋書卷。性情沉默寡慾，除讀書外一無所好，也不愛做官；但或為探求學問時，雖崎嶇千里也要跋涉而不辭勞苦。他的思想：前半生是儒家的，後半生是道家的。所著《抱朴子》一書：外篇五十二，是站在儒家立場說話，表示前半生的思想；內篇五十，是站在道家立場說話，表示後半生的思想。但他的道家思想，卻不與老、莊盡同，完全走入了宗教道上，研究神仙之術了。據他自述，曾在廣東羅浮山煉丹七年，遂成《抱朴子》一書。葛氏生於魏文帝嘉平五年，到東晉成帝咸和八年羽化而登仙，享年八十一歲。

葛氏關於教育的言論，只見於他的外篇。其中有三點：一是說明教

育的功用，二是說明教育的效力，三是說明努力的重要。關於第一點，又分成三層意思：第一層，以教育為「革面洗心，導竅鑿鈍」的功用；第二層，以教育為「察往知來，博涉勸成」的功用；第三層，以教育為「為人處世，治國安民」的功用。關於第二點，他以無理性的物件比有靈性的人類，物件都可因人工而教成，則「含五常而稟最靈」的人類之可教，更不待言。關於第三點，他亦以人類之「才性有優劣，思理有修短」，但成功還在於自身的努力。比如：「速悟時習者，驥騄之腳也；遲解晚覺者，駑鵠之翼也。彼雖尋飛絕景，止而不行，則步武不過焉。此雖咫尺以進，往而不輟，則山澤可越焉。」（〈勸學篇〉）按這一類的話，極其膚淺，本無可取，不過在道家中而肯談這種學說的人，殊不多得。

二　劉勰

葛氏為道家之徒，劉氏則為佛家之徒。劉氏是東莞莒縣人，名勰，字彥和，自幼時即發憤為學。因父死過早，家貧無力娶妻子，遂終身為一獨身者。當少年時，嘗依沙門居處，得以博覽佛家經典，所以他的性情也為環境所移，變成一個恬淡消極的人。他是梁朝的人物，與昭明太子友善。到後來，自燔其鬚髮，改名慧地，率性出家當和尚去了。

他的思想，見於《新論》一書。在本書的字面上，看不見擁護佛家的一個字，其內容也不純粹是佛家的理論，它是融合儒、佛、道三家的思想而組織的。書中關於教育方面的有兩點，可以採取：一為修養論，一為求學說。

劉氏以性為善，欲為惡；情介在善惡之間。情生於性，過了度則傷性。欲生於情，受了撼則害情。譬如：冰出於水，冰結反使水遏而不流；煙出於火，煙多反使火郁而不發。所以撼欲的，不外聲色臭味等物質，

代表欲的為耳目口鼻等感官，感官受了物質的誘惑，則慾火生，直接害情，間接傷性，而性亂了。假使感官沒有物質的引誘，則關閉心鑰，欲自不會發生，情亦無所動於中，而性自能全其貞。但吾人生於這個社會，觸目皆色，張耳是聲，四圍皆是敵人，不時向我攻伐，其欲怎得不熾，其情怎得不動？推此原因，由於不知全性之道。怎樣全性，莫如「神恬心清」；能夠如此，則中有主宰，而能因靜以定，因清以虛，外感自然不能攻入。所謂「恬和養神，則自安於內；清虛棲心，則不誘於外；神恬心清，則形無累矣」（〈清神第一〉）。故劉氏修養之法，以「神恬心清」四字為要，能夠做到這四個字，則性自能保全其貞，情自不動，欲自不生。

劉氏是一個篤志好學的人，所以提倡「崇學主義」。他說「道家之妙，非言不津；津言之妙，非學不傳；未有不因學而鑒道，不假學以光身者也」（〈崇學第五〉）。學的功用，不僅「鑒道」、「光身」兩種，凡「通性」、「益智」，皆由學得來。學的功用既如此之大，求學的方法尤在於「專」。所謂「專」，即心力專注之意。此意分兩點說：一是要把心放在所學之事物上；二是同時不能學習兩件東西，同時學習兩件，則心就分而不專了。劉氏有一段話說得尚好，我們不妨抄引在下面：

學者出於心，心為身之主，耳目候於心。若心不在學，則聽訟不聞，視簡不見。如欲煉業，必先正心，而後義理入焉……是以心駐於目，必遺其耳，則聽不聞；心駐於耳，必遺其目，則視不見也。使左手畫方，右手畫圓，令一時俱成，雖執規矩之心，回剟劂之手，而不能者，由心不兩用，則手不併運也。……是故學者，必精勤專心，以入於神。若心不在學，而強諷誦，雖入於耳，而不諦於心，譬猶聾者之歌，效人為之，無以自樂，雖出於口，則越散矣。（〈專學第六〉）

本章參考書舉要

（1）《晉書》的〈傅玄傳〉及〈葛洪傳〉

（2）《北齊書》的〈文苑列傳〉

（3）《北史》的〈儒林傳〉

（4）《南史》的〈文學列傳〉

（5）《傅子》、《抱朴子》、《新論》、《顏氏家訓》

---

[1]　〈勉學篇〉：「夫所以讀書學問，本欲欲開明心目，利於行耳。未知養親者，欲其觀古人之先意承顏，怡聲下氣，不憚劬勞，以致甘腴，惕然慚懼，起而行之也。未知事君者，欲其觀古人之守職無侵，見危受命，不忘誠諫，以利社稷，惻然自念，思欲效之也。素驕奢者，欲其觀古人之恭儉節用，卑以自牧，禮為教本，敬為身某，瞿然自失，斂容抑志也。……」

第三期　隋唐及五代（西元 589 年—西元 959 年）

第十六章　隋唐之國力與士氣

一　政權集中與國力外張

在六世紀之末，自漢族將政權由鮮卑族手中奪回以後，從前久被壓迫的中華民族，自此得到揚眉吐氣，四百年的混亂局勢於是告一結束。但當時漢族雖然統一內地，而塞外東、西、北三方面的野蠻民族又蜂擁而起，氣勢洶洶，差不多有包圍中國的形勢。經過隋煬帝、唐太宗兩個時期，拿國家的全力對付他們，剿滅的剿滅，驅逐的驅逐，三十年間，總算完全征服他們；於是東到大海，西抵蔥嶺，北至蒙古大沙漠，南達安南，全服屬於漢族政府的旗幟之下。在這個時候，中國領土較前陡增一倍以上，國家威力足以凌駕前代，震驚四鄰。四鄰各族，一方懾服中國的威力，一方羨慕中國的文化，紛紛遣士來學，而當時之文化與教育遂廣播於國外。從實際上說，隋、唐國力的伸張，不過為少數野心家奮戰鬥之力所得的結果，他們所組織的政府，其權力之集中自然隨著國力更進一步。唐初統一中國以後，即別中央政務為三部，由三省分掌，其實權則統率於皇帝一人。地方則分全國為十道，道統若干府州，府州統若干縣，所有長官的任免全屬於中央。陸軍則採用周、隋的府兵制，使全國之兵，統歸中央指揮，無論地方長官或將軍皆不得專領。當軍權、政權集中於中央，屢想向外發展。我們可以說：唐朝在政體上是一個極專制的君主政治，在國體上是一個富有侵略性的帝國主義國家。此時社會生產方法仍穩定於農業經濟之上，國外交通雖因國力促其發達，而國內商業資本無特殊發展，所以士大夫階級依然得以鞏固其地位，表顯其官僚政治的特色。同時且驕傲他們國家之富強，此隋、唐士氣與六朝人不同的原因。

唐制多因隋舊，且隋立國極短，故舉唐即以概隋也。唐末分裂之

勢，則歸入五代而並論之。

二　隋唐士民的思想與態度

從表面上看，佛、老兩家的勢力雜入到儒家的社會裡面，與儒家爭寵奪敵，似乎隋、唐與魏、晉、六朝同一情形；但我們從實際上觀察，這兩個時代士民的思想與態度可是大不相同。生在六朝的士民，因政局的紊亂及外力的壓迫，他們在物質方面得不到滿意的生活，所有生存的勇氣全因為環境而沮喪。因此之故，他們對於現時社會以為沒有什麼希望，不得不從精神方面另找一個樂國，求著靈魂的安慰。故佛老思想之輸入正合他們的需要；或則放浪形骸，簡直佛老也不講；甚至一切不顧，只有及時隨地以求短時間的生命之愉快。他們全是一種消極的悲觀的人生。隋、唐士民的人生觀——尤其是唐之盛時——則不然。他們生長在太平時代，民殷國富，外無蠻族的壓迫，物質生活上可以得到比較的滿足與安定。且當時國力膨脹，四邊弱小或野蠻民族全被他們的國家征服，在文化與武力方面他們儼然是一個強大國之民，高視闊步的態度自然容易養成。所以他們眼中所見的社會都是甜蜜的、快樂的，彼此專在探獲物質上的享受，再也不知其他了。他們所講的佛老，除了少數知識分子作學理的研究外，一般官僚與士民不過以為玩好之具，利用之方，這與六朝人借佛老以求靈魂的安慰者絕不相同。加以當時政府施行專制政策，以高壓手段對付反側，以利祿方法籠絡士民，他們縱有其他思想，也不敢有所發表，所以他們的精力只好完全在物質的現實的方面表現罷了。有骨格一點的人們，則從事於文學詩歌或各種藝術；沒有骨格的人們，則養成好奢侈、愛闊綽及不顧廉恥的種種卑汙習慣。唐末五代之廉恥道喪，不講氣節，皆於此時此因養成的。

第十七章　隋唐學風

在隋、唐時代，有三種學風：第一是佛學，第二是文藝，第三是儒術。此三種學風中，以一、二兩種所出人才最多，成績最大，而儒術反瞠乎其後。推究其原因，佛學與文藝皆以時代的趨勢及政府的提倡，所以特別發達，而儒術則因政府教育政策束縛過甚，所以反形退化了。

佛學自魏、晉以來，已為中土人士所歡迎，潮流所趨，奔騰澎湃，不可遏抑。中經中外信徒費三百年運動之力，盡量輸入中國國內，上下相習，靡然從風，所以到了隋朝，民間佛經多於六經數十倍。隋亡唐興，研究佛學的接踵而起，因此佛學界上再進一步，由灌輸時期而達於譯著與組織時期。且在六朝時代，傳導佛學的多為外國學者；到了隋、唐，著名學者盡屬國人，所有佛家各宗各派，皆於此時期先後成立，而佛學之在隋、唐可謂大放異彩。

六朝時代，士氣雖極頹廢，思想雖不統一，而藝術的文學確較前代為發達。經三百餘年的流行，到了隋、唐則更加進步。且隋、唐之科舉取士制度，於文藝之提倡，尤有幫助。隋朝以進士科取士，唐朝科目雖多，所重仍在進士一科。進士科考試詩賦及時務策，沒有經術的限制，其個人的聰明才智得以自由發展，且由進士出身者在社會上比較有名譽；故當時學子莫不趨赴於進士一途。因此，凡打算求仕進的人們，莫不致力於詩賦及時務策。思路既闢，天才大啟，既得政府的提倡，又受社會的激勵，一倡百和，演為學風。且當時國力既富，在經濟方面亦足以培養各種藝術人才，因此此唐代文藝特別巍然可觀。

至於儒家學術之在當時，則覺寂寞多了。隋朝二帝皆不重儒術。唐朝政府初年雖然極力提倡學校教育與儒術，但不再傳之後莫不趨赴於科舉了，科舉特重進士科，此科既不考試經術，志在進士的人們自然不肯

誦習。其次則為明經科，此科雖試經術，而出題範圍又只限於《五經正義》。[1] 國家既指定幾種書籍、幾人學說，強迫國人必學，從事這一途的人們自無自由選擇的餘地。且考試時又有「墨義」及「帖經」等方式，一般學子平日多半研究括帖，忽略實學，於是「死記經文，默誦註疏」，成為當時特有的教育。限制這麼死，束縛這麼嚴，聰明才智之士自然群趨於文藝與佛學兩途，在儒術方面求生存的大半皆凡品，則儒術如何有成績？所以隋、唐三百多年，對於儒家思想稍有所發揮的，只有王通及韓、李二三人，而陸、孔輩不過記問的學者而已；這種記問的學者亦難與漢、魏比較。

---

[1] 《唐會要·貢舉下》：「貞觀二年，國子祭酒孔穎達，撰《五經義疏》一百七十卷，名曰《義贊》。有詔改為《五經正義》。大學博士馬嘉運每掎摭之，有詔更令詳章。未就而卒。永徽四年，太常長孫無忌、左僕射張行成、侍中高季輔及國子監官司先受詔修改《五經正義》。至是功畢，進之，詔頒於天下，每年明經依此考試。」

第十八章　唐之教育制度及其實施

第一節　概論

　　隋朝統一中國不到三十年即被滅亡，在教育制度方面，除了創設進士科外，殊無可記載。不過在這三十年中，關於學校教育的盛衰，可以分做三個時期，第一是開皇期。這個時期，正當文帝統一天下的初年，頗獎勵學術，自中央以至四方，遍地皆設學校，而四方好學之士，來中央求學的聚集如雲，四方道路咸聞講誦之聲，四百年久已衰歇的學校，到此陡然興起，所謂「自漢、魏以來，一時而已」（見《北史》及《隋書》〈儒林傳〉）。第二為仁壽期。此期正當文帝晚年時，從前重儒興學的性質陡然改變，專向刑名，一概停辦中央國子學四門學及州縣學，學校教育到此時幾乎中斷。不過此期僅有四年，至煬帝即位，又漸漸恢復舊觀了，謂之第三期——大業期。但以煬帝過於荒淫，即位不久，四方大亂，而學校也漸歸於停廢。至於學校的內容，不過繼承漢、魏之路，而歷時又短，所以只好從略。以下我們專敘唐朝的教育制度。

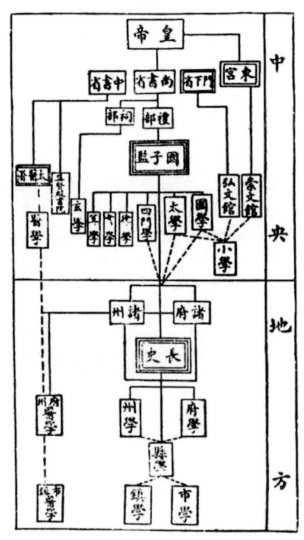

唐代學制系統圖

　　建設唐朝的政府，自然大半歸功於太宗。太宗以曠代的英傑，支配
帝國的政權，不但政治方面勵精圖治，即對於教育之振興及儒術提倡，
亦具非常的熱心。當他在藩邸為秦王時，便開設文學館，延攬時代的
賢俊，如房、杜諸人謂之「十八學士」，在裡面相與講論學術，討論政

治，曾博得一時社會人士的羨慕。他的父皇高祖對於教育也具有熱心，所以統一天下未久，自中央以至州縣，大小學校已是設立如林。及秦王登基以後，更加推廣——擴校舍，增加學額。不但儒學內講論儒經，即屯營、飛騎等軍隊裡面，皆派遣博士授以經術。此風一倡，聲教訖於國外，於是新羅、高昌、百濟、吐蕃、高麗等國莫不派遣子弟來唐留學，唐初學校之盛為晉、魏四百年以來所未有。[①]

宋徽宗題唐十八學士

在學校制度方面，也較前代進步很多。由中央直接設立的學校大要分做三系：一為中央六學，是為直系；二為二館，三為醫學，是為旁系。直系之六學，即（1）國學，（2）太學，（3）四門學，（4）律學，（5）書學，（6）算學，統隸於國子監。——國子監的性質等於現今教育部，長官稱曰國子祭酒。六學中之前三學似屬於大學性質，後三學似屬於專科性質。旁系之二館，一為弘文館，歸門下省直轄；二為崇文館，歸東宮直轄。此二館資格較六學為高，而程度反較低。醫學亦屬專科性質，另成一系，直轄於太醫署，不歸國子監管轄。除以上三系外，還有玄學隸於祠部，還有集賢殿書院隸於中書省。玄學亦屬大學性質。集賢殿書院從表面上看似乎一種研究院，但實際不過為一個中央圖書館。由

地方政府辦理的：在各府有府學，各州有州學；州府以下，各縣有縣學；縣內又有市學及鎮學。照系統上分，所有府州縣市各學統屬直系，由長史掌管。長史等於現今教育廳長，再隸於國子監。各府各州及各市另有醫學，謂之旁系。凡地方政府辦理的各學校，其性質介乎中小學之間，其畢業生有可以直接應鄉貢的，亦有直接升格於中央四門學的。由此看來，唐朝學制有三點足以令我們注意：（1）儒家學校以外，還設立玄學，研究老、莊的學說。（2）除經學屬於文科外，他們還設立有法科的律學，理科的算學，及藝術科的圖學；而醫科學校尤為重視，凡中央及地方各級均有設立。（3）教育行政機關頗有系統可尋，此皆較前代進步的。不過中小學等級的區分仍不清晰，是其缺點（俱見《唐六典》及《唐書·選舉志》）。

第二節　中央六學二館

一　入學資格

　　封建時代辦理學校，是培養治術人才的，不是為了培養學術人才的，這一點我於前面屢次申說過了。唐朝中央的六學二館亦不外乎這個原則。他們的學校種類雖多，與其說以程度分等級，毋寧說是以資格別上下。在直系六學，以國子學地位最高貴，學生限於文武三品以上的子孫，或從二品以上的曾孫，及勛官二品縣公京官四品，帶三品勛封的子弟。次於國學的為太學，學生限於職事官五品的期親，或三品的曾孫，及勛官三品以上有封之子。再次為四門學，入學資格分兩種：一限於勛官三品以上無封或四品有封，及文武七品以上的子弟；一以庶人中的俊異者充之。除此二種資格特別，凡諸州貢舉進京在省試落第的舉人，也

可以入學四門肄業。以上三學，程度本無高下，不過因政府限定入學的資格有貴賤的等級不同，所以他們的地位就有上下。其他律學、書學、算學是研究科學的學校，資格的限制比較起來稍寬，凡八品以上的子孫，及一般庶人能通習本學科而有志願研究的，皆有權利入學肄業。弘文、崇文二館則又高於國學，此二館的地位要算全國學校中最貴族的學校。其中學生唯皇室近親、皇太后皇后近親及宰相大臣散官一品功臣的子孫，方有入學的資格。其實他們的程度較國學、太學學生的程度反要低淺，不過國家設此二館以特別教育一等親貴子弟罷了。

諸生入學年齡相差無幾，除律學研究法律知識入學年齡較大——十八歲至二十五歲——外，其他各專門大學概以十四歲至十九歲為限。但州縣學生能通一經以上或天資聰異的，如送入四門學，只限於年齡二十五歲以上。或有八、九兩品的子弟或庶人，年在二十一以下，能通一經以上或天資聰異的，亦可送入四門學讀書。

二 學額與師資

唐朝立國將近三百年，其間因國勢的消長、政局的治亂和時君的好惡，故教育制度時有損益，學生在學的實數及學校的廢立，亦不能視為一律。表所列學生及教授的名額是根據《唐六典》及《新唐書·選舉志》兩處的記載。其中規定國子學生三百名，太學生五百名，四門學生一千三百名，律學生五十名，書學生及算學生各三十名，六學共額二千二百一十名。宏文館生三十名，崇文館生二十名，二館共額五十名。合計中央六學二館生員的定額凡二千二百六十名。到太宗貞觀年間，擴充學舍，增加名額，二館六學的生員已到三千二百名了。由此逐漸增加，地方學子莫不挾策負素就學於京師，而國外高麗、日本等國亦

紛紛派遣子弟來京留學，於是中央生徒之發達凡八千餘人。自貞觀至開元，一百年間，為唐朝國力最強時期，亦即其學校最發達時期，故中央學生由二千餘名增加到八千餘名，較原額擴充幾四倍了。四鄰中以日本三島派遣來中國留學之「唐使」特多，中國文化因此東渡於朝鮮及日本三島。天寶以後，國家遭安史的大亂，學校停廢，在學生員多半流散。迨後大亂平定，雖漸恢復，但已不若昔日之盛了。[1]

唐代直系各校學生及教員名額表

中央			地方		
學名	學生額數	教員數	學名	學生額數	教員數
國子學	三百名	博士二人助教二人	京都學	八十名	博士一人助教二人
			大都督府學	六十名	博士一人助教二人
太學	五百名	博士三人助教三人	中都督府學	六十名	博士一人助教二人
			下都督府學	五十名	博士一人助教一人
四門學	一千三百名	博士三人助教三人	上州學	六十名	博士一人助教二人
			中州學	五十名	博士一人助教一人
律學	五十名	博士一人助教一人	下州學	四十名	博士一人助教一人
			京縣學	五十名	博士助教各一人
書學	三十名	博士二人	上縣學	四十名	博士助教各一人
			中縣學	三十五名	博士助教各一人
算學	三十名	博士二人	下縣學	二十名	博士助教各一人

唐代旁系各校學生及教員名額表

中央			地方醫學		
學名	學生額數	教員額數	區別	學生額數	教員額數
宏文館	三十名	學士無定額	京都各府	二十名	博士助教各一人
崇文館	二十名	學士無定額	大都督府	十五名	博士助教各一人
玄學	未詳		中都督府	十五名	博士助教各一人
集賢殿書院			下都督府	十二名	博士助教各一人
			上州	十二名	博士助教各一人
			中州	十二名	博士助教各一人
國立醫學	四十名 （內有按摩 生十五人）	醫博士助教各一人 針博士助教各一人 按摩博士一人 按摩師四人 咒禁博士一人	下州	十一名	博士一人
			市		
			地方玄學京都各百人諸州無常員		

　　六學的師資有博士、助教二種，合計只有二十二名。二館的師資稱學士，無定額。這些教員多半同時具有兩種資格：一方面為學校的教師，一方面又為政府的官員，而他們教職的大小又以在政府裡面所居職位的高下為標準。如國子學博士須有正五品以上的資格，助教須有從七品以上的資格，太學以下的博士、助教品級漸低。

三　入學手續及儀式

　　唐代中央各學館，學生入學手續沒有明文規定，我們很難明白敘述。但其中學生的來源有三途：一由貴族家庭的子弟，二為地方諸州縣學生，三為省試下第舉人。大概第一、第三兩途是直接送入學館肄業，不必經過什麼煩瑣手續。第二途則由各州長史考選州縣學生中之智力與學力優長的人，匯送到中央，便可入四門學讀書。這一途人以平民而能入中央大學讀書，自是特殊學生，故稱曰「俊士」。凡入學以後，一切飲食服用，由學校供給，各代一樣。此時期稍具特殊性的為學生上學儀式。

中國古代，學生對於業師，每當初見面時，必有一種儀節，用實物來表示，名曰「束脩之禮」。束脩之禮自孔子時即已實行，到漢代此風猶存，如蜀郡文翁買蜀中的土產令學生帶贈太學博士，即是此意。到了唐朝，教育思想雖然固閉，而政府尊師的禮節卻未嘗廢絕，如束脩一層並由政府明白規定。禮物的輕重隨學校的性質為標準：國子學及太學學生每人送絹三匹；四門學生每人送絹二匹；律、書、算三學學生每人送絹一匹；地方的州縣學生亦送絹二匹。學生除送絹以外，還須贈送酒肉，不過分量多不必規定。學校教師，有博士、有助教，學生的束脩分做五分：三分送與博士，二分送與助教。此種束脩，不過對於業師表示一番尊崇而已，與官府所發給的薪俸之性質絕不相同。現代地方私塾，學生對於業師除學俸以外，還饋贈米鹽肉酒等物，即是古代束脩的遺風。他們饋贈的多寡都是隨著學生家庭的力量之大小為衡，而師長的地位可以無形增高，師生的感情可以油然發生，在人類間可以養成一種特別意味，維持教育的勢力於無形，這是東方古代民族特種美風。在唐《開元禮》所載，皇子初上學拜見業師，敬奉束脩的儀節，至恭且敬，我們看了，亦覺有無限的意味。

四　學科與修業期限

中央各學館的學科，因其性質各有不同，但可分為三系：如國子學、太學及四門學為一系；律學、書學及算學為一系；弘文、崇文二館又為一系。修業期限及其活動，是隨各學科的分量之輕重而定其長短的。在規定年限之內，如有補習及留級等情，亦可酌量延長在學時限，但有一定的限度。這個限度，除律學六年外，餘均定為九年。如在律學六年或在其他各學九年期滿，猶不能備貢——即不能畢業時，則令其退

學。茲將各學館的學科及各科應習的學程分類敘述於下。

（甲）國子學、太學、四門學。我們所謂唐朝的文科學校，就是教授經學科的學校，如國子學太學及四門學皆屬於此科。他們把經學分為正經及旁經兩類。正經有九：以《禮記》、《春秋左氏傳》為大經；《詩》、《周禮》、《儀禮》為中經；《易》、《尚書》、《春秋公羊傳》、《春秋穀梁傳》為小經。旁經有三，即《孝經》、《論語》、《老子》。正經似乎專修學科，旁經似乎補助學科。但關於專修學科並非全習，其中亦有自由選擇的機會，不過有限制的選擇罷了。你要學習二經，則選一大經、一小經，或選二中經；你要學習三經，則於大、中、小三經中各選一經；你要學習五經，則大經全習，餘則各選一經。《孝經》、《論語》於正經外，皆須兼修，以資補助。老子《道德經》本為玄學裡頭的主要功課，不過在文科三個學校之內有時亦列入兼修科。其各經應習的學程則隨其大小或難易而不同，凡選修《孝經》、《論語》二經的，以一年為限進修；《尚書》、《公羊傳》或《穀梁傳》的，各以一年半為限；選修《易》、《詩》、《周禮》或《儀禮》的，各以二年為限；選修《禮記》或《左氏傳》的，則各以三年為限。

（乙）書學。此學亦非純粹藝術科，除研究書法以外，還要研究時文及文字學。他們每日習書法，紙一幅，間習時務策，並且讀《國語》、《說文》、《字林》、《三蒼》、《爾雅》。凡學習石經三體，以三年為限，《說文》以二年為限，《字林》以一年為限。

（丙）算學。此學課程亦不少。凡習《孫子》及《五曹》的共限一年；習《九章》及《海島》的共限三年；習《張丘建》或《夏侯陽》的各限一年；又習《周髀》及《五經算》的共以一年為限；綴學以四年為限；緝古以三年為限。其他記遺三等數作為輔科，皆須兼習。

（丁）律學。此學課程史無明文規定，不敢臆造。但觀明法科所試項

目為律七條，令三條；又觀《唐六典》卷二十有通達律令者為明法；又此時科舉有《開元禮》一科；則知律學所習除歷代刑法志外，必有當代律令及開元典禮等科。又按諸學退學條例，其他諸學必留級三次在學九年仍不及格者始令退學，而律學以在學六年不及格者即令退學，可知此學修業期限亦必較他學為短。

（戊）二館。二館學生全是一等貴族子弟，居養太驕，求學自屬膚淺。依照定章，所有課程應當與直系文科三學相同。[2] 但一考其實，他們所學，往往較其他諸學學生為劣，故國家考驗他們的成績亦比較寬放。[3]

五　假期

各學放假分長期、短期二種。短期為「旬假」，每十日放一天，等於現今七日一星期。長期每年放假二次：一在五月，為「田假」；一在九月，為「授衣假」。這兩個長假期各限以一個月，准許學生回籍省親。倘學生家庭距學校超過二百里以外，則按路程遠近，酌予延長；或家有大故，亦得酌予延長。倘已延長，而逾限過多仍不到校者，即令其退學。按唐朝放假的規定與我們現在各校的辦法很像，而田假與授衣假尤合於農村社會的民情，這一點很可以供我們辦學的參考。

六　考試退學及升格

各學考試分三種：一舉行於旬假以前，曰「旬考」；一舉行於年終，曰「歲考」；第三種則在畢業時舉行，曰「畢業考試」。旬考試驗學生十日之內所學習的課程，分背誦與講解二類。關於背誦的，每一千字內試驗一帖，帖三字。關於講解的，每二千字內問大義一條，共問三條，

答對了二條為及格，不及格的有罰。歲考試驗他們一年以內所學習的課程，用口問大義十條，答對了八條為上等，六條為中等，五條為下等。下等為不及格，須當重習。如不及格至三次，延長在學時期至九年或六年而仍不及格的，則令退學。故退學的規則分三條：一因告假逾限，二因三次不及格至滿最高修學時期，三因操行過劣不堪教誨的，皆令退學。畢業考試則於其應修學程期滿成績及格時舉行，凡國子監生，由博士出題，國子祭酒監考。最低限度除俊士須通三經外，其餘學生須通二經，方能與試。試驗及格，即可出校應省試；但如有志願繼續求學的，凡四門學的畢業生則補入太學，太學畢業生則補入國子學。不過此種升格法非加深其學業程度，不過提高其地位罷了。

第三節　郡縣學校

一　郡縣學校之系統

唐朝地方行政區劃，貞觀時分為十道，開元時又分為十五道。每一道統轄若干府或州，每一府或州統轄若干縣。一縣之內又分鄉及市鎮等鄉區。在行政方面以縣為單位，由縣而府州而道，共有三級。在學制方面，通常的只有州府學及縣學二級，似均屬於中學性質，但非中學名稱。縣以下又設鄉學或市鎮學，似屬於小學性質，但不常有。以整個學制系統說，地方學校別為三類：一為經學，屬於直系；二為醫學，三為道學，均屬於旁系。直系各學統歸長史管轄，長史即今之教育廳長。此地所述郡縣學校專指直系的經學說的，醫學與道學留待下節。

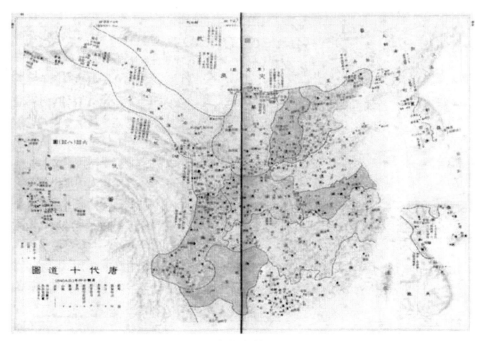

唐代十道圖

二　郡縣學校之內容

地方各校的內容除入學儀節與中央學校相同外，其餘均較簡單多了，且亦多無明文可見，茲將可考各點分條敘述於下：

（1）名額。據《唐書·選舉志》，各學的定額：京都學生八十人，大都督、中都督府及上州學生各六十人，下都督府及中州學生各五十人，下州學生四十人，京縣五十人，上縣四十人，中縣及中下縣三十五人，下縣二十人。查唐朝當強盛時，分全國為十五道，共計有府州三百二十八，有縣一千五百七十三。地方直系各校，每府學或州學的學生平均以五十名計算，每縣學平均以三十名計算，共得八萬三千五百九十名（京都三學每所八十名、京縣每所五十名尚未計）。

（2）師資。據《唐六典》，地方學校的師資名額更少。凡在學生六十名以上的各學，設博士一人，助教二人；凡在學生五十名以下的各學，設博士、助教各一人。至於博士的地位亦隨學校所屬階級之高下而定，大約由八品至九品。但自代宗十四年以後，已將諸州府學的博士改為文學了。

（3）學年及教材。各府州縣學生皆是一般庶民子弟，學校雖是中學性質，而學齡與國立大學的學齡有過之無不及。其中課程雖然亦讀九經，但不過粗通文藝，所定限度亦較低。我們查看《文獻通考·學校七》所載開元二十一年一道敕令：「敕諸州縣學生年二十五以下，八品九品子若庶人並年二十一以下，通一經以上，及未通經精神聰悟有文詞史學者，每年銓量舉送所司簡試，聽入四門學，充俊士。」可知當時地方各學學生只要能通一經便可畢業，升入四門學了。但地方學校與中央大學有一不同之點；他們不僅在書本上求知識，除了學習正業外，還須兼習吉凶禮。凡地方公私方面，有舉行吉凶儀式時，即令學生前往演禮，禮畢返校。這種辦法與現今師範生實習相似。

（4）畢業及升格。地方各學沒有規定修學年限，只要能通一經以上，似乎便可以畢業。學生畢業後之出路有二：一升入中央四門學讀書，充當俊士；一等候科舉的時期到了應科舉試。此外還可由州縣長官委派以相當的職務。這些學生統歸長史管轄，所以畢業時亦須往各州由長史考試。

此外，凡京師及地方皆設有小學，或由公立，或由私立，但無制度可考。

第四節　醫學

　　唐朝學校，除了經學科外，還有研究各種科學的學校，這一層我們在前面曾經略一提及過了。各種科學中，尤以醫學比較異常發達——除中央以外，各府各州及各市鎮遍地皆是，故我們有另提一節敘述的必要。當時醫學，不僅是量的增加，並且是質的特異，即一醫學總名而分做若干科目，那些科目到現在也有為我們未曾設立的。

　　考唐朝醫學統屬於太醫署，署長稱日「太醫令」，掌管醫療行政事宜。在太醫署之下，分醫學為四門：一日醫學，二日針學，三日按摩學，四日咒禁學，皆有博士教授生徒，試分述於下。

　　(1) 醫學。設醫學博士一人，助教一人，學生定額二十名。其中分五科：一日體療科，二日瘡腫科，三日少小科，四日耳目口齒科，五日角法科。大概全額二十名學生，以十一人學體療，學程為七年；三人學瘡腫科，三人事少小，學程為五年；二人學耳目口齒科，一人學角法，學程為二年。以《本草》及甲乙脈經為普通科目，凡本校學生皆當必修。

　　(2) 針學。設博士一人，助教一人，學生人數未詳。此科所習，在使學生明白經脈孔穴之道，辨識浮沉滑之候，以藥石的手術射療疾病。治法有九，可以施補洩。

　　(3) 按摩學。設按摩博士一人，按摩師四人，按摩工十六人，按摩生十五人。此科在用消息道引的方法，診除風寒暑溼餓飽勞逸八種疾病。凡人肢體腑臟，所有疾病，多因鬱結不宜，——而所結的，或為氣血，或為食料。若用按摩術導宣出來，可使內疾不留，外邪不入，即不用藥石自可奏效。不僅內部可以施行此術，即在皮膚方面，如有損傷折跌，亦能治療。

　　(4) 咒禁學。設博士一人，教授生徒，以咒禁驅除一切邪惡鬼魅，

近於妖術。在科學未發達以前，神仙方士之術代代都有，原不足奇。但從前僅為私人的宣傳，到唐朝且由政府正式設科教學，這是很奇異的一件事情。

凡醫學，管理極嚴，平日所習諸經——《本草》、《明堂脈訣》、《素問》及《黃帝針經》——務必精熟，每月由博士考試一次，每季由太醫令丞考試一次，到了年終則由太常丞總試一次。畢業生的待遇，與國子監所轄的學生相同，可以應科舉試驗，可以做官。中國古代無論各色人等均以做官為目的，這是官僚政治之下的一般情形，政府對於畢業學生有了可以做官的規定，則招生時比較容易（均見《唐六典‧卷四》及《玉海‧學校》）。

第五節　玄學

唐家皇室本姓李氏，附會為老子李耳之後，所以對於道家學術特別提倡。到了玄宗皇帝，尤其信仰道教，自稱元元皇帝，在他當國時，一方將自己所注之老子《道德經》頒行天下，強迫人學習；一方於明經進士科加試老子。除此以外，又特別創設研究道家學術的玄學——又名崇玄學。此學校立於開元二十五年，中央及地方均有，但完全出於皇室的意見，所以廢置無常。其中以《老子》、《莊子》、《文子》、《列子》等書為教材。中央學生沒有定額，三京都規定一百名，諸州亦無常。且內容簡單，亦無定制，無可敘述，我們特立一節，不過引人注意罷了。

第六節　科舉

一　科目之種類

　　唐代科目，大要分成三類：(1) 由學館出身的名曰「生徒」；(2) 由州縣考送的名曰「鄉貢」，這兩類皆有定格，叫做常科；(3) 不拘常格，而由天子直接招考的名曰「制舉」。前二類科目很多，而常行的只有六科：一曰秀才科，二曰明經科，三曰進士科，四曰明法科，五曰明書科，六曰明算科。其他還有三禮、三傳、史科、開元禮、道舉及童子諸科，是不常行的。在常行的六科中，尤以「明經」、「進士」二科為盛；而秀才科因取人較嚴，有「舉而不第者坐其州長」之規定，故自貞觀以後，無人敢輕舉，遂無形廢止了。至若制科的名目則更多了，如賢良方正直言極諫科、博通墳典達於教化科、識洞略堪任將帥科……多至八十餘種。大概各因時君的好尚及政府一時的需要，即特設某科考取某樣人才，初無一定的規程。

　　玄學學生亦可應科舉，合之為七學。

二　科舉之手續

　　制科沒有定額，考試亦沒有定制，我們可以從略不講，現時只敘述常科的手續及內容。常科主管機關屬於尚書省下之禮部，謂之省試。主考者初為考功員外郎，後以此官位卑望輕，常與舉人發生衝突，自開元二十五年以後，遂改歸禮部侍郎主考。每年舉行考選一次，考試的時間規定於陰曆十一月。我們前面不是說常科所考舉子分生徒、鄉貢兩類嗎？生徒之中，又有中央二館六學的及地方州縣學的兩種。中央生徒，

由國子監祭酒每年挑選學業成就的若干人送入禮部應省試，地方生徒由長史挑選學業成就的若干人送禮部應省試。鄉貢則不限於學校內的學生，凡讀書分子皆可應試。應試之初，由應試者懷牒自往本縣報名，由縣令考選送州。再由刺史覆核，取中了之後，還舉行一種儀式「以鄉飲酒禮與者艾敘少長」；於是貢送到中央。這一班士子先到戶部報到，填寫姓名履歷及保結，戶部將冊子送到禮部由禮部定期出題考試。凡地方舉子進京複試時與學館生徒同時舉行，取中以後，分等給予及第出身等資格，最優的或特別獎擢。唐朝初年規定，凡士子應常貢，只問學力，不限於學校內的學生，但在文宗太和年間，凡公卿士族子弟須先入國學肄業方准應明經進士；在武宗會昌年間，又規定無論中央或地方一切須由學校出身方准應試。如果會昌年間的規定通行，則唐朝後期百年間，學校與科舉之關係反而比較密切了。省試取中以後，送入國子監，還須讀書，酌加津貼，然後上於尚書吏部複試，及格然後應用授官，不及格者越三年再試，所以「韓文公三試於吏部無成，則十年猶布衣」。

三 考試之內容

考試的內容，各科不一樣。唯自高宗以後，凡貢舉人於考試本科外，還須加試《老子》，玄宗尤為注重，這是唐朝提倡玄學的一種辦法。考試的方法不外四種：一、口試，二、墨義，三、作文，四、帖經。但明、法諸科只有前三法，唯明經、進士兩科，四法全備，而帖經一法尤為明經科特別注重。據《五禮通考》：「進士科永隆以前，止有對策；天寶以前，有策有詩賦；天寶以後，有帖經有策有詩賦」，則知進士帖經要到天寶以後才增加。墨義即挑誦的辦法，對於某經或註疏的原文任挑出若干條，令被試的答出；被試者以口答曰口試，以筆答曰墨義。作文包

括時賦及時務策。這三種考試法，都是很平常的，可是第四種——帖經卻有些奇特了。怎樣叫做「帖經」？這個名詞，不用說，一定是唐人創造的。據《通典》所載，當主試者考試經書時，任揭一頁，把左右兩邊蒙著，中間只開一行；再裁紙為帖，帖蓋數字，令被試者寫讀出來。創行之初，所帖尚屬容易，被試者也很容易讀寫。到後來，因應試人多而政府需要人才少，不得不故出艱深以難舉子，於是專帖孤章絕句疑似參互處，以迷惑舉子的記憶。但出題雖難，卻有一定的範圍——限以《五經正義》一書，學者只要熟記經文與註疏，或推敲得出題的隱訣，十分之九可以猜中。學子這樣讀書法，謂之「括帖」，而括帖遂成為當時的一種學問。此法既行，士子專一揣摩政府的意旨，獵取科名，捨去實學不講；即或帖經甚佳，而對於本經原文及大義往往茫然不曉。唐代科目雖多，而士族所趨僅有明經與進士兩科，括帖之學可以想見其盛；而唐代機械的教育也就不言而喻了。但帖經實為明經主要考試法，而進士所考特重在詩賦及時務策，所以當時人才由進士科產生比較的多，在社會上的位置亦比較崇高。但進士科既不重帖經，故應試本科的舉子亦僅習當代之文，於經史可不復深習；其結果，他們的學問雖不像明經那樣機械，而空疏尤甚。此唐代科舉所以難得真實的學問與有用的人才。

唐代常科條例表

科目	考試條例
秀才	試方略第五道。以文理通粗分為上上、上中、上下、中上四等，為及第。
明經	先帖經，然後口試（經問大義十條），答時務策三道。亦分四等。
進士	試雜文（詩賦），及時務策，並帖經（一大經）。經策全通為甲第；策通四，帖過四以上為乙第。
明法	試雜七條，令三條。全通為甲第，通十八為第。
明書	先口試通，乃墨試文字林二十條，通十八為第。
明算	系大義本條為回答，數造術，詳明術理，然後為通。
開元禮	通大義百條，第三道者，超資職官；義通七十，策通二者及第。散試官能通者依正員。
三傳	《左氏傳》問大義五十條，《公羊》、《穀梁傳》各三十條，策皆三道。義通七以上，策通二以上，為第。
史科	每史科問大義百條，第三道。義通七，策通二以上為第。
童子	十歲以下能通一經，及《孝經》、《論語》，每卷育文十通者予官，通七予出身。
道舉	官秩蔭第因國子舉送，課試各明經。

第七節　結論

　　隋、唐以前，國家教育制度是學校與選舉並行；自隋、唐以後，則變為學校與科舉並行。但科舉取士雖創始於隋，當時只有進士一科，制度未立，鄉評裡選之遺風尚能保持相當的勢力。到了唐朝，制定了許多繁瑣制度，增加了許多科目，明示天下士以必由的途徑，於是昔日選舉之法不能適用了。自此以後，千餘年來，政府籠絡人才以科舉為唯一的手段，天下人才亦以科舉為唯一的出路，學校等於虛設，科舉遂為全部教育制度之重心。

　　在昔選舉時代，地方清議頗有力量，政府往往俯察輿情為施政的標準，所以生在當時的材智之士，不求表白，常有被政府物色的機會，常

有被地方公推的可能。到了科舉時代就不同了，帝王權力日大，地方清議不復存在，材智之士欲求表現，就非自找出路不可了——應科舉試就是他們唯一的出路。但每屆科舉，取錄名額有限，又加弊竇百出，而一般希勢求榮的人們，因此大事奔走攢營，以求僥倖一中，於是什麼「溫卷」、「求知己」種種醜態都演出來了。[4] 這種教育制度，不注意平日的培養，只憑一時的考試與考試的機會，不僅難得真實有用的人才，而養成社會人士捨本逐末，希圖投機取巧，僥倖成功，這種卑劣心理，害個人以誤國家，是最壞沒有了。

本章參考書舉要

(1)《唐六典》

(2)《唐會要》

(3)《通典》的〈舉士〉

(4)《五禮通考》

(5)《文獻通考》的〈學校〉及〈選舉〉

(6)《新唐書》的〈儒學〉及〈選舉志〉

---

[1] 《新唐書‧選舉志》及《文獻通考‧學校》：「憲宗元和二年，置東都監生一百員。自天寶後，學校益廢，生徒流散水。永泰中，雖置西監生，而館無定員。於是始定生員，西京國子館生八十人，太學七十人，四門三百人，廣文六十人，律館二十人，算館各十人。東都國子館十人，太學十五人，四門五十人，廣文十人，律館十人，書館三人，算館二人而已。」

[2] 《唐六典》卷八：「宏文館學生教授考試一如國子制。」卷二十六：「課試舉送如宏文館。」

[3] 《唐六典》卷四：「其宏文、崇文館學生雖同明經進士，以其資蔭全高，試取粗通文

　　義。」《唐會要・貢舉下》:「開元二十六年,敕文宏文、崇文生緣是貴冑子弟,多有不專經業,便與及第,深謂不然。自今已後,一依令式考試。」

[4] 《文獻通考・舉士》:「江陵項氏曰:風俗之弊,至唐極矣。王公大人巍然於上,以先達自居,不復求士。天下之士,什什伍伍,戴破帽,騎蹇驢,未到門百步,輒下馬,奉歷剌,再拜以謁於典客者,投其所為之文,名之曰『求知己』。如是而不問,則再如前所為者,名之曰『溫卷』。如是而不問,則有執贄於馬前,自讚曰『某人上謁者。』」

第十九章　隋唐教育家及其學說

第一節　概論

隋、唐學風雖有三派，可稱為教育家的只有儒學一派，而儒學界的教育人才亦不多見。嚴格統計起來，勉強可舉的，在隋代只有王通一人，在唐代只有韓愈、李翱二人。韓氏以一文學家而喜言儒術，其修為工夫雖較欠缺，所謂大抵與儒術不相悖謬，且肯以師道自任，所以很為後世儒者稱述。李氏的頭腦受到很深的佛家洗禮，《復性三篇》較韓氏所論為精，已入了宋儒言論的境界。王氏的思想見於《文中子》一書，一方面開發儒家學理，一方面包含佛道二家，其態度較韓氏恢弘，其教育生活較韓、李二氏均有成績。[1]

此外還有經學家三人——陸德明、顏師古及孔穎達。他們均非教育家，對於教育理論更屬隔閡，但他們的著作對於當時教育確有關係。陸氏所著《經典釋文》，顏氏補正五經脫誤之工作，為當時研究經學的人們所取法。孔氏所撰《五經正義》一書，更有權威。此書成功後，由政府頒行於全國，凡學校的課程，科舉的試題，一律以為標準。兩漢三百年的今古文訟爭，六朝四百年的南北派別，到了此時悉歸於統一，不復有異說。儒生從此以後，皆蹐跼於《五經正義》的範圍以內，不敢越雷池一步，唐代儒術所以停滯不進及教育學說所以不能發達，此亦大原因之一。

《五經正義》為孔、顏等數人合作而成，主持之者或為孔氏，後遂以此書為孔氏專有。

第二節　王通（西元 557 年 - ？）

一　略傳

　　王氏名通，字仲淹，號文中子，是山西龍門人。生於隋文帝開皇四年，是時江南還沒有統一。王氏以家庭屢世儒業，讀書時期很早，故到十五歲時學業已略有成就。當二十歲時，西往長安，拜見文帝，陳說王道，以不投機而返。從此專門著書講學，年近三十，學業大成，及門弟子亦遍郡國。平生著作，有《續經》，是模仿古之六經作的；有《中說》，是模仿《論語》作的。他的父親王伯高，也是當時有名的教授。他的胞弟王績，是一位隱居先生，在唐書中有傳。他的及門弟子，如河南的董常、太山的姚義、京兆的杜淹、趙郡的李靖、扶風的竇威、河東的薛收、清河的房玄齡、鉅鹿的魏徵一輩人，都是王佐之才，許多到後來為唐代有名卿相。王氏本人卻寂然無聞，且有人懷疑未必真有其人，那可怪了！到宋朝，程明道只承認有其人，而不承認有其書，說他是隋代的一個隱君子，所著《中說》是後人附會成編的。我們推想王氏所以被人懷疑，大概由於他的思想與當時背馳，而妄作《元經》尤為儒者所責罵。但他在當時，門弟子多至千餘人，他一生只以教授著述為業，總算是當代唯一的教育家。

二　《中說》要義

　　王氏的《續經》業已失傳，我們所能看出他的思想的，只有《中說》。他是一個擬古派──尤其是擬孔派──的學者，孔趨亦趨、孔步亦步的學者，他的思想自然是與孔子口裡所說的話一樣。關於教育方面，

訓練取感化主義，教授取漸進主義，研究取一貫主義，尤為老生常談，用不著在此多述，不過要概括他的根本思想，我們可以拿八個字代表出來，就是「樂天知命，窮理盡性」。[2] 王氏把本性看成是善的，所以能夠生出仁義禮智信五常之德來。[3] 這五常之德，是宇宙間自然的原則，也是吾人應有的操行；故在吾人自身曰「本性」，在宇宙流行曰「天理」。吾人在世，要完成一個君子人格的時候，我們的修養應當事事本乎天理；本乎天理就是修其本性，故曰「窮理盡性」。吾人都是有所命的，命不是貧富貴賤的派定，如王充的說法，乃是教我們窮理盡性的；能夠窮理盡性，則謂之立命中，所以我們的天職要知道命的所以然而完成它。命與性是相合的，天與理是一致的，不過在人曰性曰命，在宇宙曰天曰理。能夠窮理就是盡性，能夠窮理盡性就是知命，能夠知命必能夠樂天。故樂天知命的人，性未有不盡，理未有不窮；而窮理盡性正是為了要知命要樂天。果能做到這八個字，不僅完全沒有貧富貴賤、禍福壽夭種種觀念，就是憂懼疑慮六種情感也不會產生。若是修養到這個程度，他就成了一個「不庋不求，自由自在」的一個人了，此儒家所謂「成德的君子」、「模範的聖賢」，而儒家的教育原理就是要達到這樣一個目標。

　　然而王氏雖自許為仲尼之徒，而器度卻很恢宏，故黨派色彩不甚濃厚。他並不排斥異派的佛、老，且有相當的容納。他說：佛不過是西方之教，適於西方之受用，中國學之反變壞了。他又說：長生神仙之道不必講求，只要吾人修仁義、立孝悌已足了。[4] 其持論中和或者由其修養得來，因為他是主張不偏不黨、守乎中道的一個人，故曰：「天下之危，與天下安之；天下之失，與天下正之。千變萬化，吾常守中焉。」（〈周公篇〉）

第三節　韓愈（西元 768 年—西元 824 年）

一　生活小史

韓愈字退之，本是鄧州南陽人，因其先祖嘗居昌黎，所以世稱昌黎先生。他以代宗大曆三年生於南陽，幼年孤苦，三歲便死了父母。初隨伯兄韓會貶居嶺表，十三歲伯兄又死，乃由賢嫂鄭氏鞠養以至於成人。幼時處境既苦，天性又極篤厚，對於家庭感情所以極其深切，讀他所祭十二郎文，便可以看出來。處境既壞，正所以磨礪此天才之人杰，雖無師傳，卒以攻苦自奮，於六經百家無不通曉。韓氏本想以政治為生活的，二十五歲舉進士第，以博學鴻詞科三度試於吏部，皆不獲選，可謂倒楣極了。後由節度使張建封闢為推官，始入政界，繼而調為四門博士，從事教授生活。其後出為縣令，入為國子博士者數次，但他總以才高受屈，憤懣不平的〈進學解〉就是在國子監當博士時作的。其後因〈諫迎佛骨表〉得禍，貶於潮州；不久改袁州刺史。其後又召入京來，為國子祭酒，即現今中央大學校長。其後以宣撫鎮州有功，轉拜吏部侍郎，後世又稱他為韓吏部。不幸僅活了五十七歲就死了，時為穆宗長度四年。

韓氏一生為人忠義剛正，在外為縣令、為刺史數次，皆有政聲；入內為博士、為祭酒，誠懇獎導，莫不得學生信賴。論其振衰起弊，可說是一個文學界的革命家；論其辨儒闢佛，堂堂正正，可說是一個衛道的健將；論其成就後進，敢以師道自任，又是當時唯一的教育家。關於他的教育生活，除兩次為國子博士，一次為四門博士，一次為國子祭酒外，在潮州刺史任內，曾極力提倡鄉校，教養後生，使該地由草昧而向化，皆韓氏熱心提倡之力。天下人才，凡經韓氏指授過的，皆稱韓門弟子，如李翱、李漢、皇甫湜輩，乃弟子中之有成就者。韓氏一生雖遭遇

不佳，且或蒙時人的訕笑，但他死了以後，名譽反高，不僅文章被仰為
泰山北，即其衛道、闢佛諸言論，雖宋儒猶稱為孟子以後第一有功之人。

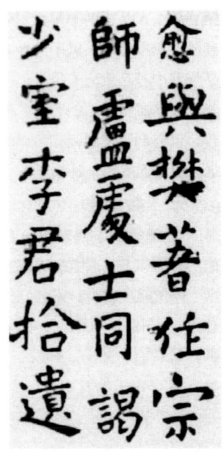

韓愈手跡

二　性有三品說

韓氏論性表面雖本於荀悅三品之說，其三品的意義卻有不同。我們
本著他的〈原性篇〉，分析解釋如下：

（1）性是一種本然之物，存在於先天，有生就有性；情是後天的，

由感應而生，所謂「性也者與生俱生也，情也者接於物而生也」。

（2）性與情是一致的，如某人的性是何種傾向，其情也是該種傾向；反之，情為某種傾向，亦可以證明性為某種傾向，所謂「性之於情視其品，情之於性視其品」。

（3）人之質有三等，而所具之性有五種。換句話說，天下人類有上、中、下三等品質，但無論何等品質之人皆具有仁、義、禮、智、信五常之性，不過上等品質的人，氣質清明，五性常存，動於一，其他四種莫不併行──能盡此五常之性。中等品質的人，氣質較濁，五性若即若離，有一不慎，其餘必混然不清。下等品質之人，氣質更壞，五性沒有根的，若其行為與一相反，即與其他四種違背。

（4）三等品質的人類，亦各有喜、怒、哀、懼、愛、惡、欲七情。上等之人，所生的情感莫不合於中道；中等之人有過與不及的危險，但自知隨時求合於中；唯有下等之人，則縱情所為，漫無節制。

（5）上等人謂之善品，下等人謂之惡品，生來比較固定；唯中等人介乎善惡之間，是可以引導而向善、可以引導而向惡的。所謂「上焉者善焉而已矣，中焉者可導而上下也，下焉者惡焉而已矣」。由此觀之，韓氏論性，好像是另一種東西，不偏於善的主張，也不偏於惡的主張，只因人類品質有三等，所以五性與七情皆隨個人品質的差異而不同了。此三等品質又以中等富於可塑性，容易移轉。所以他說：孟子的性善論，荀子的性惡論，及揚子的善惡混論，全是針對中等品質之人說的，把上下二等品質全遺漏了。末了，他又說：上等之人品質雖善，倘若受了教育當更好；下等之人品質雖惡，難以使他向善，但有刑罰來制裁亦可以使他不敢為惡，所謂「上之性就學而愈明，下之性畏威而寡罪；是故上者可教而下者可制也」。

三　教育論

　　「上之性就學而愈明，下之性畏威而寡罪」，韓氏是承認教育有效
的。他的教育宗旨，即在「明先王之教」（〈原道篇〉）。先王之教是什
麼呢？據〈原道篇〉上說，不外「仁義道德」四個字。這四個字，載之
於文，為《傳》、《書》、《易》、《春秋》；施之於法，為禮、樂、刑、
政；見之於事，為君臣、父子、師友、賓主、昆弟、夫婦以及飲食、衣
服、宮室之類。遵守先王的禮、樂、刑、政，誦習古聖的《詩》、《書》、
《易》、《春秋》，順乎人倫及本於日用生活的自然節目，即是明悉先王之
教，即是儒家的教育。受了這教育，應用無窮，所謂「以之為己，則順
而詳；以之為人，則愛而公；以之為心，則和而平；以之為天下國家，
無所處而不當」。至於老氏所謂「剖斗折衡」，佛氏所謂「清靜寂滅」，
既違先王之教，又反自然之理，凡儒家信徒所當辭而闢之的。韓氏以儒
道自任，他以為儒道即先王之教──中國歷代相傳的民族習慣，很合於
自然生活的，所以非常反對學風熾熱的佛老之說。

　　先王之教最重師道。「師與君父並列」，「師嚴而後道尊」，由來已
久。師有兩種：童子之師在授之書，而習其句讀；成人之師在傳道、授
業、解惑。換句話說：小學教育，在誦說經文；大學教育，在講明道
理。聞道先後與年齡地位無大關係，只要你的學業成就，有教授的能
力，不管你的年齡小於我，地位低於我，就應拜你為老師；教育原不分
等級，教師的資格原不論年齡的大小及地位的貴賤。可是現在一般學者
不重學術，只斤較量於年齡的大小及地位的貴賤。師道在哪裡？既不講
師道，就是教育廢弛的原因，也就是先王之教遭摒棄的原因，此吾所以
深為慨嘆──韓氏自謂。但當時國家不尊視教師的地位，及學子之不肯

虛心受教，也可由韓氏的〈幣說〉裡面看出。他的朋友柳宗元且有一段話：「由魏、晉已下，人益不事師。今之世，不聞有師，有輒嘩笑之，以為狂人。獨韓愈奮不顧流俗，犯笑侮，收召後學，作〈師說〉，因抗顏而為師。世果群怪聚罵，指目牽引，而增為言詞。愈以是得狂名。」（〈答韋中立書〉）唐代教育的良否，讀此文更可以概見，而韓氏亦可謂孤掌難鳴了！

第四節　李翱

一　生活小史

李翱字習之，是唐室的親族，是韓愈的弟子，是唐代中葉的一個文學兼思想家。他的思想近於佛家，但他的口氣卻是儒家，還以先覺道統自任哩。德宗貞元十四年，舉了進士，授校書郎，三遷至京兆府司隸參軍，但這些官皆不是他的本願。到憲宗元和初，被召為國子博士，兼任國史修撰的職務，才與他的性質相合。李氏性情峭鯁，好為諍言，雖權貴亦無所迴避，故在史館任內上正本六事於憲宗，以整肅綱紀為要，對於史家的責任亦有論列。再遷為考官員外郎，後又派出為廬州刺史。文宗太和初年，被召進京，拜為諫議大夫，因事降了官階；不久復召為刑部侍郎檢校，戶部尚書，出為山南東道節度史，遂死於官所。李氏雖為韓愈的弟子，雖亦提倡儒家之術，可是他的思想究與韓氏不同。所著《復性書》三篇，雖自信為「尼父之心，聖人之言」，恐非韓氏所能贊同。韓氏在〈原性篇〉末了有兩句話：「今之言者，雜佛、老而言也者，奚言而不異」，當然是針對李氏的《復性書》說的。

二　復性論

　　李氏三篇《復性書》，雖雜佛、老之言，但思想奧衍，語有根的，確非他的老師韓氏所能企及，為唐代有數的理論文字，已開宋儒思想之先河了。他的性論所根據的為《中庸》「天命之謂性，率性之謂道」兩句話。性不是物質，是超物質的一種靈體——天所命的一種靈體。這種靈體是至善的，離乎動靜的，聖人與凡民莫不相同。我們要把它形容出來，其象則為「寂然不動，寬大清明，照乎天地，成而遂通」（《復性書》一）的一種模樣，這種模樣又謂之「誠」。「誠者天之道也」，就是「天命之謂性」。不過此性在聖人則充而明，在凡民則昏而塞。因為聖人能盡其性，不為情所惑，凡民不能盡其性，為情所惑，所以不同。情是什麼呢？「情者性之動也」（《書》一），發而為表象，則有喜、怒、哀、懼、愛、惡、欲七情。此七情循環交來，攻伐不已，性不能充，反為所匿，此凡民所以終身不能睹其性。聖人亦非絕對無情，不過聖人至誠，性是充的，「寂然不動，不往而到」，雖有情而不為情所惑，不得謂之情。

　　人與萬物同受氣於天地而生，其所以異於禽獸蟲魚的，以其性全。今為情所惑，使性昏而不能看見，則禽獸蟲魚相差有幾，所以聖人教人復性。何以復性？要在滅絕情慾，去掉害性之障，而性自復，所謂「妄情滅息，本性清明」（《書》二），所謂「聖人教人忘嗜欲而歸性命之道也」（《書》一）。性比於水，情比於沙。水流本是清的，因為沙所雜，所以渾。性原本是充的，因為情所惑，所以塞。性比於火，情比於煙。火光本是明的，因為煙所郁，所以不明。情之於性也是一樣。吾人要復其本性，必先去此妄情，比於沙沉而後流清，煙消而後光明。但是凡民之性為情所昏塞，由來已久，要怎樣才能使妄情滅絕以回復本性？他說這

不難。所謂復性，非從外面找一個性來，而性原在裡面，不過為妄情所惑，所以塞而不充，昏而不明。復性的意思，不過去掉昏蒙，使返於本然之明就是了。其功夫，在於去思慮，離動靜，齋戒其心，由昏而清，由清而昏，經過許多修為，直到不復渾處，此時妄情絕滅，萬念皆空，則至善的本性，必然迎面而來，破壁而出了。本性回覆，即是至誠的境界，凡民可以進而為聖賢。所以他說：「弗思弗慮，情乃不生；情不生乃正思，正思者無思無慮也。然此齋戒其心者也，猶離於靜也。有靜必有動，動靜不息，則情也。故曰『吉凶悔吝生乎動』，焉復其性耶？唯方靜之時，知心無思，是齋戒也。知本無思，動靜皆離，而寂然不動，是至誠也。」(《復性書》二)

韓氏所言既淺，而所指性情二者因各個人之品質而生差異，猶近情理。李氏認性為至善，情為至惡，主張「滅情復性」，所言雖奧衍玄妙，可到了清靜寂滅的境界，簡直佛、老化了。佛、老的教育是返自然演進的教育，為著者所不取的。

本章參考書舉要

(1)《新唐書》的〈急逸〉、〈王績〉列傳

(2)《文中子》

(3)《新／舊唐書》的〈韓愈列傳〉及〈李翱列傳〉

(4)《新唐書》的〈儒學列傳〉

(5)《韓文公全集》

(6)《唐文粹》的李翱《復性書》

[1] 《隋書·經籍志·道經》：「大業中，道士以術盡者甚眾，其所以講經，由以老子為本，次講莊子及靈寶升玄之屬。」又《佛經》：「開皇元年，高祖並詔天下任聽出家，仍令計口出錢，營造經像，而京師及善州、相州、洛州諸大都邑之處，並官寫一切經，置於寺內，而又別寫藏於祕閣。天下人人從風而靡，民間佛經多於六經數十倍。」

[2] 《中說·問易篇》：「子謂董常曰：『樂天知命，吾何憂；窮理盡性，吾何疑！』」又〈周公篇〉：「子謂周公之道，曲而當，私而恕，其窮理盡性以至於命乎？」

[3] 《中說·術史篇》：「薛收問仁。子曰：『五常之始也。』問性。子曰：『五常之本也。』問道。子曰：『五常一也。』」〈立命篇〉：「子曰：『大哉周公！遠則冥諸心也。心者非他也，窮理者也，故悉本之天。……近則求諸己也，己者非他也，盡性者也，卒歸之人。』」

[4] 《中說·周公篇》：「或問佛。子曰：『聖人也。』曰：『其教何如？』曰：『西方之教也，中國則泥。』」又〈樂禮篇〉：「或問長生神仙之道。子曰：『仁義不修，孝悌不立，奚為長生，甚矣人之無壓厭！』」

第二十章　唐末及五代

一　唐末五代的政局與社會

在十六章裡，我們敘述唐代國力的外強和政權的集中，是指他們前半紀說的。到了後半紀，自從郭子儀死了以後，德宗即位以來，因藩鎮跋扈，政局紊亂，所得的結果與前半紀適成反比例。由唐末至五代，政局愈弄愈糟，跋扈的藩鎮直接革取了唐室之命，便要自己稱王稱帝起來。在這個時期，實際不過五十四年，他們業已五換朝而八易姓，政局之不安定可想而知。且他們所統治的，不過中原一隅而已：在長江以南，被十國諸侯彼此割據；在燕、雲以北，又時遭契丹胡騎的踐踏。故此時社會的紊亂，比較魏、晉六朝更甚，而漢族又到了一個被壓迫的時期了。唐朝以科舉取士，雖在極盛時已養成一種寡廉鮮恥的風氣。到中葉以後，政局壞亂，戰爭相尋，把社會弄得極不安定。社會既不安定，所有人民的生活日趨險惡，尤其是流氓式的政客官僚之徒，生活失其保障，所以從前卑汙苟賤的風氣至此益甚。降及五代，則更不足稱了，更不講道義與廉恥了。倘在一個時代，既沒有道義，又不講廉恥，國家法律失其效用，將何以維持社會之安寧與幸福？此五代政局所以平均十年一變更，而十國相爭更沒有虛日。

二　唐末五代的教育情形

當唐朝國力鼎盛時，教育已不足稱，僅有制度而無學說；到了此時，即制度也看不見了。其間各朝未嘗不偶一開設學校，但當局者既無培養人才的真意，而來學者亦不過徒擁虛名；故生徒苟賤，學問紕繆，

哪裡談得上教育！[1] 但學校雖停，而科舉尚能繼續舉行，這也是士大夫貪求富貴功名的一種表現。不過在當時有一件關於教育的重要事情，值得我們記載的，是印刷術的行使。中國古人，讀書的工具，本以刀漆作筆，以竹帛作書。秦漢以後才有毛筆、有楮紙、有煙墨，在求知上比較從前總算進了一步，但尚不及印刷術之方便。印刷術雖發明於隋、唐之際，當時只用在刻印佛經，未曾通行到一切。到五代時，馮道當國，提議以雕板印九經，頒行全國；由是書籍由印刷推行於社會的方法，乃漸通行。自此以後，吾人讀書，比較從前埋頭抄寫方便許多，而教育的普及，亦將借此利器以開始了。[2]

《金剛經》雕本
《金剛經》是世界上有準確紀年的最早的木版印製品，雕印於唐咸通九年。

　　按此時正當十世紀的時期，日事干戈，學術不講，從前學校多已停廢，所謂教育不過僅存科舉而已。這個時候，正當歐洲中古時期，東西兩黑暗，共在一條時間線上。久塞必通，我們只好拭目以觀下期的新思潮了。

本章參考書舉要

　　(1)《新五代史》

　　(2)《五代會要》

　　(3)《文獻通考》的〈學校〉及〈選舉〉關於五代之部

---

[1] 《文獻通考》馬端臨曰：「按五代弊法，監生令其出光學錢，則貧士何所從出？既征其錢，復不蠲其役，待士之意亦太薄矣。然史所言，多有未曾授業輒取解送者，往往亂離之際，其居學者亦皆苟賤冒濫之士耳。」馬氏又曰：「按五代五十二年，其間唯梁與晉，各停貢舉者二年，則降敕以舉子未精之故。至於朝代更易，干戈攘搶之歲，貢舉固未嘗廢也。」

[2] 《夢溪筆談・技藝》：「板印書籍，唐人尚未盛為之，自馮瀛王始印五經，已後典籍皆為板本。」《方氏通雅・器用類》：「雕本，印書也，隋唐有其法，至五代而行，至宋而盛，今則極矣。」《揮麈錄》言，「母昭裔有版鏤之言」。陸深《河汾燕閒錄》云「隋開皇十三年，敕廢像遺經悉令雕板」，則比又在柳先。疑者以隋有此法，唐何以不行？或止崇奉釋數耶？」《五代會要・經籍》：「後唐長興二年，中書門下奏請依石經文字刻九經印板，敕令國子監博士儒徒將西京石經本各以所業本經句讀抄寫注出，仔細看讀，然後顧召能雕字匠人，各部隨帖刻印板，廣頒天下。」

半封建時代中期的教育

第一期　宋（西元 960 年—西元 1276 年）

第二十一章　宋之政治與教育的關係

一　柔弱的政治

在前期末了，我們曾經這樣說過：唐末五季正當十世紀，東西兩黑暗時代巧逢在一條時間線上，我們只好拭目以觀下一期的新思潮。現在我們已寫到本期了。本期的思潮固新，可是政治則依然如舊。宋朝的政府組織、職官制度及地方行政區劃，多半模仿唐朝，似無重述的必要。不過有一點為我們所注意的：唐、宋兩朝的政治精神則絕對不同。唐朝的政權操於皇帝一人或其宮廷宵小宦官少數人的手中，君權無限，政令嚴威，所謂「剛性政治」。宋朝的政權操於一般公卿大夫手中，君權有限，政令寬大，所謂「柔性政治」。自嬴秦開了官僚政治新紀錄以後，帝王權力日高一日，絕無限制；可是兩宋三百年的政權分掌於多數卿大夫的手中，帝王莫不虛己以聽，卻是宋朝的一件特色。這一班卿大夫，比較其他各朝總算優良分子占多數，且多為有道德的政論家，雖手握政權，而不敢擅作威福，宋代學術思想及教育特別發達的原因固多，這個也是原因之一。至於此時的社會生產，仍舊穩定於農業經濟之中，正是這一班卿大夫所以生存的條件。他們在朝主持國政，頒行教育政策；在野號召生徒，講論教育學理；其結果即訓練成他們的繼起人物，再來掌握政權，而國家政權及教育事業遂永遠在這一階級手中。資本主義不發達，變形的封建社會所產生的士大夫階級──地主兼知識分子，必永遠執掌國家的政治與教育特權，已成歷史上必然的事實。不過由漢至唐，典型的封建制度雖然打破，而人民的態度，學術的探討，及學者傳授的方法，一切皆具很深的古意。到了本期，社會經濟組織及政治形態雖然依舊，而其他一切已具近代形式，與前期似有顯然的差異。故我們以前

者為前期的半封建時代，則以後者為中期的半封建時代。

北宋末年如蔡京，南宋如秦檜、韓侂胄輩，雖曾挾著帝王擅作威福，但當時氣節讜論風氣業已養成，此少數人者究不足以箝制天下人之口也。

二　分裂的學區

政權柔弱的宋朝，國力更其柔弱，漢族人民在此時又處於異族勢力的壓迫之下了。漢族勢力的強盛時期要以大唐前期為最，當時在東亞國家中號為唯一盟主；但自唐末以及五代，沙陀與契丹兩族興起，他們的勢力於是逐漸衰退。宋太祖雖然以武力削平大亂，統一中原，終以國力薄弱之故，不足以挽救漢族的衰頹。當時北方民族最為強大，宋室最大領土，尚不過唐朝全盛時代二分之一。在北宋時代，西夏占據黃河上游，遼人占據黃河下流以北；宋室所有的，只就內地說，且非完土。在南宋時代，江淮以北，全為金人所占，宋室所有的，僅長江及珠江兩流域數省而已，偏安於江左了一百多年，與北宋比較，又復削小了許多。宋室領土既然削小，在其統治之下，不僅不足以包括中國全域，且不足以包括漢族全民；則他們的教育所及之地，當然只能限於政權所及之地。但施行教育的雖為政府，而感受教育的除少數貴族外仍為一般民眾，我們如果在此時期只注意宋朝的教育，遺漏的地方必然很多。遼、金及西夏占據中國領土，他們的歷史短則百餘年，長至二百餘年，也曾模仿中朝，施行種種文化，在他們的管轄區域之下也有相當的教育，此層我們應當連帶注意。考《遼》、《金》二史及《宋史·外國列傳》，遼、金、西夏三國政府皆曾設立學校，開辦科舉，而金國且有很詳細的教育制度——學校與科舉均分漢人與女真兩類，即後來元朝教育制度的祖

師。不過他們的辦法究竟是模仿中國的，迎合漢人的心理，不見有什麼
特殊與創造，此時學區雖然分裂，在教育制度方面我們只舉宋朝也可以
概論其餘了。

第二十二章　宋代學風及學派

一　學風

　　宋代國力雖弱，而學術思想可較前朝異常發達。我們考究此時學術思想所以發達的原因，大概不外下之四點：第一，由於各種思想的融會日久，自然能夠產生新的種子；第二，由於書院制的興起，有了專門講學的人才及專門研究學術的場所；第三，由於印刷術的發明，知識時傳播較之前迅速；第四，在當時有較多的賢者在位，新的學術只經政府裡面有力者二三人一提倡，演為風氣更覺容易。但宋代學術思想雖然發達，而宋儒所研究的對象與方法，完全與漢、唐諸儒不同，他們簡直重新組成了一種學風。這一種學風，倡導於宋儒，元、明兩朝相繼演繹其說，已形成學術史上的一個體系，後世目之日「宋學」。以宋學的內容與漢、唐諸儒所講的訓詁註疏學區別，又名此學日「義理之學」。但這一種儒者所講的義理，並未包含六經全體，只有《易經》、《論語》、《大學》、《中庸》及《孟子》等書為他們研究的主要材料，有餘力則涉及他經。他們把這五部書融會與擴充，概括為兩個問題：一則研究天地之大原，謂之本體論；一則研究人性之究極，謂之道德觀。綜合起來，不外「理氣心性」四個字——理氣是研究天地之大原的，心性是研究人性之究極的。天地萬象皆由陰、陽二氣所變化，變化雖有千形萬狀，氣質不一，但在此變化不一之中卻有一定的法則，而理未有不同。理是宇宙變化的自然法則，氣是所變化的種種形態；形態雖有種種，而法則總是一個，所謂「理一而分殊」。性是與理相對的，心是與氣相對的；不過自存諸天而言謂之理與氣，自賦諸人而言謂之性與心。人是稟受於天而與天一致的，天之所有者人莫不有，人就是一個小天；所以宋儒所講的「理氣與

心性」，也可以說是「天人合一論」。這種學說，純粹屬於形而上學，其思想的進步，探討的精深，自然駕乎漢、唐諸儒之上；不過他們這種研究，自以為直接孔、孟的真傳，其實極不純一。本體論由老、莊思想嬗脫而來，心性說又入了佛家的範圍，他們是融合佛、老於孔、孟而另組成一種形而上學的宋學。可是他們口頭上還是反對佛、老，自謂真儒，是什麼意思？佛、老全講理一，儒家是主張分殊的。唯其分殊，所以人與禽獸不同，男女有別，貴賤不等，各安各的本分，不相踰越。唯其理一，在地位雖有貴賤不等，而性分相同，人格則一，可以借此自為安慰，能夠安貧樂道而不悔。這種天人合一的觀念，理一分殊的主張，真是士大夫階級的口吻，有諸內自然形諸外，不可以絲毫假借的。

二 學派

宋代學術思想較漢、唐發達，而派別流長亦較漢、唐為多。在北宋有二種區別：(1) 自學術上分，有王、程二派，王學是以《三經新義》為主的，程學是以《易》及《論》、《孟》、《大學》、《中庸》為主的——前者近於事功，後者偏於性理。(2) 自地域上分，有洛、蜀兩派，洛黨以程頤為領袖，態度嚴整；蜀黨以蘇軾為領袖，性情放浪——前者謂之道學家，後者屬於文士派。在南宋有朱、陸及永嘉三派：朱子的學問以道問學為主，是由窮理以盡性的；陸子的學問以尊德性為主，是由明心以達理的——但兩家所講全屬於性理學的範圍，可謂同一。至於永嘉學派，完全與前者相反，他們不講性理，喜談政治，是主張經國治民的——屬於事功一派。綜合起來，北宋之程，南宋之朱、陸，同屬於性理派；北宋之王，南宋之永嘉，同屬於事功派；至於蘇氏父子，只以文章名世，且近於縱橫者流，於哲學上尚稱隔膜。除此以外，在北宋，

還有濂溪周敦頤、洛陽邵雍、關中張載，雖同講性理之學，與程、朱相近，但前二人為道士派的儒者，後一人頗有荀學的遺風。在南宋還有廣漢張栻，東萊呂祖謙，與朱子一派很接近。總之，論其體系，則以程、朱之學為宋學的正統，其他皆屬旁支。論其在當時的勢力，北宋以王學為大，南宋以程、朱之說為歸；其餘雖各闢門徑，互持異議，究不敢與前兩家抗衡了。

第二十三章　宋代教育制度及其實況

第一節　概論

　　中國教育制度自唐以來，業已逐漸完備。宋朝的制度多半模仿唐朝，地方學校雖不如唐朝記載詳細，而中央學校則更較發達。中央學校，有國子學及太學，辟雍及廣文館，皆屬於大學性質。有律學、算學、書學、畫學、醫學及武學，皆屬於專門學校性質。有小學屬於小學性質。此外還有幾所特殊學校，如宗學、諸王宮學及內小學三所，統為貴族學校，內兼高初兩等教育性質。此外另有四門學一所，特為庶民子弟設立的，屬於高等教育。地方學校，州有州學，府有府學，軍有軍學，監有監學，縣有縣學，介於中小學性質之間，而界限不甚嚴明。中央的國子學、太學、辟雍、廣文館、武學、律學及小學，統歸國子監管轄，謂之直系學校。地方學校則由各級所設立的地方行政長官管轄，其上則統屬於本路的提舉學事司。以上各校，設立的先後，教材的內容，試驗的情形，及教職員和學生的名額，不僅南北兩宋不能一致，即每易一君主或換一派閣員亦屢有變更，我們留待專講。茲為讀者便利起見，列一簡略學校系統圖於下。

　　周朝立學，有釋奠於先聖先師的文字，《鄭注》，謂先師為學校已死了的有道有德的教授，先聖為周公若孔子（見《禮記・文王世子》）。他說周公尚有幾分近情，說孔子未免過於錯誤，孔子與周公同被供祭於學校內者，實始於東漢永平二年。到六朝及隋，才把周公擠走，專祀孔子，而以顏淵配享。唐朝初年，孔子的地位雖偶被周公占著，但自貞觀後又恢復原狀，自此以後，全國學校，莫不遍設孔子木主，而孔子儼然成為學校的教主了。到了宋朝，則尊崇更甚，或於學校設奠致祭，配享

以高才弟子，所謂「十哲者」，或就孔子廟庭開設學校。此種儀節一直到清代末年，相沿未改，且愈演愈擴充。但北宋還有一點特例：曾經以王安石陪著孔子一齊高坐在學校禮堂上，一律受天下學子的崇祭，這是徽宗崇寧時代蔡京之徒所做的一件事。

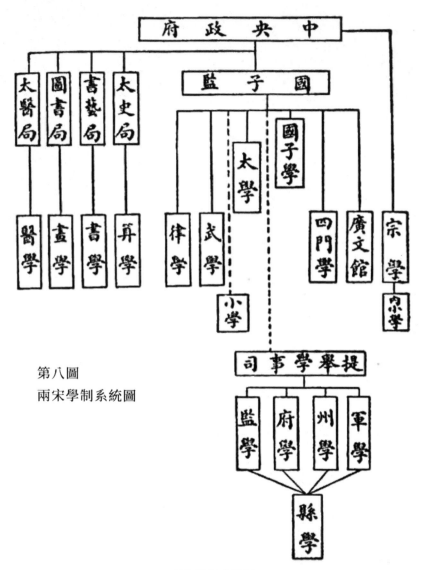

第八圖
兩宋學制系統圖

兩宋學制系統圖

各校所用的教材，除特殊學校外，大概全規定為儒家的六經；不過在漢分今、古文兩家，在唐分大、中、小三經，到了宋朝，除了六經外，又添了一部《四書》為教材。《四書》包含《論語》、《孟子》、《大

學》、《中庸》四種，從前本各自為書，除《論》、《孟》二經早行於世外，《大學》、《中庸》附載於《戴記》內，未經重視。至北宋，程氏兄弟講學於洛陽，才從《戴記》中抽出來加以提倡，教育界才有人注意。到南宋，朱子又將《論語》、《大學》、《中庸》、《孟子》合併為一，遂有《四書》之名，以後成為全國小學必讀之教科書了。[1]《大學》、《中庸》雖提倡於北宋，其實到南宋才被通用，北宋學校所風行且必採用的實為王氏的《三經新義》。王氏的《三經新義》，與唐朝孔氏的《五經正義》，同一以一家之說，藉著政府的勢力頒行於全國，在教育史上確令吾人有特別說明的必要。

　　國家教育宗旨，因政黨的起伏，屢有變更。在王黨專政時，講求富國強兵，他們的教育目的在培養通經致用的人才，故以功利主義的教育為宗旨。在舊黨當國時代，他們喜談性理，教育目的在培養一般品學兼優的士君子，故以「德行道藝」為教育宗旨。前者的氣勢雖赫赫一時，只以缺乏有思想的人才，影響不大；能夠影響於宋代教育思想上二、三百年者，則為性理學者的教育主張。他們以「革盡人欲，復盡天理」為唯一修學工夫，所以要以德行道藝培養人才。這種人才培養成功，即他們理想中的賢士大夫，有德的君子，完全人格——聖人之徒。至於韓侂冑一派奸邪專政，專意排斥善類以保持其祿位，自無宗旨之可言了。

第二節　國子監

　　國子監有兩種性質：一為管轄學校的機關，稱國子監；一為教養生徒的場所，又稱國子學。國子學為國家最高學府，專教七品以上的子弟。當初學生人數不定，其後以二百人為定額。這些學生，皆以享受太厚，入學讀書不過徒有其名，往往名雖在籍而實久不到校。所以在太祖

開寶時就有插班補缺的辦法，到真宗景德時又有旁聽的辦法。[2] 管理國子監的，當初以判監事二人，一在東京，一在西京。其下再設直講八人，專任教授，皆以學行卓異者充當。如程頤判西京國子監，及胡瑗曾以直講的資格兼管東京國子監事，皆是。元豐以後，改變章程，設祭酒一人，總管國子監事，統轄所屬各校；其下設司業、參丞及主簿各一人，掌各項職務，其他所屬各學之博士、教授等員，各有多少不等。以上完全是北宋的情形。到南宋高宗繼統的初年，即於所在地開設國子監，生徒雖少，但定都臨安以後，辦法亦略相同。

第三節　太學

宋朝以太學最發達，辦法亦較完善。開國之初，他們所定入學資格只限於八品以下的子弟及庶民的俊秀者，其中管理及辦事極其簡單。到王安石當國，特別注意學校教育，尤其注意大學教育，培養通經致用的人才，所以他一方面改革從前科舉的流弊，一方面擴充太學的內容。王氏把太學分為三舍，別學生資格為三等，初進太學為外舍生，由外舍升內舍，由內舍升上舍。茲將所有內容及歷年變更情形，分別敘述於下。

一　入學資格及進學手續

在神宗熙寧時，仍照宋初，別為二種。在徽宗崇寧時，規定由各州州學學生每三年選送一次，是時已停科舉，取士全由學校升貢。到南宋，又有變更。在高宗時所定資格：凡諸道在本州州學修滿一年，三試中選，未曾犯過第三等以上的懲罰者；或不住學校，而曾兩次參加釋奠及被列於鄉飲酒者，得送入太學肄業。此外到孝宗時，又有混補及待補

二法：每三年科舉完後，所有落第舉人准許應試，取其程度合格者補入太學，謂之混補；其後以就試者過多，乃加限制之法，凡諸路解試終場人，挑選百分之六送往太學補試，是謂之待補。凡各州學生來京入學時，須呈驗所隸本州公據，考試取中後補入外舍，為外舍生。

二　名額及學齡

關於太學生的學齡，史書沒有明文規定，無從考查。關於三舍名額，時有增減。

三　課程

太學課程，歷朝屢有變更。開國初年以五經為教材，命諸生各習一經，每經設博士二人教授。熙寧以後，強令學生學習王氏的《三經新義》，且通令全國各學校遵用以求統一。徽宗政和中，蔡京當國，黃、老、莊、列等書也列入教材。到了南宋，取消《三經新義》，仍定五經為教材，並習程、朱語錄，而《四書》也漸列入課程之中了。總之，在北宋，王氏學最占勢力，在南宋，程氏學頗為風行；而詩、詞、賦、策論則隨時皆採，不分派別。

四　考課法

考課分兩種：一為學行考查，一為成業試驗。凡學生初進學校以後，由齋長諭月逐日登記他們的操行及學業。到一季末了，挑其可選的送於學諭考查一次；學諭考查過了，過十日再由學錄考查，再過十日又由博

士考查，最後又由長貳考查，長貳即國子祭酒與司業。到了一歲之終，由長貳會同教職員評定高下，登記於行藝簿，以為升舍試驗的參考，謂之學行考查。[3] 凡成業試驗，又分兩類：一為私試，一月一舉行；一為公試，一年一舉行。凡私試，孟月試經義，仲月試論，季月試策，由學官主持。凡公試，初場考經義，次場試策論。北宋由學官，南宋另差大官主持。

五　升舍法

凡外舍生每年升級一次，即年終公試後，並參考行藝，取其合格的——取列第一、第二等者——升入內舍。凡內舍生每二年升級一次。當修滿二年時，由學官按照貢舉的手續，用彌封謄錄法，試驗其成業；如成業考入優、平二等，再參驗其平日行藝，果皆合格，則升入上舍。凡上舍生修滿二年，則舉行畢業試驗。當舉行畢業試驗時，由政府特派大員主生修滿二年，則舉行畢業試驗。當舉行畢業試驗時，由政府特派大員主考，教官不得參與，一切手續與科舉省試法相同。評定成績分三等：行藝二者俱優為上等，一優一平為中等，俱平或一優一否為下等。試入上等了，當時授以官職；試入中等，免除禮部試；試入下等，則免解。上等資格與進士同，倘有僥倖取得上等了，即在化原堂**釋褐**，謂之「釋褐狀元」。凡三舍考試，皆用積分法，為後世學校積分之創始。

釋褐，意即脫去布衣而換上官服，即做官之意。

六　教職員及管理

太學除由長貳總管課試、升黜、教導等事外，其下設有教職員數很多。(1) 博士十人，分掌教授，考核程文，併負訓導的責任。(2) 正錄

（包學錄、學正）各五人，除考校、訓導外，並執行學規專施懲罰。（3）職事學錄五人，幫助正錄執行學規。（4）學諭二十人，掌管傳諭博士所授經於學生。（5）直學四人，掌生徒簿籍，並稽察出入。（6）每齋置長諭（齋長及月諭）各一人，掌管齋務及考校齋生行藝，月一舉行，齋生如有犯規情事，得以隨時糾正。（7）凡正錄及舉諭皆以學生充當。

七　學規

太學學規共分五等：（1）生徒犯規，輕則關暇幾月，不許出入。（2）重則前廊關暇。（3）再重則遷齋，若其人果不肖，則所遷之齋可以不受；既遷以後，又必本齋同舍力告公堂，方許放還。（4）再重則下自訟齋，自宿自處，同舍亦不敢過問。（5）又重則夏楚，摒斥終身不齒。其他：外舍生若入學五年不預校定，及不曾請列國學解送，或不曾公試入等第者，到歲終檢校，酌即除籍。

按兩宋學令屢有變更，詳細規定者有兩次：一在仁宗元豐二年，一在高宗十三年。如以上所述，倘能認真實行，則宋朝大學教育真有可觀。但章程自章程，事實自事實，國家政局屢變，賢與不肖互為起伏，對於在社會久負名譽的太學或陰為利用，或放棄不管，自然難免。觀朱子〈貢舉私議〉：「熙寧以來，此法浸壞。所謂太學者，但為聲利之場，而掌其教事者不過取其善為科舉之文，而嘗得雋於場屋者耳。士之有志於義理者既無求於學，其奔走輻輳而來者，不過為解額之濫，舍選之私而已。師生相視，漠然如行路之人，間相與語，亦未嘗開之以德行道藝之實，而月書季考者，又只以促其嗜利苟得、冒昧無恥之心，殊非國家所以立學教人之本意也」，可以知其當日實際情形了。再觀葉適〈論學校〉：「何謂京師之學，有考察之法而以利誘天下？崇觀間，以俊秀聞於學者，咸為大官。宣

和、靖康所用誤朝之臣，大抵學之名士也。及秦檜為相，務使諸生無廉恥以媚己，而以小利啖之，陰以拒塞言者，士人靡然成風」，更可以知其一切了。但在北宋時，李綱以忠勇被黜，大學諸生群集闕下作為起復運動，而李綱卒被起用；楊時為祭酒，拆毀安石，諸生群起反對，而楊時因被罷免，其有時表現青年精神之熱烈處，我們亦不能一筆抹煞。

第四節　六專門學校

一　律學

律學設置始於神宗熙寧六年。在此以前，不過設博士教授法律，尚與律學之名。自此始正式設立學校，隸屬於國子監，由監直接管理，置教授四人專任教課。迨後乃以教授一人兼管學務，執行學規。入學資格分二種：一為命官，一為舉人，後者須有命官二人保送。進學手續，初入學聽講，作為備取生，經過相當時期，才舉行入學試驗。如所習為斷案，則試案一道，每道敘列刑名五事至七事；所習為律令，則試大義五道。試卷及格，才為正取生，以公費待遇。取正以後，務以所習每月公試一次，私試三次，所試內容與入學試驗同。凡朝廷有新頒條令，即由刑部頒發下來，令學生學習。除罰金外，一切懲罰規則與太學同。其中分二齋，一處舉人，一處命官，命官得聽其出宿。

二　算學

此學建立於徽宗崇熙三年，隸屬於太史局。學生定額為二百一十人，資格分命官及庶人兩種。教材以《九章》、《周髀》及假設疑數為算

問；仍兼《海島》、《孫子五曹》、《張丘建》、《夏侯陽算法》；並歷算三式、天文書，為本科。此外兼習一小經，願習大經者聽其自便，兼科皆聽自由選習。凡公試、私試及三舍法，與太學略同。上舍三等，可由天子推恩授以官職。

顏真卿《多寶塔碑》（局部）

三　書學

　　此學設於徽宗時，由翰林書藝局管轄。學生名額及入學資格沒有規定。課程分練習及研究兩門：練習以篆、隸、草三體為主，研究以《說文》、《字說》、《爾雅》、〈大雅〉、《方言》為主。此外須兼通《論語》、《孟子》義，如願意選習大經者聽其自便。練習篆體，以古文大小二篆為法；練習隸體，以二王、歐、虞、顏、柳真、行為法；練習草字，以章草、張芝九體為法。考查所書的成績分三等：以方圓肥瘦適中，鋒藏畫勁，氣清韻古，老而不俗者為上；方而有圓筆，圓而有方意，瘦而不枯，肥而不濁，各得一體者為中；方而不能圓，肥而不能瘦，模仿古人筆畫而不得其意，但尚均齊可觀者為下。其入學手續及三舍升降法，略同算學，唯畢業後所派官職則低一等。

四　畫學

　　此學亦設立於徽宗時，由翰林圖畫局管轄。學生名額未曾規定，唯入學資格分為二種──士流及雜流。其中課程也分練習及研究兩門：關於練習課程又分佛道、人物、山水、鳥獸、花竹及屋木六科；關於研究課程，為《說文》、《爾雅》、《方言》及《釋名》四書。《說文》一書則令學生書寫篆字，註解音訓，其餘三書皆設為問答，以他們所了解意義的程度，觀察其能否通達畫意。此外還有選科，士流須選習一大經、一小經；雜流則誦小經或讀律。考查所畫成績的標準，要以自由創造而物之情態、形色均若自然，且筆韻高簡者為工。畫學分兩齋，士流雜流分別居宿，其入學手續及三舍升降法，略同書學。

五 醫學

醫學設立較早，與律學同於太祖統一天下後設立，唯中經變遷很多。初由太常寺管轄；神宗時隸屬於提舉判局；徽宗崇寧間歸入國子監，後又改隸太醫局；高宗南渡後仍設醫局；孝時廢醫局而存留醫學科；到光宗又復置太醫局。此學分三科：一為方脈科，二為針科，三為瘍科。方脈科的教材分大小經，以《素問》、《難經》、《脈經》為大經，以《巢氏病源》、《龍樹論》、《千金翼》為小經。針、瘍二科的教材除去脈經，另增三部針灸經。學生名額前後不一，常以春日為招生之期。三舍法與太學略同，置有博士、正錄等員，分掌管教之職。畢業考試分三場：第一場為普通試驗，問三經大義五道，凡三科皆得受試。第二場方脈科試脈證、運氣大義各二道；針、瘍二科試小經、大經三道，運氣大義二道。第三場按照各科性質，分別假令治病法三道。及格以後，高等派為尚藥局醫師以下職，其餘或派為本學博士、正錄，或委為外州醫學教授。

六 武學

神宗時，於武成王廟內建立武學，生徒以百人為額，入學資格有小臣、門蔭子弟及庶民。入學以後，教以諸家兵法、弓矢騎射等術；又編輯歷代用兵成敗及前世忠臣義士足以為精神訓練者逐日講釋，有願試陣隊者酌給兵伍，令他們演習。以兵部郎中掌管學務，選明悉軍事的文武官員為教授。修業期限為三年，期滿試驗及格酌給官職；未及格的留學一年再說。

以上六種專門學校，名額規定不詳，廢立亦無常規，與太學自開國

至滅亡三百餘年未嘗一日停辦者情形大不相同。此六學中，除醫學曾普及於州縣外，其他只有中央各一所。

第五節　三短期學校

一　廣文館

此學係一種講習性質，不限資格，不定學期，也沒有嚴格的考試手續，凡四方學子來京應科舉試或已試落第的舉人，皆可入館聽講。宋初即已設立，到哲宗元祐間，增加到二千四百人，以後廢置無常。

二　四門學

此學為一高等普通學校，自八品以下至庶人子弟皆有入學的資格。其修業期限為一年，期滿試驗及格，發給畢業證書，不及格者留學，若留學三年仍不及格則開除學籍。此學設立於仁宗時，所以收納未能入太學的一般青年學子，但設立未久就停辦。

三　辟雍

辟雍又名外學，是在徽宗崇寧時蔡京當國所設立的。在熙寧時，王安石分太學為三舍，最低一級稱外舍。及至此時，蔡京把外舍合生別編入於外學，太學只留上、內二舍。凡諸州學學生選送到中央的，先入外學修業一年，考試及格乃補入太學。由內舍而上舍，一切手續仍照舊辦理。此蔡氏三舍法與王氏不同的地方，但自南渡以後，外學取消，而太

學三舍恢復舊觀。

　　以上三學，既非大學，又非專門，多由時君或執政大臣的意向偶爾設置，歷時亦極短促，為便於歸類起見，故取名曰短期學校。

第六節　貴冑學校及國立小學

一　貴冑學校

　　宗學諸王宮學及內小學三所，均為宗室子孫受教的地方，故取名貴冑學校。此項學校，廢置無常，其中有初級也有高級，茲分別敘述於下。

　　（1）宗學。宗學自陳初即已設立，但廢置無常。凡諸王屬尊者皆於自家王宮內開設小學，聘請教師教導家族兒童。兒童自八歲至十四歲皆可入學讀書，課程以每日誦習二十字為完畢，但此不過一種家庭私學的性質，而畢業試驗及出身亦未規定。至神宗時，始制定宗子法，凡宗室貴冑子弟如欲取得進士者，除祖宗袒免親已做官者徑赴鎖廳應試外，其他均往國子監應試，但卷樣及閱定標準與一般生徒不同。取中以後，應廷試的規定亦與其他進士兩樣。高宗南渡以後，始於紹興十四年正式建宗學於臨安，屬於宗正寺。規定生徒名額百人，大學生五十名，小學生四十名。職事各五名，置博士、學諭等員擔任管教職務，在此讀書的，多為南宮北宅的子孫。

　　（2）諸王宮學。此學與宗學性質無有什麼分別，北宋及南宋初年皆有設立，到理宗時才與宗學歸併。

　　（3）內小學。此在理宗時設立，專以教育十歲以下的宗室兒童之資質俊美者，設有教授、直講及贊讀等員。

　　濟南文廟，即府學，始建於北宋。

237

二　國立小學

中央政府設立普通小學，始於神宗元豐年間，此學初立時，生徒人數尚少，只設兩齋，一名「外傅」，一名「初筮」。到徽宗政和時，兒童發達至千名，於是分為十齋。入學年齡以八歲至十二歲為合格，課程分誦經及書字兩科。三舍升補法與太學相同，至升級時至少要能作文，再試本經及小經各一道，稍通補入內舍，優則補入上舍。

第七節　地方學校

一　地方學校之系統

宋朝地方行政區劃為三級制，第一級為路，第二級有州、府、軍、監四種名稱，第三級為縣。每一路管轄若干州或若干府、軍、監，每一州、府、軍、監各管轄若干縣。州治常有，府、軍、監三治則不常有——隨著地方特殊情形才設立。故最普通的只有道統州、州統縣三級，但地方學校只有兩級。由州、府、軍、監政府設立的，稱做州學、府學、軍學及監學；由縣政府設立的，稱做縣學。因府、軍、監主治不是每道皆設，且數目也很少，所以當時最普通的只有州學及縣學。道治沒有學校，亦沒有教育機關，而政府所屬諸州、縣學由中央另派提舉學事司一員來統轄，故概括起來地方學校，縣學統於州學，州學統於提舉學事司。但考查《宋史‧職官志》，提舉學事司，並非一路州縣學的行政長官，不過每年前往各州縣巡視一次，凡關於教師的優劣，及學生的勤惰，盡考查、糾正及報告的責任。由此看來，提舉學事司與清代的提學

使，現在的省督學性質相近。此種官職並不常設，到北宋徽宗時才有。除州、府、軍、監學及縣學以外，還有藩王轄地所設的學校，名曰藩輔學。此等學校直轄於中央，與其他學統屬上不相連繫。

二　地方學校之興起

自宋祖開國以後，郡縣已有設立的地方學校，不過未經政府明令。由政府明令地方開辦學校之時始於仁宗景祐四年，但此時不過准許藩鎮所轄地方設立，尚未顧及郡縣地方。到慶曆四年才通令各州一律設學，縣有學生二百人以上的亦可自由開辦縣學。到徽宗崇寧元年又撤銷限制，所有州縣一律置學。所以論宋朝地方學校，發軔於開國初年，推廣於慶曆，普及於崇寧。後因金人南侵，黃河以北陷於胡人，而高宗南都以後，中央地方各學亦逐漸恢復。宋朝對於教育的提倡實較唐朝為盛，由此亦可概見。以上這些學校，以年齡論，皆為成人；以程度論，不過中學性質。在徽宗時，曾有各州縣設立小學，因待遇太薄，所以不久便廢。

三　地方學校之內容

地方各學校的學生名額沒有詳細規定，只有慶曆年間「學者二百人以上許更置縣學」，及崇寧年間「增縣學弟子員：大縣五十人，中四十人，小三十人」，這樣簡略的兩次規定。至於州學更難考了。各學的教官謂之教授，州學二人，縣學一人。這些教授，初由本道使者選派他的屬員，或聘請地方的宿學名儒充當，到神宗以後，才嚴加限制，要當教授須經過一番考試，必由制科進士科出身及由上捨生畢業，做過了官的學者，方有應考的資格。因為如此嚴格，所以到元豐元年的統計，全國

教授只有五十三員。其中教材不外五經六藝，其訓練方法無非以德行道藝為標準，此在宋朝通國皆是一律的。[4] 這些學校，在禮堂上均設孔子及十哲的像位，每逢節朔，教授必率全體學生致祭；或就原來孔子的廟庭闢為學校，而朝夕亦得就近瞻仰。各學皆有學田，作為常年經費。學生入學皆在校內寄宿，膳食、書籍皆由學校供給。地方初立學校雖生徒多少不等，全為單級制，至哲宗元符二年，通令全國各學一律採用三舍法。由縣學生選考升於州學，由州學生貢入太學一次。[5] 但三舍法施行未久，到徽宗政和三年，通令停止。在行三舍法時，地方學生依次貢入太學，不許由科舉出身。但在不行三舍法時，地方學生有求仕進者，必要在學修滿三百日方許應科舉試。

以上州縣學皆以儒家的學術思想為本，通同稱曰「儒學」。但在徽宗時，於各州縣儒學內特辟一齋，專門教授道家學徒，這一齋我們可以取名「附設道學科」。教材分大小二經：以《黃帝內經》及老子《道德經》為大經，以《莊子》、《列子》為小經，其中管理及升貢法與儒士同。是時因政府的特別提倡，所以天下學子趨向的也很多。但此科開辦不過十年，因政局轉變遂被取消了。

但在科舉照行時，太學上舍仍舊，直接考選如貢舉法。

第八節　科舉

一　科舉之種類

宋朝科舉，大別為三類：一為制舉，由天子直接考選的；二為常貢，由州縣貢入禮部考選的；三為學選，由三舍選充的。第一類因國家需要某項人才，由天子隨時招考，不常設，亦沒有一定的章程。第三類

僅在北宋自哲宗元符二年至徽宗宣和三年施行了二十二年，因是時新黨當國，務使全國人才悉由學校出身，所以停辦常科，專由三舍法升貢。具有永久性質而為天下學子所趨赴的，實屬第二類——常貢。貢舉之中，在初年多仿唐制，有進士、九經、五經、開元禮、三史、三禮、三傳、學究及明經、明法九科。此九科中，以明經、進士二科為最普通，此二科中尤以進士一科得人最盛。到神宗熙寧年間，王安石秉政，以明經諸科，或過於機械，或空疏無用，乃一刀斬除，獨存進士一科。自此以後，全國學子要想在政治上希求榮名的，莫不趨赴於這一條路。在徽宗初年，蔡京專權，雖曾一度完全停辦科舉，取士全由學校出身，但不久蔡氏失敗，而進士科仍舊恢復了。除以上三類外，還有武舉及童科，但亦不常行，在當時關係較輕，毋庸另述。

蔡京手跡

二　貢舉之手續

此處所謂貢舉手續及以後各段，皆是針對常貢說的。當初常貢每年一舉行，到仁宗時改為二年一舉行，到神宗時仿照周朝三年大比的意思，又改為三年一舉行，此後相沿不改，遂成定制。貢舉的手續，大別為二步：第一步，由本道考試官於秋季先考選一次，謂之秋試；第二步，由禮部考選諸路所貢的舉人，謂之省試。在秋試以前，由各縣長官考察地方行藝之士，保送於州；州之長貳覆核屬實，再保送於本道考試官。如被保之人查有缺行惡德，州縣長官皆應受處分。這一班士子經選以後，上貢到中央禮部，稱做貢士，又稱舉人。照例各道以秋季解送，考試舉人多冬集齊禮部報到，明年春季考試。考試及格了，列名放榜於尚書，於是稱進士。但在太祖開寶中，落第舉人往往訟告考試不公，由天子另派大員於殿廷複試一道，於是於省試之後又有殿試。

三　考試之內容

在熙寧以前，常貢九科，禮部考試未分場次；在熙寧以後，只試進士一科，共分四場。進士科當初仍仿唐制，考試詩賦、帖經、墨義。熙寧四年，王安石取消詩賦及帖經、墨義，專用經義取士，凡十五年。至元祐元年，舊黨秉政，複試詩賦與經義並行。至紹聖元年，新黨又起，再罷詞賦，專用經義，凡三十五年。南宋之初，經義、詩賦又復兼用。經義即王氏所撰的《詩》、《書》、《周禮》三經新義。王氏撰用此書，表面藉口於詩賦空疏無用，其實即在以一己之學說統一天下，野心不為不大。中間詩賦雖時興時罷，但自熙寧以後，一班青年學子無不誦習經

義。南宋雖程、朱學說最占勢力，而王學亦未嘗完全消滅，經義文在場屋中且有一定程序，即後此八股文的起源，安石學說之影響於後世殊不小了。[6] 茲將歷朝常貢所試內容列二表於下以清眉目。

　　至於殿試，宋初為詩、賦、論三篇，至熙寧以後專試策一道，限以千字。關於王氏的經義格式，今以他本人所作「里仁為美」一文舉例於下，得以考見一斑。

宋初貢舉考試內容表

科目＼內容＼類別	文	策	帖經	墨義
進士	詩賦論文各一首	五道	《論語》十帖	《春秋》或《禮記》十條
九經			帖書一百二十條	墨義六十條
五經			帖書八十條	墨義五十條
三禮				墨義九十條
三禮				墨義一百十條
開元禮				墨義三百條
三史				墨義三百條
學究				墨義《毛詩》五十條、《論語》十條，《周易》、《尚書》各二十五條，《爾雅》、《孝經》共十條
明法				律令四十條，兼經墨義五十條

熙寧以後分場考試進士表[7]

時代　　　　場別　內容	第一場	第二場	第三場	第四場
熙寧	本經大義①	兼經大義十道	論一首	策五道
元祐	本經義二道《語》、《孟》義各一道	賦及律詩各一首	論一首	子史時務策一道
紹興	同熙寧	同熙寧	同熙寧	同熙寧
建炎	詩、賦各一首習經義者本經義三道《語》、《孟》義各一道	論一道	策三道	

里仁為美

　　為善必慎其習，故所居必擇其地。善在我耳，人何損焉。而君子必擇所居之地者，蓋慎其習也。孔子曰，「里仁為美」，意以此歟。一薰一蕕，十年有臭，非以其化之之故耶？一日暴，十日寒，無復能生之。物傳者寡而咻者眾，雖日撻不可為齊語，非以其害之之故耶？善不勝惡，舊矣，為善而不求善之資，在我未保其全，而惡習固已亂之矣。此擇不處仁所以謂之不智，而里仁所以為美也。

　　夫苟處仁，則朝夕之所親無非仁也，議論之所契無非仁也，耳之所聞皆仁人之言，目之所睹皆仁人之事，相與磨礱，相與漸漬，日加益而不知矣。不亦美乎！

　　夷之裡，貪夫可以廉；惠之裡，鄙夫可以寬。居仁者之裡矣，雖欲不仁得乎？以墨氏而已有所及，以孟氏之家為數遷，可以餘人而不擇其地乎？

　　然至賢者不能渝，至潔者不能汙，彼誠仁者性之而非假也，安之而弗強也，動與仁俱行，與仁俱至，蓋無住而不存，尚何以擇為哉！（見《圖書集成‧經義典》）

四　策取後的待遇

　　進士科自開寶六年創行殿試，以後成了定制，每省試完畢必經過殿廷複試。至太宗太平興國八年，殿試進士以三甲放榜，至真宗景德二年又分為三甲五等，以後也成了定制，第一、第二兩等為第一甲，賜以「及第」；第三等為第二甲，賜以「出身」；第四、第五兩等為第三甲，賜以「同出身」。凡省試第一名稱「省元」，殿試第一名稱「狀元」。凡進士及第，即令卸除常服，授以官職。至於第一名則由天子特別獎賞，寵以詩歌，示為榮耀，而天下俊秀之民莫不奔赴於科名，帝王牢籠之術可謂大奏其效了。

第九節　書院

一　書院之起源

　　書院的建設，萌芽於唐朝後期，推行於五代，至宋朝而大盛。當五代時，戰亂相尋，學校差不多完全停廢，地方一二有道德的知識分子——賢士大夫——乃選擇名勝地方，蓋起房屋，招集青年學子，相與講習於其中，取名書院，此書院制之所由起。宋初平定大亂以後，官立學校雖遍全國，而書院繼續維持；再經有名大師的熱心倡導，政府當局的嘉意褒揚，此倡彼和，各處景慕模仿的日多一日，於是書院的設立遍郡國了。主持的人，多半是碩學巨儒，內容的充實，學生的發達，往往駕於官立學校——州、縣學——之上；所以州縣學雖或時開時閉，而書院則恆久常存。當時最著名的書院有四所——石鼓、白鹿、岳麓及應天

府，茲將它們成立的先後分述於下。

（1）石鼓書院。創立最早的為石鼓書院，因其設立在衡州石鼓山，所以取名石鼓。此書院為唐時本地人李寬於憲宗元和時所建，宋初曾賜院額，到南宋孝宗時更加擴充，朱晦庵先生曾作過記的。

（2）白鹿洞書院。白鹿洞在廬山下，距九江十餘里，為唐李渤隱居的舊址。南唐升元中，乃因洞建立學館，以李善道為洞主，置了學田，教養生徒，當時又名「白鹿國庠」。宋太宗時，有學生常數千百人，由江州知事周述的呈請，頒賜九經，令學生誦習。真宗時修繕一次。迨後中衰，至南宋孝宗淳熙六年，朱子為南康軍太守，申請重修，立定教規，於是白鹿洞書院之名揚溢於四方。

（3）岳麓書院。此書院在潭州岳麓山，抱黃洞下，宋太祖開寶九年，朱洞為潭州守時所創立。當時有講堂五間，齋序五十二間。到真宗咸平二年，李允則為潭州守，益加擴充其中規模，有學生六十餘人，且請政府賜過了經典的。再到南宋孝宗時，朱子為潭州守，仿白鹿洞書院設立教規，內容更加充實，學子聞風而來受教的至座不能容，所謂「瀟湘為洙、泗，荊蠻為鄒、魯」了。

（4）應天府書院。此書院即宋名儒戚同文的舊居，位在商丘。商丘宋名南京，為當時應天府治，所以取名。首創者為本地人曹誠，曹氏於宋真宗祥符二年，因戚氏舊居修築而成的。當時築有院舍一百五十間，藏書數千卷，生徒一百餘名。曹氏設院成功以後，捐給到地方政府，於是政府以同文的嫡孫舜賓為主教，而以曹誠為助教。

二　書院之內容

　　宋代書院與漢代經師講壇的性質很相類似，或者就是私設講壇的遺意。不過漢儒以自己的住家為講習的所在，完全私塾，法制不立；書院乃是別闢精舍，規模比較宏大，主持者咸為地方名儒，或為守土官吏，故創辦雖由於私人，而成立以後即與政府發生關係。茲將其內容各點列舉於下：(1) 主持院務的人稱山長，或稱洞主。(2) 院額由政府頒給。(3) 以院田作常年經費，學生來院聽講，由院供給膳食。此項院田，或由私人捐贈，或由國家賜給。但為私人自設未經政府註冊的書院，一切用度皆由學生自備。(4) 其中教材以九經為主，還旁及史書、詩文。此項書籍，或由私人捐贈，或由政府頒發。(5) 院內設立教條與官立學校相同。其可考的，則朱子主持白鹿、岳麓兩書院時，皆有嚴整的教規訓練生徒，其他雖不可見，想亦應有。(6) 書院內必崇祀孔子，故每個書院必塑有孔子及十哲的肖像，甚至圖畫七十二賢一同配饗。

　　此項制度，雖與政府發生關係，卻不受政府的支配，講習方面比較自由，主持的人員多半品學兼優、大負時望者，師生相處其間，日以禮義廉節相砥礪。其中所出的人才，不僅學問切實，品格名節亦有可風，影響所被，地方風俗均受其感化。宋代國勢雖弱，而風俗的醇厚，氣節的高亮，於書院講學制大有關係，在教育史上是最有價值的一頁。

第十節　結論

　　本期教育制度，雖因襲著前期，科舉與學校並行，但比較前期亦有三點不同：第一點，科舉形式由多方的漸趨於單一的——九科變為一科；

第二點，太學內容由簡單的趨於複雜的——三舍升格及積分等法；第三點，地方書院制興起，較官立學校為發達。第一點似為退化的表示，第二、第三兩點為進步的表示；但無論如何，這三點由宋代創興以後歷元、明、清三代六、七百年相襲未改，其勢力深入於人心可想而知了。宋代學術的發達，於書院制尤有關係，此真可特書的一點。

此外更有一顯然不同之點，即一班教育家講學的方向與態度。漢儒講訓詁，唐儒於訓詁之外兼攻註疏，所研究的對象皆不外幾本古籍——儒家的經典。到了本期，這一班學者則力反以前的那種門徑，專門講求義理，他們所研究的對象即「身心性命」四字，也可以說是「天人合一」的形而上學。由漢至唐，一班教育家，其畢身精力只在整理古籍，尋章摘句，對於修為方面並不發生什麼影響。本期學者畢生精力注意於身心性命之學，即研究怎樣是一個「人」，及如何「做人」的法則，一面講學，一面體認，同時且實踐起來，所以他們所講的是與行為有關係的。由漢至唐，一班教育家常注意在教授方面，即如何教法；本期的教育家則專注意在學習方面，即如何學法。所謂如何學法，即教學者以怎樣學做一個人的方法，要從自己的身上及所處的環境中實地體驗出來，所以我們可以取名本期的教育，為「實踐主義」的教育。——這是與從前截然不同的。

此外還有一個特點，即語錄體的風行。語錄即現在所謂筆記，教師口講，學生隨手筆錄下來的一種材料。古昔教育家早有這種辦法，如孔子的一部《論語》全由學生筆記出來的；就是漢儒講經雖講詁，但家法、私法的遵守極嚴，後來各家所以顯有差異的，也因各人耳聽手記有不同的原因。不過本期教育家的語錄不取文言，全用語體，以通俗的文字說明很深的哲理，使粗識字義的人們皆能看懂，但非切實體驗過則又不能受用。

　　柯氏，即柯維騏（西元 1497 年－西元 1574 年），明史學家。字奇純，福建莆田人。所著《宋史新編》，合宋、遼、金三史為一書，而以宋為正統。

本章參考書舉要

　　(1)《宋史》的〈選舉志〉

　　(2)《文獻通考》的〈選舉考〉及〈學校考〉

　　(3)《續文獻通考》的〈學校考〉

　　(4)《五禮通考》的〈學禮〉

　　(5) 柯氏《宋史新編》

　　(6)《玉海》的〈學校〉及〈宮室類〉

---

[1] 《宋史·道學列傳》：「仁宗明道初年，程顥及弟頤寔生，及長，受業周氏，已乃擴大其所聞，彰《大學》、《中庸》二篇與《語》、《孟》並行。」

[2] 《宋史·選舉志》：「開寶八年，國子監生徒舊數七十人，奉詔分習五經，然系籍者或久不至，而在京進士諸科常赴講席肄業，請以補監生之闕詔從之。景德間，許文武升朝官嫡親附國學取解。而遠鄉久寓京師，其文藝可稱，有本鄉命官保任，監官驗之，亦聽附學充質貢。」

[3] 《宋史·選舉制》：「齋長諭月書其行藝於籍，行謂率數不戾規矩，藝謂治經程文。」
《宋史·職官志·國子監》：「博士掌分經教授，考校程文，以德行道藝訓導學者。」

[4] 《宋史·選舉志》：「慶曆四年，詔諸州軍監各令立學，學者二百人以上許置縣學，自是州郡無不有學。始置教授，以經術行藝訓導諸生，掌其課試之事而糾正不如規者。」

[5] 《文獻通考·學校三》：「徽宗崇寧三年，詔取士皆從學校三舍，廢科舉法。」

[6] 《文獻通考·選舉考》：「神宗熙寧二年，中書撰大義式頒行，試義者須通經，有文采乃為中格，不但如明經、墨義粗解章句而已。秦氏按：熙寧之經義即八股文之所由昉也。」

[7] 按：熙寧時以《詩》、《書》、《易》、《周禮》、《禮記》為大經，《論語》、《孟子》為
兼經。元祐時以《詩》、《禮記》、《周禮》、《左氏春秋》為大經，《易》、《書》、《公
羊》、《穀梁》、《儀禮》為中經。

第二十四章　北宋教育家及其學說

第一節　概論

　　兩宋教育人才之盛，如風起雲湧，越來越多，真有令編史的人們感到美不勝收之苦。不得已，姑以學說及地位比較關係重要的為標準，各提出數人以為代表。於是在北宋，除程門弟子外，我們提出了六人；在南宋，除朱、陸二家弟子外，我們提出了八人。北宋六人中，除王荊公為特殊外，其餘五人差不多成立一個體系——全屬於實踐主義的教育者。但胡安定又與其餘的四人不同，後者莫不研究一些教育理論，前者獨注意在教育實際；後者所講全屬於哲學的，前者猶能注意到科學的；後者都兢兢於個人的修養，前者獨能注意於社會的訓練。兩宋三百年間，教育人才雖多，多半屬於後者一流；他們雖然提倡的是實踐主義，但以偏重講論，偏重個人的修養，結果還是虛空不合實用，只有胡安定一人才能注意到實際生活、社會生活，開闢有路，繼起無人，不無可惜了！但關於理論方面，卻是一代進步一代，胡安定很少表現，到周濂溪，漸有著述，到程伊川則發表得更完密了。關於性的解釋方面，除王荊公頗近於揚子的善惡混說外，其餘則全折中於孟子的性善論，而以明道說得較切近，伊川說得更詳細。周濂溪雖極力提倡師道，但如何教法及學法未曾提出，到了張橫渠與二程則全注意到了，尤其橫渠和伊川二人對於學習與研究方面，本著自己的經驗，所說字字切實有力，發前人所未發，至今猶可以取法。「學為聖人」一語是宋儒的一貫的教育宗旨，北宋就是王安石也是這樣表示，其餘理學家更不用說了。

第二節　胡安定（西元 993 年—西元 1059 年）

一　家世及學生生活

為北宋開通風氣，作育人才，而能以身作則，終身於教育生活的，當推安定胡翼之先生。先生名瑗，字翼之，是江蘇如皋人，以其祖先世居安定，故門人學者都稱為安定先生。他的家世如何？祖父做過司寇參軍，父親做過節度推官，在當時政界上是一個很低級的官吏家庭。先生既不靠著憑藉，也沒有什麼憑藉，一生成就，全由他自己刻苦努力得來。平生未曾應過科舉，學成以後，以白衣出身，由有力者的推薦，在外做過幾處推官，在內歷任光祿寺丞，天章閣侍講，但除了討論樂章外無大建白。在著作方面，除了訓釋了幾部經書及作了一部《景祐樂議》外，關於教育學理，也很少發揮。他一生的精神完全在教育事業上面，他之所以成為教育家的，亦在他的教育事業上。先生活了六十七歲，是真宗仁宗時代的人物，即是十一世紀的人物。在世之日，門生弟子業已布滿了天下，其著名的如程頤，如徐積，如范氏兄弟，如呂氏兄弟，如劉彝、孫覺等等，莫不有名當時，垂教後世，先生可謂兩宋教育家的鼻祖了。

安定先生幼年是一個刻苦自勵、志量宏大的貧苦學生。北宋自仁宗慶曆四年，始通令州郡設立學校，故在安定幼年時代，地方尚無官立學校，他受教於何人雖不得而知，但他的學業從私人講授得來是無可疑的。當他七歲時便能做文章，十三歲已通五經，不僅天資過人，自負亦很不凡，幼年就想學做聖賢，對於科名與富貴全不在意。他雖生長在一個小小官吏家庭，雖家計貧寒，生活且難維持，而求學之志不為少挫。於是負笈遠遊，北往泰山與孫復、石介等同學，一直讀書，十年沒有歸

家。在此十年中，他把全副精神都放在研究學問上，攻苦食淡，發憤為學，努力所得嘗終夜不睡，家中如有信來，只見面封有「平安」二字，就不折閱了，恐其擾亂他的注意。即此堅苦求學的精神，亦足以令人欽佩！

二　教育生活

　　安定一生教育生活可分成三個時期：在蘇州為第一期，在湖州第二期，在國子太學為第三期。在國子太學時所負的是中央教育的責任，在蘇、湖二州時所負的是地方教育的責任。一、二兩期的情形相同，故並著一道來敘述。當他學成南歸以後，即私設講壇，以經術教授於吳中，這是他在負責國家教育以前的一段教育小生活。恰逢當代名賢范仲淹調任蘇州知事，景仰先生之為人，即聘請他到蘇州當州學教授。其後滕京諒為湖州知事時，又聘請他為湖州州學教授。在蘇、湖二州合計教授了二十餘年，學生從遊的嘗數百人，這是他的教育生活最長時期，也是他的事業成功、知名於天下的時期。在這時期中，他的教育優點有二：一是訓練有方，一是教授得法。關於訓練方面，採取嚴格的訓練主義，這種訓練不是機械的，卻是人格感化的。他平生以昌明儒學為己任，遇事以自己作表率，起居飲食絲毫不苟，「雖盛暑必公服坐朝堂，嚴師弟子之禮」（〈安定學案〉）。但平日視諸生如子弟，諸生亦敬他如父兄，師徒間具有極濃厚的親切意味。關於教授方面，採取分科制，分科目為經義、治事二齋。凡學生之「心性疏通有器局可任大事者」，即入經義齋，講習經義；其餘則入治事齋。治事齋又分許多科目，如治民科、講武科、堰水科及算歷科，等等。凡入治事齋的學生，至少學習兩科，即以一科為主，以一科為副。經義齋是培養治術人才的，治事齋是培養技術人才

的。學生應入何齋、何科，一半由先生指定，一半由學生自擇。其他規程，纖悉具備。先生這種教法，很有科學的精神，當舉世方依照成法，習於詞章，而他乃分科教授，培養實學，可說在當時是一種創舉。此法一行，遠近知名，遂傳播到政府裡面去了。那時宋朝正是賢君仁宗在位時代，乃採取蘇、湖的教法，頒布於太學，作為法令，而先生不久也隨著他的教法走進中央太學了。

安定入京任中央太學教授，始於仁宗嘉祐年間。初為光祿寺丞國子監直講，即是以經義教授太學學生的教授。嘉祐初年，雖遷升為太子中允天章閣侍講，仍然兼管太學的事務；自此以後，是為他的教育生活第三期。久已著名於蘇、湖二州的胡老先生，一日得掌太學，為太學生色不少，於是四方青年學子聞風而來，踴躍如同蜂擁蟻集，以致原有學舍不能容納。在這個時期，仍是按照學生的個性或才能分組教習，每人至少選習一組，各以組別分地講習。分組以後，多由學生自習，而先生隨時召集他們討論。討論的方式，或使他們各述其所學，先生從旁勾以大義；或由他們自己提出問題，讓大眾解答，先生從旁評判得失；或由先生就當時的政事提供，使諸生折中。這種活動的教法，最能啟發學生的心智，所以個個莫不興趣濃厚，而成效因此大著。其訓練也是與在蘇、湖時一樣，一方以嚴毅率眾，一方以至誠感人，而諸生也被他的人格感化了。這樣一來，太學裡頭的空氣為之大變，凡在裡頭受過陶冶的，差不多都養成一種特別風度，所以當學生在外面行走時，社會上的人無論識與不識，莫不知其為胡門弟子。這種人格化的教育，比那高談教育原理，其價值相差不知幾何倍。到後來先生病了，要回家了，一班弟子得到這個消息，成群結隊地跑來送別，道路相續，百里不絕，這位胡老師此時的心境之愉快當可以想見，而先生可謂得到代價了。先生出都門以後，仁宗又想念他起來了，問及他的學生劉彝。劉氏是湖州時代的高第

弟子，對仁宗說：「國家屢朝取士，不以體用為本，而尚聲律浮華之詞，是以風俗偷薄。臣師當寶元、明道之間，遂以明體達用之學授諸生，夙夜勤瘁二十餘年。專切學校始於蘇、湖，終於太學，出其門者無慮數千餘人，故今學者明夫聖人體用，以為政教之本，皆臣師之功也」（〈安定學案〉）。劉氏這幾句話，不啻為安定先生一生教育事業的一個最短的寫照，而「明體達用」四字，尤為先生一生教育的總結。換句話說，先生的教育是造就有用實學的人才，不是培養誇示博雅的學究書生。

三　教育泛論

先生是一位教育實行家，不托空言，所以關於教育理論一方面發表很少。不過就他的平日言行，可概括為幾點：(1) 教育宗旨為「明體達用」四個字。體即六經的道理——聖人之道，明體即講明聖人之道，達用謂把聖人之道講明以後，要能夠通達於實用方為有用的學者，否則不免為迂儒。(2) 教授方法取分團教授法，尤注意於個性的考查，時事的討論，興趣的引起，——我於前面已經敘述過了。(3) 訓練取嚴格的感化主義，也是他平日刻苦修養的精神之表現。當徐積初次見他時，頭容稍有不正，即被他厲聲喝斥「頭容直」！即此一點，亦足以見先生訓練的精神了。薛艮齋說「翼之先生所以教人，得於古之灑掃應對進退」，即以人生日用的事情教導諸生，與教育即生活主義相同，後來一班道學大家的實踐主義的教育恐怕就是從此發軔的。當他在太學當直講時，每於公私試驗完畢後，即借座肯善堂，作樂歌詩，以資餘興，這種富於人間興味的教育，才是活的教育。

四　學侶孫復

　　與安定先生同學十年，而聲譽不相上下的，有泰山先生孫復。孫氏字明復，山西平陽人，以其講舉於泰山，故弟子稱為泰山先生。安定和藹可親，如冬日之日；泰山嚴峻可畏，如夏日之日：此兩人性情不同的地方。安定雖不得志於科名，猶得當道有力者的推薦，內外宦遊了十多年；而泰山終老於泰山之陽，做一個貧苦老書生，處境較安定更壞：此兩人遭遇不同的地方。但開宋代講學的風氣，提倡師道的古禮，則兩人是有同等的力量的。綜計孫氏教育生活共有兩個時期：一在泰山私設講壇，一在國子監充當直講，但後者時期較短，而以前者為主要。他當初何嘗不想求科名、入宦途？但以場屋的機遇不佳，屢遭挫折，所以到了後來終身於講學生活了。在泰山南邊，築了書屋一所，取名泰山書院，一方面聚徒著書，一方面種竹樹果，借此維持生活，借此寄託生命。他所最愛研究的為《春秋》，著了《尊王發微》十二篇。所授教材自然不外六經，不過以《春秋》主要。他的教育目的即在講明周、孔之道以為世用，所以他說：「文者道之用也，道者教之本也。」（〈與張洞書〉）時山左有名學者為石介，自介以下一班讀書的人，莫不捧執弟子的禮節，來到泰山之門，拜他為老師。他們師徒間有極濃厚的感情，有極周到的儀節，此種表示能使當時的文人學者群相模仿，能使王公貴人折節崇拜，所以在當地竟造成一團濃厚的講學空氣了。

第三節　周濂溪（西元 1017 年—西元 1073 年）

一　生活小史

　　周氏名敦頤，字茂叔，是道州營道人——道州即現今湖南省的地方。他生於真宗天禧元年，死於神宗熙寧六年，一共活了五十七歲。營道有水名濂溪，流入到他的宅下，是他一生所最留戀的。到了晚年，遷居於廬山蓮花峰下，遂把峰前的小溪改名濂溪；又將其廬住室取名濂溪書堂，所以一班學者都稱他為濂溪先生。先生的性情「清明誠一，寡慾而無私」（《理學宗傳·周子》），品格高超，涵養和煦，後人把他等於顏回，我以為最近於陶淵明一流的人物。黃庭堅所作〈濂溪詞序〉上說：「先生胸懷灑落，如光風霽月。廉於取名，而銳於求志，薄於繳福，而厚於得民；菲於奉身，而燕及梵嫠；陋於希世，而尚友千古。」先生的人格在此數句序裡面，可算描寫盡致了。他的父親做過縣令，死得很早；他在兒童時代由他的母親鄭氏帶到舅家養育以至成年。剛近二十歲時，由舅父鄭向的推薦，授為分寧縣主簿。自此以後，先生在各處，度過縣令、通制、參軍等類的小官吏生活，前後差不多二十年。他沒有一個較長的休閒時期專一從事於教育事業，但每到一處則必提倡學校，講論經術，他是以官吏而兼教育家的。平生著作，有《太極圖說》二百五十言，《通書》四十篇。《太極圖說》在明天地之根源，究萬物之終始（《宋史·道學列傳》），可說是他的形而上學的宇宙觀。通說是在發揮《太極圖說》的原理，從這個宇宙觀以推到人類社會的倫理觀的一部書。先生的學問，多由他自己深思妙悟得來，沒有一定的師傳；但觀他的著作含著道家思想不少，對於道家不無幾分淵源，所以後人又稱他為道士派的儒者。他的及門弟子較安定先生少得多，但創伊洛派的程氏兄弟卻是從他

受過業的。在教育史上，開宋代之先河者雖推胡、孫二人，而開宋代理學的宗傳者，要以先生為首功，這差不多已成定論了。但周子究竟是一個富於自然性的教育家，一生愛蓮花，愛山水，愛自然現象，觀其「吟風弄月」，真有「吾與點也」的風味，這一點尤足令讀史者景仰其風度。

二 主中的性論

周子的性命論是從他的宇宙觀產生出來的。宇宙本無極，由自然變動而生陰陽，由陰陽交感而生萬物，人類是萬物中之最靈秀的。[1] 宇宙的本體原無善惡，是一個純粹美善的東西，這個東西形之於觀念，叫做「理」，或叫做「誠」。[2] 人類的性命是從這純粹至善的本體產生出來，平時寂然不動，可是生氣充滿，一遇感觸自能通曉。在感受外界刺激之後，動作將生未生之傾，此時心理所起的一種狀態，名之曰「機」，所謂「動而未形有無之間者機也」（《通書·經第四》）。「機」即此時心理所起的一種動機，後天之性所有的善感都從這個將動未動的動機生出。[3] 動機之所以能生出善惡，是由於感受外界各色各樣的刺激時，動而不得其當；動而不得其當，於是有「剛柔善惡」種種動作的表現。性質剛善不對，柔善也不對，惡更不對，唯有中和之性方能中節，才是天下之達道，才可以進於誠。[4] 要求達到中和之性，在於動機發生時不要亂動，所謂「動而正曰道，用而和曰德，故君子慎動」（《通書·慎動第五》）。要求慎動，莫如主靜，從靜中養心以去欲，才可以得其中正。周子是注重養心的，主張無慾的，請看他記張宗範的〈養心亭〉上說：「孟子曰：『養心莫善於寡慾。其為人也寡慾，雖有不存焉者寡矣；其為人也多欲，雖有存焉者寡矣。』予謂養心不止於寡焉而存爾，蓋寡焉以至於無，無則誠立明通。誠立賢也，明通聖也，是聖賢，非性生，必養心而至之。

養心之善，有大焉如此，存乎其人而已。」按物慾本人生自然的要求，社會一切事業的進步，多借物慾的活力為主推動，周子的無慾主義，與老子的無知無慾，佛家的清靜寂滅，多少有些相近的地方，而與孟子的寡慾，荀子的節慾，究有未同。這種主義，在周子個人，固然修養有素，但在一般人，殊覺違反自然，有些難為；但宋代一班理學大家，都有如此類似的主張，此宋儒所以稱為佛、老化的新儒學派。

三　唯誠的教育主義

周子一生的抱負，在「志伊尹之所志，學顏子之所學」（《通書·志學》）。伊志在行聖人之道，顏子志在明聖人之道，能明與行，即可希為聖人，所以他又說：「過則聖，及則賢，不及亦不失於令名。」由此看來，周子的教育目的即在教人「學為聖人」。學為聖人一方面要明聖人之道，一方面要行聖人之道。「聖」即是「誠」，「聖人之道」即是「仁義中正」。[5] 故為人的目標要以誠為本，所以為人的道路要行乎仁義中正。這個目的怎樣達到呢？在於純一，心中純一，則一切雜念皆被滌除，自然能夠達到無慾的境界。[6] 心中到了無慾的境界，當其靜時是虛的，虛則自明；當其動時是直的，直則自公。能公而明，則能認識真理，才不致為邪念所惑，於是性情所到，全是天理，而近於純粹至善了。純粹至善即恢復了原來的本性，即誠即聖，而人格於是完成，而教育目的於是達到。但人類不得個個是聖賢，生而愚蒙的很多，何以能夠使吾人心中純一而至於誠呢？一方面要靠自己思慮的工夫，一方面要靠師友的指導。所以他說：「無不通生於通微，通微生於思，故思者聖功之本，而吉凶之機也。」《通書·思》所以他又說：「人生而蒙，長無師友則愚，是道義由師友有之。」（《通書·師友》）周子志伊尹之所志即自認為先覺者，平

日頗以師道自任，所以對於師道極力提倡。他說：「故先覺覺後覺，暗者求於明，而師道立矣。師道立，則善人多；善人多，則朝廷正而天下治矣。」(《通書‧師友》) 師道立不僅關係人心的善惡，且關係天下的治亂，所以應當重視。

第四節　王荊公（西元 1019 年—西元 1086 年）

一　略傳

　　北宋教育家以王荊公為特出。王氏乃當時有名的政治家，實非教育家，但他的學說及教育政策，關係於當時的教育，較一般人為大，所以我們在這裡面有敘述的必要。王氏名安石，字介甫，籍居在撫州之臨川，是江西人。他生於真宗天禧三年，死於哲宗元祐元年，活了六十八歲，完全與周、邵、張、程諸人同時。有非常聰敏的天資，「讀書過目不忘，屬文動筆如飛」。當少年時，即抱有大志，好讀書，肯於研究，對於衣食、起居的好壞全不注意。但性情執拗，意志堅強，又善於辯說，苟有所見，絕不變易，他人也沒有辦法難住他。他的學問，經義與文章，皆是超絕一世，當少年時代已負盛名。在中年以前，也曾講過學、授過徒，但這種生活不是他的素願。他是董子一類的人物，富有政治熱望的，想以政治力量變易一切，即其平日所有教育宗旨亦想借政治力量去推行。平生最得知遇於神宗，君臣意志相合，所以神宗一即位便拜他為宰相，給以大權，而安石年已五十歲了。在相位十年之久，但因當時舊黨勢力太大，左右環攻的太多，所成功的尚未達到其理想的一半，到了六十歲以後，遂辭了相位而退居金陵。退隱八年，抑鬱很多，從前所有計劃被當朝舊黨完全推翻，而安石亦抑鬱以終老了。

二　教育主張

　　王氏是一位很有魄力的政治家，思以政治力量推行他的教育主張的，其實他的教育主張就是他的主要的政治主張。這種主張，在他〈上仁宗皇帝言事書〉時，早已和盤托出。他說：

　　人之才未嘗不自人主陶冶而成之者也。所謂陶冶而成之者何也？亦教之、養之、取之、任之之道而已。所謂教之之道者何也？古者天子諸侯自國至於鄉黨皆有學，博置教導之官，而嚴其選，朝廷禮樂刑政之事皆在於學。士所觀而習者，皆先王之法言德行治天下之意，其材可以為天下國家之用。苟不可以為天下國家之用，則不教也；苟可以為天下國家之用者，則無不在學，此教之之道也。所謂養之之道者何也？饒之以財，約之以禮，裁之以法也……所謂取之之道者何也？先王之取人也，必於鄉黨，必於庠序，使眾人推其所謂賢能以告於上，而察其誠賢能也，然後隨其德之大小、才之高下而官使之。……所謂任之之道者何也？人之才德，高下厚薄不同，其所任有宜有不宜，先王知其如此，故知農者以為后稷，知工者以為共工，其德厚而才高者以為之長，德薄而才下者以為之佐屬。又以久於其職，則上狃習而知其事，下服馴而安其教，賢者則其功可以至於成，不肖者則其罪可以至於著。……（〈上仁宗皇帝言事書〉）

　　教育的目的在陶冶通經致用的人才，即治術人才。陶冶的權能在國家，而陶冶的方法不外「教之、養之、取之、任之」四項。如國家教、養、任、取有道，即陶冶得法，則人才用之不窮；否則必感缺乏。此四項法則，以教為根本，養乃繼續的教，而取與任也含了教育的功用。怎樣教法？王氏是主張學校教育的，在廣開學校，慎選師資，教以有用之

實學。並須設備富有教育意義的環境，使學生朝夕所學習的皆是政治的知識，所涵養的皆是領袖的器度。如此教育，經過相當年月，出學之後，皆可以為國家應用。但現在國家所以感覺人才缺乏的，非天下無人才，實由於現在的教育太壞，不僅不能陶冶出有用的人才，且足以毀壞天下的人才。國家政治不外禮樂刑政；國家所需要的即在明於禮樂刑政的人才。但現在學校雖然林立，徒有其名，其中所教的「講說章句」或「課試之文章」，與國家所需要的完全不相干；而國家一旦取用人才，不管他們平日所學如何，一概責以禮樂刑政及治天下之大事，政府與學校各不相謀，而希望國家治理，絕無此理，所以他又說：

今士之所宜學者，天下國家之用也。今悉使置之不教，而教之以課試之文章，使其耗精疲神，窮日之力以從事於此。及其任之以官也，則又悉使置之，而責之以天下國家之事。夫古之人以朝夕專其業，於天下國家之事，而猶才有能有不能。今乃移其精神，奪其日力以朝夕從事於無補之學。及其任之以事，然後卒然責以天下國家之用，宜其才之足以有為者少矣」。（同上）

王氏痛心於當時教育的弊病，對於國家影響太大，所以上一篇萬言書，發表他的意見；勿奈當時皇帝左右為舊黨所包圍，不能見用。神宗即位以後，一方感於國家非變法不足以圖強，一方已認識安石的大才，乃授以宰相，委以全權改革從前一切弊政。在教育方面，王氏乃本凤昔的抱負，制定兩個政策：一為學制的變更，一為思想的統一。關於學制方面，於學校則創為太學三舍法，即分太學為三個等級的制度；於科舉則取消明經諸科，專留進士一科，而進士科又廢除詩賦不用，只考試經義一種。這樣一來，科舉方面數百年的空虛之弊，一旦剷除，亦可稱快舉了。關於思想方面，則以自己著的《三經新義》頒行於全國，學校以此為教材，科舉以此為考試的標準。《三經新義》在當時名之曰王學，既

由政府頒布了，而全國讀書求官的士子便不得不服習，於是王學之名幾成當時一代的學風。

三　情性論

　　王氏論性雖不見精微，但有些地方尚稱得當。他於孟、荀、揚、韓四家之說，只取揚子的說法，認為近似，其餘三家皆反對：尤其歸本於孔子的「性相近也，習相遠也」兩句話。他以性情是一件東西的兩方面；自存在內面而言謂之性，自發出外面而言謂之情。譬如喜、怒、哀、樂、愛、惡、欲七種動象，即性的七種性質，當其未曾表現於外時，即性之本體；一旦遇到機會表現於外就謂之情了，故曰「性者情之本，情者性之用」（〈情性論〉）。而情是由性所生的，情亦是人生所不能免的。性是一個渾體，無所謂善惡，感著外面的刺激，喜則喜，怒則怒，哀則哀，樂則樂，極其自然的，謂之情。不過此等喜、怒、哀、樂之情，表現而適中合理時謂之善；表現而不適中合理時則謂之惡，可見善與惡由情而成，與性無關，故曰「情生乎性，有情然後善惡形焉，而性不可以善惡言也」（〈原性〉）。性既不可以善惡言，所以揚子的「善惡混論」尚為近似。但只可謂之近似，而非真是；因為揚子所謂「習於善則善，習於惡則惡」完全是習，不是性。甚至一般人所謂善惡，都是指習而言，指情而言，於性的本體全不相干。性既是渾然一體，人人差不多相同，到了感發於外，因環境的差異自然有發生不同的傾向，不同的傾向演習日久了遂成為習慣；此「性相近也，習相遠也」一句話為最可靠。至於「上智與下愚不移」，也是針對後天的習慣而言，不是針對先天的本質說的。他說：「然則孔子所謂『中人以上可以語上，中人以下不可以語上』，『唯上智與下愚不移』，何說也？曰：『習於善而已矣，所謂上智

者；習於惡而已矣，所謂下愚者；一習於善，一習於惡，所謂中人者。上智也，下愚也，中人也，其卒也命之而已矣。』」（〈性說〉）總結起來：王氏謂性無善惡，善惡之名是由情而得。情發時合於善，且成了習慣，則性也善了；情發時流於惡，且成了習慣，則性也惡了。但善惡之名雖得於情，而所以合於善或流於惡的，根本則在於性之不定；所以君子貴養，能養性之善則情亦善了。

第五節　張橫渠（西元 1020 年—西元 1077 年）

一　生活小史

張載字子厚，原籍為宋人，屢代住在大梁。他的父親張迪為涪州令，死於官所，是時他們弟兄都很幼弱，不能東歸，遂僑居在鳳翔眉縣的橫渠鎮，他於是成了關中的人。他生於真宗天禧四年，較濂溪少四歲，死於熙寧十年，一共活了五十八歲。張氏少年頗有豪氣，最愛談論兵事。當時中國西北正遭西夏的侵害，他想在武功方面報效於國家，遂上書邊防守將范仲淹，自述其志願。是時張氏年才十八歲，范氏一見，知道他器局遠大，很可造就，乃責備他何不從事儒術。此時他雖為范氏之言所感動，意念稍轉，但並未遽然心安。其後對於佛、老的學說等尋討了數年，才回過頭來又研究六經，此時雖然得到求學的門徑，而工夫尚未成熟。當嘉祐初年，即當他三十七、八歲時，來到京師，與程氏兄弟過細一討論，非常佩服，才煥然冰釋；自此以後，他遂成為關中一大儒者，具有哲學思想的教育家。二程子是他的表侄，年齡較少，行輩亦卑，當時他已在京師私設講壇，講論《易經》，踵門聽講的也很多，但自見二程後，知道自己的學問不及兩侄，即撤銷講席，囑一般學生都往拜

二程為老師。張氏這種虛懷若谷的態度，誠有令人欽佩的地方。

張氏以進士出身，在外做過了縣令及軍事判官，在內做過了著作郎。在雲巖縣令時，即以教育者的態度教化縣民，以「敦本善俗」四字為治民的政策，要使一般人民皆知道養老事長的大義。還朝以後，因與王安石的政見不合，遂託疾西歸橫渠，一面講學，一面著述，以至老死於此地，故學者稱他為橫先生。張氏擔任國家教育事業，只有文彥博聘請他為長安學宮教授一次。在政界生活的時期也很短促，所以一生的精力多半消磨於私人教授及著作方面；而對於教育後輩抱負極大，收效很多，及門弟子差不多與程門相等，可惜身死而遂蕭條了。

濂溪性情恬淡，橫渠氣質剛毅。濂溪的學問多從心領神會而來，橫渠的學問多從苦心力索而成。濂溪教人以誠為本，以無慾為大；橫渠教人以禮為體，以無我為大。這都是兩人不同的地方。橫渠的著作，有《東銘》、《西銘》各一篇，《正蒙》十七篇，《橫渠理窟》六篇，及《易說》三卷，《語錄》、《文集》各一卷。其中《西銘》最為純粹，是他的博愛的倫理觀。與教育相關的論文則散見於其他著作之中。

二　二元的性論

張氏論性雖與周子不同，但其法則都是從各人的宇宙觀推演出來的。張氏以宇宙為太虛，太虛即氣，氣散則無形，氣聚則有象。由遊氣紛擾，相合而生質，於是有人與萬物；由遊氣變化所形成的雖有人與萬物，種種不同，但其變化的軌道莫非由於陰陽兩端的循環。[7] 宇宙變化有一定的法則，謂之「理一」；從變化中生出種種形象，謂之「分殊」。「理一分殊」是張氏的宇宙觀，也就是他的全部哲學思想的要點。因為宇宙的變化是理一分殊的，所以「性」也有兩種：一為天地之性，

一為氣質之性。但他們可不是平列的，後者是從前者所生的。天地之性即自然之性，是跡先的，合虛與氣而得名的，[8] 凡有生皆是一樣的，所謂「性者萬物之一源，非有我之得私也」《正蒙·誠明篇》。太虛即天，氣化即道，合虛與氣為性，所謂「性即天道也」（征蒙·乾稱篇》）。天道至誠，故天地之性為至善。[9] 至於氣質之性，則有善惡不等了；不僅有善惡不等，並有人物的區別，氣質之性即附於氣質之中。氣質是由虛氣聚合而成的種種形象，當其形成之初，有通蔽，有開塞，也有清濁，所以生出人與萬物的區別；因此氣質之性萬有不齊，——不僅人與萬物不同，人與人間亦各不相同，例如人性有剛的、柔的、緩的、急的，或有才、不才，皆氣質之偏而不同的地方。但天地之性雖與人與物同出於一源，氣質之性雖人與人間亦有差異，究竟人與人的差異小，而人與物的差異大。張氏於倫理的宇宙觀雖有「民胞物與」的志願，但他的頭腦中總有一個人與物的分界；他也必須講出人與物的分界，倘無分界則人必近於禽獸。人與物必有分界，此所有宋儒講性的共同之點，也即是他們講性必爭的地方，所以張氏反對告子的「生之謂性」的說法。他說：「以生為性，既不通晝夜之道，且人與物等，故告子之妄不可不詆。」（《正蒙·誠明篇》）

張氏既反對告子的「生之謂性」，他自己卻提出一句口號：「體之謂性。」他說：

未嘗無之謂體，體之謂性。（《正蒙·誠明篇》）

凡可狀，皆有也。凡有皆象也。凡象皆氣也。氣之性本虛而神，則神與性乃氣所固有，此鬼神所以體物而不遺也。（《正蒙·乾稱篇》）

感者性之神，性者感之體。唯屈伸動靜終始之能一也，故所以妙萬物而謂之神，通萬物而謂之道，體萬物而謂之性。（《乾稱篇》）

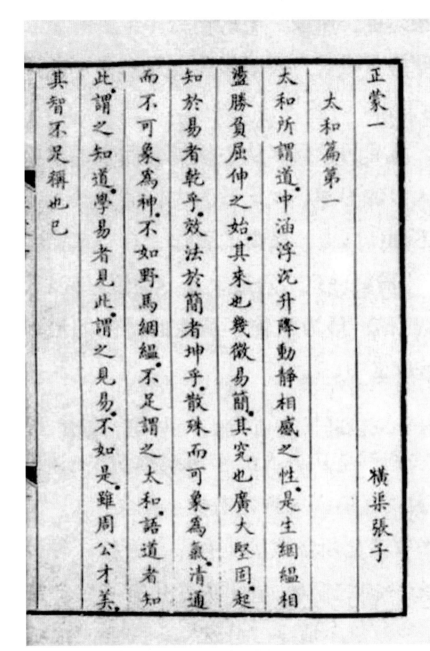

正蒙一　　　　　　　　　　　　橫渠張子

太和篇第一

太和所謂道，中涵浮沉升降動靜相感之性，是生絪縕相盪勝負屈伸之始。其來也幾微易簡，其究也廣大堅固。起知於易者乾乎，效法於簡者坤乎，散殊而可象為氣，清通而不可象為神。不如野馬絪縕，不足謂之太和。語道者知此謂之知道，學易者見此謂之見易，不如是，雖周公才美，其智不足稱也已。

《正蒙》書影

我們綜合起來解釋：萬物成於氣，氣為實有，凡實有的東西皆有體，體即是性，此體是能感觸的，感覺作用又為性之神了；這種神妙的作用，通萬物皆有一定的法則，又謂之道了。所謂性與神，神與道，其名雖異，其實就是一物。張氏所謂「體之謂性」，不是很清楚地指天地之性說：萬物同出一源沒有差別嗎？既然如此說法，何以反對告子的「生之謂性」？縱令拋開告子所說本於生理作用不備，則「生之謂性」何常不可與「體之謂性」同一以「天地之性」來解釋呢？總之，宋儒是信仰孟子的性善說的，是主張人與禽獸有分界的，所以無人不反對告子，無人不反對荀子。

人性既有兩種，唯聖人至誠才與天地合其德，至於一般人多半為氣質所偏，只見有氣質之性了。然則怎樣才可以去掉氣質之性，而存著天地之性呢？工夫在於「善反」，所謂「形而後有氣質之性。善反之，則天地之性存焉：故氣質之性，君子有弗性者焉」（《正蒙‧誠明篇》）。善反的工夫有兩種：一要「盡性」，二要「成性」。盡量發展已有的天地之性，所謂「通極於道」，謂之盡性。用教育的工夫設法去掉後來的氣質之性，以回復本來的天地之性，謂之「成性」。盡性的工夫，第一在養氣，培養自然的天地之氣，所謂「養其氣反之本而不偏，則盡性而天矣」。（〈誠明篇〉）。第二在至誠，所謂「人能至誠，則性盡而神可窮矣」（〈乾稱篇〉）。何以能夠至誠呢？在於窮理。張氏往往把「窮理盡性」所以並說的，即謂窮理可以盡性；能盡性，才可以至於天，才「知生無所得，則死無所喪」（〈誠明篇〉）。所以他說：「生有死亡，而性無死亡。」蓋性即天理，天理是與宇宙並存的。

三　心理說

　　張子對於心的本體只說了兩句，對於心的作用之解釋較為詳明。他說：「合性與知覺有心之名」（《正蒙·太和篇》）；又說：「心統性情者也」（《性理·拾理》）。這是他對於心的本體之解釋，我們若是拿今語來翻譯：心是吾人精神作用的總名，在此總名之中，有性情、有知覺、有其他的精神活動，而統名曰心。以上所說的性，不過為心之本體中最高的一部分。至於心的作用他分為兩種：一為廣大的，一為狹小的，凡耳、目、口、鼻等感官之能感覺，由於心的作用。但耳、目、口、鼻所能感覺的只限於有形的物質，不能察及無形的道理，謂之心的狹小一方面的作用，這種狹小作用，為感官所限制，囿於見聞，不能體會宇宙一切，不是吾人所能滿足的，吾人所要求的，是心的廣大作用，要心有廣大作用，則不可「以耳、目見、聞累其心」，務須「盡其心」，「大其心」。所以他說：「大其心，則能體天下之物。物有未體，則心為有外。世人之心，止於聞、見之狹。聖人盡性，不以見聞梏其心，其視天下無一物非我。」（《正蒙·大心篇》）大其心不僅不可以囿於聞見，並不要有人我的私見，須要眼光放大，合人我為一體，則心胸才能闊大而參透一切，才謂之盡心。盡心的工夫在於「虛心」，所謂「虛心然後能盡心」。虛心的狀態如赤子之心一樣，毫無成見，毫無習心，毫無物質的障礙，是靈通的，是虛空的。因為是虛空，所以無一物不體；因為是靈通，所以無一處不感，所體所感的知識，謂之「德性之知」，超乎聞見以上，超乎表象以外。能夠如此，則耳目適足為啟發道德之要，而於大道無所不感，自能窺透一切了。這種本領，唯聖人才有，吾人應當勉力的。

四　變化氣質主義的教育論

「學以變化氣質」，是張橫渠先生的一句名言，即是說：教育的功用在於變化受教者的氣質。氣質是什麼？即是他在性論裡頭所講的氣質之性，氣質有美的，有惡的，美之中也有純全的或未純全的，教育可使惡的變化為美，未純全的變化為純全。氣質怎樣變化呢？第一要有好的修養，第二要有好的環境，第三要有好的師友。修養不是在多得知識，在於以莊敬的態度矯正不好的氣習，朝著合理的目的，步步嚴謹地實踐，到工夫久了，氣質自然變化。[10] 有了好的環境，觸處皆是教育，耳目心思才不為外物所引誘，一舉一動皆能合於禮節。如此習養，工夫久了，氣質也能變化得好，所謂「居仁由義，自然心和而體正。更要約時，但拂去舊日所為，使動作皆能中禮，則氣質自然全好」（《橫渠理窟‧氣質篇》）。有了好的師友，則朝夕所教訓的皆是聖賢的嘉言懿行，這與好的環境同一功用。

變化氣質，是將氣質之性轉移為天地之性，聖人即天地之性，所以張子的教育目的在於「學為聖人」。他嘗對學生說：「學必如聖人而後已。以為知人而不知天，求為賢人而不求聖人，此秦、漢以來學者之大弊也。」（《宋史》本傳）學為聖人，當「以《易》為宗，以《中庸》為的，以《禮》為體，以孔、孟為極」（同上）。《易》與《中庸》是他教學的標準，禮是他為人的尺度，所以他的宇宙觀多本於《易經》，倫理觀及性論多本於《中庸》，而修養的方法則以禮義為權衡。他說：

知及之而不以禮性之，非已有也。故知禮成性，而道義出，如天地位而易行。（《正蒙‧至當篇》）

學者舍禮義，則飽食終日無所猷為，與下民一致，所事不逾衣食之間、燕遊之樂爾。（《正蒙‧中正篇》）

五　教學法

　　橫渠先生教人的方法，要以立志為本。他說：「學者不論天資美惡，亦不專在勤苦，但觀其趣向著心處如何。」（《橫渠理窟·大學原》）他又說：「有志於學者都更不論氣之美惡，只看志如何？匹夫不可奪志也，唯患學者不能堅勇。」（《橫渠語錄》）天資愚笨不足畏，用心不勤也不足畏，最怕的沒有志氣，沒有志氣的人，根本無心求學，怎能望他有成就呢？立志固然重要，但立志不可太小，「志小則易足，易足則無由進」（《橫渠理窟·大學原》）。學者不僅要立志，還要立大志，所謂「志大則才大事業大」；「遜其志於仁則得仁，遜其志於義則得義。」（《正蒙·中正篇》）立志以後，須要養氣，養氣即變化氣質的意思。除此以外，關於教授方面還有兩點須注意：第一，教授時要決定教材的秩序，由易而難；第二，要明了被教者的個性，因材施教。他說：「教人者必知至學之難易，知人之美惡；當知誰可先傳此，誰可後倦此。知至學之難易，知德也；知其美惡，知人也。知其人且知德，故能教人使入德，仲尼所以問同而答異以此。」（《正蒙·中正篇》）

　　關於學習方面有幾點可述的：第一，要有追求的興味，即向慕之心。對於某種學問向慕不已，相信其中有極富美的寶貝，非獲得不可，如未見的都市之繁華，非往見不可。興味這樣濃厚了，自然逐步前進，再持以毅力則行了。第二，要清心。心清則感覺銳敏，四體舒泰；心亂則情形相反。但吾人平日總是清時少而亂時多，其原因由於用心未純熟，注意不專一，所以浮思雜念常來紜擾。第三，要漸進，即由淺入深。知教兒童當學習灑掃、應對、進退等知識，不宜卒語以大道。即或年齡稍長，如果理解力尚未發達，程度尚淺，也應從淺近平易處入手，

才能逐步漸進。[11] 第四，要有疑難。一切知識都從疑難中產生，愈求進步疑難愈多，疑難愈多，進步愈大。因為發現了疑難，才能拋卻常解另闢新徑；或訪求先知先覺的人同他切磋，則知識自然進步。把一切學問都看得容易，而自覺無一可疑的人，一定是未曾學習的人，因為未曾學習，雖有疑難亦不知道，所謂「在可疑而不疑者不曾學，學則須疑。譬之行道者，將之南山，須問道路之出；自若安坐，則何嘗有疑」（《橫渠理窟・大學原》）？第五，學習時要自開道路，自鑿孔穴，親身探入，發現其中的美富，才是我自己的學問，否則專觀古籍或探聽朋友之言，如同穿窬之盜，雖竊取了許多東西，而究不知所藏。第六，學習要有恆心，不宜止息。人生是沒有止息的，求學也當沒有止息。求學即求生的表現，倘求學一日止息，則是生命停滯，等於死亡，最可痛心。《易》所謂「自強不息」，即是此理。[12]

張子對於讀書法的意見也有幾點：（1）讀書要多。讀書少了，難以考校義理，讀得多則能融合貫通，由博而約。（2）讀書要成誦。吾人讀書的目的，是在借書中的內容以解釋自己的疑難，開通自己的心思，但非潛心玩索，不能達到這一步，而潛心玩索時，又須離開書本，或於半夜中，或於靜坐時才能辦到。但所讀之書不能記憶，如何能離開書本潛心玩索呢？所以凡關於有益身心的書，須讀得成誦。（3）讀書時須以靜為主。靜時才能涵泳，才能了悟，蓋讀書務必到了悟為止，否則只求解大義，未見於吾人有什麼益處。

第六節　程明道（西元 1032 年—西元 1085 年）

一　生活小史

　　程顥字伯淳，生於仁宗明道元年，死於哲宗元豐八年，是河南的一個教育家，是北宋修養最純粹的一個儒者。他的家庭，自曾祖以來，即做過大官，父親名珦，官至太中大夫，尤為賢明，他之所以成為一代的純儒，於家庭教育不無關係。程子生來，神氣秀爽，與一般兒童不同，不到十歲，舉止行為已像成人，觀他在十歲時所賦酌貪泉的詩，「中心如自固，外物豈能遷」二句話，不僅非尋常兒童所能做出，他後來一生的學問與為人，也可從此看得出來。當他十五、六歲時，由父命與他的胞弟程正叔，一同就學於周濂溪先生。二十六歲，舉了進士，委派為鄠縣主簿，後改調為上元縣主簿，復移為晉城縣令，凡任職一處，莫不成績卓著，而以在晉城任職較久，成績亦最大。神宗初即位由呂公著的推薦，召進京來為太子中允，兼充監察御史，很蒙神宗器重。後因與王安石意見不合，又改任京外的職務。轉調數處，自是年已四十多歲了。其後一因政見不同，一因父親年老，乃求得一閒官，與弟正叔退居洛陽，專門講學著述。迨哲宗即位，司馬光等輔政，召他進京同參朝政時，而他竟以一病而死了。

　　綜計他的生活，可分三個時期：在二十六歲以前，為求學時期；從二十六歲到四十歲以外，為從政時期；四十歲以後為專門講學時期。范祖禹說：先生在洛陽十餘年，與弟伊川講學於家中，四方學者從遠近而來受教的絡繹不絕，莫不虛往實歸。他的生活雖極感困難，而事親必曲盡其歡，族人有貧窮的亦必設法賙贍，因此他們的教化行及於鄉黨。我看先生不僅在洛陽專門講學有這樣成績，即在晉城做縣令時，也是熱心

提倡教育，得到很多成績，每於公事完畢之暇，親往四鄉巡查，召集地方父老，告以兒童應讀何書，且親為矯正句讀，兒童教師有不稱職的即時更換。鄉民如有結社等事，則給他們規定章程，旌別善惡，一方因以樹立其群育的生活，一方因以培養其改過遷善的習慣。在縣三年，不僅學校遍設於鄉區，就是從前強盜與鬥毆的風氣也被革化，先生誠不愧稱為一個純粹的、實行的教育家，倘使天假以高年，他的成就與貢獻當必更大，可惜僅活了五十四歲就死了。當他死的消息傳出時，無論識與不識，莫不為他為國家惋惜。程氏死了以後，文彥博採取眾議，表其墓曰「明道先生」，所以後世學者皆以明道先生稱之。

二　性格及思想

在《宋史·道學傳》裡說：「先生資性過人，而充養有道，和粹之氣盎於面背。」他的學生劉安禮說：「明道先生德性充完。和粹之氣盎於面背。樂易多恕，終日怡悅，立之從先生三十年，未嘗見其忿厲之容。」他的乃弟伊川先生記他的言行狀說：「先生資稟既異，而充養有道。純粹如精金，溫潤如良玉，寬而有制，和而不流。忠誠貫於金石，孝弟通於神明。視其色，其接物也如春陽之溫；聽其言，其入人也如時雨之潤胸。」在《明道學案·附錄》上說：「明道坐如泥塑人，然接人渾是一團和氣，所謂望之儼然，即之也溫。」由這許多評論上看來，明道先生簡直是一個菩薩，又是一個聖人。明道先生的修養確實充和有道，不過他的思想是集儒、道、佛三家的思想而融合成為他自己的思想的，所以他的性格也被這三家的思想所鑄成了。他初從學於周濂溪先生，迨後泛濫於諸家，出入於老、釋者幾十年，最後才返歸於儒家，求諸六經；周濂溪的思想又近於道士一派，則他的思想的淵源可想而知了，伊川先生說：

「先生行己，內主於敬，而行之以恕」，這就是他的修養工夫。他的學問，以識仁為本，識得仁了方可以定性。怎樣識仁呢？「以誠敬存之，存久自明。」（〈識仁篇〉）仁是與萬物渾然一體的，即「民胞物與」的意志，即「生生不已」的意思；所以觀雞雛可以看得出仁來，於切脈可以體得出仁來。他是「一天人，合內外，忘小我，存大我」的一種態度，渾淪極了，和藹極了。從他一夕話，如在春風和氣中坐了三個月，這是他的學生游定夫心悅而誠服的讚語。但辦起事來，則精明如神；開起會來，則守志不阿，這又是儒家的風度，賢明的士大夫一流的人物了。

三　生之謂性說

明道先生的思想極其圓渾，不拘執於一家的學說。在養氣方面，雖極力讚賞孟子的浩然之氣，並服膺其「必有事焉而勿正，心勿忘，勿助長也」（《孟子·公孫丑章》）的集義工夫；但在論性方面則非常折衷。在他的語錄上說：

天地之大德曰生，天地絪縕，萬物化淳，生之謂性。

生之謂性，性即氣，氣即性，生之謂也。

這是他對於本性最明顯的解釋。「生之謂性」，本是昔日告子的一句口號，告子的學說與孟子相對，是一般儒者所最反對的，而明道卻拿來取用，足見他的思想是很圓通的。他說性就是氣，氣就是性。什麼叫做氣呢？氣是萬物所稟受於天的氣質，也可以說氣即是天。[13] 天是以生為道的，而氣亦當是生生不已的，所以他也說「生之謂性」。在物質一方面看，氣質是稟受於天的一種活物，是生生不已的東西，某種活物的生長即某種活物的本性，凡人與我，凡我與萬物都是一樣的，故曰「生之謂性」。在意識一方面看：天意以好生為美德，凡生生不已都是天意，都是

天道。性即天道，所以性也是生生不已，用流無窮，若一旦死亡，或有一刻停滯便非性了。所以他又說：「在天為命，在義為理，在人為性，主於身為心，其實一也。」（《語錄》）

明道先生對於性的解釋，是本著《中庸》「天命之謂性，率性之謂道」兩句話來的；由這兩句解來，所以與告子所說不謀而同。但他們表面雖然相同，卻有一個根本相左的地方。明道與告子所同者只在「生」的一點上。至於本來的性質如何，生後之變化如何，則完全兩樣了。告子謂有生的皆是性，而生來之性質，無論人與禽獸生是一樣的，無所謂善惡。明道謂生生之意雖人與萬物相同，而生來的性質，則人自人，禽獸自禽獸，界限分明絕不混同；即禽獸中，牛、馬也不相同。[14] 至於人之性，究竟是善是惡呢？他主張人性雖善，但不是完全皆善，人性亦有惡的，不過善與惡不是對待的；善是人生而靜以上的，惡是感物而後有的，不是原始的；惡雖不是原始，但不可說不是性。性好似水，水原是清的，所以性也原來是善的。但吾人自成形之初或有氣稟之偏，自受生之後或因環境不良，遂含著一些惡的習性，亦如水自源泉流入江海，中間挾著許多泥沙，遂成濁流。此水流雖濁不得說不是水，而人性之不良者亦不得說不是性。生來即善的本性，後天任何惡的習慣都染他不上，畢生到老莫不渾然至善，全受全歸的性，只有聖人才能夠。至於一般人難免被社會的汙染而失掉原來的性質，所以又有「修道之謂教」的教育。教育的工夫即在去掉後天的習性，恢復原有的本性，恢復以後，只依然還它原來的東西，毫無所增損。所謂「自天命以至於教，我無加損焉」（《語錄》）。

張橫渠先生對於性情的修養比較明道先生稍差，有一次給明道先生一封信，問以定性的方法。明道先生即作一篇〈定性書〉，答覆張氏，凡四百三十七字。其中的大意如下：性無內外，定無動靜。性靜時固然

定，動時也是定，看來似靜非動，其實即靜即動。但在無安定的狀態
中，不必刻意求定而自然是定，要做到這個程度，須不要把性分別內
外。在低一等的人，內德不修，一心於物慾的追求，心猿意馬，怎麼會
定？在高一等的人，將心把持得太厲害，唯規規於外誘之除，強分內
外，則性亦無從安定。前者固無足論，後者之所以陷入如此境地的，大
率由於「自私而用智」，所以強分內外，自別物我，將見分不勝分，別不
勝別，怎麼不累於外物，怎麼能夠安定。所以吾人修養，應當「廓然而
大公，物來而順應」。如此，則內外兩忘，喜怒不繫於心，心常在腔子裡
面，內中湛然無事，無事則定了，定則物不能來擾了。按明道先生的定
性書，即是他的養性的工夫，除卻自私用智的小我，廓然而大公，到了
他所說的「渾然與物同體」的境地，仁的境地，似乎帶著幾分禪意了。

四　教育論

明道先生在洛陽專門講學雖只十餘年，而感化後進，教育青年，綜
其一生，不下三十年。他的學問，多本於《大學》、《中庸》兩書，而平
生最佩服的是顏子，所以教學者要學聖人，須學顏子，蓋顏子最近於孔
子，模仿有著力處。[15] 他嘗以孔、顏、孟三人比較：「仲尼元氣也，顏子
春生也，孟子並秋殺盡見。仲尼天地也，顏子和風慶雲也，孟子泰山岩
岩之氣象也。」（《語錄》）觀此數語，則知他的嚮往所在了。人生氣稟多
有惡的雜在裡面，所以要教育來陶冶，如澄清水一般，使濁的淘去而清
的呈現，這即是「學以變化氣質」的功用。[16] 吾人定性最難，活動的心
往往被外物的引誘放肆於外，難於收回，心既放肆於外，性必為外物所
累，日久必致天良矇蔽，教育即在求得已放的心使復原地，這即是「學
以求其放心」的功用。[17] 前者的功用是將汙濁了的淘清，後者的功用是

將失去了的收回，無論淘清或收回，總之是還我原來的樣子，歸我本來的地位。能夠做到這樣，即可以學為聖人，教育的目的也是教人如此學為聖人。教育的功用雖有兩種，究竟怎樣才能變化氣質，怎樣才能求其放心？這個工夫可很高了。不是從遠遠的求的，不是在書本裡找的，——程子最反對這種空泛的笨拙的教育。[18] 我們考查他的前後語錄，求學的工夫多半在體貼、涵養、玩索及近取等用法，如「切脈最可體仁」；「學者只要鞭辟近裡，著己而已，故博學而篤志，切問而近思，仁在其中矣」；「吾學雖有所授受，天理二字卻是自家體貼出來」：此即體貼的工夫。如「今之學者唯有以義理養其心」；「學者須敬守此心，不可急迫，當栽培深厚，涵泳於其間，然後可以自得」，及對李籲以「義理養心」，[19] 皆是涵養的工夫。又如「讀書要玩味」；「靜後見萬物皆有春意」；「元來只是此道，要在人默而識之也」；皆是玩索的工夫。又如「若要至誠，只在京師便是到長安，更不可別求長安」；「學者不必遠求，近取諸身，只明人理，敬而已矣，便是約處」；「自灑掃、應對上便可做到聖人事」；皆是近取的工夫。總之，一切工夫不外「誠敬存之」四個字。

以上所述，工夫雖嫌過高，但先生教人仍有秩序，絕不是囫圇吞棗的辦法。大概平日教育生徒，常按照程度分做兩等，在一般學者程度較淺，仍以學文為要，對於經書，須要多讀熟習。[20] 在程度較高的所謂知道者，則以進德為主，不在於記誦文字，記誦文字反以玩物喪志，義理以養其心，敬以直其內，即是進德之道，前面所舉求學的工夫如體貼、涵養、玩索及進取等等，多半是對著這一等學者說的，《宋史》所謂「教人自致知至於知止，誠意至於平天下，灑掃應對至於窮理盡性，循循有序」（《道學》本傳），當不是過譽。

第七節　程伊川（西元 1033 年—西元 1108 年）

一　生活小史

　　程伊川為明道先生的胞弟，名頤字正叔，「伊川先生」是門人學子以他所居的地名稱他的稱呼。他生於仁宗明道二年，剛少於乃兄一歲；但享年七十五歲，直至徽宗大觀二年才死，比他的老兄多活了二十一年。伊川以十四、五歲，與乃兄從學周濂溪，十八歲上書朝廷，勸仁宗施行王道，自比諸葛，抱負殊不凡；自此得以遷入太學為太學生。這個時候，胡安定正在太學充國子監直講，以「顏子所好何學」為題試諸生，得先生的論文，大為驚賞，特別優遇，並授以學識。同學呂希哲輩見他的學問超越朋儕，即拜他為老師，而他的講學時期從此開始了。先生享年雖高，但一生遭遇不及乃兄幸福，而性情亦較古怪。當二十六歲時，學業已有成就，以舉進士不中，自此不習舉業，亦無心於仕進，專以講學傳道為業。綜其一生：管理西京國子監二次，為崇政殿說書者一次，以黨籍被竄於遠方者二次：其餘則為窮居家鄉講學時期，先生可算境遇太壞的一位教育家，不求富貴，反遭貶謫。在崇政殿說書即教書於宮廷，為哲宗的老師，此事始於元祐元年，先生已五十三歲了，一共說了七年，至元祐七年因受敵黨的攻擊，教他出管西京國子監。當他在經筵時，學生從遊的非常發達，先生除講學外，對於時政亦時時發表議論，毫不顧避，是時久負文名的蘇子瞻在翰林院，文人學士，依附的亦眾，對於伊川先生的態度與言行時加訕笑，因此兩家門生互相攻擊，而分洛、蜀二黨，但這種黨爭尚不要緊，他所以被竄的原因是被誣以元祐黨的名義。第一次竄到涪州，自紹聖四年十一月至元符三年正月，共三年。第二次貶在龍門，自崇寧二年至五年，也是三年。每竄一處，學生

從遊的極多，雖足少慰旅況的寂寞，而先生之所以被妒怨與陷害亦因此而益甚。第二次被貶時，他的文字也被追毀，他的著作也被檢查，好像他是一個危險分子，其實他是最規矩的一個書生。當他遷往龍門時，年已七十歲了，四方學者憫此老之痛苦，特來跟從，但都被止住，且囑咐他們：「尊所聞，行所知可矣，不必及吾門也！」細玩此兩語，可以知其沉痛了。

二　伊川與明道之比較

伊川與明道同一父母所生，同為周濂溪的弟子，但兩人的性情及成就大不相同。「明道德性寬大，規模廣闊；伊川氣質剛方，文理密察」，這是集洛學之大成的朱晦庵先生的評語，當是確當的。拿一個譬喻：明道好似飄然自在的仙僧，伊川好似謹守清規的戒僧。明道的性質多自天成，伊川的性質受家庭教育的影響最深──剛毅多由其父親，嚴謹多由其母親。[21] 伊川平生之所以遭遇不良，及反以直道而得禍者，恐怕多半吃了脾氣的虧，明道的學問是直觀的、渾廓的、涵泳的；伊川的學問是理智的、分析的、實踐的。明道於諸子百家、佛老學說無不涉獵，所以他的思想極其圓通；伊川則一切摒除，甚至莊、列等書亦不肯看，他是以《大學》、《中庸》、《論語》、《孟子》為標指，以達於六經的，吾人評論北宋儒家的信徒，要以伊川為最純粹了。明道對學生以和悅，伊川對學生以嚴肅，明道與門人講論，遇有不合的地方，則說更有商量；伊川則直口不言。游酢與楊時二人都是二程先生的高足弟子，與明道談話則說如坐春風，及見伊川則肅然敬立，如見大賓。[22] 所以明道嘗對伊川說：「異日能使尊師敬道者吾弟也；若接引後學，隨人才而成就之，則予不得讓焉。」明道只長伊川一歲，而去世過早，不有乃弟，則洛學無以成立；

伊川於乃兄的學問不僅發揮光大，且進而以分析的頭腦、踐履的精神，與一班門徒講論三、四十年，確定宋學實踐倫理之宏規，可謂賢兄賢弟了。在教授方面，雖各有態度不同，吾人殊覺伊川尤為純粹的教育家，其影響於學術界更大。

三　性即理說

　　古人論性，或就性與心並說，或就性與情並說，除孟子以外很少說到才的。但孟子不過說性與才都是善的，至於這兩樣有什麼區別，則未提及 [23]。到了北宋，程伊川先生才給他們一個明顯的界說。伊川說：

　　性出於天，才出於氣，氣清時才清，氣濁時才濁。譬猶木：曲直性也，以作棟梁，以作榱桷，才也。才有善不善，性則無不善。

　　性即是理，理則自堯、舜至塗人，一也。才稟於氣，氣有清濁，稟其清者為賢，稟其濁者為愚。

　　我們稍加以解釋：稟受於天的謂之性，天即是理，理無不誠，所以性無不善，所有人類之性全是一樣的。稟受於氣的謂之才，氣有清濁，所以才有賢愚，氣有善不善，所以才也有善不善，各個人之才是不能一致的。譬如樹木：無不有曲直，無不能曲直，所有的全是一樣，此謂之性；但有的可以作棟梁，有的只能作榱桷，隨它的大小而功用不同，此謂之才。這是性與才的區別。我們還要就伊川先生所說者分開討論一下這兩個名詞：

　　「才稟於氣」是怎樣解釋呢？氣猶言元氣，就著先天的「所稟」說；才猶言才質，就著後天的「稟有」成就說。才稟於氣，謂後天稟有的材質是所稟於先天的元氣而來的，實際上才與氣只是一物，也可以合起來說謂之「才氣」。才氣一個名詞即現在心理學所講的「智慧」

(intelligence)，吾人智慧所以有高下之不同，概由先天的氣稟各殊的關係，所謂「稟其清者為賢，稟其濁者為愚」。由此看來，孔子所謂「上智與下愚不移」，是針對才說的，不是針對性的，[24]才之智愚是氣稟的關係，即是先天的關係，不是後天的關係。智愚雖出於先天，但下愚並非絕對不可轉移，孔子所謂「不移」者是由於他太自暴自棄不肯去學，所以不可移了。[25]愚者怎樣轉移為智呢？自然在於教育，倘能努力學業，迨學業豐富之後，氣質一變而智慧自生，所謂「積學既久，能變化得氣質，則愚必明，柔必強」。才氣一個名詞討論清楚了，我們再來討論性。

性究竟是什麼？「性即理也，所謂理性是也」，這是伊川先生最肯定的答覆。伊川許多理論，及別性氣為二物，並說氣有善不善，常為一班理學家所不大同意，至於他的「性即理也」四字的口號，則莫不承認為一句不可顛破的名言。只就這一句短話還不能夠使吾人十分明白，務必要在他的語錄裡頭去找些比較詳析的解釋。門人問他說：「孟子言心、性、天只是一理否？」他說：「然，自理言之謂之天，自稟受言之謂之性，自存諸人言之謂之心。」這是將「天、性及心」三者歸納到一個理字。他又說：「稱性之善謂之道，道與性一也。以性之善如此，故謂之性善。性之本謂之命，性之自然者謂之天，性之有形者謂之心，性之有動者謂之情：凡此數者皆一也，聖人因事以制名，不同若此。」這是說「天、性、心及情」四者皆是性，而歸納到一個道字。他又說：「在天為命，在人為性，論其所主為心，其實只是一個道。」這是將「命、性及心」三者歸納到一個「道」字。他又說：「天賦與謂之命，稟之在我謂之性，見於事業謂之理。」這是將「命、性及理」三者歸納到一個天字。我們把這四段話列表於下，當更明白：

伊川性理解釋表

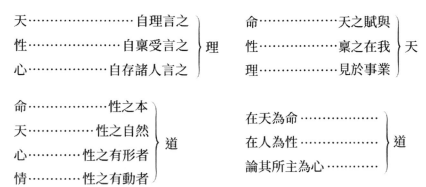

由上表看來，則知伊川先生的意見，無論天、命、心、性，只是一件東西，即理即道，因為所指的方面不同，所以命名也不同。凡最原始最自然的東西謂之天，這種東西，自賦給吾人一方面說，謂之命，自吾人稟受一方面說，謂之性，已稟受了而存在吾人肉體以內為精神之主宰者謂之心。總而言之，即是理，即是道，理無不誠，故性無不善。道只有一個，故性莫不同。性只有一個，何以孔子說「性相近」呢？伊川以為孔子相近之性，是針對氣質之性，不是義理之性，如上所說的一切方是義理之性，各人的氣質不同，故氣質之性也有不同，氣質有清濁，故氣質之性也有緩急，例如某人性急或性緩，性喜動或喜靜，百人百性，皆屬於氣質之性，而義理之性沒有不同的。[26]

按伊川分性為兩類的意義，與橫渠的大同小異。所謂義理之性，不過是一個道理，一個觀念，非有實物能夠指示；而氣質之性，才是屬於吾人體內的性質。明道「性即氣，氣即性」，是說凡有生意的都叫做性；而伊川把性與氣區分為二，且謂氣有善不善，這是與乃兄不同的地方。且他論義理之性太過於玄妙，吾以為不及乃兄「生之謂性」之較為切實。至於「才氣」一個名詞，解釋得特別清楚，比較孟子確實進步多了。還有把孔子的「上智下愚」解為才氣，用教育的力量可以轉移；及「性相

近」之性解為氣質之性，因學習而更顯得差異；這都是伊川先生獨到的地方（以上均見《伊川語錄》）。

四 教育要旨

今之學者歧而為三：「能文者謂之文士，談經者謂之講師，唯知道者乃儒學也。」（《伊川語錄》）細觀這幾句話，可知伊川的教育宗旨，不是學為文章，也不是講求訓詁，要在於識得道理。此道即聖人之道，識得道理即所以求為聖人，所以他說：

言學便以道為志，言人便以聖為志。

君子之學，必至於聖人而後已。（《語錄》）

聖人之道即天道，即天理，理即性，性即心，要求聖人之道必要從心與性上用力，所以他又說：

凡學之道，正其心，養其性而已；中正而誠，則聖矣。君子之學必先明諸心，知所養，然後力行以求至，所謂自明而誠也，故學者必盡其心；盡其心則知其性；知其性，反而誠之，聖人也。（〈顏子所好何學論〉）

心只有一個，正其心要使本然的良心常存，勿入於邪，此即操存的意義！盡其心，即在發揮本然的良心使能盡其功用，此即擴充的意義。性卻有兩類，知其性養其性，全是針對義理之性說的；要正其心了才能培養此義理之性，要盡其心了才能識得此義理之性，所以要求聖人之道而至於聖人，其著力處須要正心以養性，或盡心以知性。對於一般的義理之性既已知了養了，其他特殊的氣質之性不關宏旨，也必隨著義理之性的清明而受其好的影響。但這全是針對中人以上說的，至於中人以下怎麼辦呢？伊川說：「大賢以下即論才，大賢以上即不論才。」（《語錄》）

即是說凡關於中人以下的教育除用力於性以外，還要用力於才，——才智高的設法發展，才智低的設法變化。才稟於氣，變化才智即是變化氣質。所以他特別注意養氣的工夫。[27]

由此看來，伊川先生教育人才分成兩等：一為中人以上，以盡心知性為主；一為中人以下，除盡心知性外，還要變化氣質。其目的皆是要識得聖人之道，以求至於聖人而後已。其工夫，不是學為文章，亦不是講求訓詁，是由於躬行實踐。換句話說，教育的工夫，不是從死的書本上求來，是要從活的身體力行上得來。所以他平日答學生問道以「行處是」，所以他臨死時對學生以「道著用便不是」一語，留為最後的訓詞 。[28]

五　研究法

「涵養須用敬，進學在致知」，這也是伊川先生最有名的兩句標語，——前一句指示修養的工夫，後一句指示研究的方法。修養的工夫留在後面另講，現在只敘述他的研究方法。進學在致知，其意是說求學之道全在「致知」，即是說一切學問，須從「致知」二字得來。知有兩種：一為「良知」，即德性之知；一為「知識」，即聞見之知。聞見之知屬於外表的，由感官與外物接觸而始發生，接觸越多則知識越廣。德性之知屬於內心的，不必感官與外物接觸，只要心地清明，則無物不照，無理不明。[29] 德性之知屬於先天的良能，是一種可知的能力；聞見之知屬於後天的經驗，是一種已知的內容。「致知」的意思即推展此良能以盡其聞見之知。[30] 不致知，則學不能進，事不能行，所以致知是為學第一步且必要的工夫。何以致知？他說：「致知在格物」，則格物又是致知的工夫了。何謂格物？他說：「格猶窮也，物猶理也，猶日窮其理而已矣。」換句話說，格物即是窮理。凡有形的物，可指的事，無形的觀念，及一

切所以然的法則；近自一身之中，遠至宇宙之大，天下萬事萬物，皆是所格的對象，即是所窮的內容。理的內容既如此的廣博，吾人將怎樣窮法？伊川不是用的歸納法，也不是演繹法，他以為天下事物皆有一貫之道，今日窮一件，明日窮一件，積習既多，久後自通，所謂「所務於窮理者，非道須窮盡了天地萬物之理，又不道是窮得一理便到，只要積累多，後自然見去」。這種窮理法，我們名之曰「積習自通法」。著手之處亦有多端：或玩索書中的大義，或評論古今人物的得失，或從處事接物時到處留心。[31] 總括一句：窮理之法，還是自本身以及日常生活之中，設身體貼，細心玩索，由多聞多見中發現一個共同點，由疑難深思中得到一個解決法。這種方法，是積習的，又是一貫的；是由實際經驗的，又是憑理性來推理的；是近取諸身的，又是遠取諸物的。物格則知致，到了知致，才是深知，才是真知。知得深才行得篤。知得真才信得堅。於是思也通了，理也明了，人也覺悟了，恐懼也沒有了，見一善則不得不行，見一不善則不得不止。[32] 由此看來，伊川先生論求學的方法即本於大學的「格物致知」四個字。知識由實踐得來，再由實踐以深切其知識，再由知識以指導其行為，知與行是連環的，一貫的（以上俱見《伊川語錄》）。

六　敬的修養主義

「涵養須用敬」，伊川先生修養的工夫就是一個「敬」字。什麼是敬？「所謂敬者，主一之謂敬主，所謂一者，無適之謂一」，這是他對於敬字的解釋。敬即主一之義，即心志專一的意思。心志專一，既不能或東或西，亦不能忽彼忽此，只是中，只是內，中則不偏，內則不外，此時呈一種安定不亂的狀態，純一不雜的狀態，果能修養到如此，則自

然心如止水，萬物畢照。[33] 如何能做得到這步田地？他說：「但唯動容貌，整思慮，則自然生敬。」「一者無他，只是嚴肅整齊，則心便一。」這種情景，好似孔子所說「出門如見大賓，使民如承大祭」，及孟子所說「正其衣冠，尊其瞻視，儼然人望而畏之」的樣子。但伊川以為這不過是居敬的態度，究未盡居敬的實功。居敬的實功須要集義，居敬而不集義，不過是一種空的表示而已，沒甚用處，所謂「只守一個敬，不是集義，卻是都無事也」。居敬必有止，如「為人子，止於孝」之類，存心於孝雖是居敬，倘不集義則是不知所以為孝之道及如何盡孝，有何用處。徒知用敬為消極的，由集義以盡其敬，才是積極的，伊川的「涵養須用敬」一句標語，是包含集義主義的居敬之積極的修養說的。反過來說，凡吾人思慮所以紛亂，全由於沒有居敬的工夫，心志不專一之故。心志不專一，則不能作為主宰；不能作為主宰，則外物自然常來侵擾。譬如瓷瓶，有水充滿於內，雖江海之大也不能侵入；倘若無水，雖溝渠之水亦可思逞。無主定又譬如破屋中禦寇，東面一人來未曾趕走，西面又進來了一人，勢必至於左右前後驅除不暇了。所以學者的修養務必從「敬」字上用工夫，能敬則內有主宰，外邪不能侵入；能敬則思慮專一，而不為外物所紛擾；能敬則心地清明，而不能為外物所矇蔽；能敬則注意集中，而有所成功。由此看來，伊川於居敬兼以集義的工夫，是一種積極合理的修養，確為精神訓練的好辦法；不過講論居敬的態度，未免過於呆板，陷於靜的及閒雅的教育之毛病了。

第八節　程門弟子

一　謝上蔡

　　程氏兄弟在當時已為宋學之正宗，一班青年學子群相趨附於他們的門下，雖關中張氏也望塵莫及。但程門弟子雖眾，而被當時所稱道的只有四人，即謝上蔡、楊龜山、游定夫及呂藍田，世稱程門四先生。這四人中，以上蔡才氣最高，所學亦深，議論非常明快。此外還有尹和靖一人，學力較這四人更為純粹，遵守師說尤為堅定，畢生以講學為業，我們卻不能以他未列入四科而遂忽略了。

　　謝良佐（西元1050年–西元1103年），北宋學者。字顯道，上蔡（今屬河南）人。與游酢、楊時、呂大臨並稱程門四大弟子。著作有《論語說》、《上蔡語錄》。

　　謝氏名**良佐**，字顯道，是壽春上蔡人，所以學者稱上蔡先生。他生於仁宗皇祐二年，在四人中為年紀最長的一個。神宗元豐八年登進士第，他已三十六歲了。登進士以後，做了幾任州縣官吏。在建中靖國初年，徽宗召他進京來，有意任用，他以其沒有誠意，乃擇得一閒官——監西京竹木場——以便講學。但後來以言語不慎，奪了官職，還他原來的平民資格。一生遭遇不大幸運，可是他是不甚注意這一道的。他說：「透得名利關，便是小歇。」（《語錄》）吾人可想見他在這時期定有不少的工夫了。未入程門之先，謝氏的學問原極該瞻博洽。及往扶溝見明道，尚自誇博雅，被明道以「玩物喪志」四字當面下一針砭，把他激得面紅耳赤，汗流浹背，而謝氏從此走進理學一路了。其後明道死了，他又從伊川學，在程門中資格是最老的。

　　謝氏死後，游定夫給他作的墓誌銘不見於世，《宋史》又沒有為他

立傳，所以關於他一生的生活史難得其詳。除《論語》說一篇及《語錄》三卷外，亦沒有其他的著述。但在《語錄》裡面，可以看出他的思想的一個大概，不過屬於形而上學及倫理學，關於教育理論的卻是很少。在倫理學方面，關於「天理」與「人欲」兩詞講得尚極透澈。他說：

　　所謂天理也。自然的道理，無毫髮杜撰。今人乍見孺子將入於井，皆有怵惕惻隱之心，方乍見時，其心怵惕，即所謂天理也。要譽於鄉黨朋友，內交於孺子父母兄弟，惡其聲而然：即人欲也。天理與人欲相對，有一分人欲即減卻一分天理，有一分天理即勝得一分人欲，人欲才肆，天理減矣。任私用意，杜撰做事，所謂人欲肆矣。（《語錄》）

　　天理與人欲是相反的，凡屬於自然的道理謂之天理，凡屬於人為的意思謂之人欲。換句話說，天理是公的，良能的，人心之所同然的；人欲是私的，造作的，各人所自生的。擴充其本然之善念，自然之同情心，是為循天理而行，能處處循天理而行，則人欲自然不生，反過來時，一味任私用意，則人欲伸張而天理亡了，學者能夠處處循天理而行，則本身即天，天即理，可以做到天人一致的地步。要認得天理，莫如格物窮理以尋個是處。但凡事凡物皆有理，如何能夠窮得盡呢？謝氏的方法與伊川稍有不同，他是按著一貫的原則，只窮得幾條大經大緯，其餘可以類推，所謂「必窮其大者，理一而已，一處理窮，觸處皆通」。（《語錄》）

　　關於教育方面，沒有什麼精彩的理論，還是以孔子「下學上達」一語為工夫。下學即灑掃應對之事，學者於灑掃應對做得安穩，則細而正心、誠意，大而治國平天下，皆是一理。但不可徒騰口說，須從事實上切實做去，遇到困難時更要加鞭，工夫做得久了自然漸進於純熟。他自己與伊川相別一年，只去得一個「矜」字，即是這種工夫，所以伊川許他以「切問近思」了。

二　楊龜山

　　龜山較上蔡少三歲，生於仁宗皇祐五年，到南宋高宗建炎五年才死，享有八十三歲的高齡，——這樣高齡要算程門中所有師徒的第一人。龜山姓楊氏，名時字中立，籍隸南劍將樂，以現今省別，則為福建人。當幼小時，天資特別穎異，八歲會做文章，前輩長者常目他為神童。這個神童，長大以後卻是性情曠達，於世事常夷然不以介意，其風格差不多與柳下惠相似。二十四歲，以太學生的資格登了進士，閒居三年，派為徐州司法，但楊氏初不就任，卻走到穎昌投拜於明道之門，大為明道賞識。明道後來死了，又往洛陽師事伊川。此時楊氏年已逾四十歲了，以名進士宦遊州縣多年，但毫不自驕，事伊川非常恭謹。伊川最喜靜坐。有一天，楊氏與他的同學游定夫於將待雨雪的天氣往見，巧逢伊川正在瞑目靜坐。他二人恭立門前，不敢發一言，及伊川打開眼睛看時，門外已雪深一尺了。這是千年來的教育史上最饒興趣的一段逸事，可是禪味也表現得不少。楊氏自三十一歲赴徐州當司法六年，三十七歲轉調為虔州司法，四十二歲赴瀏陽做了知縣四年，五十歲往荊州當了州學教授四年，五十五歲為餘杭知縣三年，又轉蕭山知縣。七十一歲被召入京，七十四歲乃以著作郎兼侍講。當是時，金人南逼，國事岌岌可危，太太學諸生正為愛國運動而有種種表示。欽宗以楊氏名望素高，又教他兼國子監祭酒，藉以平息風潮，哪知楊氏狃於程門學說，極力攻擊王氏的《三經新義》，不合於當時一般學子的好尚，在太學不到三個月就被趕走了。

　　綜計楊氏浮沉州縣四十七年，在京以侍講兼國子祭酒僅九十日，迨汴京陷落，高宗南渡，而楊氏已老了——七十五歲。在南宋做官未

久，七十七歲遂退居龜山故里，專門講學以終老。他的講學生活，始於
二十一歲，除荊州州學教授四年及國子祭酒九十日擔任國家教育外，全
為私人講學時期。楊氏福建人，把伊洛的學說帶到南方，開南宋諸大師
之先河，此所以在程門四子中關係比較重要，而明道「吾道南矣」之嘆，
竟成了讖語。

　　龜山關於教育的言論可分成兩類：一為性論，二為修學說。他論性
大抵引申明道的說法而兼採橫渠的。大意謂：人稟五行二氣以生，陰陽
二氣原是善的，故性沒有不善。人性之善乃人性之常，成形以後所以有
不善者，如剛柔緩急之類，是氣質之偏處，反了常性。人之常性無不
善，如水原沒有不清；後來因氣質之偏而有不善者，猶如水含了泥沙所
以濁了。水因泥沙而濁，濁究非水之本性，泥沙澄去則水自清。吾人因
氣質之偏而有惡，惡究非吾人之本性，只要矯正氣質之偏，自然得性情
之正。[34] 矯正氣質之偏並非用計巧，爭勝心所能成功，只要率性而行就
是了，率性而行即是循天理，能夠處處循天理，沒有不善的。

　　求學的目的在「學聖賢之所為」，求學的方法在「聞聖賢所得之
道」。所謂「夫學者學聖賢之所為也；欲為聖賢之所為，須是聞聖賢所
得之道」（《語錄·語羅仲素》）。怎樣能夠聞聖賢所得之道呢？在於「明
善」，怎樣才能明善呢？在於致知。怎樣才能致知？在於「格物」。所
以他說：

　　為是道者必先乎明善，然後知所以為善也。明善在致知，致知在格
物，號物之數至於萬，則物蓋有不可勝窮者，反身而誠，則舉天下之物
在我矣。詩曰：「天生烝民，有物有則。」凡形色具於吾身者無非物也，
而各有則焉，反而求之則天下之理得矣，由是而通天下之志，類萬物之
情，參天地之化，其則不遠矣。（《龜山文集·答李杭》）

　　天下物類萬殊，吾人絕難逐一去格。但萬殊的物類必有一定的法

則，這個法則全備在吾人的本身上，只要在本身上找得出一個定律來，必能觸類旁通，一以貫之。由是物格了自然知至；知至了自然善明：善明了，即獲得了聖賢所得之道，而可以學為聖賢之所為了。由此看來，為聖賢的工夫雖有許多層節，其實只在本身上體貼，倘反身而誠，則天下之理得了。換句話說，要以誠意為本，使心知不亂，由此而體驗之，自能「聞聖人所得之道」。所以他說：「夫至道之歸，固非筆舌能盡也，要以身體之，以心驗之，從容默會於幽閒靜一之中，超然自得於書言象意之表，則庶乎其至矣。」（《龜山文集·寄翁好德書》）

三　游定夫

程門弟子以游、楊並稱，他們二人出世同年，師事程門也同年，交情又最深，其所造詣亦不相上下。不過楊氏解釋儒書多援引佛經，游氏解釋儒書多援引莊語，在思想方面卻不必盡同。楊氏倡道東南，以享年獨高，講學最久，南宋一般學者多直接間接出於其門下，且三傳而出了一位曠代教育兼哲學家的朱子，為他生色不少。游氏門下殊嫌微弱，比較著名的僅一呂本中。游氏遺書既不傳於世，後人所輯《定夫文集》，關於表現思想的文詞亦不多見，關於教育方面的理論更少，且不及上蔡語錄之多，不無可惜了！游氏關於教育的理論，我們錄出兩點來說說：一點是解釋「時習」二字，一點是解釋「性善」二字。他說：

理也，義也，人心之所同然也。學問之道無他，求其心之所同然者面已；學而時習之，則其心之所同然者得矣，此其所以說也，故曰「理義之悅我心，猶芻豢之悅我口」。（《論語雜解·學而時習之章》）

理義是人心之所固有的，又是人心之所共同的，時習的意義在求得此固有及共同的理義之實現與充滿，如孟子所謂「睟面盎背」境地。時

習到了這個境地，則心與理義俱化了，所以特別慰悅。他說：

夫道末始有名，感於物而出，則善之名立矣；托於物而生，則性之名立矣。善者性之德，故莊子曰：「物得以生謂之德。」性者善之資也，故莊子曰：「形體保神謂之性。」蓋道之在天地，則播五行於四時，百物生焉，無非善者也，故曰「繼之者善也」。道之在人，則出作而入息，渴飲而飢食，無非性者無妄也；苟得其性之本然，反身而誠，則天地萬物之理得而道自我成矣，故曰「成之者性也」。唯其同出於一氣，而氣之所值有全有偏，有邪有正，有萃有駁，有厚有薄，然後有上智、下愚、中人之不同也；猶之大塊噫氣，其各為風，風之所出無異氣也，而叱者、吸者、叫者、號者，其聲若是不同，以其所托者物物殊形耳，其聲之不同而謂有異風可乎。孟子謂性善正類此也。（《論語雜解·唯上智與下愚不移章》）

善為性之德，性為善之質，兩名實為一物，其本源同由陰陽二氣所生，所以人類性善是相同的。但吾人受生之初，因所感有不同，所以產生上智、下愚及中人的種種差異出來；雖在氣質上有種種差異，而原來的性善沒有不同的。比方地面物類不齊，所以同時受到風吹，發出來的聲音有各色各樣，而風還是此風。游氏完全拿莊子的話來解釋「性善」二字，思想開放，是從來儒者所未曾有的，也是他們所不敢說的，無怪胡五峰罵他為程門的罪人了。

游氏名酢，字定夫，是建州建陽人，也與龜山同屬福建省籍。二十歲領鄉薦，二十一歲補太學生，三十一歲登進士。自仁宗皇祐五年生，至徽宗宣和五年死，享年七十又一歲。在三十三歲至四十歲的八年中，為擔任國家教育時期，兩次為太學博士，一次為潁昌府學教授。平生最得知遇於范純仁氏，其任府學教授及第二次任太學博士，皆是范氏推薦的。游氏對於教育方面，還有一點積極的主張——矯正士風，他以為「廉恥之俗，忠義之風」，全以士人為轉移，假若士人不肯潔身自好，與

一班官僚同一卑汙，風俗絕不會純正的，要矯正士風，須當提倡清議，此舉還當借政府的力量，政府竭力提倡於上，使地方人人皆知清議之所在；士人為清議所束才知有所守，才不敢同流合汙，而士風自正。士風正了，平日講廉恥忠義的人多，一旦國家有事，自有可用的人才了。

四　呂藍田

藍田為程門四子中享年最短的一人——僅活了四十七歲；但學力已到純粹的境地，其縝密與挺峻處有時超過其他三子。朱子說：「與叔惜乎壽不永，如天假之年，必所見又別。程子稱其深潛縝密，資質好，又能涵養，某若只如呂年，亦不見得到此田地了。」（《語錄》一○一）這是朱子對他最佩服的地方。

呂氏名大臨字與叔京兆藍田人，即現今關中的人物。父名蕡，官到比部郎中。祖名通，官至太常博士。他有昆仲六人，五人登了科第，仲兄大防為當時名相，伯兄大忠，三兄大鈞及他本人，皆為一代通儒，這種高貴兼優賢的家庭，在同時名儒中確屬罕見。大忠字晉伯，大鈞字和叔，與他俱游於張、程之門，而呂氏年最少，成績最大；有此良好家庭，自然能給他學問上不少的陶養。著有《藍田文集》，其抱負處載在〈克己銘〉一篇中，其思想結晶處載在〈未發問答〉一篇中。〈未發問答〉為呂氏與程子討論「中」字的意義及喜、怒、哀、樂未發以前的心理狀態，似一種玄學的心理學，後來羅豫章與李延平以「看未發以前的氣象」為講學之主腦，即從這裡萌芽的。呂氏為關中人，氣質強固，遵守師說甚堅。初從學張橫渠，業已先入為主，所以後來又從學二程時，常作極強項的爭辯，其結果雖被二程的學說折服不少，但終久自成其藍田學說。程子謂喜、怒、哀、樂未發之「中」，與單舉一個「中」字的意義不

同，呂氏則認為是一個意義。他以為人類的性就可以這個「中」字形容，所以創出「中即性也」（〈未發問答〉）一句口號。吾人之性，當平居時，即一切感情不發生時，其狀態「寂然不動，虛明純一，與天地相似，與神明相一」（《語錄》），這就謂之「中」。這個時候，如赤子之心，一片天真，毫無私意，萬般春色，絕不板滯。倘使吾人即於此時直養之而無害，自然心地清明，能夠鑑別，能夠衡平，自然不為物慾所遷動，所謂「先立乎其大者，則其小者不能奪也」。性即是中，凡人莫不相同，但後來「流行之方有剛柔昏明」種種差異，何以解釋？呂氏以為這不是性，這全因各人所處的環境及所受的教育之不同所生的差異。他有一個比喻最好：「有三人焉，皆一目而別乎色。一居乎密室，一居乎帷簿之下，一居乎廣都之中，三人所見，昏明各異，豈目不同乎？隨其所居蔽有淺深爾。」（《學案·附錄》）

五　尹和靖

程門中資質最鈍的要推伊氏，而實體力行謹守師說不肯變異的也算尹氏。尹氏名焞，字彥明，世居洛陽，於師門為同鄉。他生長在很講學問的一個家庭：他的祖父名源，字子漸，學者稱「河內先生」；叔祖名洙，字師魯，學者稱「河南先生」，他的父親名林，官至虞部員外郎，叔父名材，亦以學行知名於當時。既有這種優賢的家庭，幼小時所受的教育自有很深的根柢；再加以理學大家程門的陶冶，所以其工夫非常之篤實。尹氏當二十歲時從學伊川，業已舉了舉子。在哲宗紹聖元年，將往汴京應進士，看見試題內有「元祐邪黨」的語句，氣得發叫，不試而去，他自此終身不應進士舉了。尹氏從學伊川，差不多二十年，伊川死了之後，他自己即在洛陽教起書來。他的性情之孤僻差不多勝過其師，在洛

陽講學時，除弔喪問疾以外，一切應酬，完全謝絕，政府諸人召他進京去做官，他也不受。這樣清貧的生活過了十七年，「和靖處士」之號就在這個時候被人賜給的。當靖康元年，尹氏已五十五歲了，金兵南下，攻陷了洛陽，他的全家皆被殺害，他因門人的救援，從九死一生中逃到長安山谷中；後來又從長安流離到涪州。涪州即從前伊川被謫貶的地方，他於是蒐集他的先師的遺書，也在這裡講起學來，過了數年，高宗在臨安奠定了基礎，網羅許多名人學者裝飾門面，尹氏於是被邀請，幾經敦促，他才由涪州順流而東下，來到南都謁見高宗。在南都四年，雖然官至禮部侍郎，其職務不過侍講經筵之類，所執的仍舊是講說生活。迨後因和議問題，與秦檜的意見不合，亟力求去，去職四年後才死。死之年為高宗紹興十二年，距生於神宗熙寧四年，共活了七十二歲。程門弟子以他與楊龜山為後死，而他又後於龜山十一年。

朱晦庵說：「和靖直是十分鈍的，被他只就一個敬字做工夫，終做得成。」又說：「和靖不觀他書，只是持守得好，他語錄中說持守涵養處分外親切，可知學不在多，只在工夫專一。」（《和靖學案・百家案》）尹氏的性格及為學的方法，被朱子這幾句評語可算盡透了。唯有鈍人才能做出實在工夫，所做出來的方是真正自得的。故尹氏所說：「動靜之理」及「義命之說」，莫不分外透澈，實見工夫。但他的思想完全是程門傳統的，關於教育理論很少，我們毋庸多引，只可以說他是一位謹守繩墨安於清貧的教育家罷了。

本章參考書舉要

(1)《宋史》的〈道學列傳〉及〈儒林列傳〉
(2)《宋元學案》的各家學案

（3）《理學宗傳》的各家傳記

（4）《周濂溪集》

（5）《張橫渠集》

（6）《王臨川全集》

（7）《二程全書》

（8）《楊龜山全集》

---

[1] 《太極圖說》：「元極之尊，二五之精妙合而凝，乾道成男，坤道成女，二氣交感，化生萬物，萬物生，而變化無窮焉，唯人也得其秀而最靈。」

[2] 《通書・誠上》：「誠者聖人之本，大哉乾元，萬物資始，誠之源也。乾道變化，各正性命，誠斯立焉，純粹至善者也。」

[3] 《通書・誠機德》：「誠無為，機善惡。」注曰：「機者動之微，善惡之所由分。」

[4] 《通書》：「性者，剛、柔、善、惡、中而已矣。不達曰剛善……柔善……惡……唯中也者和也，中節也，天下之遠道也，聖人之事也。」

[5] 《通書・誠下》：「聖誠而已矣。」《通書・道》：「聖人之道，仁義中正而已。」《太極圖說》：「五性感動而善惡分焉，聖人定之以仁義中正，而主靜立人極焉。」

[6] 《通書・聖學》：「聖可學乎？曰：可。曰：有要乎？曰：有。請問焉，曰：一為要，一者無慾也。無慾則靜虛動直。靜虛則明，明則通；動直則公，公則溥。明通公溥，庶矣乎。」

[7] 《正蒙・太和篇》：「游氣紛擾，合而成質者生人物之萬殊。其陰陽兩端循環不已者，立天地之大義。」

[8] 《正蒙・太和篇》：「由太虛有天之名，由氣化有道之名。合虛與氣有性之名，合性與知覺有心之名。」

[9] 《正蒙・誠明篇》：「性於人無不善，系於善反不善。」

[10] 《橫渠理窟・氣質》：「多聞見，適足以長小人之氣，君子莊敬日強始則須拳拳服膺，出於牽強，至於中禮卻從容，如此方是為己之學。鄉黨說孔子之形色之謹亦是敬，此皆變化氣質之道也。」

[11] 《正蒙・中正篇》：「若灑掃應對進退乃幼兒孩提之事，長後教之人必倦弊，唯聖人於大德有始有卒，故事無大小，莫不處極。今始學之人未必能繼，妄以大道教之，是誣也。」

《橫渠語錄》:「大率玩心未發,可求之平易,勿迂也。若始求太深,恐自茲愈甚。」

[12]《橫渠理窟·大學原》:「學者有息時一如木偶人,牽搐則動,舍之則息,一日而萬生萬死,學者有息時,亦與死無異。是心死也,身雖生,身亦物也。天下之物多矣。學者本以道為生,道息則死矣,終是偽物,當以木偶為譬以自戒。知息為大不善,因設惡譬,如此只欲不息。」

[13]《明道學案·語錄》:「凡有氣莫非天。天只是以生為道。」

[14]《二程全書》卷二上:「告子曰:『生之謂性』則可。凡天地所生之物須是謂之性。皆謂之性則可於中卻須分別牛之性、馬之性,是他便只知道一般,如釋氏蠢動含靈,皆有佛性,如此則不可。天命之謂性,率性之謂道者,天降衷於下,萬物流行,各正性命者,是所謂性也。循其性而不失,所謂道也。此亦通人物而言。循性者馬則為馬之性,不做牛的性,牛則為牛之性,又不做馬之性,此所謂率性也。」

[15]《二程全書·明道語錄》:「孟子才高,學之無所依據。學者當學顏子,入聖人為近,有用力處。」又:「學者要學得不錯,須學顏子。」

[16]《明道學案·語錄》:「學至氣質變,方是有功。」

[17]《明道學案·語錄》:「聖人千言萬語,是欲人將已放之心約之使反覆入身來,自能尋向上去,下學而上達也。」

[18]《二程全書》卷三十七:「學者先學文,鮮能至道,至於博覽泛濫亦自為害。先生嘗教謝良佐曰:『賢讀書慎不要尋行數行墨!』」

[19]《明道學案·語錄》:「古之人,耳之於樂,目之於禮,左右起居,盤盂幾仗,有銘有戒,動息皆有養。今人皆廢此,有義理之養心耳。但存此涵養意,久則自熟矣。」

[20]《明道學案·語錄》:「學者須學文,知道者進德而已,有德則不習無不利,未有學養子而後嫁,蓋先得是道矣。學文之功,學得一事是一事,二事是二事,觸類至於千百,至於窮盡,亦只是學,不是德。有德者不如是,故此言可為知道者言,如心得之則施於四體,四體不言可喻。」

[21]《上谷郡君家傳》:「先公凡有所怒,必為之寬解,唯諸兒有過則不掩也。嘗曰:『子之所以不肖者,由母蔽其過而父不知也。』行而或踣,曰:『汝若慎行,寧至踣乎?』嘗絮羹曰:『幼求稱欲,長當何如?』與人忿爭,雖直不右,曰:『患其不能屈,不患其不能伸?』雖使令輩亦不得以惡言罵之。故頤兄弟平日於飲食衣服無所擇。不能惡言罵人,非性然也,教之使然也。」

[22]《明道學案·附錄》:「游定夫訪龜山,龜山曰:『公適從何來。』定夫曰:『某在春風和氣中坐三月而來。』龜山問其所之,乃自明道處來也。」

《二程全書》:「伊川以嚴毅接學者。嘗瞑目靜坐,游定夫、楊龜山立侍不敢去。久之,乃顧曰:『二子猶在此乎?』曰:『暮矣,姑就舍!』二子者退,則門外雪深尺餘矣。」

[23]《孟子・告子章》：「乃若其情，則可以為善也；若夫為不善，非才之罪也。」

[24]《二程全書・伊川語錄》：「又問上智與下愚不移是性否？曰：『此是才。』」

[25]《伊川語錄》：「又問愚可變否？曰：可。孔子謂上智與下愚不移，然亦有可移之理，
　　唯自暴自棄者則不移也。」

[26]《伊川語錄》：「性相近也，習相遠也。性一也，何以言相近？曰：此只言氣質之性
　　也，如俗言性急性緩之類，性安有緩急？此言性者，生之謂性也。」

[27]《伊川語錄》：「氣有善有不善，性則無不善也。人之所以不知善者，氣昏而塞之耳。
　　孟子所以養氣者養之至則清明純全，血昏塞之患去矣。」
　　《伊川語錄》：「螟蛉蜾蠃，本非同類，為其氣同故，同故祝而肖之。又況人與聖人
　　同類者大抵須是自強不息，將來涵養成就到聖人田地自然氣貌改變。」

[28]《伊川語錄》：「尹焞偶學〈虞書〉，伊川曰：『賢那得許多工夫。』」又：「尹彥明問
　　於程子，如何是道？程子曰：『行處是。』」
　　《二程全書・伊川年譜》：「於疾革門人進曰：『先生平日所學，正今日要用。』先生
　　力疾微視曰：『道著用便不是。』其人來出寢而先生。」

[29]《伊川語錄》：「聞見之知，非德性之知，物交物，則知之非內也，今之所謂博物多
　　能者是也，德性之知，不假見聞。」

[30]《伊川語錄》：「知者吾所固有，然不之致，則不能得，而致之必有道，故致知在於
　　格物。」

[31]《伊川語錄》：「窮理辦多端，或讀書講明義理，或論古今人物，別其是非，或應接
　　事物而處其當然，皆窮理也。」

[32]《伊川語錄》：「學者須是真知，才知得便是，泰然行將去也。」又：「人苟有朝聞
　　道，夕死可矣之志，則不肯一日安其所不安也。何止一日，須臾不能。如曾子易
　　簀，須要如是乃安。人不能若此者，只為不見實理，實理得之於心，自別若耳聞口
　　道者。若見得必不肯安於所不安。」

[33]《伊川語錄》：「敬只是主一也。主一則既不之東又不之西，如是則只是中。既不之
　　此，又不之彼，如是則只是內。存此，則自然天理明白。」

[34]《龜山語錄》：「今夫水，清者其常然也，至於汩濁，則沙泥混之矣。沙泥既去，其
　　清者自常也。是故君子於氣質之性，必有以變之，其澄濁而永清之義歟。」

第二十五章　南宋教育家及其學說

第一節　概論

　　本章八人中，可分成三派：一為正統派，由羅豫章而李延平，而朱晦庵；二為別系，有胡五峰與陸象山兩派。張南軒雖受業於胡氏，而與朱子為學友；呂東萊雖自有家傳，他的學系也是朱子一派。朱子學問博大精深，不但是南宋教育界的霸王，且為兩宋正統派之集大成者，他的直接弟子，我們收集了四人，再傳弟子，只錄了真西山一人，——這一班人的言語思想，皆不脫出老師的範圍。

　　正統派諸子，沒有人不討論「性」字，且全本於伊川的性即理說，及橫渠的性之二元論。胡氏也討論過性，但所論與他們不同，他是偏重於楊氏的善惡混說的。他不但不把性分善惡，且情也不分善惡，並認天理與人欲為一體，此種言論，在當時為異聞，所以常遭霸王朱子的攻擊。陸學則正式與朱子對壘了，他以「心即理」一語與「性即理」對抗，不承認心性情意一切心理狀態上實質的差異，不過是名詞的不同，其實是一物。關於教育宗旨，朱子以完人為目的，陸子以做人為目的，皆是學為聖人的一句老話。

　　教授與學習方法，南宋諸子皆較北宋進步。關於教授方法，如羅豫章之自化主義，李延平之點化主義，朱晦庵之訓練主義，張南軒之致知力行主義，呂東萊之個性差異主義，陸象山之良心激發主義，皆有獨到的地方。關於學習方法，則以朱、陸、呂三家為最，且各有獨到。朱子之格物窮理，純粹的下學工夫，所論研究與讀書法極盡精密，實有科學的精神。陸子以「簡易」二字為工夫，使人由易而難，由近而遠，不感絲毫困索的痛苦。呂東萊以「集義」二字為工夫，與朱子的下學工夫相

近，但從人倫日用上實體實踐，教育與生活差不多完全一致。修養方面，羅、李二氏是靜的教育家，以靜為主；朱、張、呂、陸以「敬」為主；而李氏之「默坐澄心，體認天理」的工夫，尤為精到入微，也是一點特出，不過關於兒童教育的理論，除朱子外很少談及，而朱子所論鐵板式的訓練主義，似過於機械了。

第二節　羅豫章（西元 1072 年—西元 1135 年）與李延平（西元 1093 年—西元 1163 年）

一　羅豫章

豫章與延平二人同為福建南劍人氏，且屬師徒關係，又皆為靜的教育家；生平事蹟不多，關於教育學理的發表也很少，所以我們合編為一節。豫章名從彥，字仲素，是楊龜山的傳統弟子。當年少時，從同郡吳儀學過經學。從來聽說龜山得河洛程氏之學，非常欣慕，遂徒步往從於將樂。見了龜山，聆略他的講說與氣象，三日之後，便受很大的感動，至驚汗浹背。「不至是，幾枉過一生矣！」當時曾這樣驚嘆地說過。因此，龜山亦為喜悅，一日親切一日，待遇之特殊恐怕在一千多名弟子中都不能及他。羅氏得到此良師，益發篤實為學，前後侍從龜山共計二十餘年。在二十餘年的前幾年中，曾賣了田產往洛陽見伊川問過《易經》，蓋因龜山的一言而發的，可見羅氏好學之篤了，自從學龜山後，即想以聖賢為業，無意從事於政治生活，在山中築一別墅，體驗他所好的靜的學問。間或謁見龜山於將樂溪上，吟詠而歸，可以想見其悠然自得的氣象。平日工夫雖不見精深，卻很醇正，後世稱他在「善人有恆之間」，若與他的弟子延平比較，自然不及多了。自神宗熙寧五年生，至高宗紹

興五年卒，是六十四歲的中壽。在臨終前數年，以特科做過博羅縣主
簿一次。

羅氏有高足弟子二人：一為李延平，一為朱韋齋；前者即朱子的老
師，後者是朱子的父親。他的學問從靜處得力，所以平日教授學生也是
從靜坐入手。當朱、李二人來從游時，即與他們相對靜坐，教他們於靜
中看喜、怒、哀、樂未發以前作何氣象，而求出一個「中」來，我所
以稱他為靜的教育家。羅氏的教法，不尚口說，只給學生一種態度或
暗示，令他們自化，此延平所稱「先生不言而飲人以和，與人並立而
使自化，如春風發物，蓋亦莫知其所以然也」（《豫章學案‧附錄》）。我
們看他訓誨子侄的一篇文章，假設兩個不懂教育的父親和一個善教子
孫的父親，描寫的頗有價值，與法國**拉伯雷**（Rabelaia）的**卡岡都亞**
（Gargantua）相似，無妨抄錄在下面，也可以考見他的教育主張了。

拉伯雷（西元 1493/1494 年－西元 1553 年），法國小說家。其著名
小說《巨人傳》（*La vie de Gargantua et de Pantagruel*），反映新興
資產階級的思想意識。

卡岡都亞，是拉伯雷《巨人傳》中的英雄。他身軀高大，食量過人。

東鄰有千條家，子孫不肖，博弈飲酒，馳馬試劍，挾彈持弩，與群
小為伍，見士人則逃遁。西鄰有百貫家，子孫不羞里巷，不顧父母，日
復如是。諸子前行，路人肉杖之曰：「為人子孫固如是乎？」二家之長，
一日聚議曰：「吾二家子孫不肖如是之深，治之恐傷骨肉之情，不治則恐
敗先君之業，若之何而為是乎？」旁有客曰：「此乃至愚至賤之徒，終遭
弄責而後已，吾將拉汝二人訪諸南鄰萬斛之丈人，請問訓子孫之術矣。」
南鄰萬斛之家共十人，入孝出悌，且行忠信；口不絕詠於六藝之文，手
不停披於百家之篇；閨門之內肅肅如也，閨門之外雍雍如也。君之子孫
若是，夫何為而至是哉？南鄰萬斛丈人曰：「吾之誨子孫也，非鞭非笞，

非詬非罵，但寫唐文人杜牧示小侄阿宜二句，又寫本朝宰執諸公仿杜牧示侄聊句，又寫范文正公家訓題東軒壁句，時人謂之東壁句。吾將示之，仿效寫於東壁，示子孫，尤佳。」東西二丈曰：「敬聞命矣，願得本以寫於壁焉！」（《羅豫章集・誨子侄文》）

二　李延平

　　李氏名侗，字願中，學者稱「延平先生」。生於哲宗元祐八年，較豫章少二十一歲。當在二十四歲時，李氏寫一封陳情書，求教於豫章之門。該書的大意：「久慕先生得河洛之學於龜山，亟欲領教，徒以為舉子業所耽誤，但自覺求學的要求較飢渴之於飲食更迫切，務請收錄在門下，侗當死心塌地謹受教誨。」初從豫章，即教他靜坐，要他於靜中看喜、怒、哀、樂未發前的氣象，間授以《春秋》、《中庸》、《語》、《孟》等書。李氏從容潛玩，有會於心，數年之後，遂絕意一切世俗的業務，隱居山田，專心體認他師門的靜的學問。李氏一生未曾做官，隱居四十餘年，一邊講學，一邊自修，而學問的精進因講學而益邃。宋學中心的朱子就是他的高第弟子，當朱子初來從游時，他已是六十歲的老人了。朱子的人格受他的陶醉極深，而他的學問亦因朱子的探討而相長。李氏修養的完粹、氣象的和平、工夫的純熟，差不多已到了明道的程度，對於豫章可算青出於藍了。朱子說：「先生姿稟勁特，氣節豪邁，而克養完粹，無復圭角，精純之氣達於面目。色溫言厲，神定氣和，語默動靜，端詳閒泰，自然之中若有成法。」李氏氣象豪邁的少年，好飲酒馳馬，一經思索，竟至溫潤如美玉，瑩靜如秋月，則教育的效能亦可謂大了！李氏活了七十一歲，因應閩守汪應辰講學之約，於正在講話的時候，忽然死了，時為孝宗興隆元年。

「默坐澄心，體認天理」八個字，是李氏一生的學問。體認天理即觀察喜、怒、哀、樂未發以前的氣象，而求出一個「中」來。喜、怒、哀、樂未發以前的氣象，即是在情感未生以前的心理狀態，這時的心理狀態，不是動的，亦不是靜的，是一種靈活的渾然一氣的本體，這種本體沒有一毫人欲之私，是至誠至善的，中庸不偏的，這就謂之「中」。以此中為本，由是而發出的，「雖品節萬殊，曲折萬變，莫不該攝洞貫，以次融釋，各有條理」，故又謂之「天理」。這個天理，只於情感未發以前的心理狀態才能顯現；可又極其精微，不是目所能睹、耳所能聞的，非過細體認不能覺得。但吾人平常多為外物所擾，客氣所勝，思慮紛紜，心中不能寧靜，很難看得天理出來，所以要默坐以澄心，然後可以體認天理。工夫既是這樣細密，所以他平日主張靜坐，靜坐以後，使得心中沒有一點事了，則天理始出。迨得天理體認出來了，隨時持守之，再加以涵養的工夫。體認又體認，涵養復涵養，積日累月，煉得心平氣和，私慾盡消，只剩得一點晶瑩明澈的本體。到了這時，渾身是元氣，滿腔皆中和，由是而「泛應曲酬，發必中節」，那麼學問成功，教育的效力，於此可見了。

李氏的學問，體認之後務須加以涵養，倘沒有涵養的工夫，徒是體認，亦不見受用。體認雖從靜中，而涵養須待隨時，體認之後，加以涵養，涵養了又復體認，到得工夫有頭緒了，則無地不可體認，無時不在涵養。這種工夫，既不是憑口說、憑懸想；亦不是一超直入的，是要從日用庶物上反覆推尋，逐漸理會，久之而後有成功的。所以他答朱子說：「為學之初，且當長存此心，勿為他物所勝，凡遇一事，即當且就此事反覆推尋，以究其理。待此一事融釋脫落，然後循序少進，而別窮一事。如此既久，積累之多，胸中自當有灑然處，非文字言語之所及也。」（〈延平問答〉）又說，「唯於日用處便下工夫，或就事上便下工夫，庶幾

漸可合為己物，不然，只是說也」（同上）。由此看來，我們可以把李氏的教育概括為幾點：

（1）關於學習方面：不要憑口說，須就日用上下工夫；不要籠統弘闊，須就事實上一件一件的推尋，由此所得才有意味。而初學入門，還須練習靜坐。

（2）關於教授方面：不是徒憑講說，必令學者反身自得，而教者只須略用一番點化的工夫，所謂自動主義的教法；且平日多以問答式及討論式。

（3）關於修養方面：還有存夜氣一段工夫，仍是靜的工夫。但存夜氣須兼旦晝存養之功，旦晝不枯亡而夜氣自清，夜氣清則平旦之氣亦湛然虛明——這是與為學一致的。

第三節　胡五峰（？—西元 1155 年）

一　胡氏家學

胡氏名宏，字仁仲，學者稱五峰先生。他是春秋大家胡文定的季子，理學大家張南軒的老師。文定名安國，字康侯，是一位負有經世大才及政治熱望的政治學者；但又是「風度凝遠，蕭然塵表，視天下萬物無一足以嬰其心」（《宋史・儒林列傳》）的一位超世人物。在哲宗時，已負文名。高宗建都江東，尤其欽佩其人格，屢次招他進京供職，他總不肯輕於一出，他雖抱有大志，但對於出處去就毫不隨便一點，所以自登進士至致仕四十年中，實際做官不過六年。平日與謝、游、楊三人交遊，他對於他們的關係在師友之間，雖然未曾拜過程門，也可以說是程門的私淑弟子。他的有名的一部《春秋傳》，據他自道是費了三十餘年的

研究才成功；所以明、清以來，國家莫不規定以《胡氏春秋傳》為太學的教材。文定有兒子三個，長子名寅，字明仲，號致堂，在高宗時官至禮部侍郎兼侍講，著有《論語詳說》及《詩文斐然集》，是一位志節豪邁的學者。次子名寧，字和仲，號茅堂，在高宗時官至祠部郎官，文定作《春秋傳》時，與他檢討的地方很多，他自己作了一部《春秋通旨》，是一位正直不阿的學者。五峰生長在這優良的家庭，有這樣賢父賢兄，他的學業之成功自然比較一般人容易。著有《五峰文集》及《鬍子知言》等書，而以後者為他的思想結晶。當他幼小時，嘗從過楊龜山、侯師聖。但性情恬淡，又不滿意於秦檜的賣國政策，所以弱冠以後，即在衡山下優遊講學了二十餘年，《知言》一書就在這個時期玩索出來的。可惜僅及半壽，迨秦檜於紹興二十五年死時，高宗再派人召他來京供職，而他竟因疾病而去世了。

二　心性說

胡氏對於心性的解釋，與正統派的程、朱學說殊不一致，所以後來朱子對他辯駁的很多；這不過主觀不同罷了，其實無損於胡氏的創見。他的學說最為正統派所不贊同的，就是不主張「性善論」。換句話說，他不承認性有善惡之說，「性也者天地鬼神之奧也，善不足以言之，況惡乎哉」（《知言·疑義》）。他秉著家學的意思，說孟子之所以「道性善」的，不過嘆美「性」之為物，奧妙之極，發而為「讚美」之辭，不是以「善」來形容性之「德」的。那麼「性」究竟是什麼呢？胡氏說：

中者道之體，和者道之用，中和變化，萬物各正性命，而純備者人也，性之極也。故觀萬物之流行，其性則異，察萬物之本性，其源則一。（《鬍子知言》）

凡中和的為「道」，由中和變化而成「性」，性之本源就是道。萬物皆由此發生，所以萬物皆具有此性；不過物類只具得一部分，人類得其純備，有這點不同。那麼，心怎樣解釋？心與性有什麼區別？胡氏又說：

天命為性，人性為心。(《翱子知言》)

有而不能無者性之謂歟，宰物而不死者心之謂歟。(同上)

性譬諸水乎，則心猶水之下，情猶水之瀾，欲猶水之波浪。(同上)

聖人指明其體曰性，指明其用曰心。性不能不動，動則心矣。

(《知言・疑義》)

心性二字乃道義淵源，當明辨不失毫釐，然後有所持循。未發只可言性，已發乃可言心。(同上)

我們給他綜合起來解釋：性是天命的，心是性所生的。性為本體，心為作用。當其為「性」時，是一種百感未發的狀態，定止的狀態，又謂之「中」。當其為「心」時，情感將待發生，是一種活動的狀態，又謂之「和」。性譬如「水」，水就是本體，心譬如「水之就下」，「水之就下」就是作用。性既為本體，所以無物不具，無往不在。心既是性之作用，所以有動作；這種作用又能中節而和，所以能主宰萬物。由此看來，性與心只是一物，皆是極其自然的，而又極其奧妙的，我們誠不能拿「善惡」二字去形容它。性既不可以善惡形容，那麼，吾人的行為何以有善惡？胡氏以為這與本性無關，其關係全在情感發生時能夠「中節」與否，假使吾人情感發生時能夠「中節」，就是善的行為；倘是發而「不中節」，就是惡的行為。所以他說：「中節者為是，不中節者為非。挾是而行則為正，挾非而行則為邪。正則為善，邪為惡；而世儒乃以善惡言性，邈乎遼哉！」聖人與眾人並沒有多大的差異，所不同的只在情感發生中節與不中節一點上。所見我們要學做聖人，原不必以情慾為戒，情

慾是性所固有的，只要求得「發而皆中節」就行了。但一般人往往任情所為，唯欲是求，以致失掉了本心，哪裡能夠中節哩？所以要求「發而中節」，第一步還當「求其放心」，「求放心」三個字，是做學問的目的，也是做學問的起點。

第四節　朱晦庵（西元 1130 年—西元 1200 年）

一　朱子與宋學

自程伊川死後二十三年，南宋忽然產生了一位道學大家——我們正要講的朱子。我們所謂宋儒學派，雖開闢於胡安定，發於周濂溪，而卓然樹立此事之正統者則為程伊川。朱子受業於李延平之門，為伊川的四傳弟子，他的致知力行的工夫即由伊川的學說直接演繹下來的。他不但直承伊川的傳授，且以廣闊的胸襟，縝密的頭腦，好學深思的工夫，網羅濂溪以來諸家學說，上接孔、孟的言論，綜合貫通，而成一包羅萬象的朱子學系，可謂集宋學之大成了。不僅集宋學之大成，且以整理古籍的精神，立下研究學術的宏規，實開後世考證學之先聲。朱子生於高宗建炎四年，死於寧宗慶元六年，享年七十有一歲，恰為十二世紀的人物。當這個時候，外有強敵如金人，年年南下壓迫；內有權奸如秦檜、韓侂冑輩，有的不惜媚外事仇，有的則乘機竊權，莫不專以排斥正類為能事。朱子生當此內憂外患的時期，雖功名事業不得有大的表現，而他的學說的發展確如烈日當空，光焰萬丈，不及身死業已通行於全國，比較孔子更為幸運。在中國學術史上，有三個偉大人物：孔子集唐、虞三代以來的學術之大成，鄭康成集漢學之大成，朱晦庵又集宋學之大成。但其影響於教育思想上面的，除了孔子外，朱氏較鄭氏更為偉大。鄭氏

死後，他的學術雖盛行於魏、晉南北朝，不過機械的記問之學，於民族思想無大關係；而朱子的學說支配社會的思想歷元、明、清三朝，六百餘年而不衰，這算孔子以後孫中山以前的第一人。不但他的學術思想在教育史上立了崇高的地位，而他的研究的精神、訓導的方法、綜合的頭腦、踐履篤實的人格、強立不屈的意志，處處足以啟發後世，為後世所取法，所以我們在這裡有特別敘述的必要。至於思想的內容，有些含著時代的背景之不能適用於現代，當作別論。

二　生活小史

績溪，縣名。位於安徽省東南部。

朱子名熹，字元晦，原籍屬於安徽婺源。他的父親朱松，號韋齋，亦知識界的人物，受過了宋學的洗禮的。韋齋先生為人剛直，以不肯附和和議，被遣出到福建當尤溪縣尉，即於建炎四年生朱子於隔溪氏之書室，故後世稱為閩人。朱子生來天資穎悟，五歲入學讀《孝經》，即題「不若是，非人也」六個字於其書面上，他的人格已在五歲幼兒時期光晶晶地表現出來了。以這樣天性的人，生在可風的家庭裡面，後來又得到許多良師的教導，怎得不造成不可一世的偉器？當他十四歲時，不幸父親去世，遵從遺囑，從學於**績溪**的胡原仲、白水的劉致中、屏山的劉彥沖三人。但此時所得甚淺，到了二十四歲，才往延平受業於李願中。李氏也是韋齋先生的同門友，朱子初來受教時，他已是六十六歲了，此時給了朱子一番提撕與警醒，而朱子才悟從前所學的空疏，從此努力於切實的研究。

朱子以十八歲登進士第，到六十九歲罷官歸鄉。——自登進士第至告老五十年中，在外做官五任，在內做官才四十日。二十二歲為泉州同

安縣主簿，約計五年；五十歲知南康軍，約計四年；五十四歲提舉浙東常平茶監，不滿一年；五十一歲出知漳州，約計二年；六十三歲改知潭州，又約二年；至派到中央為寧宗當侍講時，已六十六歲了。他是一個踐履篤實的教育家，想以平日所學施於社會的教育家，每到一處，除政務外，則必開設學校，改良風俗，使一般民眾，不但得到他的政治的實惠，且得到他的教育的倡導。綜計他做官不過十四年，其餘則全為私人講學時期，私人講學四十餘年，所以及門弟子遍天下，雖海外之人也有知其名而來頂禮的。但他的信徒愈多，則招忌愈甚：初被目之以「道學」，後被視之以「偽學」，最後且由偽學而誣為「逆黨」了。當寧宗初年，朱子已是六十多歲的老人，此時正是韓侂冑當國，攻擊偽學較前日急，一般趨炎附勢之徒，且想加害於他的身體。在這個時期，正人君子的厄運到了，稍能謹守繩墨以儒學顯名的皆無所容其身；平日從游於他門下的人，意志堅強的避害遠藏，操守不定的更名他師；而他仍然講學如平日，毫不有所畏避，其意志之堅強，涵養之有素，正在此處表現出來。當他去世的時候，奸黨造出種種謠言，說他的偽徒擬乘送葬偽師的機會，圖謀不軌，特別監視，但弟子自四方而來會葬的仍及千人之多，我們以此知朱子的精神為不死，朱子的教育可為有成功了。

朱子的學問是本著程伊川的——尤在於「涵養須用敬，進學在致知」兩句話，所以他的性格與為人也極肖程伊川。「其色壯，其言厲，其行舒而恭，其坐端而直。倦而休也，瞑目端坐。休而起也，整步徐行。」這是他的學生黃勉齋形容他的幾句話。凡道學的舉止、紳士的態度、訓練主義的教育家，完全形容出來了。他一生著述很多，不能一一備錄，其中大有影響於後世的，為《四書集注》、《近思錄》及《小學集解》三種，而以《四書集注》一種為最有影響。此四子書，隋、唐以來只有《論》、《孟》二書行世，《大學》、《中庸》雖經北宋二程特別表彰出來，尚未與

《論》、《孟》並列。使此四書合成為一書通行於社會者，實始於朱子；此後七、八百年，凡小學兒童莫不奉它為唯一的教科書，所以影響最大。[1]

三　教育生活

　　朱子自十九歲起，到老死為止，凡公的私的，合計講學五十餘年，這樣講學時期的長久，恐怕是古今少有的。他以講學為生活，一日不講學就一日不快樂。平日教人，循循善誘，孜孜不倦，確有孔子當年「誨人不倦」的精神。「從游之士，迭誦所習，以質其疑。意有未諭，則委曲告之，而未嘗倦。問有未切，則反覆戒之，而未嘗隱。務學篤則喜見於言，進道難則憂形於色。講論經典，商貫古今，率至夜半。雖疾病支離，至諸生問辨，則脫然沉疴之去體。一日不講學，則惕然以為憂。」我們只看黃勉齋在他的行狀裡頭所敘的這一段話，則朱子的講學精神之可欽佩，也就可想而知了。但私人講學的事蹟，我們沒有方法可以詳述。現在只就他從政時期所關於教育事業的共有五起，按照年代的先後分述於下。

　　（一）同安主簿時代。先生以紹興二十一年為同安縣主簿。除主簿職事外，即開辦縣學，招收縣民俊秀子弟充當學生。把縣學分為「志道」、「據德」、「依仁」、「遊藝」四齋，各置齋長一人，或由學生充當，或另聘職事。訓練取感化主義，不重條規，教授取問答式，講學內容即聖賢修己治人之道。平日策問很多，試舉一道為例：「問古之學者始乎為士，終乎為聖人，此言知所以為士，既知所以為聖人矣。今之為士者眾，而求其至於聖人者或未聞焉。豈亦未知所以為士而然耶？將聖人者固不出於斯人之類而古語有不足者耶？顏子曰：『舜何人哉，予何人哉？』孟子所願則學孔子；二子者豈不自量其力之所至而過有斯言耶？不然，則士

之所以為士而至於聖人者，其必有道矣。二三子固今之士，是以敢請問焉。」（見《晦庵全集》卷第七十四）

（二）知南康軍時代。先生為南康軍知事，始於孝宗淳熙五年，在此不過四年，而所得的成績最大。除就軍學時與生徒講論外，並重修白鹿洞書院為專門講習之所。對於教育目的、訓練綱目、學習程序及修己治人的道理，──規定詳細，當日師生講學的風度，生活的整秩，不難想像而知。後世所傳有名的《白鹿洞書院教條》即在此時規定的，我們不妨把它附載在下面：

（1）父子有親。君臣有義。夫婦有別。長幼有序，朋友有信。

右五教之目，堯使舜為司徒，敬敷五教，即此是也。學者學此而已，而其所以學之之序亦有五焉，其別如左：

（2）博學之。審問之。慎思之。明辨之。篤行之。

右為學之序，學、問、思、辨四者所以窮理也。若夫篤行之事，則自修身以至處事接物，亦各有要，其別如左：

（3）言忠信。行篤敬。懲忿窒慾。遷善改過。

右修身之要。

（4）正其誼，不謀其利。明其道，不計其功。

右處事之要。

（5）己所不欲，勿施於人。行有不得，反求諸身。

右接物之要。

在書院裡，先生自為山長，常請知識界的名流來院講演，一新學生的耳目。陸子靜為先生之勁敵，主張素與先生相左，可是還被邀來對學生講演。講題為「君子喻於義，小人喻於利」。所講切中當時學者一般的毛病，朱子非常感謝，且把他的講演稿刻石為記，使諸生暗得警惕，朱之虛心接物，莫不愧為一代的大教育家。南康從前出過陶靖節、周濂溪

一班有名人物，朱子特為立祠二所，一祀周濂溪，配以二程；一祀陶靖節、劉西澗等五賢，無非使學者仰見古人的風範，有隨時感化的功效。南康經他這樣一提倡，教化大行，而朱子辦學的聲名也更其照耀了。

（三）知漳州時代。先生當六十歲時，目擊當時群小用事，走進京來，上一大封書於孝宗，共陳利弊六則，反覆數千字，孝宗大為感動，打算留京重用。不幸孝宗忽然禪位於光宗，遂委先生出知漳州。先生在漳州任內，除講求學校教育外，並注意於社會教育。關於學校教育者，所訓生徒與南康時無異，對於學行均優的學生特別獎勵，對於辦事勤勞的職員特別拔擢。關於社會教育則以改革風俗為主。漳州風俗薄陋，不知喪葬嫁娶之禮，先生採掇古禮，制為教條若干，以開示於當地父老，並訓勉他們的子弟。此地人民崇尚釋氏，男女老幼迷信極深，先生嚴屬禁止，懇切開導，風俗因此大大的改變。[2]

（四）知潭州時代。光宗紹熙四年，委先生出知潭州。潭州人民久慕其德政，聽到先生來了，扶老攜幼，歡迎數十里，民眾之多，填塞道路。先生到職以後，除「修武備，戢奸吏，抑豪民」外，即注意於教育事業；州學、縣學一一提倡。長沙人士素來肯於向學，經先生一提倡，他們益加奮勉。附近各郡聽到先生在此興學，不遠數百里而來聽講，學生發達，至學校不能容納。

（五）煥章閣侍講時代。寧宗為諸王時，景慕先生之為人，恨不得聘他為講官，拜他為老師。紹熙五年，寧宗做了皇帝，即召他入對，委以侍講之職，遂正式對他執弟子禮了，先生得此機會，也竭盡忠誠，知無不言，言無不盡。正式教材為《大學》一書，每講一章必編成講義，首列經文；經文之下，附以小注；小注之後，附以意見，引經據典，反覆論列。不僅講學如此，即關於行事，苟有所見，亦必編輯成冊，呈教於這位皇帝學生之前。寧宗當初莫不開懷容納，每有講義，且傳及宮中誦

讀，所謂「宦官宮妾」都做了先生的弟子，說來亦極有趣。不幸說話太多，寧宗頗為厭煩，韓侂冑用事，把賢相趙汝愚趕走，先生也不得安於其位，竟在煥章閣教授四十日而罷了。韓氏恨先生極深，引用奸類，誣先生以逆黨即在此時。幸先生的聲望太大，不敢遽然加害，亦以年齡已老，為寧宗所夙昔景慕之故，所以竟免於害。再過五年，先生遂在群邪環攻、空氣緊張中與世長辭了！

四　心理說

朱子說明心理現象及作用，比較以前各家都說得詳細：他不僅只論性之善惡，並將心、性、情、才、欲及意志種種心理名詞都一一下個解釋。大要以心為人生之主，性是天所賦予的心之理，其他各種作用全是由心所發生、由心所指使的。我們分成三步逐一說明於下：

（一）心是什麼。朱子說：「心是管攝主宰者。」心即是吾人一身的主宰，管攝一切精神活動的；一切精神活動都是由心所發生的，心有兩種：一為有形的，如肺肝五臟之心，是形而下的；一為無形的，如操存舍亡之心，是形而上的。前者為物質實體，如生理上的心臟；後者為精神作用，如心理學所說的意識。我們所討論的是精神作用——形面上的心。這個心又分成兩種：一為人心，一為道心。人心即是人欲，知肚子餓了想吃飯，渴了想飲水，全是人心作用。道心即天理，如飢食渴飲而得正，是有道心為之主宰。他說：「人心維危，人欲之萌也；道心維微，大理之奧也。」其實形而上的心只有一個，人欲一動，天理隱藏，成了人心；天理回復，人欲消滅，就是道心，天理與人欲不兩立，道心與人心亦不併存，教育在革盡人心以回復道心。

（二）性是什麼。「性者心之理」，這是朱子學得程伊川的。理即天

理，天地自然之理賦予吾人者謂之性。性是太極渾然之本體，無形象可攝，無方所可指，只是一種意思情狀。內中含具萬理，別為仁、義、禮、智四大綱目，而僅一「仁」字也可以包攝一切。[3] 朱子也如程伊川分性為兩種：一為天地之性，一為氣質之性。天地之性指純理而言；氣質之性兼理、氣二者而言。前者渾然至善的，後者有善有不善的。天地之性就是天理，天理大公無私，故此性亦渾然至善。氣質由陰陽二氣所成，吾人稟氣有清濁，故此性有善惡。人與禽獸的性所以不同，人與人的性亦各有不同者，皆是針對氣質之性說的。人得氣之正，其理全，所以性善。禽獸得氣之偏，其理闕，所以性惡。即同一人類，稟氣也有渾濁不清的，其得理自闕而不全，所以與禽獸相差不遠。[4] 他又說性雖有兩種，其實只是一種。因為性只是理，本不可以名言，一說性時便兼了氣質在內。所謂天地之性是說性之理，所謂氣質之性是說性之質，而理附於質內，所以實只一物。再者人性之惡，雖一方由於先天的稟氣不良，一方也由於後天所感不正，所謂「此性本善，但感動之後或失其正，則流於惡耳」（《朱子全書‧性理》）。

　　（三）心與性之關係。心與性的意義我們已經解釋清楚了，那麼，這兩件東西有何關係？朱子對它們的關係雖說得很多，要以陰陽太極一個譬喻為最明顯。他說：「性猶太極也。太極只在陰陽之中，非能離陰陽也。然至於論太極，則太極自是太極，陰陽自是陰陽。唯心與性亦然，所謂『一而二，二而一也』。」（《性理大全‧三十三》）性為自然之理，稟受於天；心為吾人之精神，稟受於氣。有性無心，則虛緲而無依著；有心無性，則麻木而不仁。心性相合，才有生意，才有活動。雖然相合，還是二物；此二物必求相合而始發生作用。性之實體——仁、義、禮、智，雖為至善之物，倘不根著於心，則無以生出惻隱、羞惡、辭讓、是非等善德；心雖是一件生長的東西，倘無仁、義、禮、智含容其中，必

315

不能大顯作用，即有作用亦必暴厲恣睢如禽獸一般。

（四）心與其他精神現象之關係。我們再來將七個心理現象相互的關係作一整個說明。「性者心之理，情者心之動，才便是那情之會恁地者。」心所具之理為性，所能表現活動的謂情，怎樣去活動謂之才；這是心、性、情、才四得種關係的說明。「心譬如水也，性、水之理也。性所以立乎水之靜，性所以行乎水之動，欲則水之流而至於亂也。才者水之氣所以能流者，然其流有急有緩，則是才之不同。」水之本體為心，在靜止的狀態而有流動之可能者為性，水流時為情，流而不平以至於泛濫潰決的為欲，水流之力有緩急者為才：這是心、性、情、欲及才五種關係的解釋。「情是性之發，情是發出恁地，意是主張要恁地。如愛那物是情，所以去愛那物是意。情如舟車，意如人去使那舟車一般」。情是由性所發生的動作，如舟車之活動似的，如何駕駛舟車或東或西或南或北者謂之意；這是情意兩種關係的說明。「志是心之所一直去的，意又是志之經營往來的，是那志的腳。」由心所立定之目標為志，按照此目標設法以求達到者為意：這是意志兩種關係的說明。「性者心之理也，情者心之用也，心者性情之主也。」心為吾人精神的主腦，此主腦所具種種屬性為性，由此主腦發而為動作者為情：這又是心、情、性三者關係的說明。這一類的相互說明之處很多，我們不必再引。總括起來：心為吾人精神作用的本質，所以主宰一切精神作用的。此精神本質，含著由天所命的仁、義、禮、智種種屬性而使精神本質發生意義的謂之性。此精神本質雖為活動，卻呈靜止的狀態，因感而動者謂之情。情不過是一種動的表現，能夠動出種種模樣者謂之才，動無節制而至於蕩檢逾閒者謂之欲。再者由心所發生一種動作而有一定目標者謂之志，如何設法以達到此目標者謂之意。再簡單些說，性乃心之體，其他一切作用乃心之用，其實只是一個心就包攝了。按朱子這種心理的解釋，雖不盡合於科學，

但以心為中心，分述一切，而於其他許多意義中側重一個「性」字，只要知性便可以盡心，片段之中卻有一個系統，他的一切教育理論莫不以此為根據。

五　完人主義的教育論

　　朱子的教育目的，不是要造成一個忠臣孝子，而是要造成一個完人。完人之意即在能「明萬事而奉天職」。所謂萬事即社會上的一切人事：大則君臣、父子、兄弟、夫婦、朋友之際的關係，小則視聽、言動、周旋、食息等動作。所謂天職，凡上面所舉的一切事情皆是吾人分內所應當做的。萬事明了，天職奉了，則可以成為完人。聖人不勉而中，不思而得，生來就是完人。常人做到完人，必須勉而後中，思而後得，此教育之所由起。做到完人即可以至於聖人，而教育目的就達到了，所以他把荀子的一句話拿來告訴學生說：「古之學者，始乎為士，終乎為聖人。」（見《晦庵文集》卷七十四〈筆問〉）朱子以為聖人是可以期許的，做到完人即可至於聖人。他的理想中的完人是一個什麼模樣呢？不待說自然是循規蹈矩、踐履篤實的正人君子；博學多能、有為有守的賢士大夫。「學者先須置身於法度規矩之中，使持於此者足以勝乎彼，則自然有進步處」（〈答潘叔昌〉），這是說做人要有守。「自古無不曉事的聖賢，亦無不通變的聖賢，亦無關門獨坐的聖賢。聖賢無所不通，無所不能，那個事理會不得」（《語錄》），這是說做人要有為。我們只就他的《白鹿洞書院教規》及《訓學齋規》所開示的種種，便可以看得出他的教育標準來，即他自己就是一個最好的完人之模範。

　　無形的心有兩種：一為人心，一為道心——人心即人欲，道心即天理，我們在前面已說過了。天理是稟賦於天的，所謂與生俱來的東西，

為人人之所同，它是至善的。人欲是雜氣質而生，或因環境所習染而成，人各不同，是最害事的。聖人渾身是天理，已是完人了。至於一般人，常在天理與人欲交戰情形之中，若聽其自然不加以克治的工夫，往往人欲戰勝至流於禽獸一路。所以既為人，必要學——即須要受教育，教育的功用即在存天理以去人欲。所謂「聖人千言萬語，只是教人存天理滅人欲」（《語錄》）。所謂「學者須是革盡人欲，復盡天理，方始是學」（《語錄》）。能夠革盡人欲，使此心依然與天理渾然一體，則所有的皆是道心了。人有道心則神志清明，透澈如鏡，物來順適，無所不到，無往不宜。推此心於惻隱，無一非仁；推此心於羞惡，無一非義；推此心於辭讓，無一非禮；推此心於是非，無一非智。以它來格物，無物不可格；以它來讀書，無書不可讀；由是而修身而處事接物，自然合於規矩，中於法度，即可以做一個純全的人了。

朱子對於小學教育與大學教育的意義說得很清楚，恐怕是以前沒有的。他說，小學教授以「事」，到大學才教授以「理」。所謂事，如「禮、樂、射、御、書、數及孝、弟、忠、信」之類，教兒童怎樣去做。所謂理，如「致知格物及所以為忠、信、孝、弟者」之類，教生徒為什麼要如此做。小學教以當然，偏重在動作方面；大學教以所以然，於動作之後且進而求得了解的。小學教育即大學教育之基礎，大學教育為小學教育之擴充與深究，雖然程度有深淺，而教材卻是一貫，生活自是整個的（見《朱子全書》卷一〈大學〉）。所用教材的次序，則以《大學》、《論語》、《孟子》及《中庸》為初步，讀了四書再進而讀群經，是由淺及深、由簡到繁的，這也不外他的「下學而上達」的原則，小學教材除四書以外，他又收集古來聖賢的嘉言懿行，編了一部《近思錄》及一部《小學集解》，都認為初學必當讀的。

六　規範的訓練主義

關於訓育方而，朱子是主張嚴格主義的、規範主義的。即前面所舉答潘叔昌一段話就可以看得出來。再看他的訓學齋規，一種嚴整的鐵面式的訓練更可以驚人了。不過他雖然如此嚴格，其方法都是採用積極的教導，不重消極的防範，是採取感化的自發活動，不重形式的條文規定，所有訓練，多半是針對行為方面說的，即訓練學生以好的行為，去掉其不好的行為。去掉不好的行為，在革盡人欲，是消極的；培養好的行為，在復盡天理，方是積極的。倘使日日在於人欲的革除，而不從事天理的恢復，是沒有用的。所以他說：「但只於這個道理發現處當下認取，打合零星漸成片段，到得自家好的意思日長月盛，則天理自然純固，向之所謂私慾者自然消滅退散，久之不復萌動矣。若專務克己私慾，而不能充長善端，則吾心與所謂私慾者日相鬥敵，安伏得下，又當復作矣。」（《朱子語錄》）再看他所定《白鹿書院教規》五條，除第二條關於學習外，其餘全屬於訓練方面的，即告以怎樣為人，怎樣修身，怎樣處事，怎樣接物：無一不是積極的教導。他又說：「苟知其理之當然，而責其身以必然，則夫規矩禁防之具，豈待他人設之而後有所持循哉。近世於學有規，其待學者為已淺矣。」這不但積極的訓導，且希生徒以自發的活動了。他在同安縣學告諭職事有一段話，更足以明了他對於訓練的主張：「當謂學校之政，不患法制之不立，而患理義之不足以悅其心。夫理義不足以悅其心，而區區於法制之末以防之，是猶決湍之水注千仞之壑，而徐翳蕭葦以捍其沖流也，亦必不勝矣。」（《晦庵文集》卷七十四）

他的訓練主義施之於兒童更其嚴格，讀他《訓學齋規》，真是一篇對於兒童教育之訓練主義的好資料。其中共分五章：第一關於衣服冠履

的規則，第二關於語言、步趨的規則，第三關於灑掃、涓潔的規則，第四關於讀書、寫字的規則，第五關於其他雜細事宜。凡衣服飲食，几案器具，以及對上對下，一舉一動，莫不詳細標明，嚴格規定。其中固然過於機械，過於瑣碎，有許多不合於兒童身心的發育，但這種縝密的精神，尤其對於兒童教育的注意，不得不令我們佩服。

七 下學工夫的學習法

宋儒講學，不僅教學生以許多知識，且教他們以如何求知識——學習方法。關於這一點，朱子所說比較以前各家更為詳細；但其學習原則仍本於程伊川的「格物致知」四個字。「格物致知」，即窮理以致其知，理窮了而後知至。再約起來，學習原則，其實只有「窮理」兩個字。伊川言窮理只渾說一個工夫，朱子則分析為多方，我們給他綜合為兩類——只就書本以內窮理，一兼就書本內外一切事物上窮理。前者我們可以叫做「讀書法」，後者叫做「一般研究法」。朱子對他的學生或朋友，講論讀書方法很多，歸納起來，不外採取《中庸》上的五個步驟：博學、審問、慎思、明辨及篤行。這五個讀書的步驟，他已張貼於白鹿書院，指示他的學生了。元儒程端禮彙集朱子語錄又分成六條，即：「居敬持志，循序漸進，熟讀深思，虛心涵泳，切己體察，著緊用力」二十四個字（見《程氏讀書分年》）。第一條謂讀書時心要純一，不可雜亂，即主敬之意。第二條要按照能力，逐步漸進，不宜躐等。第三條要多遍熟讀，精密思索，不可以一知半解而遂自止。第四條要憑著客觀的頭腦。揣摩古人的真意所在，不可先立一個意見，牽強古人的言語入做自家的意思。第五條要將書中的道理拿來與己身四周的人生日用的事情對照，庶不致落於玄想與空疏。第六條更要振起精神，奮發前進，不可

有一刻的懈怠。

關於一般研究法，我們也可以收集他的語錄總為五條：第一，要收拾放心，把心放在腔子裡面，則頭腦清明，注意集中，然後可以著手窮理。第二，要廣集材料，使天下事物無一不在我所窮究的範圍之中，即研究時要作一遠大的計劃，兼收並蓄，不可囿於一方，所謂「萃百工然後觀化工之神，聚眾材然後知作室之用」。第三，要腳踏實地從一件一件逐漸理會，今日格一物，明日格一物，日久自然融會貫通。第四，還要放開眼界，從大處用力，即須找得一類事物的要點，用切實工夫努力一番，得到一個規模了再來仔細修改。第五，更要多方證驗，看能否通達可靠。所謂多方證驗，即是：把自己所已見到的一個道理，拿事實來證明，看合不合；如果合了，再設身體貼一番，看合不合；如果合了，再與其他道理來參證，看合不合；如果完全合了，則此時所見到的這個道理，才算確切可靠。最重要的還有三點：

（1）為學須要放開胸次，從大處著力。「譬如煉丹，須是將百十斤炭火煅一餉，方好用微微火養教成就。」

（2）讀書須如酷吏用法，要深刻，要縝密，不留絲毫人情，銖較寸度，千盤百詰，攻得它體無完膚了，方罷休。

（3）每學一件事情，須用一番苦工，下全副精神拚命做去，要使「群疑並興，寢饋俱廢」。越是遇到困難，越要努力，越是感覺無味越要前進，這一番苦工用過了，以後自然迎刃而解，總結一句：「小立課程，大做工夫」，才是求學之道。換句話說，我們為學，要從高處落脈，低處下手，即是應當立定遠大的計劃，從近處腳踏實地做起。計劃不遠大，無以成偉器；做事不踏地，無以成實學。所以他說：「愈細密，愈廣大。愈謹確，愈高明。」這種求學法，即「下學而上達」的工夫。他把格物看做夢覺關頭，格得來是覺，格不來只是夢。物格而後知至，物格知至

而後方能意誠，心正、身修，又是蘇格拉底（Socrates）的有了知識才能道德的主張了。

八 敬的修養主義

朱子修養的工夫，同伊川一樣，也是以「敬」為主。我們先敘述他對於「敬」字意義的解釋了，再研究他在「敬」字上所做的工夫。他說：

敬不是萬慮休置之謂，只是隨事專一，謹畏，不放逸爾。非專是閉目靜坐，耳無聞，目無見，不接事物，然後後為敬，整齊收斂這身心，不敢放縱，便是敬。（《語錄》）

惺惺，乃心不昏昧之謂，只此便是敬。（同上）

敬非別是一事，常喚醒此心便是。（同上）

由此，我們可以得到這樣的解釋：敬不是靜止的意思，它是心地純一而不雜，精神凝聚而不散，神氣清明而不昧的一種狀態。能夠保持此種狀態，便是主敬的工夫了。能夠如此主敬，便能收回已放的心，使此心常存在腔子裡面；故主敬的功用就是「收放心」，而修養的目的也不外這三個字，但如何能夠做到這步工夫？我們查他的前後語錄，可找出兩個要點：一是「當下認取」，二是「隨時喚醒」──前者是持養的工夫，後者是體察的工夫。朱子以為天理在人，亙古今而不泯滅，吾人無論如何蔽錮，而天理依然自若，不過因錮蔽在下意識裡面，人不自覺罷了。雖錮蔽在下意識裡面，但未嘗不常自表現於外，且往往從私意中不知不覺地表現出來，此即謂之良心。一遇到良心發現時，即善端萌芽時，吾人須於此時當下認取，緊緊握住。如此涵養下去，到得自家好的意思日長月益，則天理自然純固；天地純固了，從前所有私慾，自然消磨退散，久之不復萌動了。他又以為本心之所以放，並非真實走到外面

去了，只因平日逐物循欲，弄得精神昏昧，不知有心了。雖然不知有心，而此心未嘗不在，只要略綽一提醒，則心便在這裡；心在這裡，馬上頭腦清楚，能辨別義利和是非。吾人日與社會接觸，常被不良的環境所習染、所矇蔽，所以最易陷於昏昧之中，但只能暗暗喚醒，馬上便可以轉為清明，所以「學者工夫只在喚醒上」。前者謂之持養，後者謂之體察，二者並進，才是修養的全功。這種工夫，有事時如此，無事時也當如此，凡行時、坐時、讀書時、應事接物時無不如此。小大不懈，動靜咸養，良心未有不發現，天理未有不純固的。所以朱子的修養的工夫──求放心的工夫，不是消極的防欲，而是積極的長善；不是從寂寞空虛處用功，是要從人生日用上著手。[5] 這種工夫，才是腳踏實地，才是社會性的，與禪家之明心見性者迥然不同。朱子主敬的工夫雖本於程伊川的，而所言求放心之道則較程子詳密許多；至於修學與為人，全體一貫，則兩人是相同的。

第五節　張南軒（西元 1132 年─西元 1180 年）

一　生活小史

張栻字敬之，號南軒，世稱南軒先生。他的父親張浚是南宋有數的名臣，出將入相，謀國盡忠，差不多與北宋的韓、范諸人並列。先生生來聰明，極受父親的鍾愛，而父親又日以忠臣孝子的模範行為來感召，故先生自兒童時所受家庭教育莫非仁義忠孝之實。年齡稍長，即拜五峰的胡宏為老師。胡氏初一見面，便認識他是一個大器，即告孔門論仁親切的要旨。先生受了這一番指示，退而思索，好像有所得了，這是他的特別穎悟處，所以胡氏極口稱讚：「聖門有人，吾道幸矣！」先生得到這

樣的良師教誨以後，更其奮志自勵，想模仿古人，做一個聖賢，曾作了一篇表見志願的《希顏錄》，可惜此書早已失傳了！

先生以父親勛舊的資格，補授承務郎。賞孝宗新即位時，他年將三十，在父親幕府參贊戎機，很得孝宗的賞識，但不久因父逝世而去職。服滿以後，由父執的推薦，派他出為撫、嚴等州知事。當此之時，先生嘗以誠意、正心之說上奏章於孝宗，孝宗早已認識他，因此召他進京，委以吏部郎，兼侍講，以便長日聽他的啟導。但在宮廷教書不到一年，與宰相意見不合，乃被派出為袁州知事。先生忠誠出於內心，無論在內在外，總好直言極諫，而所議論的不外誠意、正心、致知、格物及親賢遠讒一套舊話，當然為事功派所厭聽與畏忌，所以淳熙改元時，先生遂完全免職，退而居家了數年。在這個時候，正是他的專一講學時期，不為不幸。迨後孝宗又思念起他來了，仍然召他出來，加他的官職，初知靖江府，後改江陵府。在兩府守任內，獎勵義勇，捕緝姦盜，剷除土豪劣紳，確是成績卓著。照這樣做下去，本來有公輔的希望，不幸享壽不長，遂一病而死了。

先生生於高宗紹興二年，死於孝宗淳熙七年，僅活了四十八歲。這樣不幸早死，世人莫不惋惜，尤其朱晦庵聽了這個消息，哀痛異常，曰：「吾道孤矣。」先生少年受學於胡五峰，中年又與朱晦庵、呂伯恭諸人交遊，學問之砥礪益切，所以成就較其老師更為純粹。滂博宏大雖不及朱子，但進步極速，德業日新，其涵養有道、氣象光昌之處，確蓋南宋一般儒者之上。假使得永其年，造就定不可限量。先生本是四川廣漢人，後來遷居到衡陽，遂為湖南籍，所以他的學生以湖南人最多。湖南學風早已發達，但皆氣勢嶙莽，未到純熟，得先生與朱子講論於其間，去短集長，才歸於平正，這也是教育的效力。[6]

二　心性說

　　南軒以心為人生的主宰，而性乃心之理，與朱子所說大致相同。其所不同的：朱子只就人類單獨而言，南軒則就人與萬物相提並論。性是什麼？人與物有何區別？我們先引他所說的兩段話了，再來解釋。南軒先生說：

　　太極動而二氣形，二氣形而萬化生，人與物俱本乎此者也。原物之始，豈有不善者哉？其善者天地之性也，而孟子道性善獨歸之於人者何哉？蓋人稟二氣之正，而物則其繁氣也。人之性善，非被命受生之後而其性旋有是善也。性本善而人稟夫氣之正，初不隔其全然者耳。若物則為氣既昏，而不能自通也。唯人全夫天地之性，故有所主宰而為人之心，所以異於庶物者獨在於此也。（《存齋記》）

　　天命之謂性者，大哉乾元，人與物所資始也。率性之謂道者，在人為人之性，在物為物之性，各正性命而不失，所謂道也。蓋物之氣稟雖有偏，而性之本體則無偏也。觀天下之物，究其形氣中，其生理何嘗有一毫之不足者乎，此性之無乎不在也。唯人稟得其秀，故其心為最靈，而能推之，此所以為人之性而異乎庶物者也。（〈答呂晦叔書〉）

　　性只有一個，即宇宙的本體，所謂「天理」，即《易》上所說的「乾元」。萬物皆由二氣化生，所以凡人與物莫不具有是性，而天地之性無往不在。性是至善的，又是同一的，何以有人物之別？蓋萬物之所以生存皆由於是性，而萬物之所以成形卻由於二氣。人與物受生之初，稟氣不同：人所稟的氣質清而心最靈，物所稟的氣質濁而心不靈。人之心最靈，能通達於性而全之，所以為善；物之心不露，往往偏執而不能通達，所以為不善。即同一人類，而所稟的氣質也有清濁的程度不同，所

以人與人的性亦有差異。但無論如何，性之本體只有一個，根源無有不善；而孟子言性善只就根源上說，不是指受生之後說的。我們不能因為看見人有不善的而據謂性有不善，亦不能看見物類蠢然無知而據謂性有不全，如果這樣的看法，那是最大的錯誤。吾人本性，平時固然呈現靜止的狀態，但卻有動的可能。感物而動，則謂之情。假使此動是由性而發，發而中節，雖動亦不失為善，此之謂「可欲之謂善」。倘或外物搖感無窮，吾人動盪無節，此時心不能自主，失了本性，則流為不善了。不善之動，全是人欲，倘不圖克治，則必愈演愈壞。南軒曾以水流比譬這種情形：「譬諸水，泓然而澄者其本性也。其水不能不流也，流亦其性也。至於因其流，激汨於泥沙，則其濁也豈其性哉。」（《南軒答問》）

心是什麼？其活動之情形怎樣？他說：

人具天地之心，所謂元者也。由是而發見，莫非可欲之善也。其不由是而發，則為血氣所動，而非其可矣。聖人者是心純全，渾然天理，乾知大始之體也，故曰乾聖人之分也，可欲之善屬焉。在賢者則由積習以復其初，坤作成物之用也，故曰坤學者之事也，有諸己之信屬焉。（《南軒答問》）

凡人之所以與萬物不同，因人類具了天地之心，而物類沒有。人具天地之心以生，所以其氣清明；人以此心為主宰，所以有理性。天地原始之心，純全無二，渾然天理，沒有一點氣質之偏，沒有一毫人欲之雜。由是而發為動作，自然中節，無有不善，——唯聖人才有這種程度。至於一般人，在先天多少有些氣質之偏，在後天多少有些人欲之雜，則心就不純了，所以需要教育。若以教育之功而存其良心，則天性昭明，依然復其本初，亦不失為賢者。心是一身的主宰，是管攝動靜而又不可以動靜分的。不過有修養的人，操持得住，則常在腔子裡面，雖感物而動，不過物來順應，毫無損傷。若無操持之功，聽其放逸，則隨外感而

奔馳，此時人欲橫行，心就不在了。但心未嘗不在，只是人欲勝而天理
亡，此心全為人欲所趨使罷了。

三　教育要旨

南宋除程、朱學說以外，還有兩派：一為浙江的事功派，一為江西
的唯心派。前者失之於粗，後者失之於空；前者只務近功，後者專慕高
遠；皆是南軒先生所反對的，因為他平日講學是近於程、朱一方面的。
「議論往往墮於一偏；孟浪者即要功生事，委廢者一切放倒：為害則
均」，這是南軒痛心兩派之偏執，而對朱子說的話。但他以為最足以壞天
下人的莫過於後一派：「舍實學而駕虛說，忽下學而驟言上達，掃去形而
下者而自以為在形氣之表；此病不細，正所謂欲辟釋氏而不知正墮其中
者也」（〈與彪德美書〉），這該是多麼痛心的一番話。所以他平日教人，
只是言「下學」，言「漸近」，言「格物致知」。至於教育的要旨，不外
「致知力行」四個字，他說：

考聖人之教人，固不越乎致知力行之大端，患在人不知所用力耳。
莫非致知也，日用之間，事之所遇，物之所觸，思之所起，以至於讀書
考古，苟知所用力，則莫非吾格物之妙也。其為力行也，豈但於孝弟忠
信之所發形於事而後為行乎？自息養瞬存以至於三千三百之間，皆合內
外之實也。（〈答陸子壽書〉）

以知行並進為教育的全功，所以他論小學以灑掃應對為始，論大學
以格物致知為要，既不空虛，又不操切，是切著人倫日用循序漸進，才
合於儒家的教範，才是士君子的模樣。教育的要旨既是如此，而為人著
手處只從「下學」二字用力。下學是因，上達是果，能夠下學了自能上
達，所謂「聖人教人以下學之事，下學工夫浸密則所上達者愈深，非下

學之外，又別有上達之功也。致知力行皆是下學，此其意味深遠而無窮，非驚怪恍惚者比也」（〈答周允升〉）。下學不僅是為人的工夫，就是讀書做事及研究問題皆須如此用力。這種工夫的原則，我們分成數條敘述於下：第一，要從近處做起，逐步前進，自可達於遠大。所謂「學之用極天地，而其端不遠乎視聽食息之間。識其端則大體可求，明其體則妙用可充」（〈與劉共甫書〉）。第二，要從密處用力。凡事須以分析的頭腦下縝密的工夫，使表裡透澈，無一毫含混，方為有得。否則只求速效，或專講皮毛，無大用處。所謂「力貴乎壯，工夫貴乎密。若不密，雖勝於暫，終不能持於久」（〈答喬得瞻書〉）。第三，要自博而約。博與雜不同，是有計劃、有系統地收集，雜則漫無條理。但只顧博取而不守之以約，終是頭緒紛繁，難得一貫之道，故趨約亦須重看。所謂「旁觀博取之時，須常存趨約之意，庶不至溺心」（《答問》）。但其全部工夫則在「循序漸進」四個字，即腳踏實地、逐步前進的工夫，若「一超徑詣」或「驚怪恍惚」之論，皆落於空虛陷於躐等了。「所謂循序者，自灑掃應對進退而往，皆序也。由近以及遠，自粗以及精，學之方也。如適千里者雖步步踏實，亦須循序而進，今欲闊步一蹴而至，有是理哉。」（〈答胡季隨書〉）

至於他平日教人，也不外乎這原則。呂東萊評論他的教法：「張荊州教人，以聖賢語言見之行事，因行事復求之聖賢語言。」即是說他平日教人要本著知識以施於行為，再由行為以證實知識，是致知力行的工夫，也是知行互進的工夫。朱晦庵也評論他一段：「公之教人，必使之先有以察乎義利之間，而後明理居敬，以造其極；其剖析精明，傾倒切至，必切兩端而後已。」這是說他教學生必先令他們頭腦清明，能辨別義利了，然後告以窮理居敬之功以求深造；至於循循善誘、反覆詳說、孜孜不倦的精神，尤為可佩。

四　敬的修養主義

　　南軒先生雖師事胡五峰，而他的學問還是直接伊洛，所以學力之純粹，超過胡氏很多。他的修養論差不多與伊川同一口吻——以居敬為主；不過添了「持養省察」四個字。他還是以「主一」解釋「敬」字，所謂主一就是「心在焉」的意思。做一件事情，把心力放在該事上面，不少渙散，不少間斷，一而不二，純而不雜，才謂之敬。[7]假若與人談話，而心想他事，或未應事時此心先在，已應事後此心尚存，這種現象，則雜而不純，二而不一了，皆由不能敬的關係。但居敬只是主一，只是心在焉，不是另有一件事情。換言之，居敬只是精神專注的一種態度，這種態度常因事而表現。所謂「事」不外視聽食息，我們整個的生活，沒有一刻間斷了視聽食息，即無時不有居敬的工夫。且更要在無事時涵養此種態度，到有事時心才專一。居敬是修養的工夫，持養省察又是居敬的工夫。持養即收拾已放之心保持而涵養之，使無散失，且得到敬之自然及理之純全。省察是時時反省體驗，看存養的工夫到了什麼程度，有何錯誤，是輔助持養的。所以他寫信給朱晦庵說：「大要持養是本，省察所以成其持養之功者也。」修養的目的在去人欲而復天理，即克己復禮之意。要達到此目的，先須封於「理欲」二字認識清楚，即辨明義利之別。要認清理欲，必使心在焉。但我們一瞬眼便與社會接觸，便有許多人事的紛擾，如何能使此心常在？則有賴於居敬的工夫。平日能夠講求居敬的工夫，無事時如此涵養，有事時切切省察，使此心常在而不亡，到得天理純全，則所流露的自然順乎天理，合乎人情，不致為私慾所矇蔽與搖撼了。且居敬的功用猶不止此。能夠居敬則心有主宰，自無思慮紛擾之患；能夠居敬，則氣度適中，收斂而不失於拘迫，從容而不失於

悠緩；能夠居敬則窮理益精，德性日明，天理之蘊亦可得而窮，太極之妙亦可得而識。

第六節　呂東萊（西元 1137 年—西元 1181 年）

一　生活小史

　　呂氏自公著歷六世至東萊，屢代都是純儒，對於學術的發表、教育的貢獻，皆有相當成績，至東萊所得尤多。他們先世本是河東人，後來搬家到壽春，又從壽春搬到開封，最後又遷居於婺州。婺州即今浙江金華縣，東萊遂成了浙江人。東萊名祖謙，字伯恭，生於高宗紹興七年，死於孝宗淳熙八年，只活了四十五歲，較南軒壽命尤短。他死了以後，朱晦庵在他的墓碑上親題曰：「宋東萊先生呂伯恭之墓」，後世遂稱為東萊先生。先生本以先祖餘蔭補將仕郎，於二十七歲登了進士第，隨後又中了博學鴻詞科，在場屋中可說幸運極了。乾道五年得了太學博士之官，兼管嚴州教授。此時嚴州守即張南軒，南軒長東萊五歲，學問已有成就，東萊於此時得他的指點不少。六年，孝宗復以博士召先生進京來，兼國史院編修官，實錄院檢討官。是時孝宗命臣僚對話，輪到他的名下，他即乘間勉勵皇帝以聖學。無論聖學是否合於孝宗的個性，不過一般宋儒個個都想以皇帝為領袖學生，只要把這個學生教好了，全國子弟自然聞風向化，不必家喻而戶曉——總算是對於教育的一番苦心。七年改任左教郎，召試館職。八年派他充當試考官，此時應考舉子有陸象山在內，照科舉成例，象山也可以說是東萊的門生了。考試未完，以父死之故，就辭了職，回鄉守制。在家住了三年，四方學子來從游的非常之多，正好講經說法，而張南軒反不以為然，說他忠厚有餘，果斷不

足，沒有遣散拒絕哩——我以為大可不必。淳熙二年，特往武夷訪朱晦庵，住了數月，將要東歸，晦庵送他到信州，哄傳一時的鵝湖閎辯會就是他在此時召集的。三年，又被召入京，除祕書郎，兼史職如前。五年被派充殿試考官，仍兼史職。到淳熙八年就死於家中了。東萊為人忠厚，與晦庵感情極好，朱、陸文字之戰，得他從旁調解，做和事老，功頗不少；自他一死，交戰之緩衝無人，所以差不多把晦庵的眼睛都哭瞎了。

　　南渡諸儒，雖各有師承，但論及家世，許多屬於崛起者。獨呂氏自仁宗朝以來，屢世純儒，代代有表現，所以中原文獻之傳獨落於東萊之家。東萊幼年既學有家風，長師林之奇、吳應辰、胡憲三人，而又與晦庵、南軒為友，因此學業日就，講索益精。但他的學問所長在史學，不在理學，所以一生服務二十年，以充職史事較久。其他多是教育生活，對於獎掖後生之勤勤懇懇，不讓於時賢，故及門弟子遍天下，可惜與張南軒同一命運，不能竟其學而盡其能，卒以不壽而死！

二　敦厚主義的教育論

　　論呂氏是一個態度誠懇、氣象溫和的教育家，不立異同，不露鋒芒，終身以講學為事，以昌明正學轉移風俗為己任。所謂「正學」即儒家的學術，孔、孟的道理，可以說「昌明正學、轉移風俗」八個字就是他的教育宗旨。他嘗對朱子說：「邪說陂行，辭而辟之，誠今日任此道者之責。竊嘗謂異端之不息，由正學之不明，此盛彼衰，互相消長。莫若盡力於此，此道光明盛大，則彼之消鑠無日。」又嘗對學生說：「嘗思時事所以艱難，風俗所以磽薄，推其病源，皆由講學不明之故。若使講學者多，其達也自上而下，為勢固易；雖不幸皆窮，然善類既多，氣焰

必大，燻蒸上騰，亦有轉移之理。」（均見《東萊遺集》）我們讀此兩段文字，可以想見其憂世的苦心及對於教育的抱負了。要昌明正學轉移風俗，自然在於講學——講明聖賢的道理。講學的人多，培養的人才必多；人才多了，善人必多，再繼以講學；由是造成一種風氣，使正學隨此風氣上騰，瀰漫於全社會，則異端自然消礫，風俗自然醇厚，而時事的艱難必定可以挽救。

呂氏以為當時教育的毛病有三：一為所教不切實際，二為訓練不以惇厚，三為學者無遠大志趣。他說：「古人為學，十分之中，九分是動容周旋灑掃應對，一分在誦說。今之學者全在誦說，入耳出口，了無涵養，所謂道聽途說，德之棄也。」（《麗澤講義》）教育即日常生活，唯有在日常生活中才可以找得出學問來；倘若拋開日常生活不講，而專在故紙堆中用工夫，記誦雖多，全無用處，且誦說愈多，則與實際生活相距愈遠，結果必造就一班廢人。一班賢士大夫，學業非不正，知訓非不明，何以一上臺做事就扞格不入？其原因蓋由於實地欠工夫，平日未嘗在實地上體驗，而想在書本上把道理講得透澈了就去服官做事，當然沒有用處。他又說：「教國子以三德三行立其根本，固是綱舉目張，然又須教以國政，使之通達治體。古之公卿，皆自幼時便教之以為異日之用。今日之子弟，即他日之公卿，故國政之是者則教之以為法，或失則教之以為戒；又教之以如何整救，如何措劃，使之洞曉國家之本末原委，然後他日用之皆良公卿也。自科舉之說興，學者之視國事如秦越人之視肥瘠，漠然不知，至有不識前輩姓名者，一旦委以天下之事，都是杜撰。豈知古人所以教國子之義。」（《麗澤講義》）要培養某一種人才，就應施以某一種教育，這種教育更要與當時實際情形相合，才有用處，這是呂氏這一段講義的大意。所以他主張教育要切於實際，使學生從日常生活上做起工夫，如飲食、衣服、居處、言語四種為日常生活所不可少的，

教者以此相教，學者以此體察，再進而研究高深學理時也不離此四者，則所培養出來的人才，必是社會有用的人才。[8] 呂氏這種說法，近於陸子的踐履工夫，又近於杜威教育即生活的主張。

「嗚呼！如伯恭者，可謂有志於溫柔敦厚之教」，這是朱子序《呂氏讀詩己》所讚嘆他的一句話。「溫柔敦厚」四個字，可說是呂氏的訓練標準，這種訓練標準，正彷彿其為人。他為人忠厚，大度包容，最看不起「輕捷便利」及「子子小諒」之人，所以平日訓練學生亦以溫柔敦厚為標準。他說：「後世人所見不明，或反以輕捷便利為可喜，淳厚篤實為遲鈍，不知此是君子小人分處。一切所見所為淳厚者雖常居後，輕捷者雖常居先，然一乃進而為君子之路，一乃小人之門。而淳厚之資，或反自恨不如輕捷者，而與之角，則非徒不能及之，只自害耳。」（《東萊遺集·論語說》）教育只有兩條路，在淳厚路上可進而為君子，在輕捷路上便是小人，主張何等顯明，立言何等痛切。淳厚篤實就是仁者，唯仁者才是生，不仁者才是死，所以一切人間趣味，萬物生意，宇宙流行，莫不由淳厚之人而發生、而表現、而存在。[9] 所以平日訓練學生，「要須帥之以正，開之以漸，先淳厚篤實，而後辯慧敏銳，則歲晏刈獲，必有倍收」（〈與陳同甫書〉）。所以他平日與人講論，往往以反省相勉勵，《麗澤堂規》以稱善不稱惡教學生，莫非忠厚之道。忠厚之教於讀史頗有關係，多識前言往行，反覆涵泳，氣味自厚，所以他說「大抵忠厚醇篤之風，本於前言往行。今之學者所以磽薄，皆緣先生長者之說不聞，若能以此意反覆思之，則古人之氣味庶猶可續也」（《麗澤講義》）。

呂氏又說：「今之學者，病不在弱，只是小。」（《麗澤講義》）所以病小，由於志不立。志不立，則器量狹小，難得入道之門；一則勇氣缺乏，總是避難而就易。今世學者，多趨於富貴利達一途，而不肯志於聖人之道者皆是這個原因。所以教育學生應教其以立志為先，倘能立

志，「至於大道，以聖人自期」（《遺集・雜說》），所培養出來的自然是大器材。

三　學習與教授

呂氏關於學習法的論點頗多，其原則不外伊川的集義工夫與晦庵的下學工夫，我們不必多述。[10] 不過他自己也有幾點獨到的地方，我們略敘於下：

（1）求學要切實際，在日用生活上用力，前面已經說過。

（2）求學貴創造，要自己獨立研究，各闢門徑，如此，才能趨出習俗的見解以外，而有新的發明。他說：「今之為學，自初至長，多隨所習熟為之，皆不出於窠臼外，唯出窠臼外，然後有功」（《麗澤講義》），即是此意。

（3）求學須「泛觀廣接」，即是要「虛懷接納，集思廣益」的意思。他說：「吾儕所以不進者，只緣多喜與同臭味者處，殊久泛觀廣接，故於物情事理多所未察，而根本滲漏處，往往鹵莽不見。須要力去此病乃可。」（〈與劉子澄書〉）不要有成見，不要排斥異己，須多方接納，取他人所長補我所短，則所學才圓通，才有進步，這是呂氏有感於朱、陸各執己見而發的；也是他的長處。

（4）讀書要有閒暇的工夫。吾人不能不做事，也不能不讀書，要使兩者不廢，須要好整以暇，才能於百忙中可以抽出時間讀書，而心中亦有讀書的閒暇了。[11]

（5）讀史很有益處，多識前言往行，可以蓄德，可以涵養忠厚醇篤之風。關於讀史的方法，他也說得很好：「看史須看一半便掩卷，料其後成敗如何。其大要有六：擇善、警戒、閫範、治體、議論、處事。」

（《東萊遺集・雜說》）他因長於史學，所以對於讀史的方法特別詳說，所舉六條大要，有價值與否，乃是時代的關係，我們不必刻意批評。

至於（6）看書不要穿鑿，須以平易觀之。(7) 為學須一鼓作氣不可有間斷，雖屬平常，確為切要，我們不必一一詳舉了。

關於所論教授法，更有幾點精到的地方。呂氏說：「大凡人之為學，最當於矯揉氣質上做工夫，如懦者當強，急者當緩，視其偏而用力。」（〈與朱侍講書〉）這是以氣質為標準，隨其強弱緩急而施教的。又說：「學者氣質各有利鈍，工夫各有淺深，要是不可限以一律。正須隨根性、識時節、箴之中其病、發之當其可乃善。固有恐其無所嚮往，而先示以蹊徑者；亦有必侍其憤悱而後啟之者。」（〈與朱侍講書〉）這段講得最好：既根據學生的個性，又依照他們的程度，又考查此時心理的現象，因病以施診，隨機以示教，這才謂之活的教授法。講說固不厭詳，但有時不可過詳，講說過詳，反易養成怠惰之病，所謂「講論形容之語欲指得分明，卻恐緣指出分明，事者便有容易領略之病，而少涵泳玩索之功，其原殆不可不謹也」（同上）。這是引起事生自動研究的一種教授法。

四　麗澤書院

這個書院在東萊先生的家鄉，即他講學會友的根據地。先生自登第至病終，在外服務不到廿年，而講學於麗澤書院者前後合計八、九年，其中以乾道二年及八年兩次丁艱時所講時間最長。在這裡頭，關於訓練標準、講授方法我們已在前面敘述過了。此處所要另述的，一為講義，一為學規。在書院中所授教材，不外四書五經。每講一章，則挑選出有關於涵養及治道的數章，加以特別說明，編成短篇的文字，謂之《麗澤講義》。朱子當侍講時，對寧宗講書，亦編有講義，不過說明較呂氏更

詳，中國學校習用講義的辦法及名目，恐怕是從此時起的。關於學規，有乾道四年、五年及六年三種；此外還有乾道五年定的關諸州在籍人的通知書及九年的直日須知兩種。乾道四年規約，共計十一條，除第一條以「孝、弟、忠、信」為講學宗旨外，其餘全屬於行動的規律、人格的陶冶。乾道五年規約共計六條，除第五條關於士檢的注重及第六條關於遷居的報告外，其他四條都是開示的讀書方法，其中並要學生每日做日記，及填書院學務登錄簿。乾道六年規約共計七條，完全關於退學條例。我們把它簡單地寫在下面：

凡諸生犯下列行為之一者，著即開除學籍：

（1）親在別居，（2）親沒不葬，（3）因喪昏娶，（4）宗族訟財，（5）侵擾公私，（6）喧噪場屋，（7）遊蕩不檢。

以上各條，以現代思想評論，固然有許多好笑的地方，但其中各條全屬於社會的行為，無一語限於學校以內，以社會為學校，化學校於社會，所培養的人才皆期為社會優秀分子，不是注入知識的書呆子。這種教育總算是有價值的。

第七節　陸象山（西元 1139 年—西元 1192 年）

一　充滿書聲的家庭

南宋教育家的發達較北宋更甚，而以朱子一系門徒最多，勢力最大。其中新闢門徑，獨樹一幟，與朱子儼然對敵的則有金溪陸子。陸子的主張怎樣，及一生的事業怎樣，等待下面再說，此時專敘他的家庭情形。

陸子本齊宣王的後人，到六世祖始遷居於撫州金溪，此地現屬江西

豫章道，距九江不過數十里。他的父親名賀，是一個有規範的家長，喜歡研究典籍，考察古人修身治家的儀節，見之於行事，後來贈授宣教郎。他的母親姓饒，為當地縉紳之家的女兒。饒氏生了六個兒子，個個都有成就，且每下一行所成就愈大，陸子於兄弟為最末而成就最大——這也是一種異觀。他們兄弟六人，全是以九字取名，以子字取字。長兄名九思，字子強，曾與鄉舉，後封從政郎。次兄名九敘，字子儀，人「公正通敏」，善能治理生產，當時人皆稱他為處士。又次九皋，字子昭，文學品行俱稱優良。中年與過鄉舉，晚年也曾做過小官；自名所居的齋為庸齋，所以人稱他為庸齋先生。又次九韶，字子美，性情恬淡，愛講學，不肯從事於場屋，對於《太極圖說》的懷疑而首先予以否認的即是這位先生。他與學者講學於近地，把該地取名梭山，自號梭山居士。又次九齡，字子壽，生來就特別聰明，少時即有大志，唯不得志於鄉舉，後來以太學上舍生畢業，始登進士第。一生未做大官，僅以教授終身，可謂一個純粹的教育家。自號所居的齋曰復齋，所以學者稱他為復齋先生。再次則為陸子了。陸子名九淵，字子靜，為宣教公的季子，朱晦庵的學敵，陸氏家學的大成。他們昆仲六人，除長兄稍弱外，一個為實業家，四個為教育家，而子靜且當時思想最明澈的一個哲學家。他們沒有一定師傅，伯仲之間自為師友，兄弟怡怡濟濟一庭，真堪稱羨！他們亦屬貧寒家庭，祖上並無田產，父親也未做過大官，僅有一個藥店，自先世遺給子孫的；但兄弟數人皆從容研究學問，不感匱乏者，實得力於其次兄子儀。兄弟們出外讀書應舉，獨子儀在家總理藥店，照料家務，供給他們的讀書費用，他們在外面需要款項時，一有信件到家，子儀則馬上匯寄，不使感受絲毫困難，子儀幫助於兄弟數人學業的成就，功績可為最大。在社會合作未發達以前，家庭合作實為重要，若陸氏者真可謂難兄難弟，殊有令我們敘述的必要。

二　生活小史

　　陸子生於高宗紹興九年（西元 1139 年），較朱子晚生七歲。幼小靜重已像成人一樣，但好奇心特別發達，遇事必要問一個究竟，三、四歲時即以「天地何所窮際」一問把他的父親考住了。十三歲讀古書，看到「宇宙」二字的解釋：「四方上下曰宇，往古來今曰宙」，乃忽然大悟，發明一貫之理，遂下一斷語：「宇宙內事乃己分內事，己分內事乃宇宙內事」，這樣聰明絕頂，可稱為天才特出。他以孝宗乾道八年登進士第，時為三十四歲。登進士以後，即歸家講學，到淳熙元年以後才兩為縣內主簿，淳熙九年一充國子正。淳熙十三年以後，年屆四十八歲，又回到家來，築精舍於家鄉附近的象山之上，一共講學五年，這是最專一而有成績的一個教授時期。光宗紹熙二年，派他知荊門軍事，自七月啟行，自次年十二月，歷時不過一年又半載，竟死於任所了。他在荊門，皆以平日所學，施之於政事，為治的時間如此短促，卒使百廢俱興，吏民感化，刑獄之事由少幾至於無，此當道所以有「荊門之政，於以驗躬行之效」的讚揚。死耗傳出以後，吏民扶柩痛哭，街道都為充塞；及運柩歸里，弟子門生奔哭會葬的將近千人，陸子平日以人格感人，於今已有收穫了。先生一生從政機會不如朱子幸運，除兩為主簿，一為國子正，一為荊門軍守數年外，皆為私人講學時期。講學的魔力較朱子更大，弟子自四方遠近而來，環繞座次的總是二、三百人。一生不肯著書，有人勸他，他說：「六經注我，我注六經」，可以想見其氣概。死之年為光宗紹熙三年，將近五十四歲，使天假以長年，如朱子之壽，所貢獻於社會當更大，所培植的青年當更多，不幸體質太弱，因肺病而死了。

　　陸子晚年講學於象山，自號象山翁，學者稱他為象山先生。象山在

信州西境，與他的故宅相距不遠，上有良田清池，蟠松怪石，他寫信與朱子形容其佳景極為可觀。他在山上築一精舍為書堂，學生相從結廬於精舍之旁，少亦數十百人，在精舍之外，又建一方丈，為自己住居之地，講時定於上午，精舍鳴鼓為號，先生由方丈乘轎而來，講畢退回方丈。學生多往精舍聽講，有時亦往方丈問難。大概每年自二月登山，到九月末下山歸家，中間也因應酬事故，往來無定。在山講學五年。四方學士來山訪問者逾數千人，先生亦覺快樂無比，很想久居於此，過他的清高教育生活，不意於紹熙二年有荊門之命，雖可以驗躬行之效於政事，但壽命不長，竟年半而去世，不僅是教育界的一大損失，也是思想界的一大損失。

　　陸子與他最大的學敵朱子，完全同時，但他們只有主張上的差異，並沒有感情上的衝突，主張任其不同，極意攻辯，而感情依然素好，這種精神足令吾人佩服！他們主張衝突的起點，在有名的鵝湖之會。此會由呂伯恭發起，與會的諸人，除朱、陸、呂三人外，還有陸子壽及浙江趙守景、劉子澄諸學者。呂氏本想調和兩家的學說，卒以不能一致，掃興而散。鵝湖之會開於淳熙二年，陸子時為三十七歲，朱子則已四十四歲了。再過六年，朱子南康守，陸子往訪，朱子請他往白鹿書院講演。講題為「君子喻於義，小人喻於利」，深中當時一班學者的通病，聽講的人莫不感動，朱子且特別道謝，並將他的講義刻石於院門以警學者。到晚年，又有《太極圖說》的辯論。發難的為他的四兄梭山先生，梭山當然敵不過朱子，所以由他接手對抗，最後還是各執一說無結果而罷，但這種形而上的玄妙學說，到現在已無足輕重了。

三　心即理說

陸子與朱子的主張不同的有三點：一為本體論，二為心性說，三為教學法。關於第一點不是我們研究的範圍，可存而不論，現在先討論第二點了，再說及第三點。

孟子說：「盡其心者，知其性也。」這一句話兩家都引為說明心性的根據，但他們的解釋各有不同。朱子看重「也」字，他以為吾人所以能盡其心由於已知其性，是以知性為因，盡心為果，陸子看重「者」字，他以為吾人倘能盡其心，必可以知其性，是以盡心為因，知性為果。朱子以性為本，所以採取伊川的「性即理」說。陸子是以心為本，所以他自己發明「心即理」說。陸子對於心即理說發明得很早，在十三歲看了「宇宙」二字的解釋時即曰，「宇宙內事乃己分內事，己分內事乃宇宙內事」，是即「心即理」說的萌芽。其後更明顯地說：「東海有聖人出焉，此心同也，此理同也；西海有聖人出焉，此心同也，此理同也；南海、北海有聖人出焉，此心同也，此理同也；千百世之上，有聖人出焉，此心同也，此理同也；千百世之下有聖人出焉，此心同也，此理同也。」（〈象山行狀〉）這一段話雖說得暢達明顯，但尚未提出心即理的口號，正式提出三字的口號要從他給與他的學生的信件裡面找出來。他與曾宅之的信上說：「蓋心一也，理一也，至當歸一，精義無二，此心此理，實不容有二。故夫子曰，『吾道一以貫之』。孟子曰：『夫道，一而已矣。』又曰，『道二，仁與不仁而已矣』。如是則為仁，反是則為不仁。仁，即此心也，此理也。」又與李宰的信說：「大人者不失其赤子之心，四端者即此心也，天之所以與我者即此心也。人皆有是心，心皆具是理，心即理也，故曰，理義之悅我心，猶芻豢之悅我口。所貴乎學者為其欲窮此理，盡此心也。」我們綜合

這幾段話：心非別物，就是理，理無二樣，故心只有一個。這一個心，縮小來，緊藏在身內，放大來充塞乎天地，無空間的限制，無時間的差異，有宇宙即有此理，有人類即有此心。聖人與凡民同具此心，即同具此理，不過聖人此心常存而能盡，凡民此心不常存而不能盡，倘能如孟子之求其放心，能夠操存而盡之，則「人皆可以為堯、舜」。

　　心的解釋已明，那麼，性是什麼？陸子說：「在天者為性，在人者為心」，這是他對黃伯敏不得已的一句答覆。其實他並不主張這樣分說。伯敏問他「性、才、心、情如何分別」？他說，「如吾友此言，又是枝葉。雖然，此非吾友之過，此舉世之弊。今之學者，讀書只是解字，更不求血脈，且如心、情、性、才都只是一般物事，言偶不同耳」（《象山語錄》）。或就某方面說，或就某作用說，因有性、情、心、才等名詞的差異，其實只是一件東西。因為他之為人治學說理皆是主張一貫之道，不喜巧立名目，作枝枝節節的區分，所以對於心、性、情、才這一類的名詞不多討論。若是談到性上，他主張孟子的性善說。他說：「人性本善，其不善者遷於物也。知物之為害，而能自反，則知善者乃吾性之固有。循吾固有而進德，則沛然無他適矣。」（《象山語錄》）又說：「有善必有惡，真如反覆手。然善卻自本然，惡卻反了方有。」（《象山語錄》）性本來是善的，後來被物慾所遷移所矇蔽就惡了。倘能自反，物慾離去，本性立見，依然善體，這是吾人所應做工夫的地方。

四　做人主義的教育論

　　教人「做個人」，是陸子的教育宗旨。他說：「人生天地間，為人自當盡人道。學者所以為學，學為人而已，非有為也。」（《語錄》）他又說：「須思量天地之所以與我者，是甚的，為還是要做人否？理會得這個

明白，然後方可謂之學問。」（《語錄》）不學做人，不得謂之學問，為學即所以學為人的道理，非有旁的作用，此即陸子的教育宗旨。且吾人置身於天地之間，為萬物中的靈者，何等堂堂，若不做一個人，豈不辜負此生？所以他又說：「上是天下是地，人居其間，須是做得人方不枉。」（《語錄》）既名為人，生來便是，何以說學做個人？蓋一般凡民不過徒具人的形體，其實本心已失，與禽獸相去不遠，不得謂之「人」。陸子所謂人，須要本心不失。心即理，本心不失，則天理純全，仁、義、禮、智四端莫不渾然存在，當惻隱即惻隱，當羞惡即羞惡，當是非即是非，當辭讓即辭讓。這種人，渾身是天理，一舉動，一言語，莫不自然與天理相吻合，置之宇宙，就是一個小天地，此即吾人所要做的人，教育即在教人做到這樣一個人。何以能夠做到這樣一個人呢？第一步在辨志，第二步在求本心。所謂辨志，即辨義利之志，志不辨則義利不分；且一般人往往先趨於利，趨於利則為小人了。能夠辨得義利分明而所志在義，則基礎純潔然後可以做第二步工夫。吾人本心原是團聚而清明的後因為物慾所矇蔽、所陷溺、所引誘，由是本心昏惑而四散於外。既已辨別義利之分，而又志乎義，此心必日見清明，不復為物慾所矇蔽。所陷溺，所引誘，可以漸漸收斂於內了。既得其本心，由此優遊涵養，使它日充月明，由是「萬物森然於方寸之間，滿心而發，充塞宇宙，無非此理」。此即教育的功用，做人的基礎工夫。

　　為學以做人為歸，做人以辨志為先。辨志即立志做個大人，此大人即孟子所說的不失赤子之心的大人。立志做大人要自有主張，能卓然樹立，能新闢門徑。能卓然樹立，則有根基，有間架，才不為流俗所移轉。能新闢門徑，則不為舊說所範圍，不肯襲他人的窠臼，竟可不顧一切而自由創造，竟可打破一切以表現自我。果能如此，才能軒昂奮發，才能掀天揭地，而做一個獨立自在的大人，不至於陷於小蹊小徑的樣

子。[12] 一切真理皆由此種人發明，一切真偽是非皆由此種人辨別，教育應當培植這樣的人才才是有價值的教育，學者能夠如此自修才是有長進的學者。「仰首攀南斗，翻身依北辰，舉頭天外望，無我這般人」（《語錄》），此即陸子所謂大人的氣象。但現在一般學者所以小蹊小徑的，皆是由於志不立。志不立，遂生出兩種毛病：一是隨俗移轉，不能自為主張；一是義利不辨，唯在聲色利達上營求。有了這兩種毛病，怎樣能夠做人——怎樣能夠做個大人？有了這種毛病的人自然陷溺於其中而不自覺，負教育責任者應當隨時考察病源所在而施以診治。陸子以為當今病人太多了，而皆陷溺於其中而不自知，所以平日教人專在攻伐學者的隱病，使其良心發現，徐徐培養，以引入做人的地步。[13]

　　當時學者還有一種毛病，只騰口說，只誦詩書，不講求踐履，不重樸實，這也是陸子所不主張的。他說：「今天下學者有二途，唯樸實與議論。」（《語錄》）又說：「為學有講明，有踐履。」（〈與趙運道書〉）他的教育是偏重於樸實與踐履一方面，他一生所以不肯著書，不主張騰為口說者，即實行他的樸實與踐履的主張，他認為學問，只是人情物理，倘能將精神收斂在內，將這個切身體察，已是學之不盡，已經做人不了，何必奔逐於外，何必專講口說！世人見陸子批評朱子的工夫支離，以為他的教育必落空疏，其實陸子比任何人為實在，因為他是提倡踐履樸實的。所以他說：「千虛不博一實，吾平生學問無他，只是一實」，「道外無事，事外無道」，「古人皆是明實理，做實事」。不從實物上考察，實事求是，涵養血脈，發揮義理，而只求誦說，攻字義，這種死板的空疏的沒有生氣的教育，最是陸子所反對的。有人問他學門自何處入手？他說：「不過切己自反，改過遷善。」（《象山年譜》）他的五兄問他今在何處做工？他說：「在人情事勢物理上做些工夫。」一生踐履的工夫，於此二語已足以表現無餘蘊了。

五　教授法

朱、陸不同的第三點為教授法。《象山年譜》上說：「鵝湖之會，論及教人：元晦之意，欲令人泛觀博覽，而後歸之約；二陸之意，欲先發明人之本心，而後使之博覽。朱以陸之教人為太簡，陸以朱之教人為支離：此頗不合。」朱子教人的方法，先博後約，以道問學為主，好似歸納法；陸子是由約而博，以尊德性為主，好似演繹法。這樣教授法，不過提供一種原則，仍是他們的教育主張，不是西洋教育家所謂五段、三段等法。陸子以「先發明本心而後博覽」為教，即孟子的「先立乎其大者」的主張，尤為原則的原則了。他的學生毛伯綱說：「先生之講也，先欲複本心，以為主宰；既得其本心，從此涵養使日充月明。讀書考古，不過欲明此理，盡此心耳，其教人為學，端緒在此，故聞者感動。」他自己也說：「吾之與人言，多就血脈上感動他，故人聽之者易。」（均見《年譜》）陸子施教最能引起學生的興趣，而能興奮他們的，不僅教育有端緒，尤在於能夠鞭劈近裡，從血脈上喚醒人。這種教法，有精神，有血氣，不是呆板形式的五段、三段可比；所以每到一處，學生歸心求教之多，如雲騰雨集。這種講說的魔力，與法國盧梭（Jean-Jacques Rousseau）相等，但他莊重不苟的態度，又非盧氏之浪漫可比。

陸子在象山講學五年，每於講授之前，必教學生「收斂精神，涵養德性，虛心聽講」，這即是他的教授準備段。有此一段準備，把放心收回，把注意力集中，聽講才容易入骨而有效力。講說經義，必從人情物理上發揮證驗；啟發學者的本心，亦間舉經語以證實所說的原理；態度嚴肅，音吐又清響；所以聽者莫不感動興奮，中心悅而誠服。這雖為一種講演式，但中間亦有隨問隨答，運用自如，不拘一定的格式。訓練以

身作則，以誠感人，不立教規，這又是與當時一般教育家不同的地方。所有聽講人的姓名及年甲，每日登記於一小牌上，以年齡為先後，學生即依此入座，秩序整整，齋肅無嘩。先生始進講堂，學生群起相互一揖以表示敬意，再靜坐數分鐘後，於是滔滔不絕的講演之聲浪沛然而起了。

六　讀書法

陸子所講讀書法亦與朱子不同：朱子主張吃緊用力，是沉潛的，近於小程；陸子主張平易用功，是高明的，近於大程。陸子的平易包含兩個意思：一是平淡，一是簡易。平淡是深奧的反面，聖賢千言萬語莫非日用生活的事情，即孟子所謂「夫道若大路然」。學者能以平淡的眼光，去看古人的書，在日用生活上體察，仔細玩味，切己致思，「優而柔之，厭而飫之」，自然有心得。[14] 簡易是繁難的反面，聖人讚易卻只是「簡易」二字，所謂「乾以易知，坤以簡能」，推之一切經籍都是很簡易的道理，不從簡易上用功，而卻自找些繁難，那就失了古人的意思，愈求愈晦，不是讀書的善法。讀書的原則既取「平易」二字，而讀書的步驟則須「先易而後難」。先從容易的著手，遇到艱深難曉處，不必苦思，權且放下，再讀其他容易處；如有所得，再加一番鞭策工夫，沉涵玩索，用力既久，必有觸類旁通之效，則昔日難曉的亦曉了。「學者讀書，先於易曉處沉涵熟後，切己致思，則他難曉者渙然冰釋矣。若先看難曉處終不能達」（《語錄》），這是他論讀書次序的一段話，此類議論很多，所與學生劉深甫一封信上說得更透澈。總之陸子的讀書法，主張平淡簡易，優遊厭飫，不要看得太難，不要拉得太遠，尤不要用心太緊，先從容易可曉處著手，用力久了，難者自然融會貫通，其他枝枝節節，非陸子所肯注意的。其所以能夠如此，還是本著他的講學原則——「先立乎其大者」，所謂「大綱提掇

來，細細理會去，如魚龍游於江湖之中，沛然無礙」(《語錄》)。

第八節 朱門弟子

一 蔡西山（西元 1135 年—西元 1198 年）

西山在朱子門弟中，年紀最高，學力精深奇出，超過朋輩，誠不愧為領袖門生，而志氣剛強，風骨嶙嶙，尤足以遺型後來，做一般人的模範。

西山姓蔡，名元定，字季通，是建州建陽人，平生嘗在西山講學，死後遺骨也葬在西山，所以門人尊稱他為西山先生。他生於高宗紹熙五年，較朱子生時僅後五歲，初次師事朱子時，年事已長，學力已深，所以於談話之間，令朱子很驚動地說：「此吾老友也，不當在弟子之列！」他的父親蔡發，自號牧堂老人，也是一代碩學。當西山初能讀書時，即以《程氏語錄》、《邵氏經世》、《張氏正蒙》授給他，說，「此孔子正派也」，故西山的學業多得之於家庭。及從朱子以後，四方學子，凡來求學時，朱子必教他們先往西山處質正，得到了一個門徑，再來正式聽講；而四方之士，拜別朱子後，也必得再往西山處深究一番，然後散歸。

當時政府以韓侂冑專權國事愈弄愈糟。西山雖屢受推薦，不願做官，在西山築一別墅，預備久居講學之計，哪知不久而禍事來了。一般附和韓黨者，極力攻擊朱門，說朱子是妖人，西山為偽徒的首領，果然被充軍到道州，而朱子也在危險之中。西山臨行時，朱子邀約師門設宴餞別於蕭寺，送者且感嘆泣下，而西山泰然如平時，可以知其修養與志氣了。餞別終結，西山與他的季子蔡沉杖履步行三千里，跋艱涉險，兩腳破皮流血，志氣不少挫。到道州以後，還講學不倦，道州士子慕其學

行，莫不趨席聽講。但西山卒以此行不復能返，俾朱子也哭泣為同志之孤了。死時為寧宗慶元四年，享年六十四歲。

西山雖為朱門的領袖，但學業卻不是朱子的正脈，他是以律呂象數之學著名於世，凡天文、地理、樂律、歷史、兵陳等學科莫不研究。對於性理之學雖沒有什麼理論，而以象證理，則為宋儒之特色。他的學問近於邵堯夫一派，所以極力推崇邵子，所以關於教育理論方面很少表現。

二　蔡九峰

九峰是西山的季子，名沉，字仲默，嘗隱居九峰，不肯出來問世，故學者稱為九峰先生。在家庭，他收了蔡學之大成；在師門，他又為朱學之別支。他與西山不同的：西山所研究的是「象」，他所研究的是「數」，他以範數說明天地之大原，人生之究極，自成其為數理哲學，不但遠駕他的父親，在兩宋學者中恐怕要數第一人。九峰有名的著作有兩種：一為《洪範皇極內篇》五卷，二為《書集傳》六卷，——前者是秉承家學而成的，後者是受諸師命而作的。《洪範皇極內篇》是一部純粹的數理哲學，於教育理論本沒有什麼關係，但他認宇宙的一切皆由數而生，因數可以明理，所以也常常說到與教育發生關係之處：

數由人興，數由人成，萬物皆備於我，成自取之也。中人以上達於數者也，中人以下囿於數者也。聖人因理以著數，天下因數以明理，然則數者聖人所以教天下後世者也。國家將興，必有禎祥，家將亡，必有妖孽；善必先知之，不善必先知之；因天下之疑，天下之志；去惡而就善，舍凶而趨吉，謁焉而無不告也，求焉而無不獲也；利民而不費，濟世而不窮，神化而不測，數之用其大矣哉。（《洪範皇極內篇》）

聖人所以教天下後世，即「因理以著數」，吾人又服膺聖人之教，即

「因數以明理」，此九峰把數字關係到教育方面的理論。動靜由數而生，人心的動靜具有性情的作用，故性情亦可以說由數而生。心為人生的主宰，其體為性，其用為情。當為性時「渾然在中，無時偏倚」，極靜而又極幽，唯具有仁、義、禮、智等善端。及其受了外界的感動，則隨觸隨應，於是有惻隱、羞惡、辭讓、是非之情表現出來。這又是以數字說明人之性情的理論。

三　陳北溪（西元 1153 年—西元 1217 年）

北溪名淳，字安卿，是漳州龍溪人。生於高宗紹興二十三年，死於寧宗嘉定十年，活了六十五歲。在少年時代，正習舉子業，被林宗臣一見警省之下，遂轉為聖賢之業。當朱子被派為漳州守時，陳氏執弟子禮往請受教。朱子告以「凡閱義理，必窮其源」；他得了這一點指示，由是進學益力。十年之後，再往見朱子，朱子已病了，在病中告以「下學之功」，雖晤對僅三月，而陳氏已得朱子為學的次第了。自朱子死後，陳氏服膺先師的訓誨，更加切實研究，日積月累，貫通義理，遂成一代碩儒。平生既未應科舉，也未有從事政治生活，除應嚴陵府學一次講演外，數十年中全為私人講學時期。

蔡氏父子，為朱學的別支，陳氏則為朱學的正脈。他的思想與學問完全不脫離朱子的範圍，平生雖沒有新闢的見解，但篤守師說，闡明而光大的地方，對於朱之功力總算不小。著作中除論仁、論性、論天理人欲遇於尋常外，論為學的功夫可很實在切要，我們不妨以簡單的方法介紹出來。陳氏的為學工夫即朱子的「下學之功」，其中分原則、大綱與節目三點。關於原則的：

太極是理，理本圓，故太極之體渾淪。……聖人一心渾淪太極之全體，而酬酢萬變無非太極流行之妙用。今學問工夫須從萬事萬物中貫通

湊成一渾淪大本，又於渾淪大本中散為萬事萬物，使無稍窒礙，然得實體，得渾淪至極者在我，而大用不差矣。（《北溪語錄》）

此原則是歸納與演繹並用，先以歸納法作為實地的證驗，再以演繹法獲得一貫之妙用。關於大綱的：

道理初無玄妙，只在日用人事間，但循序用功便自有見，所謂下學上達者，須下學工夫到乃可從事上達，然不可以此而安於小成也。夫盈天地間，千條萬緒，是多少人事；聖人大成之地，千節萬目，是多少工夫，唯當開拓心胸，大作基址。須萬理明澈於胸中，將此心放在天地間一例看，然後可以語孔、孟之樂。須明三代法度，通之於當今而無不宜，然後為全儒而可以語王佐事業。須運用酬酢，如探諸囊中而不匱，然後為資之深，取之左右逢其源，而真為己物矣。（《北溪語錄》）

工夫雖從下學上做，可不是安於小成，是要從基礎上做起，而建築基礎還當要遠大廣博。在遠大廣博的基礎之上，須把心胸放開，窮萬理，通萬事，加以深造熟練，視萬事如己物了，才是做到下學工夫，自然上達。他又說：

聖人用功節目。其大要不過曰致知力行而已。致者推之而至其極之謂，致其知者所以明萬理於心而使之無所疑也。力者勉焉而不敢怠之謂，力其行者所以復萬善於己而使之無不備也。知不至則真是真非無以見，其將何所適從。……行不力。則雖精神入神，亦徒為空言。……然二者亦非截然判先後為二事也。故知之明，則行愈速，而行之力則所知又益精矣。（《示學者文》）

以「致知力行」四字為節目，但二者互相為力，卻不可截判為兩事，這些工夫既不是在呆板的書本上求，亦不能專從空虛的心境上捉摸，是要從日用人事上切實用功，才能達到目的，——陳氏為學工夫的大要不過如此。

四　黃勉齋（西元 1152 年—西元 1221 年）

　　北溪雖能篤守師說，但非傳朱學的門徒，朱子平日所親信的還是勉齋。勉齋姓黃名榦，字直卿，是福建閩縣人。他的父親黃瑀做過御史，以篤行直道見稱於世。自他的父親死後，勉齋以劉清之的介紹，受業於朱子之門。朱子見他志堅思苦，可以繼承己志，遂把他自己的女兒嫁給勉齋了。勉齋生於高宗紹興二十二年，死於寧宗嘉定十四年，足活了七十歲。平生在地方服官不下五、六次，史言他「所至以重庠序，先教養」，可知他是以教育者的態度去做官的。但黃氏非完全一位道學家，他頗有幹才，又勇於直言，所以多遭政府中人的猜忌。到了晚年，退歸故里，專門從事私人講學，弟子從四方來學的逐日加多。這個時期，黃氏工作很忙，一方要講學，一方還要編書，——大概編禮著書在白晝，講論經理在夜晚。

　　黃氏在地方儒學所講，有臨川府、隆興府、新淦縣、安慶府、漢陽軍及白鹿洞書院等數處，每請一次均編有講義，大概不外四書中的性命之學。黃氏既為朱子的承繼者，平日講學自不能出過朱子的範圍，所以沒有什麼特色。我們只好摘其論性論學的兩點以備一例罷了。關於論性的：

　　人稟陰陽五行之氣以生乎天地之間，則亦具元亨利貞之德而為仁義禮智之性。……人受天地之中，無非此性，雜之以氣質，撓之以習俗，不能親師取友以致其學問之功，雖有此性亦未免於晦而不明窒而不通矣。……古之君子，博學之，審問之，慎思之，明辨之，篤行之，非誇多鬥博以為能也，締章繪句以為工也，求其知吾性之至善以全其所固有也。（臨川郡學所講）

　　意思是說，人皆具有仁義禮智之性，此性即天地之性，沒有不善的。其所以有不善者，原因有二：一在受生之初，為氣質所雜；一在成形之後，為習俗所撓。教育在求知其本來的善性以回覆其初的，所以吾人須要親師取友致其學問之功。關於論學的：

　　學之為義大矣：人心之所以正，人倫之所以明，家之所以齊，國之所以治，天地之所以位，萬物之所以育，未有不須學以成者。蓋嘗求其所以為學之綱領者：曰致知，曰力行而已。……蓋始之以至知，則天下之理洞然於吾心而無所蔽；終之以力行，則天下之理渾然於吾身而無所虧。知之不至，則如擿埴索塗，而有可南可北之疑；行之不力，則如敝車羸馬，而有中道而廢之患。然則有志於聖賢之域者，致知力行之外無他道也。（新淦縣學所講）

　　明理為人，一切須由於學——教育。求學之綱領不外「致知力行」兩點；這兩點是並重的，不可偏廢的，由此功夫即可做到聖賢的境地。黃氏其餘的議論，更覺老生常談，我們毋庸多舉了。

　　《宋元學案》引《黃東發日鈔》一段話：「乾淳之盛，晦庵、南軒、東萊三先生，獨晦庵得年最高，講學最久，尤為集大成。晦庵既沒，如閩中則潘謙之、楊志仁、林正卿、林予武、李守約、李公晦；江西則甘吉父、黃去私、張元德；江東則李敬子、胡伯量、蔡元思；浙中則葉味道、潘子善、黃子洪；皆號高第，獨勉齋先生強毅自立，足任負荷。」（《勉齋學案·附錄》）勉齋學問雖沒有什麼開闢，而宋末元初，許多學者直接間接受過他的影響不小，朱門弟子中以他為殿，表示朱學由他而傳的意思。

第九節　真西山（西元 1178 年—西元 1235 年）

一　略傳

　　真西山與魏鶴山為南宋末年的兩大儒者，學力名望並稱於世，又皆程朱一系，我們只舉一人以結束本期。西山姓真氏，名德秀，字景元，福建蒲城人。他是詹體仁的門人，為朱子的再傳弟子。十二歲入黨庠，十四歲通六經子史，二十二歲登進士，二十八歲中博學鴻詞科。以詞林起家，在外累任知州，在內累官舍人侍郎，以至翰林學士。在三十九歲時，曾充沂王府教接，至四十歲以後才專一講學。這時，他在家鄉築西山精舍，與師友輩講習討論的有詹體仁、黃叔通等人，然講學不久又被派為官吏了。自生於孝宗淳熙五年至理宗端平二年死時，享年只五十八歲。一生專門講學時期不長，而功業亦沒有可記述的，但聲名洋溢於中外，當時幾與朱子相等。平生著作頗多，以《大學衍義》四十三卷為精粹，次之為《讀書記》四十卷，全收在《真西山全集》裡面。

二　心性說

　　真氏著作雖博，但無一點特色，只是敷衍程、朱一派的舊說，無論直講或與學者問答。他以心為神明之舍，為吾人一生之主宰，是統御性情的。性具於心，為心之理，發而為知識思慮則為情，故性為體，情為用。性有天地之性與氣質之性兩種：前者為天所賦予，純粹至善，人人所同的；後者為人所感受，有善有惡，品類至不齊一。因此，心亦有兩種：心具了仁義禮智之理，即由天地之性而發，謂之道心；循聲色臭味之欲，即由氣質之性而發，謂之人心。出於道心，則為善，可以至於聖

賢；出於人心，則為惡，即進於小人之域了。天雖予人以至善之性，但不能使人必全其性，所以需要教育。教育的意義即在變化氣質不善之性以歸於天地至善之性。所以他說：

　　天地之性則無不善，氣質之性則有善有不善焉。然苟有以反之，則雖不善者可復而善。然則反之之道奈何？曰，由治己而言，則有學，由治人而言則有教。閉邪存誠，克己復禮，此治己之學也；學之功至則己之善可復矣。道德齊禮，明倫正俗，此治人之教也；教之功至，則人之善復矣。（《大學衍義》卷五）

　　大凡為學，只要變氣質正心術而已。蓋人之氣質，苟非聖賢，不能全善，必有所偏，故對賢立下許多言語，欲人因其言以省察己之偏處。如醫經然，某病則有某方，某病則為某藥，學者味聖賢之言，以察己之偏，正如看醫經以察己之病。（《西山文集》卷三十）

　　像以上一類的話很多，無非如張橫渠所謂「學以變化氣質」——變化氣質之性以反於天地之性，且教育多在消極方面用工夫，較程、朱所論更其薄弱。

本章參考書舉要

　　(1)《羅豫章先生集》
　　(2)《延平問答》
　　(3)《鬍子知言》
　　(4)《朱子全書》
　　(5)《朱子語類》
　　(6)《朱子年譜》
　　(7)《晦庵文集》

（8）《朱子訓學齋規》（《青照堂叢書》）

（9）《白鹿書院教規》（《學海類編》）

（10）《南軒全集》

（11）《東萊遺書》

（12）《象山全集》

（13）《黃文肅公全集》

（14）《真西山全集》

（15）《西山文集》

---

[1] 〈陳北溪答蘇德甫〉：「文公表出《近思錄》及《四子》，以為初學入道之門，使人識聖門蹊徑。」《黃東發》：「晦庵先生表彰《四書》，開示後學。」

[2] 《理學宗傳·朱子》：「漳俗薄陋，至有父母喪不服衰者。首述古令理律開喻之。又采古喪娶之儀揭示父老，令解說訓其子弟。俗崇尚釋氏，男女聚會佛廬為傳經，女不嫁者私創為庵舍以居。先生嚴禁之，俗為大變。時詣學訓迪諸生，一如南康時。其至郡齋請業問難者接引之不倦。又擇士有行義知廉恥列學職為諸生倡。知學錄趙師廬之為人首薦之。」

[3] 《晦庵文集·答陳器之》：「性是太極渾然之體，本不可以名字言：但其中含具萬理，而綱領之大者有四，故命之日仁、義、禮、智。」
又〈答林德久〉：「須知性之為體，不離此四者，而四者又非有形象方所可撮可摩也，但於渾然一理之中，識得個意思情狀，有界限而實非有牆壁遮欄分界處也。」

[4] 《朱子全書·孟子》：「人物只一般，卻不知人之所以異於物者，以其得其正氣，故具得許多道理。如物則氣偏而理亦昏了。犬牛稟氣不同，其性亦不同。性如水，流於清渠則清，流於汙渠則濁。氣質之清者正者，得之則全，人是也。氣質之汙者偏者，得之則昧，禽獸是也。氣有清濁，人得清者，禽獸得其濁者。人大體本清，故異於禽獸；亦有濁者，故去禽獸不遠矣。」

[5] 《晦翁學案·語錄》：「今人非無惻隱羞惡辭讓是非發現處，只是不省察。若於日用間誠省察此四端者分明逆攢出來，就此便操存涵養將去，便是下手處。」又：「孔子卻都就用處教人做工夫。今雖說主靜，然亦非棄物事以求靜。既為人，自然事君親、交朋友、撫妻子、御僮僕。不成捐棄了，只閉門靜坐，事物之來，且日候我存養，

又不可只茫茫隨他事物中走。」

[6]《南軒學案》：「宗羲案：湖南一派在當時為最盛。然大端發露無從容不迫這氣象。自南軒出而與考亭相講究，去短集長，其言語之過者裁之，歸於平正。有子考無咎，其南軒之謂歟？」

[7]《南軒語錄》：「蓋主一謂之敬，敬是敬此者也。」《南軒學案·附錄》：「許魯齋曰：東萊嘗云，南軒嘗言心在焉則謂之敬。且如方對客談論，而有他所思，雖言之善亦不敬也。才有間斷，便是不敬。」

[8]《東萊遺集·雜說》：「為學者當自四事起；飲食、衣服、居處、言語，此最是為學者要處，《中庸》、《大學》只是此道。」又：「人須當做一個人，則為學是合做的事。」

[9]《東萊遺集·與陳同甫書》：「唯篤志忠厚者，視世間盎然無非生意，故能導迎淑氣，扶養善端。」

[10]《東萊遺集·雜說》：「須是下集義工夫，涵養體察，平穩妥帖，釋然心解乃起。」《與陳同甫書》：「登高自下發足，正在下學處，往往磊落之士以為鈍滯細碎而不粗察。」

[11]〈與學生書〉：「欲求繁中不妨課程之術，古人每言整暇二字，蓋則暇矣。」

[12]《象山全集·語錄》：「要當軒昂奮發，莫恁地沉埋在卑陋凡下處。」又：「激厲奮迅，決破羅網，焚燒荊棘，蕩夷汙澤。」

[13]《象山全集行狀》：「先生深知學者心術之微，言中其情，或至汗下。有懷於中而不能自曉者，為之條析其故，悉如其心。」《語錄》：「老夫無所能，只是識病。」

[14]《象山全集·語錄》：「讀書之法，須是平平淡淡去看，仔細玩味，不可草草。所謂『優而柔之，厭而飫之』。自然有渙然冰釋、怡然順理的道理。」又〈與劉深甫書〉：「學固不可以不思，然思之為道，貴切近而優遊，切近則不失己，優遊則不滯物。」

第二期　元（西元 1277 年—西元 1367 年）

第二十六章　蒙古帝國之政治經濟與教育

一　帝國之政治組織與經濟情形

　　漢族自十世紀以來，在政治上久已失去東亞的領袖地位，替代而起的莫非北方民族，而以通古斯族最強。到十三世紀的後半期，通古斯族衰了，蒙古族又乘時起來。蒙古民族興起於黑龍江上游額爾古納河流域，在北緯五十度上下，天與以豐富的牧草及嚴寒的氣候，所以他們的體質非常強勇，習俗特別善戰。他們又得到蓋世英雄**帖木真**為其領袖，率其長勝的武力，東西征討，不及八十年，至世祖忽必烈遂殄滅了漢族的趙宋政府，自己建設一大帝國。此一大帝國，在政治方面不僅為東亞唯一領袖，他們的勢力且遠及歐洲。我們算計他們的領域：北方越過漠北，西方深入歐洲，南方直抵海表，東方擴充到朝鮮半島。東南兩方不下漢、唐，西北兩方則超過漢、唐多了，跨歐、亞兩洲，統各色人種而組成蒙古大帝國，在東西歷史上總算曠代之一奇蹟。

　　帖木真（西元 1162 年 – 西元 1227 年），即元太祖成吉思汗，蒙古第一代大汗。西元 1206-1227 年在位，他一舉征服蒙古各部，建立起蒙古族歷史上第一個統一的大帝國。

　　蒙古本為游牧民族，經八十年的發展，遂統一亞洲，征服東歐，在此龐大帝國之下，所有種族、宗教、風俗、習慣、語言、文字，各各不同，故其政治組織及經濟情形也各隨舊慣不能一致。以經濟說，中國內地仍為農村社會，與宋代比較沒有進步，唯沿海各要港及北平大同一帶，因與國外交通，商業經濟較前發達。朝鮮半島及交趾支那半島亦為農業社會，而後者商業逐漸發展。長城及柳條以北均屬游牧民族，其經濟程度，較內地更後一階級。中亞、西亞各地，農村與游牧兩相錯處，

且因與歐洲交通往來之故，沿塔里木河一帶商業稍形發達。所以帝國統治之下的社會經濟形態是多形的，非一般的。以政治說，中國內地在帝國政府絕對專制之下，繼續以前的官僚政治，而人民壓迫過甚，依然是半封建形態。西北兩方分封為四大汗國，一切內政直接由汗王處理，又似一種典型的封建社會了。自種族、言語、宗教以及政治、經濟等等，各地方極不一致，所有各地的教育情形也當然不能一致，而舊史所載，多詳於中國內地而忽於四境，所以我們編元代教育史，此時難免偏枯之恨，所謂因襲宋代之舊而已。

二　帝國複雜情形下之教育政策

此處所敘蒙古帝國的教育，是就帝國直轄區域而言，其分封諸汗國，因社會情形極其複雜，教育情形很難考見，我們只有暫時從略。帝國直轄區域之教育也很複雜，且手段亦不平等，但他們政府卻有一個統一教育宗旨，曰「柔化教育」——這種教育是根據帝國政府對於其支配區域所施行的「柔化政策」而來的。柔化政策有二：一則對於中國內地的漢民族，一則對於西部的西域民族。蒙古以游牧民族，剽悍悍善戰，雖以武力征服了柔弱農業民族——漢族，但草昧初闢，幾無文化可言，當然為漢族所不服，所以他們對於漢族，一方面以武力壓迫，一方面利用中國固有柔性文化——宋儒學說，作為教育的種種設施。蒙古原無文字，亦無宗教，自建設帝國以後崇奉喇嘛，一方命帝師八思巴創造蒙文字，通令全國施行；一方以佛教化導自己的民族。哪知其後夙具強勇善戰的蒙古民族反因佛化而柔靡了，想亦開國諸領袖始料未及的。

元朝對於中國民族，施行柔性教育情形，是在社會方面，極力提倡程、朱學說，程、朱學說到元代益加昌明；[1] 在政府方面，一方提倡程、

朱學說，一方通行蒙古文字，又一方播傳佛教，總之所施行的全是柔化政策。

---

[1] 《五禮通考》秦氏案：「自河南二程子出，表彰《學》、《庸》；朱子為《大學》、《中庸》章句，《論語》、《孟子》集注，由是有『四書』之名。嗣後理學日明，學者始知其為治人修己之切要，共尊信之。而皇慶開科，遂以朱子四書之學首立學官。自元、明以來，五百年間，相承無廢。此固儒術之效，而許、魯諸人亦可謂能尊其所聞者矣。」

《晦翁學案・附錄熊勿軒考亭書院記》：「當今治宇一統，京師首善之地，立胄學，興文教，文公四書方為世大用，此又非世運方升之一幾。」

第二十七章　元代教育制度及其實況

第一節　概論

　　元代教育形式，分成三項，與宋代大致相同。哪三項？一為學校，二為書院，三為科舉。學校在中央有三所：一為蒙古國子學，二為回回國子學，三為國子學——漢學國子學。在地方有四類：一為郡縣學，二為蒙古字學，三為醫學，四為陰陽學。以系統說，則中央的國子學及地方的郡縣學，統稱直系；其餘的各種學校，應稱旁系。但無論直系或旁系，全屬於大學或專門學校的性質；即郡縣各校也只有設立的區別，沒有等級的區別。不過在世祖時，曾命江南諸路學及各縣學內務附設小學一所，選老成之士為教師，似乎元代已注意小學了，其實徒屬具文而已。再者直系各校，如國子學與郡縣學並無隸屬的關係。科舉完全採取宋制，略為變通，變通的地方較宋朝為良，所以多為明、清兩代所取法。科舉與學校仍無多大的關係：應鄉試者絕不限定郡縣學生；國子學生可以應會試，亦可以直接受賜出身。元代院較宋代尤為發達，差不多成了一種官立書院，有路立的，有府立的，有州立的，其待遇與郡縣普通學校完全相同。

　　教育行政機關更不統一。科舉方面會試屬於禮部，鄉、省則由天子另派大員主考。學校方面，中央的國子學三所，各有所轄的國子監；地方郡縣學校，每省設正副提舉二人掌管一切，上隸於漢學的國子監；諸路醫學另有提舉節制，上隸於太醫院；諸路陰陽學的管轄機關不詳，但上隸於蒙古國子監。書院的院長稱山長，其地位與諸路、府、州各學的教授相等，也歸各路提舉節制。元代所有教育制度及規程，到仁宗延祐以後才有詳細的規定；從仁宗延祐元年到順帝北遁，不過五十多年，所以本期的教育實際上只有五十多年的歷史。

第二節　中央學校

一　蒙古國子學

立於世祖至元八年，至仁宗延祐二年始規定生徒名額為一百五十人——蒙古學生七十名，色目學生二十名，漢學生六十名。入學資格，只限於隨朝蒙古漢人百官及集賽臺官員的子弟，及庶民子弟之俊秀者。生徒分正額及陪堂二種；前者多屬於貴族子弟，每月有廩膳；後者多屬於庶人子弟，略給紙筆。以《通鑑節要》譯成蒙古語為教材，並令好事者兼習算學。學成試驗，以所對精通者量授官職。教師有博士、助教、教授、學正等類，名額不詳。

二　回回國子學

設蒙古國子學所以提倡國學，設回回國子學以其文字便於關防。生徒名額定為五十人，資格以公卿大夫及富民之子為限。其中辦法與漢人入學之制相同。

三　國子學

國子學不加以冠詞者，即指漢學而言。此學創始於太宗二十四年，世祖至元六年又設立於北平，到仁宗延祐二年才有詳細章程。

（1）生徒名額及資格　初時生員八十名，後來增到二百名。學生不分種別，凡蒙古、色目及漢人皆可入學，其入學資格有四：（一）隨朝百官近侍蒙古人子孫及俊秀者，（二）宿衛大臣子孫，（三）衛士子弟，（四）

世家子弟。

（2）教材及教法　先授《孝經》、《小學》、《論語》、《孟子》、《大學》、《中庸》；次及《詩》、《書》、《禮》、《記》、《周禮》、《春秋》、《易》。由博士、助教親授句讀、音訓，正錄伴讀以次傳習；次日回講用抽籤法，並記所講優劣於簿以憑考核。此是太宗時所定章程，到仁宗時又有變更，——以下三條全是仁宗時規定的。

（3）升齋等第　國子學分為六齋，東西兩兩相向。下兩齋左曰遊藝，右曰依仁，凡誦書講說小學屬對等學程，屬於這兩齋。中兩齋左曰據德，右曰志道，凡講說四書、課肄詩律等學程，屬於這兩齋。上兩齋左曰時習，右曰日新，凡講說《易》、《書》、《詩》、《春秋》科，習明經義等程文者，屬於這兩齋。每齋名額多寡不等。到一季之終，試驗他們所習經書的課業及格，及不違學規者，以次遞升。

（4）私試規矩　凡私試每月舉行一次。學生屬於漢人，孟月試經疑一道，季月試策問表章詔誥內科一道。學生屬於蒙古或色目人，孟仲兩月各試明經一道，季月試策問一道。試卷如辭理俱優者為上等，給予一分；理優辭平者為中等，給予半分。到一年之終，將平日分數總計起來，如滿八分以上者，升充高等生員，以四十名為限，蒙古、色目十名，漢人二十名。凡應私試，須具備兩種條件：（一）如是漢人須有上齋生的資格，如是蒙古、色目人須有中齋生的資格；（二）在國子學內，尤須修學實際日期滿二週年以上，未嘗犯過者方許充試。試驗手續很嚴密，與科舉相同。又諸生在學滿三週歲以上者，許充貢舉應會試。

（5）黜罰科條　黜罰科條約計有四：（一）凡應私試積分生員，如有不事課業或違犯學規者，初犯罰一分，再犯罰二分，三犯開除名籍。（二）已補高等生員，如有違犯學規者，初犯停試一年，再犯開除名籍。（三）如在學生員，一年之終曠課滿二分之一以上者，即行除名。（四）

在學生員，除蒙古、色目別議外，其餘漢人生員三年不能通一經，或不肯勤學者，勒令退學。

第三節　地方學校

一　郡縣學

元朝地方行政分路、府、州、縣四級，每級皆設有學校——由路立曰路學，由府立曰府學，由州立曰州學，由縣立曰縣學。各學生徒名額皆不可考。每一路學設教授、事正、學錄各一員，散府及上中州等學各設教授一員，下州學設學正一員，縣學設教諭一員。凡中原州縣學的學正、學錄、教諭，皆由禮部委任；各省所屬州縣學的學正、學錄、教諭由各行省宣慰司委任。各級學校教官如服務有年及成績優良的得依次上升。在教授之上，各省設正副提舉二人，掌管一省內各級學校行政事宜。各學教材不外四書五經。各學學生名額及資格全沒有明文規定。這一班學生畢業後，或未曾畢業可以應鄉試，可以經介紹充當教官或吏屬。

二　蒙古字學

此學與郡縣學略等，不過只有路、府、州三級設立，縣不設立。入學資格分二種，一為諸路府官的子弟，一為民間子弟。其名額，上路三十二人，下路二十七人，散府二十人，上中州十五人，下州十人，教材與蒙古國子學同。教官與郡學同，仍統於提舉。

三　醫學

中央無醫學，只有太醫院。地方唯諸路設立醫學，由諸路提舉節制，而隸屬於中央太醫院。生徒名額及教材不詳。其中考試分兩種，每月一私試，試以疑難，視其所對優劣量加勸懲。每歲一公試，先期由學內教官出十三科疑難題目，具呈太醫院核奪，再發下諸路醫學，令生徒依式習課醫義，到年終置簿解納送本司，以定其優劣。凡醫學生員，平日得免本身檢醫差點等役；畢業後凡官應有需用醫學人員時，得儘先補用。

四　陰陽學

中央無陰陽學，只有司天臺。地方於世祖至元二十八年，始置諸路陰陽學，至仁宗延祐初，按照儒學醫學之例於路、府、州均設教授員，凡陰陽人皆由管轄，而上屬於中央之太史。教材不外天文術數之學，凡藝術精通者每歲備文呈送省府，赴都試驗，成績相符，則於司天臺內許令近侍。

五　書院

元代書院繼承宋代之後，而數目且益加多，「凡先儒過化之地，名賢經行之所，與好事之家，出錢粟贍學者，並立為書院」（《元史·選舉志》）。其建立之始則為燕京之太極書院，所以紀念周濂溪，即所以提倡宋學之意。其後昌平有諫議書院、河間有毛公書院、景州有董子書院，據《續文獻通考》所記四十院猶謂「約略舉之不能盡載」，可知當時書院之發達。

第四節　科舉

一　緒言

　　元朝取士之法，自太祖初得中原時，已具科舉的形式，中經太宗、世祖兩朝也曾數次舉行，但皆隨時運用，尚無一定程序。確定科舉程序，而施行較久的則始於仁宗延祐二年。自延祐二年至順帝北遁，除去五年的停罷，元代科舉正式取士法不過五十年，亦可謂各朝中之最短促的一朝。其中因襲宋代的有三點：一為三年一開科，一分鄉試、會試、廷試三級，一為榜第別為三甲。其中由元朝創制得以通行於後代的有二點：一為明定三場之制，一為確定鄉會試的日期。至於蒙古、色目人與漢人、南人之分榜發表，則因民族複雜，程度難齊，是蒙古帝國之一特殊情形，不可以一概論。

　　但鄉試一級宋名秋試。

二　科舉的手續

　　元朝取士，有由天子特科的，也有由學校充貢的，但極不常行，此處所敘還是貢舉常科。常科與宋朝中葉以後的情形相同，只有科而無目，內容是明經，科名則謂之進士科。考試分鄉試、會試及廷試三級，除廷試外皆無三場。鄉試第一場，定於八月二十日，每閱三日再試一場。會試第一場，定於次年二月初一日，每閱三日再試一場。赴鄉試的手續，各從本貫官司於諸色戶內推舉；須年在二十五歲以上，「鄉黨稱其孝悌，朋友服其場，定於次年二月初一日，每閱三日再試一場。赴鄉試的手續，各從本貫官司於諸色戶內推舉；須年在二十五歲以上，「鄉黨稱

其孝悌，朋友服其信義，經明行修之士」，方有被推的資格。由本貫官司咨送府路，以後由政府另派大員考試，謂之鄉試。全國共取三百名，會試於省部，會試取中百名，再經廷試定其等第。發榜時蒙古、色目人作一榜，謂之右榜；漢人、南人作一榜，謂之左榜。

三　考試的內容

各級考試的內容，蒙古、色目人與漢人、南人均不同。

（1）鄉試：如為蒙古、色目人，第一場經問五條，即從四書內設出問題五條，所答義意以朱氏的章句、集注為標準。不限字數，只要義理精明，文辭典雅，方可中選。第二場，試策一道，以時務出題，限五百字以上。無第三場。如為漢人、南人，第一場試題分二則：一則明經、經疑二問，亦由四書內出題，答案以朱氏的章句、集注為標準，還可結以己意，限三百字以上；二則經義一道，以《詩》、《書》、《易》、《禮記》、《春秋》五經出題，任各治一經，限五百字以上。第二場，以古賦、詔誥、章表三種內任科一道。第三場試策一道，由經史時務內出題，文取直述，限一千字以上為完成。蒙古、色目人，如願意考試漢人、南人科目者，中選後加一等注授。

（2）會試，第一場，蒙古人、色目人試經問五條，漢人、南人試明經、經疑二問及經義一道。第二場，蒙古人、色目人試策一道，漢人、南人於古賦、詔誥、章表內任科一道。第三場，漢人、南人又試策一道，蒙古、色目人免試。廷試只有一場，蒙古、色目人試時務策一道，限五百字以上為完成；漢人、南人試策一道，限千字以上為完成。

四　結論

　　元朝以野蠻民族入主中原，始終不脫離野蠻氣味，既然鄙視儒生，尤不注重教育。故中國教育史在元朝是一個低降時期。在學校方面，中央只有三所國子學，從前唐、宋所有醫、法、書、算諸專科學校沒有了；地方學校雖然照設，據世祖至元年間的統計雖有二萬四千四百餘所，但只是「名存實亡」而已。在科學方面，初無定制，到仁宗延祐二年，始有詳細的規定；雖有規定，其實並不常行，政府用人多由薦授科舉，不過偶一舉行罷了。不過當時研究學問的人，多投入書院，故書院之制較前發達，這也是帝國政府壓迫儒生所生的結果。

本章參考書舉要

　　(1)《元史》的〈選舉志〉
　　(2)《續文獻通考》的〈學校考〉
　　(3)《續通典》的〈選舉二〉
　　(4)《五禮通考》的〈學禮〉

第二十八章　元代教育家及其學說

第一節　概論

　　元朝以異族入主中原，對於漢族壓迫過甚，待遇極不平等，名義上雖說提倡宋學，實際不過以優俳看待，故民間有九儒十丐之謠，他們所尊崇的還是喇嘛佛教。當時中國一班學者，處在蠻橫的蒙古民族壓迫之下，日以道統中斷為憂，故他們所以講學、所以教育後進，雖對於朱、陸小有偏執，但無非以繼承宋學、開示後來為己身責任。生活既在壓迫與侮辱之下，只求能夠傳續固有的學說為滿足，至於新的開闢及教育界的特殊貢獻，殊少概見，此元代思想界所以無大起色。他們論性，全採取張橫渠的二元論：一為天地之性，二為氣質之性。天地之性即天理，又本於程伊川的「性即理」說了。他們論教育，除了許魯齋的低能教育說，吳草廬的真知實踐論，尤少精粹。至於修養的理論則更不多見，只有金仁山以「靜見天地之心」一點而已。不過熱心教育，善於教導，個個皆然，此元代教育家一大特色。

　　元朝統馭中國九十年，教育學者，有在朝活動的，有在野隱居的，不下數十輩，現在我們只取趙復、許衡、劉因、金履祥、許謙及吳澄六人為代表。此六人中，除吳氏折中於朱、陸之間以外，全是崇拜程、朱學說的，尤以許衡差不多為朱子的後身。程、朱學說在元代為最有力的學風，故這一班學者對於新的門徑雖不能有所開闢，但宋學——尤其程、朱之學——得他們的講貫而益昌明，我們卻不能一筆抹煞。又此六人中，除許衡、吳澄二人外，均含有幾分民族思想，但守志堅定不移，終身不肯臣事元朝的，只有金履祥與許謙二人，其餘概不能及了。

第二節　趙復

　　開元代宋學之江山的，要推趙江漢先生為首功。先生姓趙名復，字仁甫，湖北德安人，江漢先生是學者給他的稱呼。他的生死年月，很難考見，但他被擄時在太宗滅金之後，即宋理宗端平年間，其為宋朝末年的人物無疑。只因他個人關係於元代的教育及學術很大，所以把他列為本期教育家之首席。德安為宋朝的領土，趙氏當然是純粹的宋人。當太宗遣將南下攻取宋領時，德安被害最慘，百姓數十萬或擄或殺，差不多沒有存留的。趙氏也在擄中，他的全家早被蒙古兵殺得乾淨了，他自然是憤不欲生。當時北方學者漢人姚樞在軍前，奉了元帝的使命，凡儒、道、釋、醫、卜、士只要有一藝之長的，皆合脫釋。在眾俘虜中，瞥見了趙氏人物，一談論便知道他是一個有學問、有氣節的人物，極其欽佩，乃勉強勸諭他同己北上。到北平以後，姚樞與楊唯中特建太極書院及國子祠，並以二程、張、楊、游、朱六子配食，趙氏為講師，留此講學。燕、雲十六州，自五代割於契丹，久已淪於化外，北宋雖有河南程氏講學於伊洛，仍與薊北不通聲氣，其學說只隨國力所至而南遷。趙氏以江漢學者，攜帶了程、朱學說，講學於燕、薊，由是北方始知程、朱之學，而宋儒的教育思想遂流被於北方了。趙氏著作有三：一為《傳道圖》，一為《師友圖》，一為《希賢錄》，皆是纂述自堯、舜至程、朱許多聖賢的言行，以開示學者，這就是他的教育工作。後來姚樞退隱蘇門，請復傳其所學，並與許衡、郝經、竇默諸學者講學於其間，自此人才蔚出，宋學遂大顯於元代。

第三節　許魯齋（西元 1209 年—西元 1281 年）

一　生活小史

　　魯齋姓許名衡字仲平，是河內人。河內即現今河南沁陽縣，此地在當時屬於金人管轄之下，許氏幼時稱為金國之民亦無不可。許氏生於金之太和九年，即宋寧宗嘉定二年，當時正是蒙古領袖帖木真即**成吉思汗**位的第四年。其後蒙古勢力洶洶南侵，金國滅亡，許氏以姚樞的介紹，遂臣事元世祖，為元朝立官制，定朝儀，興教育；可算元朝初年很有關係的一個人物。許氏是一個勤學的學者，幼年嗜學如飢渴，家貧無錢買書，見日者家有《尚書疏義》，則請寄宿，手抄以歸。迨後逃離蛆崍山，始得《王輔嗣易說》，雖在兵亂，而晝思夜誦，孜孜不倦。此時間或教授，而學子亦稍稍來從。三年之後，世亂稍定，許氏回到故鄉。聽見姚樞講學蘇門，特往拜訪，得見程、朱遺書，知識陡然大進，始悟從前所學所講盡屬孟浪，全不可靠，而一一改從程、朱講習之法，教授門人，自此慨然以道為己任了。許氏又是一個謹守繩墨的道學家。嘗當暑天往來洛陽，道傍有梨，眾人莫不爭先取食，他雖口渴，卻危坐樹下不動。有人問他，他說：「非其有而取之，不義。」別人又說：「世亂此無主。」他答道：「梨無主，吾心獨無主乎？」當家貧時，即親身耕田，粟熟則吃粟，不熟則吃食菜羹與稗糠；稍有剩餘，即分給族人及貧苦學生；別人如贈送禮物，倘一毫不義，絕不接收，為人之耿介廉潔可見一斑。

　　許氏獻身蒙古政府，始於蒙古憲宗五年，即宋理宗寶祐三年，是時他已四十六歲。從這一年起，到他死的前一年止，共計服官二十六年。此二十六年中，關於教育事業的合計四次：一為提舉，三為祭酒。提舉所掌的是地方一路的教育行政大權，祭酒所掌的是中央的國子學教育行

政大權。除服官以外，退休時也曾私設講壇，到處有成績，受學生的歡迎與愛戴。死之時為元世祖至元十八年，享年七十有三歲。以其平日教導之殷，感人之盛，所以懷人不論貴賤少長皆哭泣於其門，四方學士聞訃聚哭，有由數千里來哭祭墓下的。教育家當年本極清苦，果能盡心職業，愛惜後進，死後不無相當之榮哀。在封建時代，人間究竟尚有幾分道義與感情存在，享身後之精神的報酬。古今此例很多，不僅許氏一人。

二　品質論

許氏雖未明白如張橫渠所說天地之性與氣質之性，但觀他平日的言論，確有這樣的主張。他說：「人之良心本無不善，由有生之後，氣稟所拘，物慾所蔽，而其私意妄作，始有不善。」（《小學大學》）「良心」是天賦予人類的一種形體，中間蘊藏著天地萬物之理，謂之「性」，亦謂之「明德」。此性，是「虛靈明覺」，神妙不測，與天地一般，此又是本著程伊川「性即理」的說法──就是天地之性。天地之性原來純粹至善的，只因受生之初，機會不等，而稟氣遂有差異──有清的有濁的，有美的有惡的。這就是氣質之性。受生之初，其氣稟得清的，則為智；稟得濁的為愚；稟得美的為賢；稟得惡的為不肖。全清全美，明德全明，謂之聖人；全濁全惡，明德全昧，謂之惡人。清美之氣，所得的分數，便是明德存得的分數；濁惡所得的分數，便是明德堵塞了的分數。清的分數、濁的分數、美的分數、惡的分數，參差不齊，多寡不一，所以人類的品質便有千萬般的等第。但大概區分，可得三品：明德止存得二三分的，則為下等品質；存得七八分的，則為上等品質；存得一半，則為中等品質。此各種品質，雖得自受生之初，並非固定了的，原可以變化的。所謂「明德在五分以下，則為惡常順，為善常難；在五分以上，則

為善常順，為惡常難。明德正在五分，則為善為惡，交戰於胸中而未定，外有正人正言助之，則明德長而為善；外有惡人惡言助之，則明德消而為惡」。由此得一結論：人之良心本來是善的，其所以為惡者，一因氣稟所拘，一因物慾所蔽。所以教育的功用有二：一則培養已有的善端，開發未來的善端；一則防止未來的惡端，革除已有的惡端。所謂「聖人設教使養其良心之本善，去其私意之不善，其上者可以入聖，其次者可以為賢，又其次者不失為善人」（均見《小學大義》對小大學問、論大學明明德、論生來所稟）。

三　教育論及教授法

「用人當用其所長，教人當教其所短」，這是許氏對於教育主張的一句名言。所謂短者即明德不全。明德全明的人，不教而善，謂之上等品質。明德不全的人，即中等以下的品質，須有教育而後能進於善，所以教人當教其所短。教其所短，即特別注意低能兒童的教育，凡天資愚笨、性情不良，全包括在內，與提倡天才教育者適相反對。當許氏第二次掌國子祭酒時，世祖特擇蒙古子弟命他教授。他得了這個差事，非常喜悅地說：「此吾事也。國人子大樸未散，視聽專一，若置之善類中，涵養數年，將必為國家用。」（見本傳）許氏可謂注重低能教育的教育家了。

關於教授方法，有數點可以敘述。

（1）教兒童當培養他們的羞恥心，所謂「知恥近乎勇」。兒童有了羞恥心，則有所愛憎，施行獎懲，方有效力。當懲罰時施行懲罰，兒童因有所畏懼，遂不敢為惡；當獎賞時施行獎賞，兒童因有所羨慕，遂樂於為善。否則羞恥全無，無論如何施教，全不中用了。許氏嘗言為學者

以治生最為先務，有了生理，則可以少分其向學之誠實，亦所以養其羞恥之心。

（2）教兒童當因材施教。人類品質不一，有夙成的，有晚成的，有可成其大的，有可成其小的，有性情近於此科而遠於彼科的。人品千萬不一，絕不可施以劃一的教法。因材施教，不僅適應其個性，還須按照其學力。不僅因其個性與學力，還須隨其動機因勢利導，躐等固然不好，強注亦非良法。所以許氏平日教人，總以「因覺以明善，因明以開蔽，因其動息以為張弛」（見本傳）。

（3）教授要有次序。許氏把教育分為兩個階段，一為小學教育，一為大學教育，先小學而後大學，乃一定的次序。小學教育，以朱子的《小學》及《四書》為教材，以灑掃、應對、進退為實地練習；大學教育，以《詩》、《書》、《易》、《春秋》為教材，講求修己治人之道。許氏是崇拜朱子的，這一點是完全模仿朱子教人之法。

許氏亦善於教授之人，平日講學，取漸進不取急進，務了解不務貪多。以慈母的心腸對待兒童，以寬容的態度淘養諸生，以熱忱耿介的精神感化群倫。[1] 史言「其言煦煦」，可以想見其教誨之親切。史言「懇款周折」，可以想見其誨人不倦之精神。所以先生每到一處，無論貴賤賢不肖，莫不樂從與游，隨材施教，皆有所得。離開之後，從游諸子哭泣不忍捨去，服念其教如金科玉條，終身不敢忘，許氏可謂元代僅有的良善教育家了。牧庵姚氏評曰：「語述作先生固不及朱子之富，而扶植人極、開世太平之功，不慚德焉。」所謂扶植人極即指教育之功說，可謂定評。

第四節　劉靜修（西元 1249 年—西元 1293 年）

一　劉因與許衡之比較

　　元代學者，以魯齋、靜修及草廬三人為著。草廬身世較晚，且為南方學者，元朝初年所藉以立國的唯魯齋與靜修二人，此黃百家在《靜修學案》裡所說的幾句話。靜修即劉因的別號。劉氏為保定容城人，祖先屢代服官於金國，與許魯齋同為北方學者。許氏臣事元朝，官階幾至宰相，功業炳然，而享年又永，門生故吏滿朝野，所以名位大著。劉氏家世雖然貴顯，而己身則以恬靜為懷，終身不肯出山，享年又不永，所以影響所及比較許氏相差很大。以宋儒比較，許氏如同朱晦庵，而劉氏好似張南軒。他們同傳趙江漢之學，但許氏一生崇拜朱子，為程、朱的正派；劉氏頗服膺周濂溪，而性行近於邵堯夫此又一不同之點。後來的人以許氏北面臣事蒙古，頗有貶辭。其實他們祖先皆以漢族臣事金人，事元與否有何高下？且劉氏亦曾拜贊善大夫之命，再看他上宰相的書，何嘗存心於宋，與金履祥輩之絕對不臣元者迥不相同，而金氏諸人才算富有民族思想的教育家。

二　生活小史及其思想

　　劉因字夢吉，嘗愛諸葛孔明靜以修身之語，把他的住室表名「靜修」，故別人稱他為靜修先生。靜修以宋理宗淳祐九年生於容城，死時為元世祖至元三十年，享年只四十五歲，較宋儒張南軒還少活三歲。史稱劉氏「天資絕人，三歲識書，日記千百言，過目既成誦。六歲能詩，七歲能屬文，落筆驚人」（見本傳），可以想見其天才了。他的〈希聖解〉

作於弱冠時期，所以表示他一生的志願的。劉氏開始讀經學時，研究訓詁註釋之說，嘗不滿意。及得宋儒周、邵、張、程、朱、呂諸人的遺書，一見能發見其中的精義，而極端稱許。嘗評論宋儒之所長，曰「邵至大也，周至精也，程至正也，朱子極其大、盡其精而貫之以正也」，但他所服膺的還是以周子的學說為宗。劉氏終身不願做官，至於至元十九年稍一應裕皇之請，在宮中教授近侍子弟，不到一年即以母疾辭歸；故其二十五年之教育生活全屬私人講學──以其家庭為學校。「師道尊嚴，弟子造其門者，隨材器教之，皆有成就」（見本傳），由此數語，我們於劉氏講學的態度與方法可見一斑。

劉氏的著作有：《四書精要》三十卷，詩五卷，號《丁亥集》──是他自己撰的；又有《文集》十餘卷，及《小學四書語錄》──門生故友所錄的；《易繫辭說》，是他在病中時的作品。他的思想分見於〈希聖解〉、〈遂初亭說〉、〈宣化堂記〉及〈訓鼠記〉等篇，皆收在靜修文集裡面，而《希聖解》尤稱為靜修思想的中心。在〈希聖解〉裡面，假託夢中與三神人相問答：一為梧溪拙翁，似指周濂溪；一為西洛無名公，似指邵康節；一為西土誠明子，似指張橫渠。問答結果，卒折服於拙翁「士希賢，賢希聖」之教。何以能夠希聖呢？據拙翁所說，凡民與聖賢原無兩樣，同稟健順五常之性，後來所以不同的，一在有欲，一在無慾。所以我們要希求聖賢，只要做到「無慾」二字就行了，人人可以做到無慾，即人人可以為聖賢。希聖是劉氏為人的標準，即是他教人的目的，而「無慾」二字乃修養的工夫。做到無慾，自然與物競；做到與與物無競，才能物我兩忘，而相與安然並存，最後物我一體了。此種工夫隨時隨地可以修養，修養成功而代天宣化時，亦隨時隨地可以表現，不拘物於出處，亦無分乎進退。此恬靜的思想在二十餘年的私人教授中，一定能夠自由表現，劉氏的教育可謂恬靜的教育了。

第五節　金履祥（？—西元 1303 年）與許謙 （西元 1270 年—西元 1337 年）

一　金許之關係

　　我們所敍元代教育家六人中，真正懷有民族思想，不肯以漢族華胄北面臣事蒙古的，只有金履祥與許謙二人，雖然他們生長在魯齋、靜修諸人之後。以時代論，他們自然是元代的人物；但以精神論，尚不愧為宋朝的遺民。金氏字吉父，婺州蘭溪人，婺州即現今浙江金華縣。許氏字益之，原籍本在京兆，五世祖南遷金華，遂與金氏為同鄉。金氏生於何年，史書未載，但以他的成就及器量推測，絕非短壽人，至少年在六十歲以上。他去世時為元成宗大德七年，以六十五歲計算，其生年當在宋理宗淳祐初年。許氏即金氏的高第弟子，生於元世祖至元七年，卒於順帝至元三年，享年六十八歲。

　　元成德七年上距蒙古圍襄陽三十五年，是時金代曾進搗虛牽制之策。此時以前彼已師事王柏、何基，學業早有成就，想必年至少在六十歲以上。

　　金氏幼年得力於家庭教育，天資敏睿而肯於勤學，凡天文地形禮樂田乘兵謀陰陽律歷等書，莫不研究，少年為一才氣縱橫之志士。在年近三十時興趣一變，始傾向性理之學。當初師事同郡王柏，後來又從王氏直登何基之門，王氏為金氏的老師，而何基等於太老師。講論數年，學問所造益深。當時尚有志匡復宋室，屢進奇策，卒不能用，其後遂屏居山中，不復與問世事。在仁山之下，一面著書，一面講學，以傳斯道於將來。三十年的隱居生活，即其私人教授生活。門下士很多，而以許氏為高第，學者以他嘗隱居仁山之下，故稱曰仁山先生。平生著作很多，

而以《通鑑前編》及《論孟考證》二書為最有關係的作品。

　　許氏幼年境遇很苦，生數年死了父親，不到十歲，宋室滅亡，家庭亦遭兵亂，隨著破毀了。僑寓他鄉，無力買書，乃借別人的書，分部晝夜勤讀，雖病也不廢。但初無師傅，有疑無從就正。後來知道鄉先生金仁山深明道學之要，遂拜金氏為老師，委身而學。後來所學益博，品節之高與老師相等，而收穫更大。三十歲以後，即開門授徒，設講壇於八華山中，四方學子，聞風接踵而來，遠自幽、冀、齊、魯，近則荊、揚、吳、越，前後著錄不下千餘人。綜計講學時期三十餘年，而以一身繫社會的重望者垂四十年，史稱「其晚節獨以身任正學之重，遠近學者以其身之安否為斯道之隆替」（見本傳）。由此看來，許氏的思想與人格可以為當時民間的重心──其講學方面，亦可謂元代有數的教育大家。

　　黃氏編《宋元學案》，將北山四先生並為一案。北山四先生即是以師徒相傳的金華四先生──由何基傳授於王柏，再傳於金履祥，三傳於許謙，每傳一代而學術更昌明一代。何基為黃勉齋的弟子，黃氏又親受業於朱子，金氏可謂朱子的四傳弟子，許氏可謂五傳弟子了。元代教育諸家雖多宗程、朱，若論其嫡派，須推仁山與白雲二先生，白雲先生即許氏的別號。

二　金氏的修養論

　　金氏私人講學近三十年，平日所講貫的多關於哲學思想，尤重「理一分殊」之說。關於教育學理的發表，只有性論及修養論兩點。性論見於所編《孟子性命章講義》，分天地之性與氣質之性為二，與許魯齋主張略同，但說理精深過於魯齋。修養論見於所編《復其見天地之心講義》，立言較性論更為透闢詳明。金氏說：「天地之心者何也？仁也，生生之道

也。」宇宙萬物，生生不已，循環無窮，乃是天地之心。此心即是仁心，即是天理；有此仁心才可以見人性，推此心而擴充起來，謂之完人，謂之聖人。教育的功用，一面教者的責任，在說明此心、啟發此心；一面學者的工夫，在培養此心、擴充此心。但此心如同浩氣一樣，與天地終古，與宇宙並存，只因吾人被物慾所惑，視聽所蔽，所以不常看見。如要復見此心之明，莫如修養。如何修養，莫如以「靜」，故「靜」之一字即是金氏修養方法。靜的工夫，要「收視反聽，澄心定慮」。在此種情形之下，「玩索天理，省察初心」，必有柳暗花明之景象起來。天理復現了，即是仁心一天地之心，由此謹持不失，再加以擴充，於是天理彰而人欲泯，斯謂之完人，而教育才算成功了。所以他說：「學者須是於此下耐靜工夫，察此一念天理之復，充此所復，天理之正，而敬以持之，學以廣之，力行以踐之，古人求仁之功蓋得諸此。」

三　許氏的講學要旨

仁山先生嘗告許氏說：「吾儒之學理一而分殊，理不患其不一，所難者分殊耳。」又說：「聖人之道，中而已矣。」許氏一生學問，完全遵守這兩句話，身體而力行。「理」是學問的大綱，「分殊」是學問的細目，捨棄細目而高談大綱，此象山以來許多學者所患籠統的通病，結果必落於釋氏之空談。許氏是朱學的嫡傳，所以特別緻力於分殊之辨，無論巨細精粗，靡不研究；不務新奇，不尚異同，每事每物只求合於中道即為可行。所以他〈送古愚序〉上說：「夫聖人之道，常道也，不出於君、臣、父子、夫婦、昆弟、朋友應事接物之間，致其極則中庸而已耳；非有絕世離倫、幻視天地、埃等世故如老佛之所云者。」許氏一生自修是如此，一生教人也是如此。學者求學當以聖人為準的；要學聖人必先得

聖人之心，聖人之心全在四書，四書之義莫備於朱子，所以吾人讀書必以四書——朱子集注的四書——為基本科目。概括起來，許氏講學的大要，不外四點：一以五性人倫為本，二以開明心術、變化氣質為先，三以為己為立心之要，四以分別義利為處事之制。第一點是教育宗旨，即所以求聖人之心；第二點是訓練的工夫，即為善去惡之意；第三點是教人力求實際學問，不務虛名；第四點分別義利即分殊之辨，為君子、為小人皆從此分，屬於人格的陶冶，尤為許氏所斤斤致意的。

第六節　吳草廬（西元 1249 年—西元 1333 年）

一　生活小史

吳澄字幼清，撫州崇仁人。崇仁與金溪同屬於現今江西豫章道，則吳氏與南宋陸象山可謂同鄉人了。吳氏生於宋理宗淳祐九年，即元朝統一中國前二十七年，死於元順帝元統元年，即元朝滅亡前三十六年，享年八十五歲。說他是元朝初年的人物也可，說他是元朝後期的人物也可，其實在他三十歲以前還是一個宋朝人。他幼年時代，穎悟而又勤學，當三歲時他的祖父即授以古詩，能誦數百篇。年甫五歲，出就外傳，每日讀書數十餘言，一閱過即能成誦。到十五歲時，遂有志聖賢之學，不愛科舉業。吳氏受教育較早，其省悟處也較一般人為早。二十二歲，中了鄉試的選。二十四歲，開始在山中設帳，從事於教授生活，其後時局大亂，乃隱居於布水谷數年。自此以前，吳氏尚純粹為宋朝的一個青年學者。元朝統一中原十年以後，訪求江南人才，始由程文海把他薦送到燕京，而吳氏時已四十歲了。但吳氏冷於宦途，雖經元廷諸臣屢次勸駕，而終以他故辭去，綜計在元只做官兩次：一在江西，當儒學副

提舉三個月；一在京師，當國子監丞及司業約三年，而行年已為六十多歲的老人。吳氏自二十五歲造成老死為止，六十年間，除兩次三年多的宦業外，全為私人講學時期，而兩次宦業亦不外教育，論終身以教育為生活者，吳氏可謂當之而無愧。元朝名儒，前有許魯齋，後有吳草廬，可謂兩個頂柱，但論功業之大，吳不如許；論教授之專，則許卻不如吳。草廬即吳氏的別號。

　　總計吳氏講學的地方，有樂安、宜黃、福州、龍興、揚州、袁州、真州、永豐、建康及燕京，約十處。或以特被延聘，或以過從所及，或臨時演講，或居住講學，每到一處，四方學子莫不聞風遠赴，如蟻聚雨集，此史書所謂「出登朝署，退歸於家，與郡邑之所經由，士大夫皆迎請執業，而四方之士不憚數千里躡履負笈、來學山中者，常不下千數百人」（見《元史》本傳）。講學之餘，即執筆著書，到老不倦，所以他一生的著作也很豐富，此一點恐要算元代學者之最了。在國子司業職任內，吳氏曾參酌宋儒胡、程、朱三家的成法，定為教法四條，即將國學課程分為四系，令學生自由選入。一為經學系，包含《易》、《書》、《詩》、《儀禮》、《周禮》、《禮記》、《春秋》二傳等科目。二為行實系，包含孝、弟、睦、姻、任、恤六目。三為文藝系，包含古文及詩等科目。四為治事系，包含選舉、食貨、水利、數學、禮儀、樂律、通典、刑統等科目。但法制業已草定，因事辭歸，卒未施行。

　　元代朱學風氣極盛，我們以上所舉各家，皆是崇拜朱子的，而吳氏則是會合朱、陸兩家學說為一的一個學者。他在〈送陳洪範序〉上有一段話：「朱子之教人也，必先之讀書講學；陸子之教人也，必使之真知實踐。讀書講學者，固以為真知實踐之地，其知實踐者亦必自讀書講學而入。二師之為教一也，而二家庸劣之門人各立標榜，互相詆訾，固至於今學者猶惑。嗚呼甚矣！道之無傳，而人之易惑難曉也！」（《草廬文

集》）由此一段話，可以證明他是朱、陸二家的調和派，所以他論為學的基礎，絕對主張陸子「尊德性，明本心」之說；論研究的工夫即主張朱子「格物誠意」之說，至於論性則又主張程子「性即理」之說。

二 性論

　　吳氏論性並無創見，不過一則主張程子的「性即理」之說，一則解釋張子的「天地之性與氣質之性」二句的意義。他說天地之大，不外陰陽二氣。二氣流行，變化無窮，於是有形。而二氣之所以變化不亂的則有理為之秩序，而秩序即是理，故氣外無理，理外亦無氣。理在天地曰元、亨、利、貞，賦於人曰仁、義、禮、智，謂之性。形聚而後有人的身體。性寓於人的體中，如同理寓於天地的氣中，所以說性即天理。天理沒有不善，故人性亦沒有不善；天理只有一個，故人性沒有不同的。但吾人受氣之初有清有濁，成質之後有美有惡，此等清濁美惡的程度萬有不齊，所以人的氣質亦萬有不齊。氣質至清至美的人，本性之真無所汙壞，謂之上聖；氣質至濁至惡的人，本性之真完全汙壞，謂之下愚。除此二等以外，中間或清或濁，或美或惡，分數多少萬有不齊，本性之受汙壞亦參差不一，此世間人類的個性所以有千差萬別。以張子的解釋，前者所云「性即理」，乃天地之性，孟子常言性善，即指這個性說的；後者所云「氣質萬有不齊」，乃氣質之性，告子所謂生之謂性，荀子所謂性惡，揚子所謂善惡混，及一般人所謂性緩性急，性剛性柔，種種不一，即指這個性說的。但吳氏以為氣質之性，不過受生之初，所稟受的一種氣質，原不得謂之性，成年以後，若此種氣質固定不複變易，遂成為第二天性了。假如有良善的教育，極力滌除，勿使氣質害性，使本性之真日就光明而擴充，工夫久了，氣質變好，本性自恢復其初了，所

謂「善反之則天地之性存焉，故氣質之性君子有佛性者焉」。

三　教育論

　　吳氏教育論，雖兼採朱、陸兩家學說，但以陸子為基礎。「聖人教人使人順其倫理，克其氣性，因其同，革其異，所以同其同也。」（〈送某教諭序〉）這幾句話即吳氏的教育宗旨。「倫理」即天理、即本性，凡人皆相同的。氣質是因人而異的，順適兒童的本性，即因其同者而利導。變易兒童的氣質，即革除其不同者使歸於同。簡單一句話：教育宗旨，一方在培養兒童相同的善良的天地之性，一方在消除他們相異的不良的氣質之性。要達到這個目的，須先明其本心；因天性附著於心中，倘心為物慾所蔽，昏而不明，而本性也受其汙壞。必也使心地清明，一塵不染，待根本肅清了，則已有的善良可以發育滋長，外面的事事物物可以明白認取。心為一身的主宰，教育第一步在先明本心，此吳氏之學所以又稱求心之學。他說：

　　夫學孰為要，孰為至？心是也。天之所以與我，我之所以為人者在是。不是之求而他求焉，所學何學哉？聖門之教，各因其人，各隨其事，雖不言心，無非心也。孟子始直指而言先立乎其大者。噫！其要矣乎，其至矣乎！邵子曰「心為太極」，周子曰「純心要矣」，張子曰「心清時，視明聽聰，四體不待羈束而自然恭敬」，程子曰「聖賢千言萬語，只是欲人將已放之心約之使入身來」，此皆得孟子之正傳者也。（《草廬精語》）

　　他又說：

　　夫人之生也，以天地之氣凝聚而有形，以天地之理付畀而有性。心也者，形之主宰，性之郭郭也。此一心也，自堯、舜、禹、湯、文、

武、周公傳之以至於孔子，其道同。道之為道具於心，豈有外心而求道者哉？而孔子教人未嘗直言心體，蓋日用事物莫非此心之用，於其用處各當其理，而心之體在是矣。操舍存亡唯心之謂，孔子之言也，其言不見於《論語》之所記，而得於孟子之傳，則知孔子教人非不言心也，一時學者未可與言，而言之有所未及耳。孟子傳孔子之道，而患學者之失其本心也，於是始明指本心以教人。……此陸子之學所從出也。(《草廬精語》)

觀他這兩段說法，偏於陸子明心之學極其顯然。但不說承繼陸子，而說直接孔孟，且謂這種學說為古代聖賢相傳之大道，此吳氏掩護偏於陸子之誚，亦所以自高其價值的意思。

求本心在回復本性，本心清明以後怎樣呢？第二步則在讀書窮理，關於朱子的學說也必兼採。他說：「若日『徒求之五經而不反之吾心，是買櫝而棄珠也』。此則至論，不肖一生切切然唯恐其墮其窠臼。學者來此講問，每先令其主一持敬以尊德性，然後令其讀書窮理以道問學，有數條目警省之語，又採擇數件書以開學者格致之端，是蓋欲先反之吾心而後求之六經也。」(《草廬精語》)此數句話，即先明本心而後讀書窮理——先尊德性而後道學問的意思，朱、陸兼採，不過有先後次第。道學問而不尊德性，則屬於聞見之知，記誦之學，如無源之水，無根之草，所得皆是死知識。但若只尊德性而不道問學，則又流於空虛，不免為釋氏異端之學。要內外合一，本末兼顧，所知方為真知，所學才是實學。所以他說：「蓋聞見雖得於外，而所聞見之理，則具於心，故外之物格則內之知致。此儒者內外合一之學，固非如記誦之徒博覽於外，而無得於內；亦非如釋氏之徒專求於內，而無事於外也。」(《草廬精語》)

吳氏雖反對記誦之知，亦反對空虛之學，他是最重實踐的。在日用人倫上求知識，亦在日用人倫上實踐所得的知識。換句話說，行以求

知，知必本於行，不從行上求知，謂之假知識；知不本於行，謂之死知識。所以他說：「窮物理者多不切於人倫日用，析經義者說無關於身心性情，如此而博文，非復如夫子之所以教，顏子之所以學者矣。」（《草廬精語》）他更有一段話說得最明顯，我們引在下面作一個結束：

　　今不就身上實學，卻就文字上鑽刺，言某人言性如何，某人言性如何，非善學者也，孔、孟教人之法不如此。如欲去燕京者，觀其行程節次，即日催船買馬起程，兩月之間可到燕京，則見其宮闕如何，街道如何，風沙如何，習俗如何，並自瞭然，不待問人。今不求到燕京，卻但將曾到人所記錄逐一去挨究，參互比較，見他人所記錄者有不同，愈添惑亂。蓋不親到其地，而但憑人之言，則愈求而愈不得其真矣。（《草廬精語》）

本章參考書舉要

　　(1)《元史》的各家本傳

　　(2)《宋元學案》的〈江漢學案〉、〈靜修學案〉、〈草廬學案〉、〈北山學案〉

　　(3)《理學宗傳》的〈元儒考〉

　　(4)《許魯齋集》

　　(5)《靜修文集》

　　(6)《吳草廬集》

---

[1] 《魯齋遺書・古今儒先議論》：「牧庵姚氏曰：『先生之學，一以朱子之言為師，窮理以致其知，反躬以踐其實……其教也，入德之門，始唯由《小學》而《四書》；講貫之精，而後進於《易》、《詩》、《書》、《春秋》。耳提面命，莫不以孝、悌、忠、

信為本，四方化之。』」

《歐陽元神道碑》：「其為學也，以明德達用為主；其修己也，以存心養性為要；其事君也，以責難陳善為務。其教人也，以灑掃應對進退為始，精義入神為終。雖時當柄鑿，不少變其規矩也。」

第三期　明（西元 1368 年—西元 1643 年）

第二十九章　蒙古帝國瓦解與漢族主權恢復

一　革命後之新統治者更專制化

從一千二百七十七年以來，漢族在蒙古帝國政府的壓迫之下，任其蹂躪與宰割者，差不多有百年之久。蒙古政府之對於漢民族，在政治方面施行高壓手段，在教育方面施行柔化政策，所以百年之間漢民族只有屈伏，只有呻吟，沒有抬頭歡呼的日子。到了元朝後紀，一班貪汙權奸，無知番僧，擾亂社會的秩序，破壞民眾的經濟，更無所不用其極。壓迫到了極點，自然發生革命運動，況當時尚有民族主義為推動主力，號召尤屬容易，所以十餘年間就打倒了曠代無比的蒙古帝國政府。當時革命軍雖然風起雲湧，但最後完全統一於朱元璋的旗幟之下，組織了朱明政府來統治中華民族。久受異族壓迫的民眾，現在革命已成功了，國家主權已奪回來了，應當過著一點自由的生活，獲得一點解放的教育，哪知道朱明政府之專制更嚴刻於蒙古政府。中國自秦始皇帝開了官僚政治新紀元以後，千餘年來，帝王權力日增一日，到了明朝可算登峰造極。我們民眾所受的政治與教育，不見有絲毫的進步，只見去掉一個壓迫者，又來了一個壓迫者，民族革命不過為一二野心家作工具罷了。從前帝王雖專制，而國家大政尚由宰相主持；到了明朝，大權集中於皇帝一人，宰相僅備顧問而已。從前君臣會見，莫不對坐；至宋朝群臣朝見皇帝，尚有站立之權；到了明朝，立也不敢立了，非跪不可。帝王高坐在上，群臣匍匐於下，說話且須小心謹慎，倘不幸於一言半語，冒犯了皇帝的虎威，就立刻有在殿廷之上被打的危險。這一班朝臣莫非廁身士大夫階級，而被君王視之如犬馬，明朝帝王的淫威可以想見。士大夫既被視如犬馬，至被壓迫於士大夫之下的民眾真螻蟻之不若了。

二　專制淫威下之士大夫的習氣

在農業經濟的社會沒有崩潰以前，士大夫階級的勢力絕無動搖的日子，且隨著歷史的推進而勢力愈見鞏固。這一階級，在政府就是官僚，在鄉村便成豪紳，而豪紳之欺壓民眾、作威作福，不亞於政府中的官僚。明政府的開國者朱元璋大帝本由流氓階級出身，以流氓崛起而為帝王，統治全國各階級的民眾，其政治之專制獨斷化也是自然的趨勢，無足怪了。我們推究這個趨勢的原因有二：一因士大夫階級同是知識分子，他們在社會上及政治方面的勢力具有很長的歷史，他們喜標榜，又好議論，且具有一種誇大的氣習，對於下層的民眾及流氓階級素來是壓迫的，是看不起的。朱氏自己出身本來微賤，今一旦以武力起為帝王，反來統治他們，要使他們不敢輕視，不敢誇大，非用極端的嚴屬的手段不能有效，不能鞏固其帝王之業。二因朱氏以貧寒出身，知道民間的疾苦，深知土豪劣紳在地方之權威，民眾時時受其欺壓的。今日雖然做了皇帝，對於其自己所從出之被壓迫的小民階級不無幾分同情，非用極端的嚴屬手段，不足懾服這一班土豪劣紳使不為惡。所以明朝帝王雖然專制，直接受其壓迫的不過是一班士大夫階級，而下層民眾有時還有叫苦申冤的機會。士大夫階級既然受到極大的壓迫，他們又不得不做官，不得不寄食於政治圖生存，所以他們只有屈伏，只有獻媚，只有忍氣吞聲受帝王之駕馭與鞭笞。因此明代士子的氣習，是卑躬屈節的，是寡廉鮮恥的，是忍氣吞聲的。帝王之積威既已養成，依附於帝王肘腋下的一班群小，也仗著帝王的積威，對待士大夫亦如帝王。這一班士大夫反守著「君要臣死，不敢不死」的信條，無論如何受辱，反以為應分，反以為榮譽，真堪笑了！但他們在政府裡面對著帝王，雖極盡卑躬屈節的能事，

一旦到了地方，不是貪官汙吏，就是土豪劣紳，於下級民眾則又作威作福起來了。下級民眾縱有叫苦申冤的機會，無如「天高皇帝遠」，從何處申訴起！所以在明代是很顯然的形成三個階級：上為帝王，中為士大夫，下為庶民，一層壓迫一層，構成當時的社會形態。

第三十章　明代學風之三變

一　社會講學的趨勢

王守仁〈五言詩〉

半封建時代中期的教育

　　明代初年政府雖然改組，而社會情形未見有什麼變更，所有學術思想，依然承繼宋、元的程、朱舊說，而政府裡面也以程、朱之說號召全國。代表時代的人物有曹月川、薛敬軒、吳康齋、胡敬齋諸人，不過他們都是謹守繩墨、篤行踐履的一般教育家，對於思想界上貢獻很少，即有時發表些言論，也不過蹈襲宋、元諸家的糟粕。可是自弘治以後，則漸漸變了。主動者初為陳白沙，後為王陽明。陳氏以「體認天理」為宗，其影響雖不及王氏之大，但得他的弟子湛甘泉給他一提倡，勢力非同小可——差不多與王學爭天下，謂之江門學派。王氏以直接透達的思想，提倡「致良知」的學說，又借他自己的煊赫的地位為之推動，講學二十餘年，門生弟子遍天下，而王學遂為一時的雄風——後世稱為姚江學派。此兩派約近於陸子，而不與陸學盡同，不過於朱學衰敝之後，另闢的一條新門徑。王學出而朱學勢力日衰，自嘉、隆而後，篤信程、朱不為遷移的無復幾人了。但朱學卻非絕對消滅，在社會方面的勢力還是根深蒂固，且與陽明同時出了呂涇野、羅整庵諸人，而整庵尤為王學的勁敵。萬曆以後，思潮又變，一因王學到了末流愈講愈空疏，流弊很多；一因國勢日弱，外患日逼，王學末流不足以挽此頹風，於是東林一派人出了世。東林諸子確實是對王學末流所生的反動，擁護朱學而不同於朱學，他們都是一班豪傑風的學者，且極力提倡氣節以挽救時弊為責任的。自此以後，程、朱學說仍然延續下去，以至於滿清初年。不過明末還有一位劉蕺山，他在思想界的地位為陽明以後第一人，他的學說是融和程、朱、陸、王為一家的，其融通滲透處有時駕乎陽明之上，可為本期末了放一異彩。

二　國家教育的趨勢

　　至於國家教育的趨勢如何？在太祖初年，本來極力提倡學校教育，凡由國子監畢業的，即可予以出身，即可出而服務政治。但再傳之後，科舉盛而學校日微，天下學子莫不趨附於科舉一途，科舉遂完全支配了教育界，學校僅成為有名無實的機關了。科舉以四書五經為範圍，以程、朱學說為標準，論文以八股為程序。思路既窄，而工夫又機械，凡獵取官位、奔走場屋的人們，莫不按此標準與方法為進身的階梯。國家以此取士，父兄以此教子，於是天下皆養成空疏割裂及機械無實用的人才了。有明三百年，除了少數講學大家外，全國讀書人莫不埋頭於八股，諷詠於《四書五經大全》，其他一概不懂。所以到了末年，雖經東林諸人之提倡，亦不足以挽救危亡。這種趨勢自然受了國家教育政策的影響，也是封建社會才能產生的。

第三十一章　明代教育制度及其實況

第一節　概論

　　明代帝王的專制淫威既如彼，士大夫的寡廉鮮恥又如此，在他們的政府之下所施行的教育，自然沒有新的希望，除了繼承前代的學說及制度外，他們所增加的只有「專制」與「機械」，其結果不過養成在朝為順臣、在野為豪紳的一般士大夫。在半封建時代，這種現象歷朝相同，我們毋庸對此特持苛論，不過此時較為顯著罷了。但明代的教育制度之完備，及初年辦理學校之嚴格，比較前朝確實進步，我們也不能一筆抹煞。

　　明朝開國的教育制度，多出於劉基、宋濂等文臣的謀議，計劃非常詳備，凡入學、升格考試、教導、管理及給假等等皆有定章。不僅學制詳備超越唐、宋，即待遇學生之優厚，與管束學生之嚴緊，也非前代所可比擬。自隋、唐以來，學校與科舉雖稱並行，但兩者的關係卻不緊切，有時有學校而無科舉，有時有科舉而無學校，或輕或重，殊不一定。到了明朝，情形則與前不同。他們視學校為重，視科舉亦重，兩者不可偏廢，雖學校有時可以直接取得出身的資格，而科舉出身必要經過學校一期的培養，而始有應試的資格。此明朝教育制度與前不同的地方，亦即隋、唐以來之科舉制度到明朝才有此一大進步，才與學校發生密切的關係。這種制度一直行到清朝三百餘年未曾大改。

　　學校教育分中央與地方兩等。中央教育，有國學、宗學，有武學。地方教育，有府、州、縣三級所立的學校，也有宗學及武學，此外還有衛學及社學。國學名國子監，屬大學性質，府、州、縣立的學校似屬於中學性質，社學屬於小學性質：這一類的學校，統名儒學，謂之直系；其他旁支各校，性質各異，制度也不一定。唯府、縣學的生員才有應科

舉的資格，而社學辦理不久，就已停廢，所有小學教育，從此則盡由民間自辦了。當更明了……學校之外，還有書院，不過沒有宋、元兩代的發達，且在嘉靖萬曆年間經過幾次摧殘，更難維持不衰。但到晚年，首善與東林二書院曾出過許多人才，在社會上很占有一部分勢力，鬧過一次黨禍，這也是宋、元所沒有的。

　　教育行政機關，與元代沒有什麼差異。關於學校方面，在中央屬於國子監，長官稱「祭酒」；在地方屬於提舉司，長官稱「提學官」。提學官每省設置一員，管轄全省各級學校。此外各府、州、縣設有儒學教官，管轄各學的學生，有時也擔任教課。關於科舉方面，在中央屬於禮部，在地方屬於各省地方長官，不過每逢鄉試時由中央另簡大臣赴各省主考，地方長官不過備位監試而已。至於書院制獨立於學校與科舉之外，主持的領袖稱「山長」，與宋、元全同。

第二節　國子監

　　中央大學初名國子學，其後改名國子監。太祖建都南京，即建校址於雞鳴山下，名曰京師國子監。迨後成祖把國都搬到北京了，即在北京建設京師國子監，將原來的改名南京國子監，於是國子監有兩所，而太學生有南北監之分了。現把該監辦法分述於下。

　　是時會試有副榜，大抵署教官，令入監者亦食其祿也。

一　入學資格及手續

　　凡入國子監讀書的，名叫監生。監生之資格有四：一為舉監，二為貢監，三為蔭監，四為例監。前二種為常例，生員較多；後二種為變

例，生員很少。舉監是由舉人充當，凡在京會試下第的舉人，由翰林院擇其優者送入監內讀書，謂之舉監。這一種監生，一面讀書，一面還領教官的俸給，到下次會試仍可出監應試的。貢監是由地方學校的生員選貢到國子監來肄業的。照洪武初年的規定，凡天下府、州、縣各學，每年貢舉一名，到監肄業，謂之歲貢。到嘉靖以後，名額略有變更：府學每年舉二人，州學每二年舉三人，縣學一年舉一人。當初貢舉時，必考其「學行端莊，文理優長者」為標準，其後只以在學所食廩米年限較久者為標準。弘治以後舉人多不願入監，監生人數日少，加以歲貢生且因限於成例，大率皆頹唐老朽之徒，在監毫無成績，於是有人提議令天下府、州、縣各學於歲貢之外，另選年富力強、累試優等的生員，不拘廩膳或增廣，三年或五年選貢一名入監，謂之選貢。蔭監是品官子弟或勳戚子弟送入監內讀書的學生。例監是較後的例子，或以監生缺額，或因國家有事，人民如有捐貲於政府者，政府特准他們的子弟送入監內讀書，這種監生又謂之民生。自開了選貢之例，監內頓呈一種生氣，而歲貢不免相形見絀。但自開了納粟之例，流品遂雜，而監生在社會上的地位遂日漸輕了。

二　名額

明代監生名額沒有明顯的統計可查，但由盛而衰，由多而少，是可以看得出來的。據南京祭酒章懋在弘治中的奏章上說：「洪、永之間，國子生以數千計，今在監科貢止六百餘人。」是監生名額，初年本有數千，到了中年已減至六百餘人了。又據嘉靖時教育長官的話：「今國子缺人，視弘治間更甚。」又據調查：「隆、萬以後，學校廢弛，一切循故事而已。」則知自嘉靖以後，生員之遞減較弘治間當更甚。再考明朝的

《地理志》，除都督府及衛所不計外，共有府一百四十，州一百九十三，縣一千二百四十六，各府、州、縣學每年貢送一名，歲貢生當有一千五百八十人之譜。加上舉監與恩監，約計五百名，合計有二千一百人之譜。且當時邊徼如雲南、四川的土官生，國外如日本、琉球、暹羅諸國的留學生，每年當不下二百人。還有四百九十三衛的學生，每年可貢三百人之譜。由此，我們得一結論，明代太學生除選貢及例貢較後不計外，當國家鼎盛時，名額至多亦不過三千人，是明代學規較前代嚴格，而生徒之盛反不如宋代發達之時，但較元代則增加多了。

三　課程及教法

自永樂年間，制定《四書五經大全》以後，四書五經遂為明代各學校的主要教材。國子監內除四書五經外，還加授劉向《說苑》及律令、書數、御製大誥。此外還有習字一科，字法以二王、智永、歐、虞、顏、柳諸帖為藍本。但我們考查永樂年間的掌故，除頒行《四書五經大全》外，還頒行了《性理大全》一書，而明初政府方面又規定以程、朱學說思想為標準，我想《性理大全》一書也必被採入為監內的教科書，雖然史書上沒有明文規定。監生除讀書習字以外，每月朔望還有習射一科，等於現今的課外活動，並分別獎勵。擔任教課的有祭酒司業及博士助教諸人。除朔望二日例假外，每日皆有課業。課業分早午二次：第一次在晨旦舉行，由祭酒司業率領屬官全體出席。祭酒司業坐在堂上講演，學生拱立靜聽。第二次舉行於午餐後，此時則為會講、復講、背書、論課，大概由博士助教等擔任。諸生入監肄業每月有月考。考試內容，每月試五經及四書大義。

四　編制考課及升級

　　全監共分六堂，即六齋之意。六齋中以正義、崇志、廣業三齋為初級，以修道、誠心二齋為中級，以率性一齋為高級。凡諸生只通四書、未通五經的，編入初級肄業。在初級肄業一年半以上，如文理條暢者則升入中級。在中級肄業一年半以上，如經史兼通、文理俱優者，則升入高級。到了高級，則有積分，積分即每次試驗的成績。每季於孟、仲、季三月考試三次，孟月試本經義一道；仲月試詔誥表內科一道；季月試經史策一道、判語二條。每次試卷分三等：文理俱優的給與一分，理優文劣的給與半分，文理俱劣的無分。在一年之內，積滿八分了為及格，不滿八分的為不及格。及格的人准予畢業，政府給一張出身資格——畢業證書，可派充相當的官職；不及格的仍留堂肄業。但如有天資特異、學術超群的學生，則可不拘年限，奏請皇帝破格錄用。開國之初，因政府注意學校，監生在監畢業後，直接授職的很多。再傳以後，社會人士傾向於科舉，不僅監生多往應鄉試，即入監讀書者也日漸零落了。

五　教職員及管理

　　監內設有祭酒、司業及監丞、博士、助教、學正、學錄、典籍、掌饌、典簿等官，他們分掌的職務，與前代無異。其管理規則頗為嚴格：凡上課、起居、飲食、衣服、澡浴及告假出入等事，皆有定規。每班設齋長一人，管理齋務事宜。齋長有集愆簿，登記學生平日不規則情事，以犯規次數的多寡而定其處分的輕重。凡省親或完婚，可給假回籍，期限取道裡遠近為差，逾限者謫罰。學校管理既取嚴格，對於教職員人選

亦很慎重，尤其對於司業一席特別重視——以大學士尚書或侍郎充當，故南北國學成材很多。[1]

養及妻子為孝慈皇后積糧以待諸生者。

六　待遇

明朝待遇監生較前代優厚：（1）膳食由國家供給；（2）衣服冠履衾被也由國家按時發給；（3）每逢令節必有節錢賞給；（4）已婚的養及其妻子，未婚的如為歷事生，則賜錢婚聘；（5）凡省親回籍，每人賜衣一件，賜錢一錠，以作川資。有時對於邊遠土官生及外國留學生且厚賞他們的僕從，以資勸獎。明朝學校內容無論好壞如何，由以上種種看來，初年諸帝提倡教育的熱心尚覺差強人意。

七　歷事

歷事即實習吏事之意。凡國子生在監肄業十餘年，即分派到各機關實地練習，謂之歷事生。歷事三個月後，由所司考核，分列上、中、下三等：上、中二等送吏部候補，下等仍留監再習。這與古代希臘、羅馬學校，凡學生滿了在學期，即派入公共場所練習相當時期方准畢業，畢業後才有服務的經驗，同一有價值。考當時的歷事機關不同，因之名稱各異，有正歷、雜歷及長差等名目。

第三節　郡縣學校

一　學校類別

　　明代地方行政區劃別為二類：第一類分省、府、州、縣四級，屬於內地的；第二類分邊及衛所二級，屬於邊疆及特殊地方的。此外更有特殊的，如宣慰司、軍民府及土官司等，又可以說是第三類了。當時地方教育所到的區域，以第一類為主，第二類較少，第三類更少。第一類的行政區劃雖有四級，而教育區域只有三級——府、州、縣。由府設立的日府學，由州設立的日州學，由縣設立的日縣學，由衛設立的日衛學，通名日「儒學」。全國有府一百四十，有州一百九十三，有縣一千二百四十六，每府、州、縣各設儒學一所，共有儒學一千五百七十九所。衛學的設立與前不同，它們是聯立的——有四衛共設一所的，有三衛或二衛共設一所的。全國有四百九十三衛，平均以三衛一所計算，約有一百八十四所。以一、二兩類區域的學校相加，明代地方學校，最盛時合計有一千七百餘所。各府、州、縣的學校之規模雖有大小，而它們的性質並無大小，似乎皆相當於近代中等學校的性質，所以彼此不相統屬，皆有升入中央國子監的資格。

二　名額及資格

　　學生在學分三等資格：第一等名廩膳生，第二等名增廣生，第三等名附學生。廩膳生與增廣生名額多寡相等，附學生無定額。凡京府學校，每校廩增生員定為各六十名；凡外府學校，廩增生員定為各四十名；凡州學各定為三十名；凡縣學各定為二十名。全國一千五百七十九

個府、州、縣學，除附學生不計外，共有學生七萬三千五百名。若每校平均有附生十名，合計有七萬五千餘名了。到憲宗、成化時，規定衛學條例：四衛以上軍生八十名，三衛以上軍生六十名，二衛或一衛軍生四十名，有司儒學軍生二十名。平均衛學每所六十名，以一百八十四所計算，衛學學生亦有一千一百餘名。兩類相加，可推知當時全國地方的生員至少有七萬六千餘名之譜。但這個數字當然不大真確，凡邊外特府及土司等地，我們尚未統計，若要全體計算起來，總不下八萬人，因明代提倡學校教育較前代為力，當時學生亦應較多於前代。我們再看《明史・選舉志》上所說：「蓋無地而不設之學，無人而不納之教，庠聲序音，重規疊矩，無間於下邑荒徼，山陬海涯，此即明代學校之盛，唐宋以來所不及也。」可想而知了。

三　課程

洪武初年所定課程，生員專治一經，以禮、樂、射、御、書、數設科分教，到二十五年重行規定頒布於天下，計分禮、射、書、數四類：(1) 關於禮的課程，有經史律誥禮儀等書，凡生員皆須熟讀精通；(2) 關於射的課程，凡朔望日演習射法，由長官引導比賽，中的中采皆有獎賞；(3) 關於書的課程，為書法，依臨名人法帖，每日習五百字；(4) 關於數的課程，務須精通九章之法。

四　考試

諸生入學以後，有月考、有歲考、有科考三種。月考每月由教官舉行一次，與前代通行法沒有什麼差異。明代地方學校所與前代不同的為

歲、科二考。此二種考試皆由提學官舉行。提學官掌管一省教育行政大權，任期三年，兩試諸生。第一次考試為「歲考」，別諸生成績為六等。第一、第二兩等發給獎勵，第三等平常，四等懲責，第五等降級，第六等除名。凡諸生當初考取入學肄業時，謂之附學生；經過歲考後，以一等前列補廩生，其次則補增廣生。若考到第五等，原是廩生的降為增生，增生的降為附生，附生的降為青衣。第二次考試為「科考」。科考提取歲考時所取一、二等生員來複試，結果分為三等，考取到第一等成績了，方有應鄉試的資格，其次亦有補廩增及獎賞等辦法。這兩種考試，雖同屬於提學官，而性質大不相同。歲考是考查學生在學的成績的，相當於現今學年試驗；科考是挑選少數俊秀生徒以應科舉的，相當於現今畢業試驗。前者考後，雖有獎賞與進級，但仍留原校肄業；後者考取第一等了，即直接應鄉試，不必再留原校。

五　待遇及升格

明代待遇國子監生固極優厚，待遇府、州、縣學的學生亦然。洪武初年，除教官按等支俸外，凡師生每名每月支廩米六斗，另外由有司供給魚肉。到洪武十五年，規定學田之例，師生廩米較前又增加了。凡府、州、縣有田租入官的，皆令撥歸所屬學校的基金，謂之學田。這種基金亦分三等；凡府學一千石，州學八百石，縣學六百石，應天府學一千六百石，每學設一會計專員經管收支。學校經費既然增加而且確定，所以師生的月廩由六斗也增加到一石了。明代學校的規定，使教育經費與政費劃開，這一點值得注意！諸生初進校，就有廩米；到後來向學的人數日增，於是於額外加取一倍，謂之增廣生，以原額名曰廩膳生；再後向學的愈多，又於額外增加，謂之附學生，此廩、增、附三等名稱

之由來。到後來，增加的名額成為定例，凡初次取入的通稱附生，其廩、增二等則以歲、科二考的高下逐次遞補。一般生員，雖以升入國學為正當途徑，但為定章所限，應科目的人數反多，升入國學的人數反少；因為每屆三年，凡科考一等的皆有應科目的機會，而升入國子監的，非在學廩膳生食米年限最久的不能充選。升大學的機會既少，所以明代諸帝雖然極力提倡學校教育，而再傳之後，天下士子莫不趨向於科舉。

六　學規及懲罰

明代政府所以待遇學生這樣厚者，期以養成實學，為國家治術人才之用的。他們所謂實用人才，不僅長於學問，尤在優於品性。除月考、歲考外，平時還有稽考簿。稽考的內容分德行、經藝及治事三種：三種兼長的，列入上等簿；長於德行而短於經藝或劣於治事的，列入二等簿；如經藝與治事兼長，而德行或有缺陷的則列入三等簿。所謂德行，自然是要能孝親敬長，謹守繩墨不敢犯上作亂的學生，才是優等學生。學生如果在學十年，學業仍無所成，或犯有大過的，則罰充為吏，且要追繳學費。明太祖猶恐日久玩生，乃頒禁例八條於全國學校，將此禁例刻臥碑，置在明倫堂上，令全國師生務必謹遵。倘有違犯的則以違制論。我們聽了這一句話也覺得毛骨悚然。[2]

七　教官

每府學設教授一人，訓導四人。每州學設學正一人，訓導三人。每縣學設教諭一人，訓導二人。此項教官，或由下第舉人充當，或由貢生充當，但以俸給微、地位輕，舉人多有不願就的，故以貢生為多。據明

初統計，全國共有教官四千二百餘員，當其盛時，尚有五千二百餘員；至於邊徼衛學及土司尚，未計算在內。

第四節　其他學校

一　宗學

宗學之設，不分中央與地方，不以普通行政區域為限，大概校址在兩京所屬的地方，學生以世子長子眾子及將軍中尉等官的子弟為合格，這一干人的子弟凡年在十歲以上俱應送入宗學讀書。其中教材以皇明祖訓、孝順事實、為善陰騭諸書為主科，以《四書》、《五經》、《通鑒》、《性理》等書為輔科。教師以王府長史紀善伴讀教授等官中之學行優長的選充。主管宗學行政的有宗正一人，其後又增設宗副二人。這一班宗學子弟的衣冠，就提學官考試及應鄉試皆與其他儒學生員差不多完全相同。後來宗室漸多，「頗有致身兩榜，起家翰林者」。

二　武學

武學創設於洪武年間，當初即於大寧等衛儒學內設置武學科目，教導武官子弟。到英宗正統中，乃正式設立兩京武學，規模大備，到莊烈帝崇禎時，又命天下府、州、縣皆設武學。此後武學雖然遍全國，不久而明室就亡了。入學資格，以都司衛所應襲子弟年滿十歲以上者，由提學官選送入學；或都指揮等官年長失學的亦令五日來學聽講一次。其中分六齋，即居仁、由義、崇禮、宏智、敦信、勸忠。設教授、訓導各一人，擔任管教事宜。學科分兩類：以小學《論語》、《孟子》、《大學》為

一類，《五經》、《七書》、《百將傳》為一類。每人於各類中任習一書，對於大義務使通曉。明代立國方針，是右文左武，所以武學課程與儒學無大差異。其中待遇及考試，與儒學生員相同。

三　社學

明代官立小學曰社學，設立於鄉鎮，凡民間幼童十五以下可送入讀書。課程為《四子書》之類，兼讀御製大誥及本朝律令，並講習冠婚喪祭等禮節。教師即聘請地方儒生充當。生徒之俊秀的亦有補儒學生員的資格。這種小學始於洪武八年，到弘治十七年加以推廣，令天下府、州、縣治所一律設立，但行之不久，就被停廢，小學教育乃由民間自辦了。

第五節　科舉

一　科舉之手續

明代科舉比較以前，有一顯然不同之點：從前是科舉與學校「相併而行」，現在是「相輔而行」。此時的知識分子，凡是要取得科名，非進學校不可。換句話說，非由學校出身，不能應科舉，雖然間或也為童生開一條鄉試的路徑，究屬例外。這個時期的制度，雖然較以前完備，而科目制度簡單——只有進士一科。考試的手續也分做三步：第一步在各省會舉行，名曰「鄉試」；第二步在京師由禮部舉行，名曰「會試」；第三步在殿廷舉行，名曰「殿試」。每三年舉行一次，謂之「大比」，鄉試定於子午酉卯年的秋季，會試定於辰戌丑未年的春季，殿試則在會試完

畢後接著舉行。當大比的年月，各府州縣的學生，經過科考認為有應鄉試的資格者，齊集省會，按期入場應試。取中以後，謂之「舉人」。此中試的舉人以及從前各屆中試的舉人，皆可預備行裝，赴會京師，應會試。當會試時，凡國子監的舉監生也可與地方舉子一同應試。取中了以後，隨時由天子複試於殿廷，複試取中了稱做「進士」。這一班中試的進士，分三甲發榜：第一甲只有三名，賜進士及第；第二甲若干人，賜進士出身；第三甲若干人，賜同進士出身。第一甲第一名稱曰「狀元」，第二名稱曰「榜眼」，第三名稱曰「探花」：這三名是最榮貴的進士了。鄉試派主考二人，同考四人，由教官充當。會試派主考二人，同考八人，多由翰林充當。殿試本由天子主考，但皆派翰林或優於文學的大臣充閱卷官，天子不過掛一名義為定進士前列之上下罷了。殿試對於會試所取錄的姓名，或有所去留，或變更名次，但通常變更很少。

二　考試之內容

明代科舉考試的範圍，較前更狹。其中可分為三類：一為經義，二為當代的詔誥、律令，三為史事及時務策。經義中只限於四書及《易》、《書》、《詩》、《春秋》、《禮記》五經。開國之初，四書以朱子集注為主，《易經》以程傳朱子本義為主，《書經》以蔡氏傳及古註疏為主，《詩經》也是以朱子集注為主，《春秋》以左氏、公羊、穀梁及胡安國、張洽五人所傳為主，《禮記》以古註疏為主。到永樂年間，頒布《四書五經大全》，為科舉考試的唯一教本，廢除註疏不用，此後於是純粹以宋儒程、朱學說為中心了。鄉試舉行於八月，會試舉行於二月，皆分三場考試，每場所試內容及分量完全相同。第一場考試四書義三道，每道限二百字以上；經義四道，每道限三百字以上。第二場考試策論一道，

限三百字以上；詔誥表內科一道；判語五條。第三場考試經史時務策五道，俱限三百字以上，但力有未足的可許減少二道。試卷的文體略仿宋代的經義，語氣摩仿古人，體格多用排偶。這種場屋的文體，通謂之「制義」，流俗名日「八股」。據顧炎武所考，八股文的形式始於成化以後，在此以前，場屋文字不過類演傳注，或對或散，初無定形。自成化以後以至滿清末年，數百年間皆為八股所支配，而天下聰明才智之士，莫不消磨在這裡面。

第六節　結論

明太祖雖以遊僧出身，不大了解字義，但取得帝位以後，對於學校教育則非常注重。國子學的設立在統一天下以前三年；及統一天下後二年，又命全國府、州、縣皆設置儒學；所以朱明政府成立不到十年，全國學校業已林立。他有鑒元代學校的廢弛，很想從嚴整頓，在洪武二年曾對中書省下了一道指令，雖是命令天下地方一律設學，也含了整頓學風的意思。他說：「學校之教，至元其弊極矣。上下之間，波頹風靡，學校雖設，名存實亡。兵變以來，人習戰爭，唯知干戈，莫知俎豆。朕唯治國以教化為先，教化以學校為本。京師有太學，而天下學校未興，宜令郡縣皆立學校；延師儒，授生徒，講論聖道，使人日漸月化，以復先王之舊。」（《明史・選舉志》）洪武十五年頒的臥碑禁令八條，整頓學風尤為嚴厲。從表面上看，好似洪武大帝非常提倡學校教育，其實他的目的在網羅天下優秀分子於學校，以消滅他們的暴戾恣睢之氣，而子孫帝王萬世之業庶能長保。所以他以訓練「忠順臣僕」為其教育宗旨，試看他對待士大夫階級的態度就可想而知了。

當時規定各人於五經中任習一經，視投考時填寫某一經，即於該經

內出題。各人所習經不同，皆只習一經，其餘四經可以不讀。

專制帝王開辦學校固有其特殊用意，但明初以辦理的認真，尚能表現一點成績，不過再傳以後，社會人士多趨於科舉，學校也走到元代的「名存實亡」之舊路了。科舉發達以後，虛榮牢籠之術，較前代更盛，而缺點亦最多。我們只舉摘其重要的三點：（一）考試的範圍太狹；（二）試文的格式太呆；（三）政府的任用太促。明代鄉、會兩試，雖明定三場之制，實際只能算得一場。因為當時的習慣，只重頭場，如頭場的卷子做得很好，能中主試者的意旨，就有被取的希望，其餘二、三兩場的卷子視為不足重輕。頭場考試的範圍，雖然限於四書、五經，其實只有《四書》一經。此四書一經中可以出題的不過一、二百道，只要將這一、二百道題平日完全作好了，或熟記前人所作的文章，到入場時，十分之九可以猜中；若是猜中了，只要抄謄一番，十分之八九便可以僥倖獲取。所以地方的富家巨族，平日常延請經師到家設館，其目的不在教他們的子弟如何讀書，是要教師替他們的子弟做夾帶。教師入館以後，即選擇《四書》中可以出題之處各擬一篇，令生徒熟讀牢記，到入場時，考題相同，即可全為抄去，一旦僥倖獲取了，便是貴人。這一種貴人，對於本經原文，全然不曉；即或能讀一經，其他四經亦屬茫然莫曉；即或四書五經都能背誦，亦不知其全經大義之所在；況能背誦全經者百不得一，而一經不知者比比皆是。既不科以真實的學問，哪能取得有用的人才？以這種僥倖進速成之士，而委以政權，怎得不償事？此顧先生所謂「率天下而為欲速成之童子，學問由此而衰，心術由此而壞」。[3] 考試的範圍限制這樣的狹隘，既率全國士子不肯讀書；而試文的格式又規定非常呆板，士子雖肯讀書，所讀亦屬流俗膚淺之書，所習儘是機械無用之文，則更壞了。所謂機械無用之文，即當時場屋所通行的八股。八股是怎樣一種形式？我們只看顧先生《日知錄》所舉弘治九年會試進士所

出「責難於君謂之恭」，便可以知道一個大概。[4] 這種文字，只重形式，不取實質，專意摩仿古人的語氣，毫無創作的精神，汩沒個性，柔化民族，其貽害更甚於唐之詩賦，宋之策論；此顧先生所謂「八股之害等於焚書，而敗壞人才有甚於咸陽之郊所坑者」。（見《日知錄・科舉》）這一班讀書分子既無實學，可反驕貴。他們一旦取得科名以後，便自以為社會上的優秀分子、特殊階級，可以享受一切特權，可以驕傲天下民眾了。這一個毛病，由於政府任用太促、寵遇太過的原故。士子在殿試取得進士以後，天子即授狀元以修撰，授榜眼、探花以編修，二、三甲即可考選庶吉士。考選了庶吉士以後，即可進入翰林院，或拔入館選，或命其觀政，儼然將來的宰輔，為滿朝之所推許，而自己亦以此自期待。此《明史》所謂「非進士不入翰林，非翰林不入內閣，而庶吉士始進之時已群目為儲相」，可以想見當時進士之地位了。不僅進士有這樣的驕貴，就是鄉試取中以後，凡舉人在地方已屬威風不小。他們已取得了士大夫的資格，可以不耕而食，不織而衣，可以欺壓民眾、頤指氣使了。說到這裡，我們又要引出顧先生的話來：「科名所得十人之中，其八九為白徒，而一舉於鄉，即以營求關說為治生之計。於是在州裡則無人非勢豪，適四方則無地非遊客，而欲求天下之安寧，斯民之淳厚，豈非卻行而求及前人者哉？」

本節參考書舉要

(1)《明史》的〈選舉志〉

(2)《五禮通考》的〈學禮〉

(3)《續通典》的〈選舉三〉

(4)《續文獻通考》的〈學校考〉

[1] 《續文獻通考·學校考》：「國學之政，莫備於明。初，其諸生則取之公卿之子，拔之郡國之秀，廣為號舍以居之，厚其衣食以養之，在學十餘年始撥歷出身，往往仕至顯宦。而所重尤在司業一席，特簡大學士尚書、侍郎為之。及至中葉，名儒輩出，如李時勉、陳敬業、羅欽、呂柟分教南北，晝則會日饌同堂，夜則燈火徹旦，如家塾之教其子弟，故成材之士多出其門。」

[2] 《續文獻通考·學校考》：「洪武十五年頒禁例於天下學校，鐫勒臥碑置明倫堂，不遵者以違制論。臥碑禁例：（一）府、州、縣生員有大事幹己者許父母兄弟陳訴，非大事毋親至公門。（二）生員父母欲行非為，必再三懇告，不陷父母於危亡。（三）一切軍民利病，農工商賈皆可言之，唯生員不許建言。（四）生員學優才贍，年及三十願出仕者，提調正官奏聞考試錄用。（五）生員聽師講說，毋恃己長，妄行辯難，或置之不問。（六）師長當竭誠訓導愚蒙，毋致懈惰。（七）提調正官務常加考校，敦厚勤敏者進之，懈頑詐怠者斥之。（八）在野賢人有練達治體敷陳王道者，許所在有司給引赴京陳奏，不許在家實封入遞。」

[3] 《日知錄·科舉》：「明初三場之制雖有先後而無重輕，乃士子之精力多專於一經，略於考古。主司閱卷，復護初場所中之卷，而不深求其二、三場。夫昔之所謂三場，非下帷十年，讀書千卷，不能有此三場也。今則務於捷得，不過於《四書》一經之中，擬題一、二百道，竊取他人之文記之。入場之日，抄謄一遍，便可僥倖中式，而本經之全文，有不讀者。率天下而為欲速成之童子，學問由此而衰，心術由此而壞。」又：「今日科舉之病，莫甚於擬題。且以經文言之初試場所習本經義四道，而本經之中場屋可出之題不過數十。富家巨族，延請名士館於家塾，將此數十題各撰一篇，計篇酬價，令其子弟及僮僕之俊慧者，記誦熟習，入場命題十符八九，即以所記之文抄謄上卷，較之風檐結構，難易迥殊。《四書》亦然。發榜之後，此曹便為貴人。年少貌美者多得館選。天下之士靡然從風，而本經亦可以不讀矣。」

[4] 《日知錄·科舉》：「經義之文，流俗謂之八股，蓋始於成化以後。股者對偶之名也。天順以前，經義之文不過敷傳注，或對或散，初無定式，其單句題亦甚多。成化二十三年，會試『樂天者保天下』文，起講先提三句，即講樂天，四股中間過接四句，復講保天下；四股復收四句，再作大結。弘治九年會試『責難於君謂之恭』文，起講先提三句，即講責難於君；四股中間過接二句，復講謂之恭；四股復收二句，再作大結。每四股之中，一反一正，一虛一實，一淺一深，其兩扇立格，則每扇之中各有四股，其次第之法亦復如之，故今人相傳謂之八股。若長題則不拘。此嘉靖以後，文體日變，而問之諸生，皆不知八股之何謂矣。」

第三十二章　初明教育家及其學說

第一節　概論

在有明初年，教育家有澠池的曹月川、河東的薛敬軒、崇仁的吳康齋及吳氏弟子陳白沙、胡敬齋、婁一齋等人。一齋門下雖出過一代思想界的雄風王陽明，他本人的事蹟可記的卻是很少。白沙雖同為康齋的弟子，他的思想已走到了中明的領域。除開這兩人外，所以在本章我們只摘取四人，因為只有此四人的精神才是一致的，可稱為程、朱的信徒。不過明初的程、朱已不是宋、元的程、朱了，例如曹、薛、吳、胡諸人，無論他們的口裡和心裡表示得對於程、朱如何信仰，他們的精神卻不能與程、朱完全相合。他們與程、朱相合的：一為主敬的修為，二為下學的工夫。他們所與程、朱不同的，即尊德性重於道學問，涵養重於致知。因為他們全是實踐主義者，以刻苦自修、躬行實踐為學問，不主張多讀死書以誇博雅的一班教育家。他們的教育主張，只要用克己復禮的工夫，煉得自己成一個模型的人物——循規蹈矩、守死善道的君子，教育就算成功了。這種教育，既不主張記誦，在古籍裡頭討生活；亦不主張高談闊論，專務虛玄；是要以實際生活為環境，以己身為對象，以日積月累的精神從事於修為工夫的。這種教育，本近於「教育即生活」的主義，但除康齋一人外，其餘全是文雅式的生活，紳士派的教育。康齋實行耕讀主義，從勞作裡面求知識、驗修養，似從前代許魯齋「學者以生活為急務」一語得來，而後來顏習齋的實習主義可從吳氏得來。總之，明初的教育家，偉大之點雖不若宋儒，但他們全是抽出朱、陸之實在點，形成躬行實踐主義者，顯然演為一代的風氣，是無可疑的；因為此時已非程、朱之舊，所以有弘治以後的學風之大變。這四人中，除敬

軒外，全不大討論性論，而敬軒謂「天下無性外之物，而性無不在」，此種廣大而不精微的論調，在陸、王辭典中才能有過，程、朱絕不肯道的。

第二節　曹月川（西元 1376 年—西元 1434 年）

一　生活小史

宋代理學以周濂溪為開山老祖，元代理學以趙江漢為開山老祖，曹月川即明之濂溪、元之江漢，因為他是明代最早的一位理學家，他也是本期最早的一位教育家。

曹氏名端，字正夫，是河南澠池縣人。自幼小時即喜研究天文學，如《河圖》、《洛書》、《太極圖》之類，嘗作《月川交映圖》以比太極，故學者稱他為月川先生。月川生於洪武九年，三十三歲始中鄉試，獲得舉人的資格。三十四歲赴京會試，以取得副榜之故，委派往霍州為學正，自此始從事於地方教育生活。先生從事地方教育生活，前後共計二十一年，兩為霍州學正，一為蒲州學正。第一次在霍州，自己丑至丁酉，教授了九年，因兩遭內難，辭了職。第二次以服喪期滿之後，改調到蒲州，由壬寅至甲辰，教授了三年。第三次以受考績之後，又回到霍州，以至於老死，執教鞭者又九年。先生是一個謹守繩墨的教育家，是一個躬行實踐的教育家，每設帳一處，莫不本其體驗的工夫，教化生員以孔門之大道，所以學者翕然歸服，到處受人歡迎。乙巳年受了考績之後，霍、蒲兩州學生，爭先奏請政府，要求先生重來他們本州設教，卒以霍州所請在先，為霍人所得，是蒲人最喪氣的。第二次回到霍州，又當了九年教官，到甲寅之年，先生遂病死於客鄉之官所了，剛剛活了五十九歲。當先生死耗傳出時，霍州人罷市巷哭，雖童子亦皆流涕，門

人為服心喪三年，先生平日感人之深可以想見了。

二　論學大旨

　　曹氏為程、朱的信徒，一生學問重在克己自修，身體力行；平日教導學生，也是本著這個方法；所以於學理方面，不過蹈襲前人的糟粕，沒有新的發揮。關於教育理論，我們只可以提舉兩點出來：修養重在「動機」，求學本著「體驗」。他因為提倡動機論，所以修養之道，要從心上做工夫，即從心之萌上著力。「萌」即動機，我們的行為所有好惡善惡皆在一萌上來分辨，關係是極危微，而工夫是極謹嚴的。他說：「為仁之功，用力特在勿與不勿之間而已。自是而反，則為天理；自是而流，則為人欲。自是克念，則為聖；自是罔念，則為狂。特毫忽之間，學者不可不謹。」（《月川語錄》）這一段話，是他最透徹的動機論。要使動機不壞，必謹慎於一萌之頃。要使所萌皆善，無一點私慾，須於做事時件件不離一「敬」字。吾人能夠敬以處事，則心地純一明靜，邪念不生，人欲自無，於是表現於外的無一非善。以此做工夫，即可以「入孔門的大路」。教育的目的，在入聖人之門，學為聖賢。吾人要達到這個目的，既不可悠悠忽忽，亦不在多讀書，死記些聖經賢傳。工夫是要從實地體驗，憂勤惕勵向前去作。聖經不過告訴我們入門的知識，得到了知識，就要心領神會切實去做，非僅得到知識就算完事。所以他說「六經四書聖人之糟粕也，始當靠之以尋道，終當棄之以尋真」（同上）。憂勤惕勵，就是無一毫懈怠。既知道體驗，尤須下勤奮工夫，所謂「人要為聖賢，須是猛起，如服瞑眩之藥以黜深痼之疾，真是不可悠悠」；「聖人之所以為聖人，只是這憂勤惕勵之心，須臾毫忽不敢自逸」。（同上）

第三節　薛敬軒（西元 1389 年─西元 1464 年）

一　生活小史

薛瑄字德溫，號敬軒，山西河津縣人，是河東學派的領袖，也是明代北方首屈一指的教育家。薛氏生於太祖洪武二十二年，死於英宗天順八年，享年七十六歲，較南宋朱子多活五年。他的家庭，可以說是一個教育家庭，因他的祖父以教授為生，他的父親也是以教育為生──前者所從事的私人教育，後者所從事的地方政府教育。薛氏初出母懷時，特別奇特，幼年又極聰明，所讀書史一過目即能背誦。當十二歲時，從他的父親薛貞到滎陽官所，受業於魏希文、範汝舟二儒，得讀濂溪諸書，於是慨然有志於聖賢之道，以教育為己任，不肯從事於科舉之學，其為程、朱之學，即從此時開始。後來以遵從父親的意思，勉應鄉試，中了永樂庚子第一名；明年入京會試，又得了進士第，此時薛氏年已三十三歲了。薛氏一生服官凡五次──在湖南一次，在山東一次，在南京一次，在北京兩次。初次為監察御史，出監湖廣銀場，對於宋、元理學，攻苦研究，日夜風雪不輟。在山東任提學僉事，即管理學校事務，很合他的志願。到任開始，即以朱子的《白鹿洞學規》開示學者。每訓育諸生，則先力行而後文藝，因材施教，優秀的樂其寬，低劣的憚其嚴。在職並不久，而諸生受其人格的感化，至呼為「薛夫子」。在京師兩次，一忤宦官王振，已處死刑，因廚丁營救，遂放還鄉里；一忤權奸曹石輩，乃自動請老致仕，故他的鄉居生活也是二次。鄉居生活，即是他的私人講學生活，第一次居鄉講學六年，第二次居鄉講學八年。每次講學，弟子自遠方而來學的總是上百餘人，洛陽的閻禹錫、咸寧的張鼎，尤為薛門中之著者。

薛氏性情剛毅，守正不阿，一生以繼持世道人心為己任，與朱晦庵

很相類似，所以他對於朱子極端崇拜。他說：「使堯、舜、禹、湯、文、武、周、孔、顏、曾、思、孟、周、程、張、子之道昭然明於萬世，而異端邪說莫能雜者，朱子之功也。韓子謂孟子之，功不在禹下，余亦謂朱子之功不在孟子下。」（《讀書錄》）可謂推崇備至了。其實他較朱子更覺細謹，不僅視聽言動不肯輕忽，即坐立的方向及器用的位置稍有不正，他的心中就感覺不安似的。[1] 道學到了此時，業已模型化了，真不愧為薛夫子！薛氏常說：「自考亭以還，斯道已大明，無煩著作，直須躬行耳。」（《明史·儒林列傳》）所以一生沒有什麼著作，只有札記式的《讀書錄》二十卷。

二　性論

　　薛氏論性完全本於程伊川的「性即理也」一句話。在宋代以前，講論「性」之一字的，異說紛然，各各不同，自程伊川提出「性即理」一句口號出來，又經朱晦庵加以切實的宣傳，千載以來成了定論，即反程、朱的陸、王派也沒有顯然的異議，而薛敬軒擁護尤力。他說：「宋道學諸君子有功於天下萬世者，不可勝言。如性之一字，自孔子以後，荀、揚以來，或以為惡，或以為善惡混，議論紛然不決，天下學者莫知所從。至於程子『性即理也』之言出，然後知性本善而無惡；張子氣質之論明，然後知性有不善者乃氣質之性，非本然之性也。由是性之一字大明於世，而無復異議者，其功大矣。」（《讀書錄》）他不僅這樣擁護，且極力擴充性的意義。先儒只說性具於心，薛氏則謂性在天下。性即是理，凡物有理，即凡物有性，這個性不僅具於心中，凡耳、目、口、鼻、手、足之類，皆具有此性，凡天地萬事萬物亦皆具有此性，譬如君臣、父子、夫婦、長幼、朋友為物，而其人倫之理即為性。譬如耳、

目、手、足之類為物，而其動靜之理即為性。總括一句說：「天下無性外之物，而性無不在。」理是什麼？他說：「只是合當如是便是理」，凡事物之當然、動靜之咸宜即是理。此理原出於天，故曰「天理」。不過在天曰命，在人曰性，所以呼天、呼命、呼理或呼性，不過是一物的異名。理無不善，故性無不善，也可以說「善即性也」。不僅性與理為一，即性與氣亦不可分成兩樣，性與氣也是一致的。他說：「蓋理氣雖不相雜，亦不相離。天下無無氣之理，亦無無理之氣。氣外無性，性外無氣，是不可二之也。若分而二，是有無氣之性、無性之氣矣。」（《讀書錄》）薛氏把性的意義擴充到這樣廣泛，簡直跑到了自然界的形而上學裡面，與人類的天性之說毫不相干了。

三　修為論

薛氏對於修為方面也提出了兩個字的口號——「知止」。知止並不是止足的意思，他解釋得很廣泛。

知止所包者廣。就身言之，知心之止德，目之止明，耳之止聽，手之止恭，足之止重之類，皆是。就物言之，如子之止孝，父之止慈，君之止仁，臣之止敬，兄之止友，弟之止恭之類，皆是。蓋止者止於事物當然之則，則即至善之所在，知止則靜安慮得，相次而見矣。不能知止，則耳目無所加，手足無所措，猶迷方之人，搖搖而莫知所之也。知止則動靜各當乎理。（《讀書錄》）

止既謂止於事物當然之則，即凡吾人所應做的事情，盡心竭力去做，就謂之止。換句話說：止即注意集中於合理的事情上之義，某事為我所當做，即注全力在某事上面；此時應做什麼事，即注全力在什麼事上面；某一部分應當如何動作，即務必如何動作，做其所應當做的謂之

「止」，做其所不應當做的就非止了。做其所應當做，且盡心竭力去做，毫不務及以外，謂之「知止」；雖做其所應當做，而雜念叢生，精神不能貫注，就非知止了。所以他所謂「知止」的意義很廣泛，很活動；即隨時隨地注意你所應當注意的事情，毫不要務乎其外。能夠做到這一地步，則中心有一定的主宰，態度自然安詳，一舉一動無不恰當——修養的工夫可以既是成熟了。要達到知止的地步，則要一個「敬」字。他說：「人不持敬，則心無安頓處。人不主敬，則此心一息之間，馳騖出入，莫知所止也。」又說：「只主於敬才有卓立，不然東倒西歪，卒無可立之地。」（均同上書）敬即收斂此心不使散漫，把捉此心不使馳騖，而使心有所樹立，有所安頓。心有所樹立與安頓，則知所止了；所以居敬又是知止的工夫。

別的儒者把居敬窮理分為二事，薛氏則認為一事。他說：「初學時，見居敬、窮理為二事。為學之久則見得居敬時敬以存此理，窮理時敬以察此理，雖若二事，而實則一也。居敬有力，則窮理愈精；窮理愈得，則居敬愈固。」（《讀書錄》）由此看來，居敬又是窮理的工夫，窮理借居敬而愈切實，雖有時分而為二，也須交相為用。所以他說：「程夫子所謂涵養須用敬，進學在致知者，正欲居敬窮理交互用力，以進於道也。」（〈答李賢司封事〉）

四　教育論

觀薛氏教子一書，則知他是以「倫理」二字為教育宗旨。他說：「人之所以異於禽獸者，倫理而已。何謂倫？父子、君臣、夫婦、長幼、朋友五者之倫序是也。何謂理？即父子有親、君臣有義、夫婦有別、長幼有序、朋友有信五者之天理是也。於倫理明而且盡，始得稱為人之名。

苟倫理一失，雖具人之形，其實與禽獸何異哉！……聖賢憂人之陷於禽獸也，如此；其得位者，則修道立教，使天下後世之人，皆盡此倫理；其不得位者，則著書垂訓，亦欲天下後世之人皆盡此倫理。」（《薛敬軒集·戒子書》）這種常談之常談，本無敘述的價值，不過中國學者的教育主張，自周代以至明朝，兩千年來，毫無改變，可以推知中國歷史之不進步。但他的教育宗旨雖然陳腐，而他的求學方法卻極切實。他是一個實踐主義者，所以不尚空虛，力求實學。所謂實學，不是謂能多記些知識，多讀些聖賢經傳，是要能夠本著聖賢所垂訓的道理切實去行的。這些道理雖然記載在聖賢經傳上，但所記載的不過一種名，而道理之實則具於天地萬物之中。所以要求實學，必從日常生活上切實體驗出來，時時體驗即時時實行，處處體驗即處處實行。他說：「工夫切要在夙夜飲食、男女衣服、動靜語默、應事接物之間，於此事皆合於天則，則道不外是矣。」又說：「為學時時處處是做工夫處，雖至陋至鄙處，皆當存謹畏之心而不可忽。且如就枕時，手足不敢妄動，心不敢亂想，這便是睡時做工夫，以至無時無事不然。工夫緊貼在身心做，不可斯須外離。」（俱見《讀書錄》）我們由這兩段話看來，可以想見薛氏做工夫的切實。如果以此為教育，則教育即生活，是很有價值；不過他的生活，全為文雅的生活，又近於修道式的生活。他最反對以書本為知識，以作文為學問，而全無修養的科舉之士。「學舉業者讀諸般經書，只安排作時文材料用，於己全無干涉。故其一時所資以進身者皆古人之糟粕，終身所得以行事者，皆生來之氣習，誠所謂書自書，我自我，與不學者何以異。」（《讀書錄》）這一段痛切語卻可以發人深省。

本節參考書舉要

(1)《明儒學案》的〈河東學案〉
(2)《理學宗傳》的〈薛子〉
(3)《明史》的〈儒林列傳〉
(4)《讀書錄》
(5)《薛敬軒集》

第四節　吳康齋（西元 1391 年—西元 1469 年）

一　生活小史

　　康齋名與弼，字子傅，江西崇仁縣人，是國子司業康溥的兒子。他生於洪武二十四年，八、九歲為兒童時，在鄉塾讀書，已經表現不凡。年近十九歲，承父命來京師，從學於文定楊溥。楊氏授以《伊洛淵源錄》，遂慨然有志於聖賢之道；及讀到程伯淳「見獵心喜」一句，而志氣益壯。他以為聖賢也是一個人，只要立志，哪有學不到的，乃廢棄舉子業，專門從事於聖賢的工夫。這個時候，謝絕一切人事，獨居小樓上，日夜展開四書五經及諸儒語錄，玩索而善讀，體貼於身心，足不下樓達二年之久，可謂專一而勤了。當二十一歲時，還家結婚，往來都是粗衣敝履，沒有一點驕泰氣，別人也不認識他是司業的兒子。

　　吳氏自結婚以後，學業稍有成就，乃從事於教育生活。他的教育生活是從田園中過來的，即一邊耕田，一邊教書。他不肯徒託空言，亦不肯寄食他人，所以一生與學生躬耕於農畝，以自食其力。無論飲食的粗

細，衣服的好壞，莫不與弟子相共。耕田就是讀書，讀書就是耕田，教育簡直是與生活一致的。有時天氣不好，他披著簑衣，戴著斗笠，負著耒耜，與諸生在雨中並耕，暢談乾坤，並謂乾坤八卦等象，即可於所耕的耒耜上看出。耕罷以後，即解犁歸來，又與諸生飯糲共食。當這個時候，貧賤也忘了，勞苦也忘了。甚至一切世事都忘了，不僅教育生活化，且有孔門風雩詠歸的氣象，吳氏可謂寫實的教育家了。但吳氏的教育並非藝術化的，乃是刻苦化的，他之躬耕及與弟子並耕，正所以表示他們刻苦自勵的精神。陳白沙是他的出色弟子。當陳氏在他門下讀書時，康齋必教他早起，必教他做些家庭瑣事。[2] 有一天早晨，剛能辨日光，康齋即手自簸谷，而陳氏尚未起床。康齋乃大聲訶斥曰：「秀才若為懶惰，即他日何從到伊川門下，又何從到孟子門下？」康齋為學的精神，及對於弟子訓練之嚴謹，由此可以推見一般。不僅教陳氏如此，凡在吳氏門下的人們，必要躬親細事，從工作裡頭求知識，非在書本上求知識的。[3]

吳氏過這種的教育生活——田園的教育生活，將近五十年。在他六十八歲時，年紀老了，朝中有一班當道交相推薦，皇帝也想請他輔教太子，他以時機不宜，入京不久，仍然款段回鄉，從事於舊日生活。不過從前很貧，長年典借度日，自此稍受國家的廩祿，較以前稍稍寬裕一點。到憲宗成化五年，以壽終，一共活了七十九歲。

二　修為論

吳氏是張橫渠、李延平一流的人，少時性情剛忿，氣象豪邁，到中年以後則怳然一團和氣，如光風霽月了。他的性格所以有這樣劇變的原因，全靠他自己修為的工夫。他一生在修為方面用過很大的苦功，差不

多一生就在修為方面苦做工夫。黃宗羲說：「先生之學，刻苦奮勵，多從五更枕上汗流淚下得來。及夫得之而有以自樂，則又不知足之蹈之、手之舞之。蓋七十年如一日，憤樂相生，可謂獨得聖賢之心精者。」（《明儒學案·師說》）我們再看他所作的日記，真可以想見他的修為工夫之苦了。他的修為工夫，即顏淵的克己復禮工夫。他說：「聖賢所言，無非存天理，去人欲。聖賢所行亦然。學聖賢者，舍是何以哉？」則知他的克己復禮工夫，即以「存天理，去人欲」為目的。要達到這個目的，非刻苦奮勵不能有成；非一心於道，勿動於外物，隨時隨地痛下工夫，不許有毫釐間斷，不能有成；非經過幾次困難，受過幾次挫折，使志氣益加磨煉，不能有成。所以他的修為工夫，要專一，要誠篤，要安貧吃苦，要心平氣和，且要不使有毫釐的間斷，且要從困苦憂患中益發養成。這簡直帶了一種苦行味。「一事少含容，蓋一事差，則當痛加克己復禮之功，務使此心湛然虛明，則應事可以無失，靜時存養，動時省察，不可須臾忽也。苟本心為事物所撓，無澄清之功，則心愈亂，氣愈濁，梏之反覆，失愈遠矣。」他一段日記，已完全寫出他自己的修為工夫。簡單些說，即是靜時存養，動時省察，不可須臾忽的工夫。吳氏思想一稟宋人成說，絕無新的表現，厭惡籤注浩繁，有害無益，所以不輕於著述，即著述也不過敷衍陳說而已。所以他是一個實行的教育家，更可以說是一個苦行的教育家。想到哪裡即做到哪裡，做到哪裡即教到哪裡，他平日所做的即其所教的。作為聖賢即教以聖賢，這個聖賢是從身體力驗、刻苦奮勵得來，不是憑口說憑書本得來。這個聖賢是要做一輩子，毫無間斷地得來，不是一曝十寒或始勤終怠得來。所謂「敬義夾持，明誠兩進，而後為學問之全功」，則又是朱子的下學工夫。

本節參考書舉要

(1)《明史》的〈儒林列傳〉
(2)《明儒學案》的〈崇仁學案〉
(3)《理學宗傳》的〈吳康齋〉

第五節　胡敬齋（西元 1434 年—西元 1486 年）

一　生活小史

　　吳康齋講學崇仁，弟子很多，而以陳白沙、胡敬齋、婁一齋三人最著。白沙多帶禪門語氣，已另成一派；一齋亦稍近於陸子；至善體康齋學說而得其真傳的，只有敬齋一人。敬齋名居仁，字叔心，是江西餘干縣人，因他平日講學的工夫以居敬為主，所以學者稱他為「敬齋先生」。他是生長於農業家庭，家計貧寒較康齋更甚，所以他的嚴毅清苦的性格，安貧樂道的精神，較康齋尤為自然。他每日必立課程，詳書一日生活之得失；行動必中繩矩，雖器物之微亦必區別精審——他是這樣謹嚴的一個學者。在他弱冠的時候，即厭棄科舉，有志於聖賢之學，聞康齋講學於崇仁，所以住游其門。學業稍有成就，乃回鄉在梅溪山中蓋一所房子，自己也講學起來。他在山中除講學事親之外，不干外事，四方學子聞其名來從他學的也多了。他的講友，有婁諒、羅倫、張元禎等輩，常與他們以研究的精神，相會於弋陽的龜峰，餘干的應天寺。當時提學李齡、鐘域相繼請他主講白鹿書院，諸生又請他到貴溪講學桐源書院。淮王欣慕他的名聲，特別館他到府中請講《易經》；他皆謝絕。所以他一

生教育事業，完全在私人講學中過去，暗修自守以布衣終其身，絕不涉及官廳的意味，這與他的老師康齋「以學名於世，受知朝廷」者又有不同。胡氏生於宣宗宣德九年，卒於憲宗成化二十年，享年僅五十一歲。著有《居業錄》一書，議論純正，設使天假以長壽，其造詣當更未可量。

二　修為論

　　康齋一生學問在「涵養省察」四個字，敬齋一生學問在「居敬窮理」四個字。居敬屬於修為方面的工夫，窮理屬於研究方面的工夫。胡氏把敬的工夫看得極重要，所以對於敬字一義講得很清楚。吾人所以修養，其目的在存天理於此心之中，使心與理合而為一。能夠使心與理一，則動靜語默自然恰當。要使心與理一，必要收斂此心使在腔子內，則精神才專一，態度才安詳，而無昏亂狂蕩之病。要達到這個目的，只有居敬的工夫。敬即「主一無適」的意思，即約束此心，收斂此心，使內中有一個主宰的意思。內中有主宰，則不致於虛寂；主一無適，則外物不得動搖。這種工夫，是與生命同流的，不能有一時一刻間斷的，所以他說「敬為存養之道，貫徹始終」。所謂「涵養須用敬，進學在致知」，是未知之前，先須存養此心，方能致知。又謂「識得此理，以誠敬存之而已」，則致知之後又要存養，方能不失。「蓋致知之功有時，存養之功不息」。（《居業錄》）因敬與生命同流，所以他是該動靜、兼內外的。靜時須敬，動時也須敬；在內要敬，在外也要敬。所謂「敬該動靜：靜坐端肅，敬也；隨事檢點致謹，亦敬也。敬兼內外：容貌莊正，敬也；心地湛然純一，亦敬也。」（同上）至於「端莊整肅，嚴威嚴恪，是敬之入頭處；提撕喚醒，是敬之接續處；主一無適，湛然純一，是敬之無間斷處；惺惺不昧，精明不亂，是敬之效驗處。」一段話，則又形容敬之步驟。

　　胡氏於主敬之外，兼反對佛、老之說，尤其於儒、釋之辨再三致意。他說，「學一差便入異教」，即把存心的工夫講錯了。釋氏講存心要使此心空無一物，以至於絕思絕慮。這種狀態如同死物，不是儒家的氣象。儒家之所謂存心，既不是放蕩於外，又不要空寂於內。中有主宰而非空寂，行為一循天理而不放蕩，這才是儒家的氣象。這種氣象完全由主敬得來，胡氏本人確也達到了這一地步。他對於儒、釋之辨再三致意，頗含有一番衛道的精神，他是一個熱心的衛道主義者。他說：「高者入於空虛，卑者流於功利，此二句說盡天下古今之病，自古害世教只有此兩般人，正學不明，名教無主，學者才要心上用功便入空虛，才有志事業便流入功利，蓋見道不明，以近似者為真故也。」（同上）這該是多麼沉痛的刺人語，由此可以推知其他的教育主張了。

三　求學方法

　　胡氏雖為康齋學說的真傳，但他的性格頗近於程伊川，他的修為工夫，亦本於伊川的「涵養須用敬」一句得來，不過他最欽佩的還是程明道。至於他的求學方法，則又本著朱晦庵的「窮理以致其知」的工夫。他說：「凡事必有理，初則一事一理，窮理多則會於一。一則所操愈約，制事之時必能挈其總領，而理其條目，中其機會而無悔吝。」（《居業錄》）求學在窮理，須從萬事萬物一件一件地去窮究，待窮得多了，自然能夠融會貫通，登現一個共通的道理出來。窮理是下學工夫，必要下學才能上達。窮理又是歸納的研究法，必要從萬殊上一一去研究，才能會而為一本。若不用此笨拙的方法，謬想一步登天，非學問難成，便要流入異端，所以他說：「學者須從萬殊上一一窮究，然後會於一本。若不於萬殊上體察，而欲直探一本，未有不入異端者。」（同上）窮理既是從萬

殊上一一去研究。所謂萬殊，當是針對生活的環境中各種實在事物，從這事物方面實地去研究一般的道理，並非在懸空尋得一個道理來。所以讀書是窮理，講論也是窮理，思慮是窮理，得事也是窮理，不過各自所得的程度不同罷了。

　　《居業錄》：「窮理非一端，所得非一處，或在讀書上得之，或在講論上得之，或在行事上得之。讀書得之雖多，講論得之尤速，思慮得之最精，行事得之最實。」

本節參考書舉要

　　(1)《明史》的〈儒林列傳〉
　　(2)《明儒學案》的〈崇仁學案二〉
　　(3)《居業錄》
　　(4)《理學宗傳》的〈胡敬齋〉

---

[1] 《讀書錄》：「言要緩行，行要徐，手要恭，立要端，以至作事有節，皆不暴其氣之事。怒至於過，喜至於流，皆暴其氣也。余於坐立方向、器用安頓之類，稍有不正即不樂，必正而後已，非作意為之，亦其性然。」
[2] 《理學宗傳·吳康齋》：「白沙來受學，公絕無講說，使白沙斲地、植蔬、編籬，公作字使白沙研墨，或客至則令接茶。如是者數月而歸。」
[3] 《明儒學案·婁一齋》：「一齋聞康齋在臨川，乃往從之。康齊一見壽喜，云老夫聰明性緊。一日康齋治地，召先生往視，云學者須親細務。先生素豪邁，由此折節，雖掃除之事必躬自為之，不責僮僕，遂為康齋入室。」

第三十三章　中明教育家及其學說

第一節　概論

明代開師門講學的風氣，始於正、嘉之際，成、弘以上雖有講學，各皆謹守繩墨，未嘗以此相號召。自正、嘉至於隆、萬，百年之間，士論龐雜，學風大變，雖然良莠不齊，而明代學術界的光彩確在這一個時期足足放射出來。這一個時期，我們稱之為中明。在中明時期，我們選擇陳白沙、湛甘泉、王陽明、羅整庵、呂涇野五人，及王門弟子數人。除王門弟子外，此五人中，約分成三派：（1）白沙與甘泉為一派，（2）陽明為一派，（3）整庵與涇野又為一派。此三派中，以陽明學派的勢力最大，所揭「致良知」之旨，直捷簡易，一掃宋儒以來程、朱之繁重，使社會耳目一新，於是風靡了全社會，而全社會讀書分子差不多被此說所鼓動。第一派議論在朱、王之間，勢力也非同小可，而王學之產生，亦由第一派有以開其先河。以上兩派，皆是朱學末流的一種反動。

但在王、湛兩家風靡天下之際，居然有羅、呂二氏出來擁護程、朱，與炙手可熱的敵黨抗爭，可謂疾風中的勁草；不過他們所講的已非程、朱之舊了。在這五人中，除白沙外，對於心性二字皆有論列；陽明謂心即理，整庵與涇野均謂性即理，甘泉則謂心性同為一體——陽明與甘泉屬於唯心論者，整庵與涇野屬於唯性論者。在修養方面，白沙主靜，要從靜中養出個端倪來；甘泉以敬為主，以隨處體認天理為工夫；陽明則主省察克治。在教育理論方面，只有陽明與涇野二人注意過，所論也極有價值。陽明以「致良知」三字為教育主義，以知行合一為學習工夫；兒童教育尤在於培養其活潑的天性，養成愛動愛唱愛遊戲生氣盎然的兒童——此種種議論，從前教育家很少說過，與朱子的訓練主義更

不可以比擬。涇野關於教育理論有兩點：學習重下學工夫，教授主個性發展──他最喜孔子的教法，也是朱子的呆板方式。至於王門弟子，人數雖多，喜言本體，略卻工夫，對於教育方面絕少貢獻。但在教育生活方面，此數人者皆不愧為一代的教育家，各人有各人的精神。

第二節　陳白沙（西元 1427 年─西元 1500 年）

一　生活小史

吾人敘述明代教育家已四人了，他們都是篤信程、朱，謹守繩墨，愈講愈陳腐，其中看不出一點生氣來。能在思想上表現一點生氣，表現一點自我精神的，則要始於陳白沙。陳氏是儒家的精神，是禪門的工夫，是老、莊的態度，是集合各家的學說而形成他自己的人格的一個人。他的思想極其圓通與高明，不是一孔之儒所能比擬，胡氏疑他誤入於禪，劉蕺山說他作弄精魂，皆屬己見，而白沙不能承認的。白沙在儒家中，似周濂溪與陸子靜之間的人物，天資聰慧異常，用過苦工，經過訓練幾二十年，所以卒能求得一貫之理，既非空疏，又不支離，當然非薛、胡諸人所能及了，但白沙所以形成這樣一個偉大人物，於他所處的環境不無關係。

陳氏是廣東新會人，名獻章，字公甫，所居白沙裡，故世稱白沙先生。白沙距海不遠，在海岸所生長的人才，天資思想較在內陸當有不同。陳氏生於宣宗宣德二年，是一個平民家庭。在他出世的前一個月，他的父親已死去了，他的母親抗節鞠養，所以他後來對於母親極盡孝誠，終身不肯留京做官，一方由於性情恬淡，一方為不忍遠離他的母親。他以英宗正統十二年舉廣東鄉試，第二年赴京會試，結果不佳。過

了數年，離京南下，往崇仁從學於吳康齋。從康齋時，陳氏年已二十七歲。康齋乃程、朱學派，性情最嚴毅清苦，白沙與他不合，所以不到一年，他就告辭老師回到他的故里了。回家以後，築陽春臺為書室，攻苦研究，費盡十餘年的工夫，前數年謹守舊法，毫無所得，其後乃自靜中自求而得之。他的一生學問，也成功於此時自得上面。後來遭遇家難，於憲宗成化二年由家來京，復遊太學。當此之時，陳氏年已四十，受入學試驗，以詩和楊龜山的「此日不再得」為題，大為祭酒邢讓所賞識，謂「真儒復出」，由是白沙之名震動京師，京師學子紛紛及門受教，而陳氏的教育生活從此開始了。不久南歸故里，專門講學，以他思想的精到及娓娓不倦的精神，感人最深，所以四方學者來學的日多。賀欽為給事中，乃辭官還家，奉白沙肖像於別室，朝夕瞻拜，其崇拜之深可想而知。陳氏活了七十三歲，死於孝宗弘治十三年。平生不肯著作，與象山相似。著名弟子有李承箕、張東所、駕欽、湛若水諸人。

二　學習論

白沙平生不肯著述，我們要研究他的思想，只有從他所與朋友的幾封信札及幾篇語錄裡面去尋。在這些上面，最關重要的有兩點：一為原理論，即描寫道之性質與作用；一為方法論，即說明求道的工夫。前者屬於哲學範圍，此時毋庸討論；後者可以屬於教育範圍，正是我們所要敘述的。白沙關於教育方面的發表，也只有一種研究的方法——求道的工夫，我們名之曰學習論。「白沙之學，以虛為基本，以靜為門戶，以四方上下、往古來今穿紐湊合為匡郭，以日用常行分殊為功用，以勿忘勿助之間為體認之則，以未嘗致力而應用不遺為實得。」(《白沙學案》) 黃氏這一段話描寫白沙研究的工夫可謂透徹，但還不如白沙自己所說的切

實。在他答覆趙提學的書信上有這一段話：

僕年二十七，始發憤從吳聘君學，其於古聖賢垂訓之書，蓋無所不講，然未知入處。比歸白沙，杜門不出，專求所以用力之方，即無師友指引，唯靠書冊尋之，忘寢忘食，如是者亦屢年，而卒未得焉。所謂未得，謂吾此心與此理未有湊泊吻合處也。於是舍彼之繁，求吾之約，唯在靜坐。久之然後見吾此心之體隱然呈露，常若有物，日用間種種應酬，隨吾所欲，如馬之御銜勒也。體認物理，稽諸聖訓，各有頭緒來歷，如水之有源委也。於是煥然自信曰：作聖之功，其在茲乎？有學於僕者，輒教之靜，蓋以吾所經歷粗有實效者告之，非務為高虛以誤人也。」（《白沙文集》卷三）

由這一段話看來，白沙當初發憤為學，也是讀書窮理，用過了下學的工夫。因為研窮數年沒有結果，乃改變方法，從靜坐體認入手。靜坐是收斂精神，統一意志，去掉一切胡思亂想的念慮，迨意志統一了，心地清明了，則頭腦才可以冷靜，成見才可以掃除，心中才無罣礙。然後以客觀的態度，從日用常行中察見人情物理。必須從日用常行中察見人情物理，是一種體認的工夫。能夠從此體認，則合於人情物理的即合乎天道，懂得人情物理的即懂得天道，於是學問庶有成就，而入聖之功亦不遠了。但這種體認的工夫，殊非易事，但亦不能看得太難了，只在日用間隨時體認，自然有得，著意理會反不成功。這種工夫不能把捉太緊，但亦不能過於散漫，只要勿助勿忘，久之自然有得。這種工夫，不能由書本內尋求，亦不可以言語傳授，只在學者各人深思而自得。在體認的過程中，必有幾次懷疑的時期，──近代所謂學習高原期。有了高原期就是進步的徵兆，陳氏也承認，且極讚許。他說：「前輩謂學貴知疑，小疑則小進，大疑則大進。疑者覺悟之機也，一番覺悟，一番長進，更無別法也。即此便是科級，學者須循次而進，漸到至處耳。」（〈與張廷實書〉）

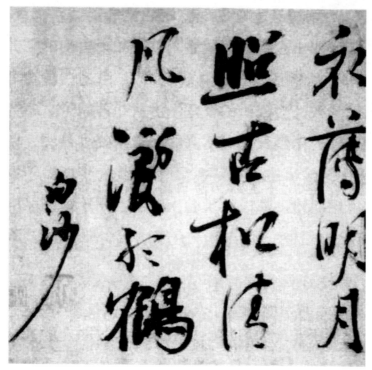

陳獻章手跡

　　由這樣看來，白沙求學的工夫，第一步須靜坐，要從靜坐中養出個端倪來。端倪養出來了，才可以商量第二步的工夫。[1] 這是從周濂溪「主靜以立人極」而來的。[2] 這裡所謂端倪，即他在別處所說的「大本」或「大總腦」。從靜坐中養出個端倪，即抓住了為人的大本，學問的大總腦。他說：「學問大總腦要見，見則便自快活，更肯向前，下面節節推去，無非一個道理。」（《語錄》）是要有大總腦的。又說：「文章、功業、氣節果自吾涵養中來，三者皆實學也。唯大本不立，徒以三者自名，所務者小，所喪者大，雖有聞於世，亦其才之過人耳，其志不足稱也。學者能辨乎此，使心常在內，到見理明後自然成就得大。」（〈書漫筆後〉）是要立大本的。這種論調，與象山所提倡孟子「先立乎其大者」的一句話相

同；至於由靜坐入手，則又是兼採宋儒諸家的下手工夫；所以說白沙是融和諸家的一位「極高明」的學者。但他雖然教學者從靜坐入手，卻不是靜的教育家，他是極盡活潑與自然的一位教育家。

第三節　湛甘泉（西元 1466 年—西元 1560 年）

一　生活小史

　　湛氏名若水字元明，是廣東增城人，學者稱為甘泉先生。生於憲宗成化二年，死於世宗嘉靖三十九年，先陽明六年而生，後陽明三十二年而死，完全與陽明同時，而享壽可大他三十八歲，僅差五年到一百歲。自二十七歲，中了廣東弘治五年的鄉試之後，即拜白沙為老師，研究心性之學，不願作政治生活。迨後以母命勉游南京，入國子監讀書，隨同會試，中了弘治十八年的進士及第第二名，而先生年已四十歲。這個時候，陽明在吏部講學，先生與呂涇野等學者互相倡和，在先生與陽明個人的講學生活始於此時，而明代講學之盛、門戶之分也從此大開風氣。迨後奉命出使安南，不久以母喪歸葬，在南方住了七、八年。世宗即位，宣他進京，派為侍講，第二年升南京國子祭酒，正式擔任國家教育。湛氏本無心於政治，但他的官運卻也很好，後來歷任在南京吏、禮、兵三部尚書，到七十歲時才以老故謝絕政治生涯。

　　總計湛氏自四十歲以後，五十五年間，無日不講學，無日不授徒，不愧為「志篤而力勤」的一位教育家。我們要把他的教育生活分成數段時，當四十歲以後為第一期，在北京講學；當五十歲以後為第二期，在家鄉講學；當六十歲以後為第三期，在南京講學。自七十歲以後二十五年間，謝了政治生活，專門從事於私人教育；他於是周遊各郡，講學變

成流動式的，因之他的及門弟子亦遍天下。湛氏為白沙的高足弟子，足跡所到，必建書院紀念白沙，對於其老師可算崇拜盡致了。他的講學方法，頗有特別。當他在鄉居喪時，築西樵為講舍，凡生徒來齋從學時，先令習禮，過了三天然後允許聽講。當開講之初，還須澄心靜坐片刻，收斂精神，集中注意，才開口講書，這與昔日陸子在象山講學時方法略同。湛氏與陽明交情頗深，自在北京訂交後，雖彼此以講學相倡和，而兩家宗旨各異──陽明以致良知為主，甘泉以隨處體認天理為宗，所以當時學風分王、湛二派，雖湛門之盛不及王門，亦猶昔日陸之與朱了。

二　心性說

甘泉在南京講學時，作了一幅《心性圖說》，一方面說明心之本體，一方面也含了駁倒陽明論心的意思。他說：「蓋陽明與吾看心不同：吾之所謂心者，體萬物而不遺者也，故無內外。陽明之所謂心者，指腔子裡而為言者也，故以吾之說為外。」（〈答楊少默書〉）「體萬物而不遺」一句話，即甘泉說明心體的一句總語。吾心不僅在腔子內，也不是在腔子外，它是與天地萬物一體的。宇宙只是渾然一氣充塞流行，這種一氣之渾然，就是心，沒有內外，沒有終始。這個心體，「洞然而虛，昭然而靈」，內中沒有一物，而不遺一物，所以與天地萬物同體。這個心體是具有生理的，生生不息的，此中生理謂之性，其實心性只是一物；故曰「性也者心之生理也，心性非二也」。（《心性圖說》）譬如谷種，其體謂之心，其所具生意謂之性。這種生意發表出來謂之情，發出而得其正，則有惻隱、辭讓、羞惡、是非種種情緒，這幾種情緒就是仁、義、禮、智諸德目之造端。由這看來，心即自然之渾體，藏著無限的生意，生生不息，流行不已，就謂之性；心與性實一物，故心性皆是至充至沛、至明

至善的。但吾人後來為物慾所蔽，有時遂「窒然而塞，憒然而昏」了。雖然昏塞，而本體之虛靈固無不在，要回復本體，不假外求，只要吾人一朝覺悟，滅去物慾，而本體之虛靈自見，此甘泉所論心性的大意。

三　修為論

　　湛氏平生講學揭出「隨處體認天理」之旨，他的修為主義亦可以「隨處體認天理而涵養之」一句話包括。什麼叫天理？他說：「人心一念萌動即是初心，無有不善。如孟子乍見孺子將入於井，便有怵惕惻隱之心，怎見處亦是初心復時也。……若識得此一點初心真心便是天理，由此平平坦坦持養將去可也。」（《語錄》）又說：「古今宇宙只是一理，生生不息，故日動靜無端，陰陽無始，見之者謂之見道。」（同上）我們由以上兩段話，再參以他的其他語錄，代為解釋如下：吾人本心之所以充滿善機，無限仁義，以有生生之理在；此生生之理即是天理。具於吾心謂之初心，充乎天地謂之元氣，而它是無時或息無往不在的；所以他又說「若見得天理，則耕田鑿井，百官萬物，金革百萬之眾，也只是自然天理流行」（《語錄》）。宇宙只是天理一氣之流行，草木所以能遂其生，就是涵有此天理；吾人所以求為聖賢亦在乎涵養此天理之正，但平日往往為私慾所矇蔽，所以應當體認出來。體認的工夫要使吾人對於天理默識心通，使此心與所感觸之事物，契合為一，就是天理流行。這種工夫，雖不難，亦不易；要勿忘，亦勿助，順其自然之勢而體認之。體認天理，要使心中無一事，而天理自見，不是著意想像的，想像則陷入於安排了。體認天理，不是靜的工夫，空守其心，它是合動靜的。體認天理不僅認識天理而已，還要能夠實行，它是兼知行的。但天理是整個流行的，無微不至的，凡一草一木，莫不有天理的存在；一語一默，莫不

有天理的功用，所以要「隨處體認」。他說：「自意心身至家國天下，無非隨處體認天理。」（《語錄》）「自一念之微，至事為之著，無非用力處也。」（《語錄》）「所謂隨處體認天理者，隨已發未發，隨動隨靜，皆吾心之本體，蓋動靜體用一原故也。」（《語錄》）此即隨處體認天理之意，隨時隨處把天理體認出來了，再加以涵養的工夫，則心廣體大，修養純全，才是聖學，才可以學為聖賢。

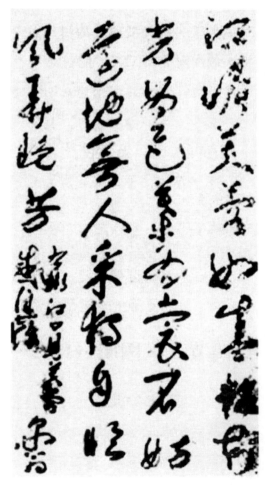

湛若水手跡

　　湛氏即揭出「體認天理」一語為求學的要旨，他的門人又給他定出三個步驟——立志、煎銷習心、體認天理。但他以為這只是一事。他說：「此只是一事。天理是一大頭腦，千聖千賢共此頭腦，終身只是此一大事，更無別事。立志者，立乎此而已；體認是工夫以求得乎此者；煎銷習心以去其害此者，心只是一個。……志如草木之根，具生意也；體認天理如培灌此根，煎銷習心如去草以護此根，貫通只是一事。」

　　湛、王兩家皆講格物，但湛氏謂王氏訓「格物為正念頭」之意，容易陷入空虛，表示反對。他自己訓「格物為體認天理」，體認兼知行，所以必須學問思辨行之功，從學問思辨行中隨處體認，較從正念頭切實多了。湛氏不僅「格物」二字當作體認天理解釋，連「慎獨」二字也當成體認天理解釋，甚至一切工夫，皆以體認天理四字來解釋，這種絕對的一元論，只有唯心的學者才說得出來。孫夏峰評論他「所論以自然為本體，以勿忘勿助為工夫，大抵得之師門為多」（《理學宗傳·湛甘泉》），自是正論。但湛氏最反對靜的工夫，他說：

　　古之論學未有以靜為言者，以靜為言者皆禪也。故孔門之教皆從事上求仁，動靜著力。何者？靜不可以致力，才致力即已非靜矣。故《論語》曰：執事敬；《易》曰敬以直內，義以方外；《中庸》戒慎恐懼慎獨，皆動以致其力之方也。何者？靜不可見，苟求靜焉，駸駸乎入於荒忽寂滅之中矣。故善學者必令動靜一於敬，敬立而動靜渾矣，此合內外之道也。（〈答余督學書〉）

　　白沙論修養以靜為要，甘泉則以敬為主，謂敬可以包動靜，單主靜不僅支離，亦且不通——這是師徒不同的一點。

第四節　王陽明（西元 1472 年—西元 1528 年）

一　生活小史

自朱子死後二百七十二年，中國又出了一位偉大的教育家曰王陽明。王子生於明憲宗成化八年，卒於世宗嘉靖七年，是明朝中葉的人物，是十五、十六兩世紀之間的人物。他的學問，近則淵源於周、程，遠則脫胎於孟軻。他的思想略近於象山，但其偉大精深的成就則非象山所能企及。他平生很佩服晦翁的精神，但二人卻有顯然的差異：晦翁是重經驗的，陽明則重直觀的；晦翁是二元論者，陽明則為一元論者；晦翁改採的歸納法，陽明所用的演繹法。但論到研究的精深，門徒的眾多，及影響思想界的遠大，陽明可謂晦翁以後第一人。晦翁一生著作宏富，陽明不肯著作與象山同；但以學者而兼軍事家，在軍事方面能奏奇績，樹立偉大的勛業，則又非朱、陸二人所能及了。但陽明在明朝雖建樹了非常的偉業，開闢了嶄新的學說，在當時只落得謗毀滿身，以偽學相目的結果，與程、朱暮年同一慘淡，道高毀來，不禁古今有同慨！

王子名守仁，字伯安，陽明是學者對他所稱的外號。他生於浙江餘姚，在當時算得一個很名貴的家庭。他的曾祖父槐裡公以明經貢入太學；祖父竹軒公以處士封翰林修撰，在學術方面頗有著作。他的父親龍山公以成化辛丑年的進士及第第一名，屢為侍講，做官至南京吏部尚書。史稱龍山公「氣質醇厚，平生無矯言飾行，仁恕坦直，不立邊幅，與人無眾寡大小，待之如一」（〈海日先生行狀〉），我們就可以知道是一個很有修養的道德君子，寬宏大量的上品公卿。王子生長在這種名貴的家庭，無論先天的遺傳，或後天的環境，都較一般兒童特別優厚，成就的機會自然較多。他的思想特殊，一生奇蹟非常之多；生到六歲時，才能言

語，如果他真正走入宗教界，一定會成一個聖者，是可以想像的。在他一生之中，思想屢變，行為亦屢變。當少年時代，氣概不凡，有吞牛之志，很想做一個義俠，或做一個軍事家。他之走入儒家裡面，研究宋儒學說，實在結婚之後。平生沒有一定的師傅，在十八歲時，從洪都婚後回浙，經過廣信，由妻一齋的啟示，知聖人可學而至，才有志於聖賢之學。陽明後來的成就，雖在當時非任何人所能範圍，但一齋為吳聘君的高足弟子，思想學說近於陸象山，陽明的思想，受了他的暗示，是無可疑的。不過此時他的意志猶未安定，為學亦沒有得到切實的門徑，所以出入辭章、佛老，反覆數次，一直到三十四歲，與湛甘泉定交於京師，對於儒家學術始有堅決的信仰，立志做聖賢的工夫了。[3]

　　當這個時候，武宗昏聵，國家政權，為宦官劉瑾所把持，王子以進士出身為兵部主事，因仗義執言，觸犯了劉瑾，遂被貶謫到貴州的龍場驛當驛丞。龍場在萬山叢棘中，苗瑤雜處，瘴癘蠱毒交侵，為人情所不能堪。陽明以士大夫之身，被竄到此，就是宦官想給他一條死路罷了。此時王子已三十七歲。在是年以前，他還是謹守朱子的循序格物之說。這個刺激，這種環境，也許時勢有意造英雄，在困衡動忍之際，九死一生之中，因以大徹大悟，創造一種新的學說出來。這種新的學說即歷史上有名的「良知說」，而王子以後遂成就第一個極端的唯心論者——唯心的一元論者。王子初抵龍場，為武宗正德三年春季，約計住了二年，於四年末了才離開此地，五年三月到廬陵知縣任所。在廬陵僅治七個月，成績卓著。於是年十二月又升為南京刑部主事，時年三十九歲。自此以後，官運漸佳，屢次升調，時而南京，時而北京。到四十五歲，派出為地方封疆大吏——巡撫南贛汀、漳等處，他的豐功偉績與他的良知論從此一日煊赫一日，而他之受毀受謗、遭怨遭憂的事情也就不能使他一日安居了。由正德十二年正月前赴任所，轉徙徵調，合計在江西過了五年

的生活。在五年之內，剿滅山洞諸賊，討平宸濠叛藩，功業過於煊赫，為小人所妒忌，幾遭陷害。

此時王子急想勇退，屢次請求回籍省親，借得休養，到正德十六年九月始被批准。過了不久，昏瞶的君王死了，繼位者為世宗皇帝，比較武宗稍覺賢明，而王子業已年逾五十，成了一副衰老的身體，可是他的學問之大成及他的及門弟子之極盛，卻在此時期以後。在越共計講學六年，到五十六歲時，病體日衰，而政府偏要他帶兵去征思田，不能使他安享暮年，我想是時王子的心裡是很苦的。嘉靖六年九月，王子由越中出發的前夕，且與他的高足弟子證道於天泉橋上，作為臨別的贈言。是年十一月到梧州，第二年二月就平定了思田。當時大病日劇，王子一面呈請告老，一面扶病北旋，行到南安，不能久留，這位教育界的明星，思想界的泰，乃與此世長辭了。靈柩運回原籍時，所經過的地方，士民老少莫不遮道痛哭；會葬之時，門人自遠方而來的一千餘人，足以想見其教育成人之深。政府方面因此對他更加妒忌，說他所講的儘是偽學，且下詔禁止，這又與朱子當年的景況有不期然而自同了。王子享年五十七歲，平日著作不多，後世收集的《王文成公全書》三十八卷，以論學理論為多，其中以傳習錄為其思想的結晶。

二　教育生活

龍場，今貴陽市修文縣龍場鎮。王陽明曾謫貶於此。

王陽明手跡

439

　　王子自三十四歲講學起，到老死為止，合計講學了二十三年，但純粹講學時期只有從五十歲以後回鄉的六年。除了六年的純粹講學時期，其餘十七年全是從事於政治生活，於從政之餘隨時講論，所以弟子亦隨著老師周遊以問道。王子在這十七年中，或竄夷荒，或任小官，或遷調兩京，總領師干，無論清閒與繁忙，不問憂患與安樂，而講學的工作未嘗一日停止。因為他的講學生活是整個的，不是分裂的，我們要分做幾個段落，只有按照他的思想之變遷為標準。王子是一個思想最敏銳不肯安於陳說的教育家，所以在求學時代思想凡三變，在講學時代思想也是三變；不過每變更一次，他的思想更深進一層。我們且舉他的講學三變：(1) 自**龍場**至滁州一變，為第一期；(2) 自南京至江西又一變，為第二期；(3) 自討平宸濠至退居越中又一變，為第三期。第一期由三十七歲到四十二歲，共計五年。在此時期，發明了良知之旨，力講知行合一之說。且體段較高，以默坐澄心為學的，排去一切枝葉，使學者自悟性體。第二期由四十三歲到四十九歲，共計七年。在此期中，深悔從前過高之失，力矯從前空虛之弊，所以只教學者存天理去人欲為省察克治實功——格物致知之功。第三期由五十歲到五十七歲，共計八年，專倡「致良知」之說，蓋自平宸濠以後，所受激刺過多，王子一本天理良心勇往直前，不顧毀譽利害，卒能戰勝難關，他以為這由於推行良知的效能，所以教人為學之方又一變了——這一變也可說成了他的晚年定論。[4]王子當五十歲時，才揭出致良知三字，較從前格物致知更其簡易。自此省親回鄉，年事已高，造詣日精，且因在野較閒，所以遊學之士四方咸集，凡餘姚附近寺廟皆是王門弟子的臥鋪，環坐聽講的常三百餘人，一時之盛，真可與昔年考亭比隆。

　　王子性情極瀟灑，頗有濂溪的態度，曾點的風味。常借山水名勝之區，作他的講習之會。這種情況，在他共有兩次；一在滁州，一在會

稽。我們把陽明年譜裡頭的兩段話抄來，也足以令千載下的人們景慕不
置。「滁州山水佳勝，先生督馬焉政，地僻官閒，日與門人遨遊琅琊瀼泉
間，月夕則環龍潭而坐者數百人，歌聲振山谷，諸生隨地請正，踴躍歌
舞，舊學之士皆日來臻，於是從游之眾自滁始」，這是在滁州講學的一
段佳話。「中秋月明如畫，先生命侍者設酒碧霞池上，門人在侍者百餘
人。酒半酣，歌聲漸動，久之，或設壺聚算，或擊鼓，或泛舟。先生見
諸生興劇，退而作詩，有『鏗然舍瑟春風裡，點也雖狂得我情』之句。」
這是在會稽天泉橋上的一段佳話。而天泉橋尤足為陽明學說的一大紀念
地，蓋先生於出征思田的前夕，率錢、王二弟子證道的地方，所謂有名
的天泉證道問答。在這晚上，王子自知病體已重，恐怕一去不返，很高
興地給他們以自己平生學問的結晶，所以說這一次可為王子的臨別贈
言，亦可為他的臨終遺囑。

三　心即理說

　　從前陸子「心即理也」一句口號，自然要被絕對的唯心論者王子所
採用；王子不僅採用這一句口號，並且更擴大了它的意義。他說：「夫
物理不外於吾心，外吾心而求物理，無物理矣。遺物理而求吾心，吾心
又何物耶？心之體性也，性即理也。故有孝親之心即有孝親之理，無孝
親之心即無孝親之理矣。有忠君之心即有忠君之理，無忠君之心即無忠
君之理矣。理豈外於吾心耶。」（〈答顧東橋書〉）這是解釋「心即理」一
個名詞的。凡萬物之理皆包含於吾心之中，吾心之中即具有萬物之理；
外了吾心即無物理，舍了物理亦不成其為心了，所以說心與理是一件東
西。不懂心與理是一件東西，凡天地萬物與心皆是一件東西。他說：「夫
在物為理，處物為義，在性為善，因所指而異其名，實皆吾之心也。

心外無物，心外無事，心外無理，心外無義，心外無善。」（〈與王純甫書〉）這一段話，說得更擴大，更簡當。一切東西皆是心境，皆是心之幻象，可以說「心在則有天地萬物，心滅天地萬物也滅了」。

王子於陸子「心即理」之外，又援用孟子的「良知」說，自己引申一句口號——「良知即天理」。即謂心即理，又說良知即天理，則「心即良知」了。心既是良知，則心無不善，而心性為一，故性無不善；於是心、性、理、良知等名詞皆成了一件東西，不過所說不同，故命名各異。如果要分別這些名詞，還是引王子自己的話來解釋。他說：

性一而已；自其形體也謂之天，主宰也謂之帝，流行也謂之命，賦於人也謂之性，主於身也謂之心。（〈答學生陸澄〉）

知是理之靈處，就其主宰說便謂之心，就其稟賦說便謂之性。（〈答學生唯乾〉）

良知是天理之昭明靈覺處，故良知即是天理。（〈答學生歐陽崇一〉）

就以上三段，我們總結起來：心是一種渾體，廓然大公、寂然不動的渾體。但是極其靈覺，一感便通；極其昭明，無物不照；極其廣大，無遠不屆。就此渾體之本身說謂之性；就其能夠作吾人的精神主宰說謂之心；就其昭明靈覺處說謂之知；就其純粹至善說謂之良知；就其動靜咸宜、自然恰當之點說，謂之天理——其實只是一個心。

大學上所載「格物、致知、正心、誠意」幾個字，王子與朱子所解釋亦不盡同。朱子以前兩種屬於外感方面，後兩種屬於內心方面；王子則把它們全屬於內心方面來說。他答程朱學派羅整庵的書上說：

理一而已：以其理之疑聚而言，則謂之性；以其疑聚之主宰而言，則謂之心；以其主宰之發動而言，則謂之意；以其發動之明覺而言，則謂之知；以其明覺之感應而言，則謂之物。（《文集》卷三）

答他的學生徐愛說：

身之主宰便是心，心之所發便是意，意之本體便是知，意之所在便
是物。（《傳習錄》中）

把「心、意、知、物」全屬於內心方面，當成精神作用，自宋、元
以來只有王子這樣講過，到後來劉蕺山更說得微妙了。總之，吾人的精
神作用，以心這主宰，心即天理之本體；這個本體只要不為私慾所矇
蔽，由它所發出來的無不恰當，無不合於天理。我們要求事事物物皆合
於天理，也只有在吾人本心上求，這個本心如同規矩尺度，一切皆以它
為準則，應用沒有窮盡。[5] 良知既為一切的準則，應用無窮；所以發而
為事父則為孝，發而為事君則為忠，發而為萬事則無往而不當。

四　致良知主義的教育論

王子講學第一期多講格物、致知，第二期多講省察、克治的實功，
第三期則專請「致良知」三個字——立論雖前後不同，主張卻是一貫的。
不過他的學力與年俱進，所以愈講愈精進、愈直接；我們就可以把這
「致良知」三字包括他一生講學的宗旨，也可當成他的教育主義。王子嘗
說，心之昭明靈覺處便是「知」；因為昭明靈覺，所以能知是非、辨善
惡。此昭明靈覺之點即天理之本體，由這一點所發出來的，無不合於天
理，故曰「良知」。這個良知，以其本體說，就是天理；以其狀態說，
就是未發之中。[6] 它的性質，非動非靜，常呈一種定性；無內無外，只
是一點極其活潑的元氣；它含著無限的生意，具有純全的美德。這個良
知，自聖人以至愚夫愚婦莫不相同，凡嬰兒初生時此心只有一片天理流
行，更無別物，所以沒有一個不知愛他的父母。聖人之所以為聖，只是
良心常在，天理純全，一切行動無一不由其良心上發出，而所發出來的
無一不合於天理。至於一般人，或為習俗所染，或為私慾所惑，此心失

了昭明靈覺，所以就不良了，所以做出許多不善的行為來。教育的目的在學為聖人，即在恢復各人固有的良知推行於人倫日用上，所以教育宗旨，就在致良知。[7] 致良知即設法擴充各人固有的良知，便可以至於聖人。但出世以後，除聖人以外，多少有些私慾滲雜在裡面，良知常為所蔽而不明，在擴充之前還須加以洗刷之功。所以致良知的「致」字，實包含消極、積極兩方面：消極方面是去人欲，積極方面是存天理。換句話說，致良知即是去人欲、存天理的工夫。怎樣去人欲？怎樣存天理？他說：

省察克治之功則無時而可間。如去盜賊，須有個掃除廓清之意。無事時將好色、好貨、好名等私逐一追究，搜尋出來，定要拔去病根，永不復起，方始為快。常如貓之捕鼠，一眼看著，一耳聽著，才有一念萌動，即與克去，斬釘截鐵，不可姑容與他方便，不可窩藏，不可放他出路，方是真實用功，方能摘除廓清。到得無私可克，自有端拱時在。（《傳習錄》上）

此間講學，卻只說個必有事焉，不說勿忘勿助。必有事焉者，只是時時去集義。若時時去用必有事的工夫，而或有時間斷，此便是忘了，即須勿忘。時時去用必有事的工夫，而或有時欲求速效，此便是助了，即須勿助。工夫全在必有事上，勿忘勿助只就其間提撕警覺而已……所謂時時去集義者，只是致良知。（〈答聶文蔚〉）

君子之學無間於動靜。其靜也常覺，而未嘗無也，故常應。其動也常定，而未嘗有也，故常寂。常應常寂，動靜皆有事焉，是之謂集義。（〈答方叔賢〉）

所引前一段，是去人欲的工夫，後二段是存天理的工夫。前者如捕盜賊，務必求其廓清，不留絲毫餘地；後者即是集義，時時刻刻存一「必有事焉」，無間於動靜。這種工夫雖分兩層，其實是一貫的，革盡人

欲而天理自然存在，復得天理而人欲也就退聽了。利根之人，只要時刻存個天理在心中，日日長養，而人欲自消；鈍根之人，去人欲尤先於存天理，非先下一番克治的實功不能培養良知。所以他說：

吾輩用功只求日減，不求日增，減得一分人欲，便是復得一分天理，何等輕快脫灑，何等簡易。（《傳習錄》上）

他又指責他的學生孟源好名之病說：

此是汝一生大病根。譬如方丈地內種此一大樹，雨露之滋，土脈之力，只滋養得這個大根。四旁縱要種嘉谷，上被此樹遮覆，下被此樹盤結，如何生長得成？須是伐去此樹，纖根勿留，方可種植佳種。不然，任汝耕耘培壅，只滋養得此根。（同上）

王子自致良知，是從心體入微處用工夫，是有根本的學問。學問在根本上用力，積日累月，逐漸擴充，自然應用無窮；也只有在根本上用力才有效果。在根本上用力就是下學工夫，下學工夫做到了，自然上達。上達用不著做工夫，也不能做工夫，且做出來亦沒有用處。關於所謂下學工夫——根本的學問，王子有兩段話說得最有價值。

立志用工如種樹然。方其根芽，猶未能幹；及其有幹，尚未有枝；枝而後葉，葉而後花實。初種根時，只管栽培灌溉，勿作枝想，勿作葉想，勿作花想，勿作實想。懸想何益，但不忘栽培之功，怕沒有枝葉花實。（《傳習錄》上）

是故君子之學，唯求得其心，雖至於位天地、育萬物，未有出於吾心之外也……譬之植焉，心其根也；學也者，其培擁之者也，灌溉之者也，扶植而刪鋤之者也，無非有事於根焉耳矣。（〈紫陽書院集序〉）

教育只從心上栽培灌溉，待得良知純全了，擴充起來，自然睟面盎背，自然篤實光輝，自然事父而能孝、事君而能忠，自然不計利害一本良心行事，這與孟子的培養主義同一功用。所以他極反對世儒義外之學，他

以為他們教人只在事事物物去尋討，沒有根本的學問，雖暫時外面修飾得好看，必歸於萎謝。王子這種工夫不是靜的、死板的、空虛的，它是極其活潑實在的，且必從日用倫常方面著力才能驗其效果。王子一生的學問就是從他的功業上體驗出來的。我們再引一段話來結束這個題目：

> 我何嘗教爾離了簿書訟獄，懸空講學？爾既有官司之事，便從官司的事上為學，才是真格物。如問一詞訟，不可因其應對無狀，起個怒心；不可因其言語圓轉，生個喜心；不可惡其囑託，加意治之；不可因其請求，屈意從之；不可因自己事務煩冗，隨意苟且斷之；不可因旁人譖毀羅織，隨人意思處之。許多意思皆私，只爾自知。須精細省察克治，唯恐此心有一毫偏倚，杜人是非，這便是格物致知。簿書訟獄之間，無非實學，若離了事物為學，卻是著空。（《傳習錄》上〈答某屬官〉）

五　知行合一論

在實踐派的意見，所謂學習，並不是讀書，是學做為人，怎樣做一個道德純全的聖賢——尤其王子是這樣主張。王子雖不反對讀書，他絕不以讀書為學問，讀書不過是收斂心思，在學習過程中占很小一點地位。學習既是學做為人，總不離於躬行實踐，所以他提倡「知行合一」的口號出來。這一個口號，在普通有兩種解釋：一是知與行同時並進，一是知與行是一件事情。第一種解釋，知行雖說並進，猶是兩件東西，所以一元論的王子是主張第二種解釋的。他說：

> 凡謂之行者，只是著實去做這件事。若著實做事學問思辨工夫，則學問思辨亦便是行矣。學是學做這件事，問是問做這件事，思辨是思辨做這件事，則行亦便是學問思辨矣。若謂學問思辨之，然後去行，卻如何懸空先去學問思辨得，行時又如何去得個學問思辨的事？行之明覺精

察處便是知，知之真切篤實處便是行。若行而不能明覺精察便是算行，便是學而不思則罔，所以必須說個知；知而不能真切篤實便是妄想，便是思而不學則殆，所以必須說個行。原來只是一個工夫。（〈答友人問〉）

這是說知而不行謂之妄想，行而不知謂之冥行，所以知行合一起來，才是學習的實功。他又與學生徐愛有一段問答關於知行合一的解釋：

愛問：「今人只有知事父當孝、事兄當弟者，卻不能孝、不能弟，知行分明是兩件。」曰：「此已被私慾間斷，不是知行本體。未有知而不行者，知而不行，只是未知。聖人教人知行，正是要復那本體。故《大學》指個真知行與人看。說『如好好色，如惡惡臭』，見好色屬知，好好色屬行，只見好色時已自好了，不是見後又立個心去好。聞惡臭屬知，惡惡臭屬行，只聞惡臭時已自惡了，不是聞後別立個心去惡。」（《傳習錄》上）

以惡惡臭、好好色來解釋知行合一，較前更切實。知如刺激，行如反應，一感便應，知行成了一個極迅速的感應弧。所以他又說「知是行的主義，行是知的工夫。知是行之始，行是知之成」（同上）。王子提倡這個口號，一方固在教人免蹈妄想冥行的毛病，他方便注意於行為的動機。他對黃直說：

今人學問只因知行分作兩件事，故有一念發動雖是不善，然卻未曾行，便不去禁止。我即說個知行合一，正要人曉得一念發動處便即是行了。發動處有不善就將這不善的念克倒了，須要徹根徹底不使那一念不善潛伏在胸中。此是我立言宗旨。（《傳習錄》下）

行為論者，以為雖有惡念，只要未曾去做，不得謂之病。王子是動機論者，他以為一念之差雖未曾見於行為，也算是大病了，因為罪大惡極之人，均是起於一念之差。所以動機就是行為，行為即寓於動機裡面，我們如不肯為惡，就要不許有絲毫惡念存在；能夠徹根徹底完全克治去了私慾，良知復明，天理純全，自然不會為惡了。

因知以聖其行，從行以實其知，合知行的全部謂之學習，這是王子有名的發明。但此不過是他的學習原則，關於學習方法也有幾點可取的地方：（1）學習要有頭腦，即立定一個中心去學習，學習有了中心，如衣之有領，一舉便張，以免支離之弊；如舟之有舵，一提便醒，以免猖狂之失。這個中心就是致良知，吾人處世為人，處處以致良知為主，則無往不宜。（2）學習要鞭闢近骨，切己用力實幹。吾人做一件事，須把全副精神放在那件事情上面左敲右擊，前攻後打，如貓之捕鼠，不獲不止。王子最注意這一點，平日屢屢對他的弟子極力地提醒過：「諸公在此，務要立個必為聖人之心，時時刻刻須是一棒一條痕，一摑一掌血，方能聽吾說話句句有功。若茫茫蕩蕩，譬如一塊死肉，打也不知得痛癢，終恐不濟事，回家只尋得舊時伎倆而已，豈不惜哉！」（《傳習錄》上）這樣沉痛醒人的話，陸子也嘗講過。（3）學習要各隨分限所及，逐步漸進，不可躐等以求速效。他說：「我輩致知，只是各隨分限所及。今日良知見在如此，只隨今日所見擴充到的；明日良知又有開悟，便從明日所知擴充到的。如此方是精一工夫。」（《傳習錄》下）知一步行一步，隨知隨行，仍是知行合一的原則。

六　教授法

王子一生不忘格物致知，所以他平日所講不出大學的範圍。但亦按照學生的程度分為兩級。凡初入門聽講的，授以《大學問》以指示聖學之全功，使他們知道為學的路徑。到了從游日久、有了相當程度時，則隨時指點，或提舉最簡當的口號，使他們自家揣摩。對於程度最高的學生，只加一番點化之功，給一種暗示，使其自己了悟，甚至於點化都不用。他說：「學問也要點化，但不如自家解化者，自一了百當。不然，亦點化許多不

得。」（《傳習錄》下）即或有時授給，也要隨人能力所及，使他們容易了解；若不察其能力，授以過當的知識，不能消化，反是害了。他說：「與人論學，亦須隨人分限所及。如樹有這些萌芽，只把這些水去灌溉；萌芽再長，便又加水。自拱把以至合抱，灌溉之功皆是隨其分限所及。若些小萌芽，有一桶水在，盡量要傾。便浸壞他了。」（同上）

七　兒童教育論

　　王子提倡培養主義，不僅對高等教育，即對於兒童教育也是一樣；不過在前者從學理方面講培養，在後者以興趣方法講培養。他是要養成一班愛動愛唱愛遊戲，天機活潑，生氣盎然的兒童，這樣的兒童才是有用的人才，培養成這樣的兒童，才是有價值的教育。他說，從前教育兒童，本來是根據兒童心理，發展他們的個性極其活潑有興趣的。譬如兒童愛唱，教他們以歌詩；兒童愛動，教他們以舞蹈；兒童愛遊戲，教他們以習禮。這樣，兒童視學校如樂園，視師長如父母，莫不樂於來學、樂於受教，日日在歡欣鼓舞裡面過生活，身心不期然而自發育，如草木萌動之初，日日在春風雨露之中，不知不覺潛滋暗長起來。到後來教育日壞，教者全不顧及兒童的心理與個性，只知督責課誦，嚴加管束，見有不守法的兒童，則鞭撻繩縛，如待拘囚。這樣一來，兒童視學校如牢獄，視師長如寇仇，視讀書如畏途了。這種教育，把純全活潑的兒童，不是養成死板的樣子，就是養成偷惰或欺詐的習慣。要矯正這種毛病，一方須採取古代教育的優點，一方面還須適合時代的情況，所以王子對於兒童教育有一個系統的計劃。

　　（一）訓練標準。孝、弟、忠、信、禮、義、廉、恥八目。

　　（二）教材大綱。詩歌、習禮、讀書三類。詩歌之意：可以表現意

志，陶冶性情，舒暢鬱氣。習禮之意：可以訓練秩序，活動血脈，鍛鍊筋骨。讀書之意：可以開發知識，收斂心思。

（三）日課。每日功課分為五節：一考德，二背書誦書，三習禮或作課藝，四復誦書講書，五歌詩。考德一節以談話式舉行，猶現今小學課前談話之意。歌詩分班每日舉行一次，習禮分班每二日舉行一次。

第五節　羅整庵（西元 1465 年—西元 1542 年）與呂涇野（西元 1479 年—西元 1547 年）

一　緒言

程、朱之學，自明代中葉以來，已成為強弩之末了。當是時，陽明以「致良知」為提倡，甘以「隨處體認天理」相號召，議論新出，功夫簡單，適足以救程、朱支離之弊；於是二家學說風靡了全國，全國知識分子不歸於王則歸於湛。其能篤守程、朱之說不為時代所轉移且敢與王、湛抗衡的只有羅整庵與呂涇野二人。[8] 呂氏之學出於薛門，以「窮理實踐」為主，態度平易，無所不容。羅氏所講格物致知之學，乃由自己苦研得來，博洽精深，筆鋒又極尖銳，時常駁倒王學，誠為當時王學一大勁敵。

二　羅整庵

羅氏名欽順，字允升，號整庵，是山西吉縣人。生於憲宗成化元年，死於世宗嘉靖二十六年，是八十三歲的高壽。二十八歲中壬子鄉試第一，二十九歲就舉了進士第一甲。第二年派為南京國子司業。當時祭

酒為張楓山，張氏亦講學之士，二人相互提倡，所以太學一時稱極盛，而羅氏講學時期即從這個時候開始。研究學問的人對於政治生活常覺淡薄，不久羅氏請求辭職還鄉養親，反觸了宦官劉瑾的怒氣，把他的一切官職都奪了。世宗即位，劉瑾被誅，羅氏以原官起任，不久遷為南京吏、禮二部尚書，此時他已五十八歲了。在部不過二年，因父死歸葬，以後遂不肯再出做官。此後二十餘年間，一方研究，一方講學，完全老於家鄉。羅氏性情嚴整，行為端正，而生活亦極簡素，所以在當時有「如精金美玉，無得致疵」之讚揚。在三十歲以前，他曾用心研究過佛學，自三十歲以後，始由佛轉入於儒，又苦心研究數十年，直到六十歲而始自信有成。所以他的學問，不但擅長儒術，且精於佛學，在儒家中對於佛學研究最深而攻擊中肯的，要以整庵為第一。但羅氏雖為儒家中的程、朱學派。他的思想亦不與朱子盡同，平生所篤信的最是程伯子，除程伯子以外，凡宋、元以來的各大家無一不受他的批評，而批評象山尤多，所以對於當時陽明之學指摘不遺餘力。他的學問最精粹的為理氣論，其次則為心性說，兩者均屬於哲學範圍，而後者於教育較有關係，所以我們不得不略敘一下。

羅氏說：「心性至為難明，是以多誤。謂之兩物又非兩物，謂之一物又非一物，除卻心即無性，除卻性即無心。唯就一物中剖分得兩物出來，方可謂之知性。」（〈困學記〉）由此一段話看來，羅氏對於心性兩個字頗費了研究的工夫。在他的解釋，心性二字是同一件東西而各有分際。性如《易》所謂「至精」之處，心如《易》所謂「至神」之處。因為至精，所以「無有遠近幽深，遂知來物」；因為至神，所以「寂然不動，感而遂通天下之故」，其實是一體。羅氏又說：「蓋虛靈知覺，心之妙也；精微純一，性之真也。」（〈困知記〉）心性為同一體，此體之虛靈明覺處謂之心，此體之精微純一處謂之性。譬如視覺器官為目，目是一

個體。此體未視時，即無所感時，則寂然不動。一有所感，即有所視。目之所以視，由於目體之虛靈明覺，目之所以能視，由於目體之精微純一。所以同一目體，自其虛靈明覺處說謂之心，自其精微純一處說謂之性。換句話說：就其司視說謂之心；就其能視說謂之性，其實只是一個物體，不過在一體上有兩個分際，故有兩種說法，但這種分際不能以體用二字來區分。所以他說：「夫心者人之神明，性者人之生理，理之所在謂之心，心之所有謂之性，不可混為一也。」（〈困知記〉）一般人所以別體用，是以動靜狀態說，當靜止狀態時謂之體，當活動狀態時謂之用。羅氏亦嘗說體用，說動靜，不過他是以情意欲為動的，心性為靜的，所謂用當指情意欲等名詞說，而心與性還是一體。

羅氏論性，是主張程、朱的「性即理」說，以它反對陸子的「心即理」說，又反對王子的「良知即天理」說。他以陸子的「心即理」是不知性為何物，王子的「良知即天理」是誤解了良知。孟子所謂良知是不學而知的一種知覺，即近世本能之知，非良善之知，若謂良知是良善的知覺即天理，那就錯了。且孟子所謂「愛親敬長」的「愛敬」二字即天理，「知愛其親，知敬其長」的兩「知」字是不慮而知的良知。天理是體，良知是用，以良知即天理，是以用為體，實在是大錯。[9] 況知只有一種，知惻隱羞惡與知視聽言動同是心的妙用，若以前者為天理之良知，後者為知覺，別知為二，更是錯誤。[10] 他以為陸、王所講的都是心學，即虛靈明覺的一點，他們只求到虛靈明覺而止，以為明心可以見性，不必別用工夫。這種頓悟的直覺的學問，當然是程、朱學者所反對的，所以羅氏為學，費盡思考之功，平日教人亦重思考一方面。他以為一切學問知識由直覺而得的很少，由思考而得的特別多，除了聖人生知安行以外，沒有不經過困知勉行而能夠成功的。所以他說：「夫不思而得，乃聖人分上事。所謂生而知之者，事者之所及哉？苟學而不思，此

理終無由而得。凡其當如此自如此者，雖或有出於靈覺之妙，而輕重長短類皆無所取中，非過焉斯不及矣。」（〈困知記〉）又說：「良心發現乃感應自然之機，所謂天下之至神者固無侍於思也。然欲其一一中節，非思不可，研幾工夫，正在此處。」（〈答允恕弟〉）

三　呂涇野

　　呂氏是陝西高陵人，名柟，字仲木，學者稱為涇野先生。生於憲宗成化十五年，死於世宗嘉靖二十一年，完全與羅整庵同時，而壽命差不多短他二十歲。呂氏在兒童時當過縣學生，即有志聖賢的學問。二十三歲中弘治辛酉年的鄉試，第二年會試落第補入太學，當過幾年太學生；到正德三年再應科舉，乃取得進士第一名，授官修撰。呂氏為人廉正，學問道德且傳播於國外。做官三十餘年，安守清貧如故。從政之暇，即以講學為事，所以他的教育生活也是三十餘年。綜計呂氏一生講學可以分做四個段落：一在家鄉高陵，二在解州貶所，三在南京官所，四在北京國子監。在高陵講學，年約四十二、三歲，是得罪宦官劉瑾，辭職還鄉的一個時期。在此時期，先築東郭別墅以會四方學者；後來學生發達，別墅容不了，添築東林書屋一所，可以想見其學生之盛了。在解州講學，由四十六歲到四十八歲，是以議大禮得罪了世宗的一個時期。在此時期，他是被謫貶為解州判，兼管州事，於從政之餘，一方面施行社會教育，一方面從事書院教育。在解州三年，「民俗士習，翕然改觀」。三年之後，調入南京，解州士民哭泣相送，人格感化的成績到處可見。因為有這樣的成績，才有升遷的機會，自此以後呂氏的政治生活漸漸順適。在南京九載，「與湛甘泉、鄒東廓共主講席，東南學者盡出其門」（《學案》）。迨後調入北京，為國子祭酒，掌管國家最高教育機關，此時

呂氏年已五十多歲了。以正心修身、忠君孝親為宗旨，四書五經及《儀禮》等書為教材，愛學生如子弟，而管束極嚴，為明代有數的祭酒。

呂氏為渭南薛思庵的門人，思庵為薛敬軒的學侶，所以他的學問是接敬軒之傳的。呂氏態度平和，雖然篤守程、朱學說，而對於別派並不攻擊。他說：「不同乃所以講學，既同矣，又安用講耶？」這是與羅整庵不同的地方。他平日所講的也是格物致知，對於性理方面很少發表，即以格物為窮理一點也是老生常談，毫無新的貢獻，他之所以吸引學子及其成就，就實在是他的人格感化的一點。但我們要取他關於教育方面的言論稍足敘述的約有兩點：一為學習法，二為教授法。關於學習，他是主張下學工夫的，不尚空談，不務高遠，要從切身近處做起，要從語默作止處驗來。[11] 求學即是做事，做事即是求學，能於做事中去求學才見得學問真實，方為有用的學問。且一切學問或修養要從動處磨煉，才能成功，而世人分求學與做事為二，那就錯了。[12] 關於教授方面，他是提倡個性教育的，所謂因材施教。他說：「人之資質有高下，工夫有生熟，學問有淺深，不可概以此語之。是以聖人教人，或因人病處說，或因人不足取說，或因人學術有偏處說，未嘗執定一言。」（〈答學生問陽明良知教人〉）若不隨學生資質學力所到斟酌誘進，而規規於一方，刻數字以必人之從，縱不失敗也太偏了。所以呂氏最佩服孔子教人的方法，對於陽明單一以「良知」教人表示反對，即對於朱子老是以「誠意正心」四個字教導皇帝的辦法也認為大錯特錯。下面一段話，他說得最好：

或問朱子以「誠意正心」告君，如何？曰：雖是正道，亦未盡善。人君生長深宮，一下手就教他做這樣工夫，他如何做得，我言能如何入得。須是或從他偏處一說，或從他明處一說，或從他好處一說，然後以此告之，則其言可入。若一次聘來也執定此言，二次、三次聘來也執定此言，如何教此言能入得。告君要有一個活法，如孟子不拒人君之好色

好貨便是。(《語錄》)

呂氏關於教育學理的兩點，尤以第二點為有價值，其餘則無可述了。

第六節　王門弟子

一　緒言

陽明為唯心派的一元論者，一生講學雖只二十餘年，但在程、朱學派衰微之後，以單刀直入法警醒天下人心，而天下人心卒被他的學說所鼓動，於是門徒之盛遠駕程、朱。黃太沖著《明儒學案》，羅輯王門弟子之著者按照地域，別為浙中、江右、南中、楚中、北方及粵閩六處，合計不下七十多人，而止修、泰州兩處尚別立為學案。在《浙中學案》裡，以徐橫山、王龍溪、錢緒山等人為選；在《江右學案》裡，以鄒東廓、羅念庵、歐陽尚野、聶雙江、劉兩峰等人為選；在《南中學案》裡，以王心齋、黃五嶽、朱得之、戚南玄、周道通、馮南江為選；其餘各處皆有選首。陽明平生講學凡三變，最後歸本於「致良知」三個字，意在修明本心，講求根本之學，以救程、朱末流支離的毛病。哪知弟子眾多，品彙不齊，多喜專言本體，忽卻工夫，甚至放誕無歸，如同野狐禪一流，王學到了末流遂為天下所詬病；只有江右一派，篤守師說，傳授王學不失師門的正宗。

王門弟子中，年齡最長的，有董蘿石，入門最先的有徐橫山，性行最特異的有王心齋。董氏名沄，字復宗，號蘿石，是浙江海鹽人，其年齡且長於老師數歲。晚年，聽了陽明良知之說，恍然大悟，嘆為不虛此生。在幾盡雨雪之時，離開了家庭，從陽明講學至七十七日而死於書舍，這也算是師門中的一個異人。徐氏名愛，字曰仁，號橫山，餘姚之

馬堰人。生於憲宗成化二十三年，死於武宗正德十二年，活了三十一歲。他享年雖短而資性聰慧，學力已到解悟的程度，為王門中的顏子，對於王學之宣傳頗有功績。自他死後，陽明常想念不置，師徒的情感亦如當年孔門之顏淵。王氏名艮，字汝止，號心齋，泰州之安豐場人。幼年貧困，嘗從他的父親經商；在經商時，懷著《孝經》、《論語》、《大學》刻苦發奮，逢人質疑，日久若有所領悟。在三十八歲時，因友人的介紹，始往江西拜見陽明。當請謁之初，氣勢岸然，登上座與陽明相抗辯，經兩次折服，才下拜稱弟子，王氏可為孔門中之子路了。其後拱衛師門學說，行為奇特，也與子路相似。王氏對於教育學理雖沒有貢獻，但倡出淮南格物論，以安身安心為要旨，矩吾身而規天下國家，持論超出師門的範圍，發前人所未發，自屬一種創論。

二　錢緒山

錢氏名德洪，字洪甫，浙之餘姚人。生於孝宗弘治九年，死於神宗萬曆二年，享年七十九歲。當陽明平濠歸越時，錢氏年正二十六歲，約了同邑弟子數十人，會陽明於中天閣，同請學為弟子。王門中自徐橫山死後，以錢氏與王龍溪二人為最高足，此二人師事陽明歷時最久，於師門關係亦最深。當是時，凡四方好學之士，遠來王門求學的，皆先由錢氏與龍溪「疏通其大旨，而後卒於文成，一時稱為教授師」。當陽明出征思田時，留他們二人居守越中書院，迭主講席。第二年，陽明死於道路，錢氏服心喪三年之後，才赴廷對，取得進士，派出為蘇州教授，後求召進京來，補國子監丞，尋升刑部主事，稍遷員外郎。其後以得罪權貴過了一次的監獄生活，在監獄中仍不忘講學。出獄以後，不復仕進，在野三十年無日不講學，凡江、浙、宣、歙、楚、廣名區奧地，皆有他

的講舍。七十歲以後，以年老氣衰，始不出外遠遊。

有名的天泉證道問答，話於陽明出征思田之前夕。當是時，師門教法每提如下四句：

無善無惡心之體，有善有惡意之動，知善知惡是良知，為善去惡是格物。（《龍溪學案》）

緒山以為定本不可稍易，龍溪以為這是權法，他說：

體用顯微，只是一機，心意知物只是一事。若悟得心是無善無惡之心，意亦是無善無惡之意，知亦是無善無惡之知，物亦是無善無惡之物。

前者謂之四有論，後者謂之四無論。二人相論不決，因乘陽明將要啟行之便，相與踵門請求解答。陽明喜他們求意之佳，謂二者皆有至理，前者為由殿下的人說法，後者為上根人說法，宜互取為用。由兩論看來，亦可以推知錢、王二氏的性格與學力，所以黃氏謂「龍溪從見在悟其變動不居之體，先生只於事物上實心磨煉，故先生之徹悟不如龍溪，龍溪之修持不如先生」（《緒山學案》）。由是王學分兩派，亦以錢、王二氏為代表。

錢氏切實不蹈空虛，但平日所論仍是多既本體，少說工夫，對於教育方面的理論則絕少。所言本體，在發揮「良知」說，所言工夫在說明「致」之工。他以心之本體乃純粹至善的東西，良知為至善之著察，故良知亦至善。至善之體，即虛靈之體，不可以惡名，亦不可以善名，故曰「無善無惡」。此體自然流行不息，通晝夜之道。「良知不假於見聞，故致知之功，從不睹不聞而入，但才說不睹不聞，即著不睹不聞之見矣。今只唸唸在良知上精察，便是是非非無容毫髮欺蔽。」（《會語》）但這一類的話全屬哲學範圍，可毋庸多述。

三　王龍溪

　　王氏是浙江山陰人，名畿，字汝止，號龍溪。少於緒山二歲，自孝宗弘治十一年至神宗萬曆十六年，享有八十六歲的高齡。龍溪與緒山師事陽明同時，出處進退亦常相共，同為師門中的助教者，同為師門中的傳道者。但兩人的性情各不相同，若以緒山為狷者，則龍溪好似狂者。龍溪自陽明心喪期滿之後，與緒山同赴廷對，取得進士，官至郎中。但仕途淡漠，在林下四十餘年，無日不講學，自兩都及吳、楚、閩、越、江、浙皆有講會，緒山同為天下學者所宗仰。

　　陽明說：「吾教法原有此兩種：四無之說為上根人立教，四有之說為中根以下人立教。上根者即本體便是工夫，頓悟之學也；中根以下者須用為善去惡工夫，以漸復其本體也。」（《龍溪學案》）龍溪近於上根之人，所以他平日持論趨歸於四無。四無之說，凡意、知、物皆歸於心，工夫即在心之本體，從心上立根即先天之學。心即良知，由心而發，無往不善。所以他說：

　　吾人一切世情嗜欲，皆從意生。心本至善，動於意始有不善。能在先天心體上立根，則意所動自無不善，世情嗜欲自無不容，致知工夫自然易簡省力。若在後天動意上立根，未免有世情嗜欲之雜，致知工夫轉覺煩難。顏子先天之學也，原憲後天之學也。（《語錄》）

　　修養從心體上立根，教育也是從心體上培養。他又說：

　　古人之學，一頭一路，只從一處養。譬之種樹，只養其根，根得其養，枝葉自然暢茂，種種培壅灌溉，條枝剔葉，刪去繁冗，皆是養根之法。（《語錄》）

　　但這一番話，仍是師門的舊說，並非由他自己創論。王門弟子雖

盛，除王心齋淮南格物略有創獲外，其餘皆是推衍師說，或超出範圍；對於教育理論太覺隔閡，所以我們不多舉了。

本章參考書舉要

(1)《明史》的各家本傳
(2)《明儒學案》的各家本案
(3)《陳白沙集》
(4)《湛甘泉集》
(5)《王陽明全集》
(6)《傳習錄》
(7)《羅整庵文集》
(8)《困知記》

[1]《白沙文集》卷三〈與賀克恭書〉：「為學須從靜坐中養出個端倪，方可商量處。」

[2]《白沙文集》卷三〈與羅一峰書〉：「伊川先生每見人靜坐，便嘆其善學。此一靜字，自濂溪先生主靜發源，後來程門諸公遞相傳授，至於豫章、延平，尤專提此教人，學者亦以此得力。晦翁恐人差入禪去，故少說靜，只說敬，如伊川晚年之訓，此是防微慮遠之道。然在學者須自度量如何，不至為禪所誘，仍多著靜方有入處。若平生忙者，此尤為對症之藥。」

[3] 湛若水〈陽明墓誌銘〉：「初溺於任俠之習，再溺於騎射之習，三溺於辭章之習，四溺於神仙之習，五溺於佛氏之習，正德丙寅始歸正於聖賢之學。」
《理學宗傳·王子》：「冬歸越，過廣信，謁婁一齋諒。諒故於吳康齋門者，為語聖人必可學而至，深契焉。……乙丑在京師，乃專志講學。與湛甘泉定交。嘗謂初至此，學幾僕而興，既得友甘泉而後吾志益堅，毅然不可遏。」

[4]《陽明年譜》：「先生日，吾年來欲逞末流之卑汙，引接學者多就高明一路，以救時弊。今見學者漸有流入空虛，為脫落新奇之論，吾已悔之矣。故南畿講學，只教學

者存天理、去人欲，為克察克治之功。」

《陽明學案》：「自龍場以後，盡去枝葉，一意本原，默坐澄心為學的。有未發之中
始能有發而中節之和；視聽言動大率以收斂為主，發散是不得已。江右以後，專提
致良知三字，默不暇坐，心不待澄，不習而慮，出之自有天則。」

《陽明年譜》：「先生五十始揭致良知之教。」

[5] 《傳習錄》中：「夫良知之於節目時變，猶規矩尺度之於方圓長短也。節目時變之不
可預定，猶方圓長短之不可勝窮也。故規矩誠立，則不可欺以方圓，天下之方圓不
可勝用矣；尺度誠陳，則不可欺以長短，而天下之長短不可勝用矣；良知誠致，則
不可欺以節目時變，而節目時變不可勝用矣。」

[6] 《傳習錄》中：「良知即是未發之中，即是廓然大公寂然不動之本體，人人之所同具
者也，但不能不昏蔽於物慾，故須學以去其昏蔽。」

[7] 《文集》卷三〈答歐陽崇一〉：「良知是學問大頭腦，是聖人教人第一義。」

[8] 《明史·儒林·呂柟傳》：「時天下言學者不歸王守仁則歸湛若水，猶守程、朱不變
者，唯柟與羅欽順云。」

[9] 《羅文莊文集·答歐陽少司成》：「夫謂良知即天理，則天性明覺只是一事，區區之見
要不免於二之，蓋天性之真乃其本體，明覺自然乃其妙用。天性正於受命之初，明
覺發於既生之後，有體必有用，而用不可以為體也。」

[10] 《文集·答黃筠溪》：「人之知識不容有二，孟子但以不慮而知名之日良，非謂別有一
知也。今以知惻隱、知羞惡、知恭敬、知是非為良知，知視、知聽、知言、知動為
知覺，是果有二知乎？」

[11] 《河東學案》下：「先生謂諸生日：我欲仁斯仁至矣。今講學甚高遠。某與諸生相
約，從下學做起，要隨處見道理，事父母這道理，待兄弟妻子這道理，待奴僕這道
理，可以質鬼神，可以對日月，可以開來學，皆自切實處做來。」

[12] 《涇河語錄》：「章詔云：近日多人事，恐或廢學。先生日：這便可就人事上學。今
人把事做事、學做學，分做兩樣看了。須是即事即學，即學即事，方見心事合一、
體用原一的道理。」

第三十四章　晚明教育家及其學說

第一節　概論

　　王學初出，雖能一新社會之耳目，但到了末流，則放誕無所歸宿，驅天下盡為矯誣不學、任性自適之徒。社會無一切實學術與精神，將何以維持久遠？放誕之極，而東林諸子以起。東林諸子雖不完全篤守程、朱，但個個尚氣節、講實在，確能一掃王學之陋習，是王學末流的一大反動。迨後來，劉蕺山講學於證人書院，有弟子黃梨洲、全謝山、萬氏兄弟，有宏城孫徵君，崑山顧炎武，莫不提倡氣節，以講求實學為宗旨，明朝雖亡，而士氣之壯烈，確受了這一班講學豪傑之士的影響。我們在本章，除東林諸子外，只錄劉蕺山一人為本期的殿將，其他諸子，皆死於清初已定之日，為有清一代學術界之先河，故留在下期另述。東林諸子中只取顧憲成、高攀龍及孫慎行三人，合蕺山為四。此四人中，當以蕺山學力最深，所論心理、教育創獲最多，為陽明以後第一人。東林諸子，也談心性，談修養，較王門諸子個個切實。如顧氏之識性，高氏之復性，孫氏之心性氣一體，皆有獨到的地方，不過缺乏教育學理論。陽明派以良知為本體，程、朱派的羅整庵以良知為作用，而顧氏則以良知介乎體用之間，這一點也是與前人不同的。總之，對於心性的解釋，及修養的論證，較從前均有進步，不過全是對成人說法，為學力有相當程度的人說法，對於兒童教育則沒有人能注意到，是一種缺點。

第二節 東林學派

一 緒言

東林書院在江蘇無錫，是宋儒楊龜山講學的地方。五百年以來，這個書院久已破廢，到明神宗萬曆年間，由本地學者倡議修復，他們即借此地重開講席，東林書院之名由此大著。倡議修養的為顧氏兄弟，講學同志有高氏、孫氏、錢氏一班學者。這一班學者皆是以講學挽回世道人心的；換句話說，他們皆是以「教育救國」為目的的。論他們的地位，全是士大夫階級；論他的品格，全不失為正人君子。他們個個以學問而兼氣節，不是書生派的教育家，乃是豪傑風的儒者，有血性，有氣概，有操守，講學不肯忘卻政治的學者。因為不肯忘政治，所以往往以時政為講學的資料，而他們本人也不時出入於政海，於是無錫之東林書院不知不覺在北京政府裡頭占一部分勢力了。當是時，正是神宗晚年，他們眼看見朝政日非，小人勢力日長，愈發激烈的言論，忌恨他們的小人們遂指為東林黨，因運時會的人又從而附和起來，於是東林黨的名聲喧騰於天下。其實在東林講學的不過數人，因為與在朝小人對立，所以凡屬言論正直一點的士大夫皆被目為東林黨人，而東林書院當初不過一私人講學的機關，後來竟變成政治團體了。但這一派人，所講的學問是王學的反應，所負的氣節是時政的反應。他倆者是擁護程、朱學說，對於王學加以攻擊的，但他們彼此之間的主張各有不同，亦不是與程、朱學說完全一致的，所以我們稱之曰「東林學派」。劉蕺山說：「東林之學，涇陽導其源，景逸始入細，至淇澳而集其成矣。」（《東林學案》）我們在本節裡頭亦列舉這三人為代表。

二　顧憲成

　　顧氏名憲成，字叔時，涇陽是他的別號。他是無錫人，昆仲有四個，本人行三。第四弟名允成，字季時，學問品格與他相似，倡議修復東林書院即他們兄弟二人，可謂難兄難弟了。涇陽生於世宗嘉靖二十九年，死於神宗萬曆四十年，享年六十有三歲。他以萬曆四年中鄉試，八年登進士，時為三十一歲，從此出入於朝野，轉調於政治生活。生來一副忠肝義膽，敢發讜論，不避權貴，當三十八歲時，以上疏得罪了執政大臣，謫貶到桂陽州當判官。第二年，移理處州，後來又轉調泉州。考其政績，稱為公廉第一，於是又調進京擢為考功司主事。在萬曆二十二年，又以好說話得罪了執政大臣，遂被削奪官職，放歸田裡了。此時顧氏已四十四歲，以直言被廢，聲名益高，他也乘此機會到處講學，思以在野之身喚醒士民，挽救危亡。東林書院之修復，在他削籍的第十年，其中辦法一律遵守《白鹿洞規》，其實他的講學成績自此以前已振振有聲了。

　　顧氏是一個熱心於世的憂國分子，所以他平日講學亦以有益於實用為目的，不是徒尚空談的。「官輦轂，念頭不在君父上；官封疆，念頭不在百姓上；至於水間林下，三三兩兩，相與講求性命，切磨道義，念頭不在世道上；即有他長，君子不齒也。」（《東林學案》）由他這幾句話看來，可以想見其為人了。我們把他的學說，可以提出兩點來說說：一關於性善的，二關於修養的。

　　顧氏以性為本體，以情為用。以良知為才——介乎體用之間。本體之性為天所賦予，是至善的，所以發而為用之情與才也是至善的。「孩提之童，無不知愛其親也；及其長也，無不知敬其兄也。親親仁也，敬長

義也。」由孟子這一段話所指：仁義為性，愛敬為情，知愛知敬為才。性是「無為」，而才與情是「有為」；情是「有專屬」，而才是「無專屬」；所以才介乎體用之間。良知即才，所以良知也是介乎體用之間，但其質為善的，三者是一樣。性不但是善的，而性即善；性與善是一不是二，所以他說：「語本體只是性善二字。」（《小心齋劄記》）善並沒有特別意義，不過是萬德之總名；性乃純一之天理，萬德皆備，故曰性善——即性與善是一致的。性與善既一致，則不善的東西必不是性；換句話說，凡吾性所本有的謂之善，凡吾性所本能的便謂之惡了。[1] 心乃根柢於性，性即心之體，所以心也是善的。不過有時心為私慾所引誘，多趨於惡，但本體未嘗不善。由此論證，所以他認陽明「無善無惡心之體」一句話落於禪宗，有違儒家的說法，辯難不遺餘力。

「吃緊只在識性。識得時不思不勉是率性，思勉是修道。識不得時，不思不勉是忘，思勉是助，總與自性無干。」（《小心齋劄記》）顧氏一生為人的工夫就在「識性」二字。識得性時，著意是好的，不著意也是好的。怎樣識性，「當下即是」，因為「合下具足，所以當下即是」。「合下」以全體言，凡現在、過去及未來皆包括在內。「當下」以對境言，只論現在，不論過去及未來。凡整個時間，無論古今，或一瞬一刻，皆具有至理。皆是天理流行，所以「合下具是」。但吾人多為私慾所矇蔽，雖然人人「具足」，未必人人「即是」；雖未必「即是」，亦不害於「具足」。只要吾人於現時此地看得清白，識得性來，朝著天理行走，吾人的行為就是至善的，就合乎天理，所謂「當下即是」。在平時隨時隨地如此用力；在變時，也隨時隨地如此用力。平時用力，是在源頭上探索；變時用力，是在關頭上打通。探索得源頭則關頭亦通，打通得關頭則源頭自清。[2]

三　高攀龍

　　在這個時候，海內大儒，以高、劉並稱，高氏所成就雖不及劉蕺山之大，但出處進退之雍容，及修養工夫之純熟，二人實無高下可分。高氏名攀龍，字存之，別號景逸，與顧涇陽同鄉，也是無錫人。他生於世宗嘉靖四十一年，較顧氏晚生十二歲。當二十五歲時，還聽過顧氏的講授，他們似有很淺的師生關係。高氏以萬曆十七年登進士，二十年入官為行人，當時以一疏打倒張世則的《大學古本初義》，對於程、朱之學曾極力擁護過。第二年，以直言得罪閣臣，被貶到揭陽為添注典史。揭陽一謫，幫助他的學問之進修確實不小，差不多與陽明的龍場之謫同其功用。當此之時，高氏年僅三十二歲，在途中走了二月，在謫所住了半年。我們觀他自序求學工夫，艱苦嚴密，應該有後來的成就。在謫半年後歸家，而顧氏已放歸田裡了，於是二人相與講學於東林書院。東林書院雖由顧氏倡議復修，而其中一切規程多由高氏手訂，且在其中講學時期，後者亦較前者為長。高氏自被貶以來，在林下以講學為生，共計二十八年，一直到熹宗即位才起用為光祿寺卿，這時年已六十歲了。在京做官不到五年，因與在朝奸黨不合，遂被削籍還為平民。當是時，東林黨之名已成為奸黨的眼中釘，東林書院即是他們的怨府，高氏被削之後且封鎖他的書院，教育之被摧殘可見一斑。第二年，奸黨大捕東林黨人，正人君子逐一受害，高氏不忍辱身於賊手，乃於飲酒後，投於園池中，從容自殺。自殺時曾有遺書給他的門生，其中有這一句話：「平生學問至此亦少得力」，我們可以想見其工夫了。

　　高氏之學，以復性為宗，以格物為要，以居敬為工夫，以靜坐為入德之門；他平日教人亦不外這標準。換過來說，「復性」是他的教育宗

旨，「格物」是他的學習方法，「居敬」與「靜坐」是修養的工夫。他以
性為本體，認它為天理，為至善，為天所稟賦，完滿無缺的，與顧氏的
意見相同，不過說得更複雜、更精透。同時並指出心、氣、情等名詞及
與性的關係來。他說：「中者心之所以為體，寂然不動者性也。和者心之
所以為用，感而遂通者情也。」（〈未發說〉）這是以性為體，以情為用，
總名曰心。又說：「心氣分別譬如日，廣照者是氣，凝聚者是心，明便
是性。」（〈會語〉）這是認心、性與氣三者為同一物，不過作用不同。又
說：「氣之精靈為心，心之充為氣，非有二也。」（〈講義〉）這又認心與
氣為同一物了。又說：「存養此心純熟，至精微純一之地，則即心即性，
不必言合。」（〈論學書〉）是又以心與性為同一物了。又說：「性者天理
也，外此為氣，故氣為老氏之氣；外此以為心，故心為佛氏之心。聖人
氣則養其道義之氣，心則存其仁義之心，氣亦性，心亦性也。……性形
而上者也，心與氣形而下者也。」（〈氣心性說〉）若全合乎天理，則心、
性、氣三者是一樣的，不過性屬於形而上的，心與氣屬於形而下的。我
們歸納起來，吾人生命的活動全靠精神作用，這種精神作用充塞於全身
的謂之氣，團聚於中而能主宰一切的謂之心，表現於外發而有喜、怒、
哀、樂的謂之情。凡此三者之所充塞、所主宰、所發現，有條不紊，極
合於道理的謂之性，所以性為一切精神作用的本體；這個本體是善的，
所以由他所生的心、氣、情等精神作用也是善的。反轉來說，若心、
氣、情不是由性所生，難免不為惡，惡即無有源頭的東西——隨著環境
猖狂的東西。吾人的精神作用所以隨意猖狂不本於性，由於本性為私慾
所蔽，失了作用。吾人要有好的行為，即有規則的精神活動，必要回覆
天然自有之本性，所以「復性」為教育宗旨。怎樣復性？在於格物。格
物即窮理，窮得理明，則私慾自去而性即可復。「但程、朱之格物，以心
主乎一身，理散在萬物，存心窮理相須並進。先生謂才知反求諸身，是

真能格物者也，是與程、朱之旨具矣。」（《學案》）

至於修養居敬的工夫亦與程、朱稍異。程子說：「主一之謂敬，無適之謂一。」高氏則謂「心無一事之謂敬」。他是要以心中無一點事情為極功的，到得心中無一點事時才謂之敬。如何能使心中湛瑩無一事，則有賴於修養工夫。修養第一步莫如靜坐，靜坐是「喚醒此心卓熱常明，志無所適」的工夫。志無所適，則精神收斂，雜念自去，昏氣自清，於是心地澄澈空明，本體自然呈現。此時所呈現的仍是毫無一物，此之謂敬。到得敬時，「遂與大化融合無際，更無天人內外之隔了」。但做到這個地步殊不容易，必有數十年涵養之功才行。他說：「大聖賢必有大精神，其主靜只在尋常日用中。學者神短氣浮，便須數十年靜力方得厚聚深培。」（〈自序〉）所以他以靜坐為初學入門法。

四　孫慎行

孫氏名慎行，字聞斯，號淇澳，是常州武進縣人。生於世宗嘉靖四十四年，死於崇禎八年，享年七十有一歲；我們所舉東林三人中，以孫氏出世較晚，而年壽最高。孫氏以萬曆二十三年成進士，時僅三十一歲。初授翰林院編修，逐次擢升至禮部侍郎，並署部事，時為萬曆四十一年，而孫氏年已四十九歲。第二年辭職回籍，在鄉間住了七年。天啟初，又以禮部尚書召他來京供職。孫氏亦豪傑風的學者，眼看朝政日非，往往直言抗爭，不顧利害，聲色震撼宮廷。當時朝廷有三案之爭，孫氏為紅丸事，彈劾宰輔尤力，而卒以此得罪奸黨。奸黨已下令要把他充軍到寧夏，巧逢莊烈帝繼位，得以不行。過了八年，莊烈帝很想起用他，召至京來，未及視事而死了，與高景逸比較總算幸運。

孫氏學力與高氏不相上下，但他不是程、朱信徒，似乎是直接孟子

的另一派學者。他的特異處，在論理、氣、心、性三點。他以為：天命只有一種而沒有不齊，性只有一種而沒有不善，心亦只有一種而亦無不善。而世人住往說「天命者除理義外，別有一種氣運之命，雜糅不齊；因是則有理義之性，氣質之性；又因是則有理義之心，形氣之心」，這全是觀察錯誤。他說，理義之命固然齊一，而氣運之命未嘗不齊。在表面上看，雖有寒暑錯雜、治亂循環、死生得喪種種不一，但天道福善禍淫，全是一段至善。此至善者，一息如是，終古如是，在萬有不齊之中有此一點真主宰，萬古常存，可見氣運之命也是齊的。他又說：「性如一粒種子，生意是性，生意默默流行便是氣，生意顯然成像便是質。如何將一粒分做兩項，曰性好氣質不好？」（《淇澳學案‧困知鈔》）這一段話說得極好；由這一段看來，所謂性、氣、質皆是一體的三現象，全是至善的。一般人即分理義之性與氣質之性為二，又說氣質之性不善，不但支離，且根本錯誤。至於孟子所說肥磽雨露人事不齊，因之所生秼麥顯有差異，乃是孔子所謂「習」，而世誤以為氣質，故有「氣質之性有不善」的謬解。他又說：「人心道心非有兩項心也，人之為人者心，心之為心者道，人心之中，只有這一些理義之道心，非道心之外別有一種形氣之人心也。」（同上）理義之性以外更無氣質之性，故理義之道心外更無形氣之人心，蓋性與心同為天命所賦予，即為理義之實，沒有不善；所有不善者皆是後天之習。若於道心之外別有一種形氣之人心，也是以習慣為本然，與前者陷於同一誤謬，不可不辨。孫氏對於心性的辯證大概如此，其他更與教育無關，我們只好從略。

第三節　劉蕺山（西元 1578 年—西元 1645 年）

一　生活小史

　　明末大儒雖高、劉並稱；而劉氏的學問比較高氏的更為精深，在劉氏之後雖教育家繼起有人，但在思想界上要以劉氏為殿將。劉氏在明代可謂陽明以後第一人。劉氏名宗周，字啟東，號念台，學者稱為念台先生。他是以孤童起家，家庭極其貧寒，但父母兩家都是很講學問的。他的父親劉坡是一個諸生，他的母親章氏是理學家章穎的女兒。章氏懷念台僅五月，而劉坡已死了。念台既生，他的母親以家貧不能生活，把他帶到外祖家撫養，但此時他的祖父母尚在。到了十多歲，以祖父母衰老之故，遂歸家奉事兩老，一切家中事務皆由他自己一人去做。母親章氏看到他的兒子體質屢弱，非常擔心，以致憂慮成疾，而又無錢診治，此時母子二人的心情殊覺可憐。劉氏一面讀書，一面奉事二老，而母氏對他亦抱很大的希望。迨念台舉了進士，成名歸家時，而他的母親已去世了。舉進士時為萬曆二十九年，他年已二十四歲，於是居家守喪，一面奉事二老，過了七年才補行人。自此以後，他就出入於政治生活，在外做到京兆府尹，在內做到御史大夫，但每次皆以好為直言，不能久於其位，忽然而入朝，忽然而還鄉。劉氏生當明朝末年，當時權奸壞亂朝政，把國家弄到不可收拾；而清軍日逼關外，明朝的宗社一天危險一天，明朝的領土一天削小一天。劉氏目睹這種時局，更是激動他的國士之懷，忠義之氣，愈發為讜論而愈不見用於政府。迨杭州失守，他決意以身殉國，投入水中，因水淺被人救起，後乃絕食二十三日而死。死時為福王宏光元年，距生於神宗萬曆六年，享年六十有八歲。

　　劉氏幼小時從學於外祖章穎，年長乃師事許孚，後來與東林高景逸

諸教育家共相講論，北京首善書院他也參與過。他一生做官的次數雖多，時間不長，還鄉以後即從事於教育事業，講學授徒。他的學問非朱非王，以居敬為主，以慎獨為要，頗近於周、程。他不反對陽明的良知之說，可是反對陽明派的良知的流弊，而攻擊得很厲害。他是浙江山陰人，嘗在他的家鄉與門人弟子組織證人會，築起蕺山書院，講論所以為人的道理，所以後人又稱他為蕺山先生。他幼年體質雖弱，但因修養得力，所以到後來身體反強了。他絕食期間，無日不與弟子講論，氣像一如平日，雖學力有素，也是正氣鼓動，千載下猶當景仰其為人！

二　心理說

劉氏關於心理的解釋，比較以前一班學者都進步，雖然缺乏科學的說明，但有許多獨見的地方。我們可把他的解釋分別為四步敘述於下。

（一）心之本質。心是什麼？劉氏以為從前的人有兩種見解：一種人以心為性，而心成了極玄妙的東西；一種人以血氣之屬為心，而心成了極可仇視的東西。這都是錯誤。原來心與性及血氣不可分開，但不能把性及血氣認為心。充滿天地間皆是一氣之流行，此流行之氣因凝聚而有種種形體，謂之萬物。人不過萬物中的一物，所以與他物不同的，因其體最靈。人體所以最靈，因為宅虛而氣清，此宅虛而氣清之處名之曰「心」。心為一身之主，統全身之氣，但它的地位不過方寸。此方寸之心，中空而四達，其象如太虛，所以最靈。心有種種性質，此性質即謂之性；心有種種機能，此機能即謂之性。所以心與性實為一物，但不可把性當心。我們若要強分，不過說心具有形體，而性乃虛位，所謂心是形而下的，性是形而上的。心如鐘一樣，因其中空，所以能鳴，而鳴的機能謂之性。心如鏡一樣，因其體明，所以能照，而照的機能謂之性。

心如水一樣，水源本清，清即水之性，此心與性的關係，亦是心與性的區別。凡人心所同然的謂之理，此所同然之理乃是生而有的，不是因習而成的，謂之性，故曰性即理。但只可說性即理，不可說性為心之理，若說性為心之理，則又別心與性為兩件東西了。心也是一氣，所以不同於血氣之屬的，前者乃寂然不動、至誠無偽的本體，而後者多雜物感，不免有偏執，而其為氣則兩者是同一的。吾人之身統於心，心為生生之主，人類一切活動，宇宙一切妙用，莫不由此心所發生。心是至神至靈的東西，所謂「極天下之尊而無以尚，享天下之潔淨精微純粹至善而一物莫之或攖者，其為人心乎」！（〈原學〉）

（二）心之內容。心之內容即是說明心的構造，心的種種機能。心雖只徑寸，可是其大無限；雖為虛體，可是其妙無窮。劉氏說：「統而言之則曰心，析而言之則曰天下國家身心意知物。唯心，精之合意知物，粗之合天下國家與身，而後成其為覺。」（《語錄》）從粗一方面說，是心與「天下國家及身」四種為一體；從精一方面說，是心與「意知物」三種為一體。此處所謂心之內容是從精一方面說的。試舉一球體強為比喻：凡此球的總體謂之心；蘊藏於心中而有好善惡惡的機能者謂之意；進一層蘊藏於意中而有知善知惡的機能者謂之知；再進一層，蘊藏於知中，純粹至善體物而不遺的謂之物。故物往知中，知在意中，意在心中，球面層層而擴大，球心步步而入微，其實是一件東西，所區別的不過最初一點機能。此不過就心之未發時說明它的本體之內容，若就已發時說則有種種表現。心是渾然之體，它的機能在「思」，因為能思，所以常是醒而不昧。致思而有得謂之「慮」，慮稍帶已發的性質，與「思考」一詞相同。思考之後有兩種結果：一是貫通了曰「覺」，一是認識了曰「識」，認識之後再加以憶起謂之「想」，故想與思的程度不同。心本寂然，受了外物的刺激而為之一動謂之「念」，此動初起而即能把持，好像有主宰在

裡面的謂之「意」，雖動而能主持到的不為外物所遷移的謂之「志」。心既是活物，必有種種機能，凡機能之出於自然而不能禁止的謂之「欲」。欲非壞的東西，欲之所以壞乃縱慾而過的關係。若隨其自然，全其自然，沒有過與不及的毛病，則謂之「理」了，謂之「性」了，故曰性即理。凡「情」是欲之顯著處，「才」又是情之顯著處，至於「氣」與「質」則更顯著了。因為更顯著，則不能無習，所以各人的氣質萬有不齊，但推溯其本源仍是虛靈一體的心，此虛靈之體是萬古不變的。

由此看來，心的機能極多，妙用無窮，但最可注意的為「意」與「念」兩種機能，意是好的，念是壞的。他說：「心意知物是一路，不知此外何以又容一念字。今心為念，蓋心之餘氣也，餘氣也者勤氣也。動而遠乎天，故念起念滅，為厥心病，還為意病，為知病，為物病。故念有善惡而物即與之為善惡，物本無善惡也。念有昏明，而知即與之為昏明，知本無昏明也。念有真妄，而意即與之為真妄，意本無真妄也。念有起滅，而心即與之為起滅，心本無起滅也。故聖人化念還心，要於主靜。」（《語錄》）又說：「意者，心之所以為心也。只言心，則只是徑寸虛體耳，著個意字方見下了定盤針，有子午可指。然定盤針與盤子終是兩物，意之於心只是虛體中一點精神，仍只是一個心。」（《語錄》）念是浮氣，起滅無常，為害心的東西；意為心之主宰，凡心之所以為心以其有意在；所以念當化而意要誠。

（三）心之活動。徑寸虛體的心，性最靈而氣最清，生意周流無間。內中有一個主宰名曰「意」，意之於心好似指南針之於羅盤一樣。心中具有喜、怒、哀、樂四氣，當其未與外物接觸時，此四氣相為循環，不能截然割分，只是一點機能。一旦受外物的刺激，則隨感而應，受了哪一種刺激即以相當之氣反應，所謂「當喜而喜，當怒而怒」。此喜、怒、哀、樂四氣只是程度的差異，不是性質的分別，所以喜、怒、哀、樂中

各有喜、怒、哀、樂。當其未發時，四氣仍然存在，所謂靜而無靜；當其已發時，四氣並非表露，所謂動而無動；只是一點元氣，生生不已，週而復始的狀態。心之官主思，心之主為意，倘能主常存在、官不失職，則四氣的流行隨感而應，不假絲毫做作，無往而不合於中和之道，所謂「天理流行」，正是這樣意思。在這種現象之下，謂之至善也可以，謂之至誠也可以，此中原沒有什麼惡的成分，一般人所謂惡者就是此四氣當外發時有過與不及的程度。過與不及就失了中和，所謂「偏至之氣」。由偏至之氣初一萌動時只爭一些子，所謂「樂而淫，哀而傷」。倘若於未萌時不加存養，在已萌時不加善反之功，則一切罪惡由此而出，偏至不已，其結果之相差「容有十百千萬倍蓰而無算者」。到了此時，謂之習了，早已失去心之本性了。所以到這步田地的，只因官失其職，心沒有主，若是求諸無有一毫的偏至之氣或暴氣時，莫如致思而誠意。

三　慎獨的修養論

劉氏以「慎獨」二字為修養的極功。獨是什麼？他說：「夫人心有獨體焉，即天命之性，而率性之道所從出也。」（《證人要旨》）又說：「獨即天命之性所藏精處。」（〈語類〉五）又說：「獨體只是個微字」；「就知中指出最初之機，則僅有體物不遺之物而已，此所謂獨也」；「靜中養出端倪，端倪即意、即知、即獨、即天」。（俱見《語錄》）可知獨乃心體中最中之物，此物只有一點端倪，其體極微，其質極精，這個東西即天命之性。其實就是心靈中最靈的一點，極微極精，非從靜中體認則看不出來，即體認出來了亦只一點端倪，實無一物。但這點端倪，具有喜、怒、哀、樂四氣，吾人所有活動皆從這裡面發源。倘若此端倪壞了，喜、怒、哀、樂所發必不正，於是恐懼、好惡、憂患、忿憤種種不和的

情緒都發生了，所以吾人要加「慎」的工夫。怎樣叫做慎呢？他說：「無事，此慎獨即是存養之要；有事，此慎獨即是省察之功。」（《主錄》）慎獨就是存養省察，存養是無事時的慎獨，省察是有事時的慎獨。獨體至微，平日若無一點事，倘能時時不忘存養，自有端倪發現，自能由中道和。但獨體又至神，偶一感動，念頭即起，真有「一觸即發，稍縱即逝」的神情。倘能於念頭一萌之頃即下省察的工夫，而本體亦自清明，所謂「慎獨之工，只向本心呈露時隨處體認去，便得全體瑩然，與天地合德」（〈語類〉六）。慎獨是一種靜的修養法，所以劉氏對於周濂溪、李延平及朱晦庵諸人關於靜的修養極表贊同。對於濂溪，則曰：「周元公主靜立人極之說，尤為慎獨二字傳神。」（〈天命章說〉）對於延平，則說：「自濂溪有主靜立極之說，傳之豫章延平，遂以看喜、怒、哀、樂未發以前氣象為單提口訣。夫所謂未發以前氣象，即是慎中真消息，但說不得前後際耳。蓋獨不離中和，延平姑即中以求獨體，而和在其中，此慎獨其方便門也。」（《語錄》）對於朱子，則說：「朱夫子嘗言學者半日靜坐，半日讀書，如此三年必有進步可觀。今當取以為法。然除卻靜坐工夫亦無以為讀書地，則其實亦非有兩程候也。」（〈讀書記〉）慎獨雖然從靜中、微中做工夫，但此工夫不外一「敬」字，我們看他《證人要旨》上一段話：「夫一間居耳，小人得之為萬惡淵藪，而君子善反之，即是證性之路，蓋敬肆之分也。敬肆之分，人禽之辨也，此證人第一義也。」說得何等屬害，簡直以「敬肆」二字為分人禽的關頭。再看他臨死時的兩句話：「為學之要，一誠盡之矣，而主敬其功也；敬則誠，誠則天。」由此看來，敬是修養的第一工，也是為學的第一義。

四　證人主義的教育論

在《證人要旨》的開頭，劉氏有這樣一句話：「學以學為人，則必證其所以為人；證其所以為人，則必證其所以為心而已。」（《語類》一）教育的目的即在令學者做一個人（證其所以為人），是學習做人的方法；「證其所以為心」，是方法的主腦。人即聖賢，聖賢乃完全人格的象徵，聖賢之所以完全由於他的心之完全。「完全之心」並沒有什麼特殊，不過「一元生意，周流無間」。證其所以為心，即在養此一元生生之氣周流無間而已。養到這步田地，即是完全了，即是聖賢了，這是劉氏的教育目的。

目的既定，即要立志，立志是做人的第一步。劉氏謂吾人生在社會中，如舟泛大海，倘不立志，則四顧茫茫，不知怎樣行駛；如能立得志定，則有目標可指，有方向可尋，前途雖遠，必有達到的一日，所謂「志立而學半，君子早已要厥終矣」。志立以後，還有三個程序。第一步要堅守。堅守有兩種意義：一種要有毅力能堅持，雖中途遇到困難也不可折回；一種是要認清路線了死守這條路，其他雖有捷徑亦不可貪圖便宜，隨意變更。第二步要安定。吾人既已上了我所認清的路線，既已在中途朝著前面駕駛，就當把全副精神放在這裡，隨時體認，就地研究，但得安然行其所事，而不為事情所拘執。第三步則要達到目的地了。工夫已漸成熟了，物無定而我有定，一切似為我所化了，內中一元生生之意自然周流無間了，所謂「優焉游焉弗勞以擾也，厭焉飫焉弗艱以苦也，瞬存而息養，人盡而天隨，日有孳孳不知年歲之不足也，庶幾滿吾初志焉，則學之成也」。（《證學雜解》）這是劉氏關於學習進和的解釋，即孟子的「盈科而後進」的意思。

　　劉氏最反對一班徘徊歧路的學者。他說：「這等學者，上之不敢為堯、舜，下之不屑為桀、紂，卻於兩個中擇個中庸自便之途，以為至當，豈知此生早已落桀、紂一途矣。」（《第一義說》）人間只有兩條路，不為堯、舜便是桀、紂，不為君子便是小人。痛快地說，不做人，便是禽獸，絕沒有中立的地讓你徘徊，讓你取巧，稍一徘徊便走進禽獸一途了。這一班人所以徘徊不決的，由於其中私慾太多，把他一點生氣圈得死死地，把他一副真面目矇蔽得盡盡地，所謂「凡一切悠悠忽忽，不激不昂，漫無長進者，皆是看來全是一團人欲之私，自封自固，牢不可破」（同上）。這都是由於不立志、不發憤的原因，倘能立志發憤做一個人，從苦處打去，則「起腳便是長安道，不患不到京師」（同上）。劉氏是一個立志做人的人，所以對於當時一班不肯做人及徘徊歧路的人們非常痛心，常常發為大聲疾呼的論調。

　　教育既是令學者學做一個人，當然是為己不是為人，所學一定是向內著力，不是向外馳求。可是現在一班學者完全與這個意思相反，一意向外馳求，求富貴，求功名，甚至於氣節也是有所為而為，把自己的身心性命拋到九霄雲外，這還算是一個人嗎？這還算是受了教育的嗎？劉氏自己覺得非常痛心，有很沉痛的一段話，意義亦很淺近，我們不妨直接抄在下面：

　　今為學者下一頂門針，即「向外馳求」四字便做成一生病痛。吾儕試以之自反，無不悚然汗浹者。凡人自有生以後，耳濡目染，動與一切外物作緣，以是營營逐逐，將全副精神都用在外，其來舊矣。學者既有志於道，且將從來一切向外精神，盡與之反覆身來，此後方有下手工夫可說。須知道不是外物，反求即是，故曰我欲仁斯仁至矣。無奈積習既久，如浪子亡家，失其歸，即一面回頭，一面仍往舊時緣，終不知在我為何物。又自以為我矣，曰吾求之身矣，不知其為軀殼矣。又自以為我

矣，曰吾求之心矣，不知其口耳矣。又自以為我矣，曰吾求之性與命矣，不知其為名物象數也。求之於軀殼以外矣，求之於耳目愈外矣，求之於名物象數外之外矣，所謂一路向馳求也。所向是外，無往非外，一起居焉外，一飲食焉外，一動靜語默焉外；時而存養焉外，時而省察焉外，時而遷善改過焉外——此又與於不學之甚者也。是故讀書則以事科舉，仕宦則以肥身家，勳業則以望公卿，氣節則以邀聲譽，文章則以胘聽間，何莫而非向外之病乎？學者鬚髮真實為我心，每日孜孜汲汲，只幹辦正我家當。……如此體認親切，自起居食息以往，無非求在我者。及其求之而得，天地萬物無非我有，絕不是功名富貴氣節文章，所謂自得也。(《向外馳求說》)

　　學者所以向外馳求，所以徘徊歧路，由於志不立。所以志不立，由於私慾矇蔽，外面的習染日深，內面的本心虧欠日多，漸漸不能認識自己，不能分辨人禽了。吾人要立志去私慾的矇蔽，莫如復其本性，使心有主，心有主則外面攖心的東西自然不敢近來，而吾人自不外求了。所以他又說：「此心不能不囿於血氣之中，而其為幾希之呈露，有時而虧欠焉，是以君子貴學也。學維何？亦曰與心以權，而反之知，則氣血不足治也。」(〈原學〉)

五　讀書法

　　關於讀書一層，劉氏也極力主張，且取法朱子的半日靜坐、半日讀書法。他說：「學者誠於靜坐得力時，徐取古人書讀之，便覺古人真在目前，一切引翼提撕匡救之法智慧一一得之於我，而其為讀書之益有不可待言者矣。」(〈讀書法〉)借聖賢的格言以證實吾心，由吾心以推到聖賢之心，才知聖賢與吾是同一樣的心理，此心理即天理，而吾人做人更有

把握了。這是讀書的益處，但必於靜中體驗方能有得於心，否則書自書而我自我，兩不相干。但他又以為朱子先格物而後致知，好似先讀了書而後反正於吾心，未免把讀書與正心誠意分為兩事，近於支離；不若於讀書時當下講求讀書之理，則此心即明於讀書之下，較為直接。（見〈學言下〉）但以上全是講的大學教育，即讀書法也是要到程度較高時才能學得。劉氏另有關於一般人讀書法的一段意見，把所讀的書分為三個階段：第一階段，先讀《小學》，次讀《大學》，再次讀《中庸》，再次讀《論語》，再次讀《孟子》。《小學》是兒童的基礎知識，《大學》是綱領，《中庸》較為精蘊，再照著《論語》、《孟子》的話躬行實踐。第二階段，於以前五部書讀完了，再讀五經——《易》、《濤》、《書》、《禮》及《春秋》，這五部書全是發揮心的機能的。第三階段所讀的為《四書》及《綱目》，讀《四書》所以溯其源流，讀《綱目》所以考其世變的，到了這一步，凡聖賢的道理皆一一領會於心，心中自有一種自得的妙趣。除此以外，如有餘的工夫，對於諸子百家也可以涉獵，不過對於異端曲學是要絕對排斥的。至於每讀一書所用的程序，不外《中庸》上所說：「博學、審問、慎思、明辨、篤行」五個步驟。這是劉氏對於他自家的兒童所教訓的一段話。

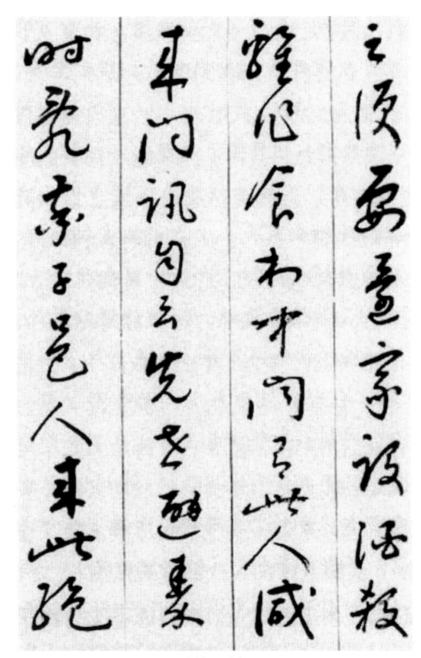

劉宗周手跡

本章參考書舉要

（1）《明儒學案》的〈東林學案〉及〈劉蕺山學案〉

（2）《明史》的〈儒林列傳〉

（3）《理學宗傳》的各家本傳

（4）《劉子全書》

---

[1] 《東林學案·顧東野·商語》：「夫善者指吾性之所本有而名之也，惡者指吾性之所本無而名之也。」又《與李孟白書》：「自古聖人教人，為善去惡而已。為善為其固有也，去惡去其本無也。本體如是，工夫如是，其致一而已矣。」

[2] 《東林學案·顧涇陽·當下繹》：「故就源頭上看，必其無終食之間違仁，然後能於富貴貧賤造次顛沛處之如一。就關頭上看，必其能於富貴貧賤造次顛沛之如一，然後算得無終身之間違行耳。」

中國教育史（原始至晚明）：
從古代氏族到半封建時代中期的教育啟蒙

作　　者：陳青之

發 行 人：黃振庭

出 版 者：複刻文化事業有限公司

發 行 者：複刻文化事業有限公司

E-mail：sonbookservice@gmail.com

粉 絲 頁：https://www.facebook.com/sonbookss/

網　　址：https://sonbook.net/

地　　址：台北市中正區重慶南路一段六十一號八樓 815
　　　　　室

Rm. 815, 8F., No.61, Sec. 1, Chongqing S. Rd., Zhongzheng
Dist., Taipei City 100, Taiwan

電　　話：(02)2370-3310

傳　　真：(02)2388-1990

印　　刷：京峯數位服務有限公司

律師顧問：廣華律師事務所 張珮琦律師

定　　價：650 元

發行日期：2023 年 12 月第一版

◎本書以 POD 印製

國家圖書館出版品預行編目資料

中國教育史（原始至晚明）：從
古代氏族到半封建時代中期的教
育啟蒙 / 陳青之 著 . -- 第一版 . --
臺北市：複刻文化事業有限公司，
2023.12
面；　公分
POD 版
ISBN 978-626-7403-20-4(平裝)
1.CST: 教育史 2.CST: 中國
520.92　112019016

電子書購買

臉書

爽讀 APP